宮田奈奈
ペーター・パンツァー ……… 編

少年写真家の見た明治日本

ミヒャエル・モーザー日本滞在記

勉誠出版

Tagebuch
meiner Erlebnisse auf der Reiße nach Ost-Asien.
Oktober 1868.

Michael Moser

01　日記（1868・69年）の中表紙

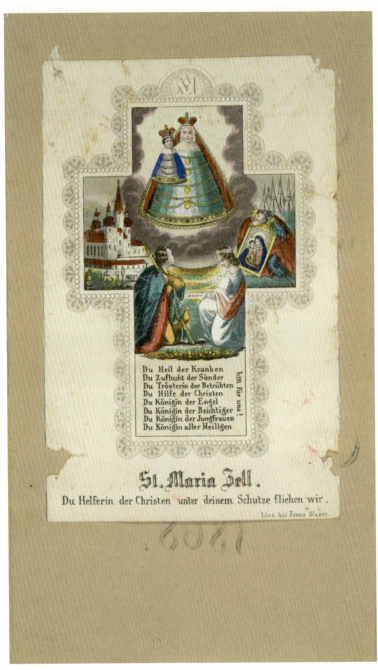

02　日記（1868・69年）の中表紙裏面：オーストリアで最も重要な巡礼地であるマリア・ツェルの聖母マリア像

03 「ミヒャエル・モーザー、横浜の写真家」

04 「外務省、江戸」

05 「下関海峡」

06 「日本の米屋」

07 「イシカワ」〔横浜・石川町〕

08 「江戸・東京の皇帝の城〔皇居〕」

09 「日本。江戸の皇帝の城〔皇居〕」月光写真の加工が施されている

10 「日本。郊外での撮影旅行」

11 「横浜の洗濯婦」

12 「東京〔王子村〕の茶屋〔扇屋〕、ミヒャエル・モーザーの写真」

13 「小田原城」

14 「江戸」愛宕山から町を見下ろす眺望

[巻頭言]
出版に寄せて

　1869〔明治二〕年10月18日に、オーストリア＝ハンガリー帝国と日本のあいだに修好通商航海条約が締結されました。本書が刊行される本年は、両国のこの相互関係が150周年を迎える前年にあたります。

　ミヒャエル・モーザー（Michael Moser, 1853-1912）が経験した冒険と苦労は、日本が開国した頃の、そしてオーストリアが日本と正式に国交を結んだ頃の両国の関係に関する歴史研究の一つのテーマを構成するものです。

　150年前のオーストリアから日本への旅は、旅費がかさみ、困難や危険を伴うものでした。しかしながら、その頃からすでに、両国のあいだでは活発な文化交流が行われていました。ミヒャエル・モーザーのほかには、オーストリア人写真家のヴィルヘルム・ブルガー（Wilhelm Burger, 1844-1920）やライムント・フォン・シュティルフリート男爵（Raimund Baron von Stillfried, 1839-1911）が日本で活動していました。彼らの写真は、芸術的に優れているだけでなく、明治日本に関する研究において重要な史料となっています。そのほかの例としては、音楽家のルドルフ・ディットリッヒ（Rudolf Dittrich, 1861-1919）も挙げることができます。彼は、音楽教師・教授や顧問など複数の立場で、日本での西洋音楽の普及に多大なる貢献を果たしました。

　すでに19世紀半ばには、日本はオーストリアにおいて文化的な足跡を残していました。日本が通商のために開国したことで、日本の芸術と文化もまた、ヨーロッパ、そしてアメリカに輸出されたのです。日本が西洋に与えた

(1)

芸術的な影響は、今日、ジャポニスムと呼ばれています。1873(明治六)年に開催されたウィーン万国博覧会は、オーストリアのジャポニスムにおいて最も重要な礎石を築きました。この万博は、明治新政府が初めて参加した国際博覧会でした。日本の工芸品や、産業に関する展示品のほかには、数多くの日本の美術品が展示されました。これらの一部は、今日、ウィーンの美術館で保管され、展示されています。

　ウィーン万国博覧会は、オーストリアの芸術家に、日本の美術品を鑑賞する理想的な機会を提供しました。彼らのなかには、日本の美術に関心を持つようになり、熱心に学び、自分の作品に取り入れる者もいました。日本の美術は、とりわけ厳格でアカデミックな表現方法以外の様式を模索していた芸術家に影響を与えました。彼らは、日本の木版画(浮世絵)に採用されている、自然のモチーフ、文様、そしてアシンメトリーな構成などの要素から着想を得たのです。オーストリアのユーゲントシュティール、ウィーン分離派の芸術は、オーストリアのジャポニスムの良い例です。

　この時代は、何千年もの歴史を誇る文化を擁し、成熟した社会であった日本が西洋に開かれた時代でした。日本は、現在の日本が示しているように、二つの全く異なるものを併存させる道を切り開いてきたのです。この併存は、世界的にも他に類を見ないような独特で、最良の意味で大変興味深いものです。オーストリアの視点、あるいは西洋の視点では、この二つの全く異なるものを併存させているということは、次の点にあるのです。つまり、西洋の文化を拒絶することなく、西洋の最も重要な価値観と自国の独自のアイデンティティを両立させているという点においてです。このような国は、西洋の文化圏外において、日本のほかにはないのです。とりわけ、政治、経済、そして憲法において。日本は、安定した民主主義の国家であり、世界に対して重要な意味を持ち、圧倒的な成功を収めた市場経済を営む国民経済の国家です。この価値観や特徴により、日本は長きにわたり、ヨーロッパ及びアメリカと密接な関係にあり、意思決定にも参与し、国際関係においては最良な関係を築き、組織的にも確固たる地位を築いています。その代表例としては、G7への日本の参加を挙げることができるでしょう。

　現在、日本は、西洋の価値観を尊重することにおいて、決断力と忠誠心を

示しています。このことは、とりわけ世界経済の統合において顕著です。少し前に、日本は欧州連合と自由貿易協定を締結しました。環太平洋地域においては、日本は環太平洋パートナーシップ協定に合意しています。西洋の経済大国が、最も重要な意味を持つ欧州統合プロジェクトを疑問視し始めていた頃に、日本はこの二つの決定を行いました。

　オーストリアと日本の間の大変良好で緊密な関係は、この協力の精神の上に築かれているものです。経済、観光における両国の相互交流は大変順調に発展しており、政治的にも両国の関係には何の問題もありません。

　明治初期に、若きミヒャエル・モーザーや彼に続いて来日したオーストリア人の多くが日本の文化に関心を示しました。その頃から、日本の人々もオーストリアの文化に様々な関心を示してきました。日本の人々には広く、オーストリアは文化の国だと認識されており、とりわけ、クラシック音楽には高い関心が示されています。オーストリアに関係する文化催事が数多く開催されていることが、その変わらぬ証拠であり、オーストリアの芸術家は継続的に日本で客演を行っています。

　本書は、日本と墺日関係のより良い理解に寄与するものです。日本とオーストリアのあいだの歴史ある良好な関係を明らかにして、一般の読者の方にも親しめるものとした本書の編者に感謝します。

　駐日オーストリア共和国大使として、墺日関係の維持と更なる強化に寄与できることを誇りに思います。

2018年4月

駐日オーストリア共和国大使
フーベルト・ハイッス
Dr. Hubert Heiss
Österreichischer Botschafter in Japan

[巻頭言]
「世界がもっと広くないことが残念だ」
ミヒャエル・モーザーの冒険の旅

　故郷のオーストリアやヨーロッパの研究者よりも、日本の研究者の方が私の祖父のミヒャエル・モーザーの生涯や彼が撮影した写真に関心を持ったことは、興味深いことのように思います。東京大学史料編纂所の故金井圓氏が、すでに1970年代には、祖父に関する研究を始めていました。彼が、当時、ミヒャエル・モーザーの末裔と縁がつながらなかったことは残念に思います。

　オーストリアでは、ミヒャエル・モーザーは、長らく一部の専門家や郷土史家だけが知るところでした。唯一の例外が、ノーベル文学賞にも推薦された、オーストリアの著名な作家であるペーター・ローゼッガーです(Peter Rosegger, 1843-1918)。彼は、自ら創刊した月刊誌『ハイムガルテン』(*Heimgarten*)に「シュタイアーマルク州出身の世界旅行者　アルトアウルゼーの農家の息子ミヒャエル・モーザーが経験したこと」("Ein steierischer Weltfahrer – Erlebnisse des Bauernsohnes Michael Moser aus Altaussee")というタイトルで、1877(明治十)年にミヒャエルの半生を綴った伝記を掲載しました。冒頭のタイトルとしてあげた「世界がもっと広くないことが残念だ」という言葉は、この伝記から引用しました。本書には、私が所蔵している、ミヒャエルがこの頃にローゼッガーに宛てた手紙も収録されています。二人は、この出会いをきっかけに親友になりました。

　1984(昭和五十九)年に写真史家のゲルト・ローゼンベルク(Gert Rosenberg)

が、雑誌『カメラ・オーストリア』(*Camera Austria*)にミヒャエル・モーザーに関する論文を寄稿しました(Gert Rosenberg, „Michael Moser." *Camera Austria*. Wien, 1984, Nr. 17)。この論文で、モーザー家に伝わる祖父ミヒャエルの写真が初めて紹介され、それにより、祖父に関する貴重な史料が残されていることが、写真研究の世界でもようやく知られるところとなりました。

　私が保管しているミヒャエル・モーザーの遺品のなかには、ミヒャエル自身が整えた大判のアルバムがあります。このアルバムには、198点の写真と93点の錦絵が収められていて、写真のなかには、当時流行していた手彩色写真もあります。また、このアルバムには、ミヒャエルの上司である写真家のヴィルヘルム・ブルガー(Wilhelm Burger, 1844-1920)の写真も含まれていて、歴史的に価値の高い風景写真や、写真スタジオで撮影された写真(「アトリエ写真」)が収められています。折本に仕立てられた、もう一冊のアルバムには104点の写真が収められています。これらは、主に明治初期の日本で発行された写真貼付新聞『ザ・ファー・イースト』(*The Far East*)に掲載された写真で、その大半が風景写真です。これらのほかには、旅先で撮影され、アルバムに収められていない個別の写真が432点あります。また、バート・アウスゼー市の郷土資料館(カンマーホフ博物館)では、様々な状態のガラスネガが約150点保管されています。

　写真のほかにミヒャエル・モーザーの記録が数点残っていたことが幸運でした。二冊の日記と、とりわけ祖父がシュタイアーマルク州の新聞に寄稿した記事によって、彼の冒険の旅の足跡を辿ることができるからです。

　この記録では、祖父がいかに短期間で教養を深め、文体の幅を広げ、改善したかということが分かります。当時15歳の少年ミヒャエルの学問的な素養は、アルトアウスゼーの素朴な村の学校で培われただけのもので、彼は、ドイツ語の標準語さえ使えませんでした。このことは、日本に向かう最初の日記で明らかです。しかし、聡明で勤勉であった祖父は、すぐに日本語を習得し、英語、イタリア語、そしてある程度はフランス語も使えるようになりました。上司のヴィルヘルム・ブルガーの影響で、芸術や文化にも関心を持つようになったようです。ミヒャエルの観察力が写真家としての仕事に生かされたことは言うまでもありません。

東京大学史料編纂所の古写真研究プロジェクトチーム（代表：保谷徹氏）が写真の解析を進め、本書の編者であるペーター・パンツァー氏、宮田奈奈氏が文書史料の解読を手がけました。 2019年に日本とオーストリアの国交は150周年を迎えますが、祖父ミヒャエル・モーザーが150年という時を経て、再び墺日関係の架け橋となることを大変嬉しく思います。

　2018年4月

ウィーンにて
アルフレッド・モーザー
Alfred Moser, Wien

[はじめに]

オーストリア人少年写真家
ミヒャエル・モーザーの世界旅行と日本滞在

1. 明治初期の宝物

　新しいものが出てこないように思われるときにも、まだ発掘を待つものがある。本書が紹介する、ミヒャエル・モーザー（Michael Moser, 1853-1912）が遺した日本に関する日記、手紙、エッセイ、そして写真がその好例である。

　幕末から明治初期にかけて、風景と人々を記録する新しい技術が世界を席巻した。写真である。現在、写真はとても身近なものとなっている。カメラのシャッターを切れば、すぐにカメラのディスプレイでカラーの写真を確認できる。そして、その写真を気に入らなければ、満足できるまで何度でも撮り直しをすれば良い。しかしながら、写真の黎明期には、面倒な手続きを踏まなければならなかった。野外へ撮影に出かけるときには、沢山の機材を携帯する必要があった。撮影前には薬品を調合してガラス板を用意し、撮影後は速やかに現像定着を行う必要があった。そうでなければ、画像が消えてしまうからである。今では考えられないような大きなカメラに三脚、乳剤で準備を施したガラス板に携帯暗室。当時の写真家が記した記録によれば、写真1点を撮影するには、約1キロの機材が必要になったということである。つまり、撮影旅行で100点の撮影が予定されていた場合には、約100キロの機材や薬品が必要になったわけである。これらが全て揃っていなければ、写真を撮影することはできなかった。

このような苦労を伴う写真であったが、これらのガラスネガからは驚くほど精細な写真をプリントできる。その画質は、まるで今日撮影したのではないかと思われるほどに高画質なのである。本書で紹介する明治初期の美しい写真は、この時代の写真であり、1869(明治二)年に修好通商条約を締結する目的で来日したオーストリア＝ハンガリー帝国東アジア遠征隊の写真家ヴィルヘルム・ブルガー(Wilhelm Burger, 1844-1920)と、本書が紹介する、その助手のミヒャエル・モーザーが撮影した写真である。

ミヒャエル・モーザーは、数年前まで日本ではほとんど知られていなかった。幕末維新期という時代からは、腕利きの著名な写真のパイオニアが日本の国内外で輩出されている。日本の古写真研究に従事する人であれば誰もが知る長崎の上野彦馬、横浜にアトリエを構えていた下岡蓮杖、あるいは日本で長く活動したフェリーチェ・ベアト(Felice Beato, 1832-1909)やライムント・フォン・シュティルフリート男爵(Raimund Baron von Stillfried, 1839-1911)など。ただ、これらの時代の写真のガラス原板は、様々な理由で現在はほとんど残っていない。ミヒャエル・モーザー、また、彼に写真技術を教えたヴィルヘルム・ブルガーの場合は、ガラスネガが残されていたことが幸運であった。

モーザーが亡くなったあと、ザルツカンマーグート地方のバート・アウスゼー市にあるモーザーのアトリエは、妻のフランツィスカ(Franziska Moser, 1863-1946)が継いだ。その妻が亡くなったあとに継いだ人物は、その場所に靴屋を開業した。そのときに要らなくなったガラスネガが捨てられずに、バート・アウスゼー市に寄贈されたことが、何よりの幸運であった。また、数年前には、明治初期の日本で撮影されたガラスネガの一群が、モーザーの親戚が住んでいるアルトアウスゼー市のモーザーの生家で見つかった。このことも幸運であった。彼らは、自宅の屋根裏の大きな箱の中に見つけた、この歴史的に重要な「宝物」をやはりバート・アウスゼー市の郷土資料館(カンマーホフ博物館)に寄贈した。現在、これらのガラスネガはバート・アウスゼー市の郷土資料館で保管され、研究調査に供されている。東京大学史料編纂所の古写真研究プロジェクトチームが、オーストリア国立図書館に所蔵されているヴィルヘルム・ブルガーのガラスネガと併せて、この画像史料の解析を進めており、その研究成果の一部が写真史料集として出版された(『高精

細画像で甦る150年前の幕末・明治初期日本』洋泉社、2018年)。

　ここでは、ミヒャエル・モーザーが来日する理由となったオーストリア＝ハンガリー帝国東アジア遠征隊について、ヴィルヘルム・ブルガーが遠征隊に参加した背景、そしてミヒャエル・モーザーが日本に滞在した背景と本書で紹介する史料の特徴について概観しておきたい。

2. オーストリア＝ハンガリー帝国東アジア遠征隊

　ヨーロッパが他国に進出した背景には、政治的、経済的な理由があった。時に、学術的な理由もあった。政治的な理由は、ヨーロッパ諸国間の競争にある。「先んずれば人を制す」とはよく言ったものであるが、この競争では、大西洋に面し、すでに海運に乗り出していた西ヨーロッパの国々が勝利した。政治と経済は密接につながっており、交易は繁栄を約束する。すでに数世紀前から、この状況は成立していた。しかし、19世紀初頭になって、その競争が激化し、ヨーロッパの各国が他国に地歩を築こうと、まるで雪崩のように押し寄せたのである。製品の大量生産を可能にした産業革命は新しい市場を必要としていた。ヨーロッパ諸国は安価な原料を調達できた国々に、新たな市場を開拓する可能性を見出したわけである。このような状況下で、突然、西欧の列強諸国が200年間外交の扉を固く閉ざしていた日本を訪れた。日本は人口の多い国で、人々には文化があり、消費者としては理想的であった。つまり、この国は大変魅力的な市場に映ったのである。いわゆる「開国」ののち、日本との通商条約の締結を希望する西欧の国の数は、毎年のように増えていった。

　オーストリア＝ハンガリー帝国も例外ではなかった。オーストリア＝ハンガリー帝国は、地中海に面したトリエステに重要な貿易港を有していた。海軍及び商工会議所は海外に市場を開拓する事業に乗り気で、すでに1850年代に日本と通商条約を締結する計画が持ち上がっていた。著名な日本研究者であるフィリップ・フランツ・フォン・シーボルト(Philipp Franz von Siebold, 1796-1866)がオーストリアのこの計画を支持していた。彼は、とりわけオランダとの関係で知られているが、彼の貴族の称号はウィーンのオーストリア

皇帝から授与されているのである。シーボルトは、意見書を用意した。また、シーボルトは、適切な贈答品一式に添えて、長崎奉行に手交するようにと、海軍総司令官であったフェルディナント・マクシミリアン公爵(Erzherzog Ferdinand Maximilian, 1832-1867)と艦長のためにドイツ語とオランダ語で書簡を用意した。しかし、当時はまだ日本とアメリカ、日本とイギリスのあいだに条約が正式に調印されておらず、また、下田にアメリカの領事館があるだけであったので、ウィーンの人々は計画の実行に逡巡していた。そこに来て、オーストリアにはヨーロッパ内での問題が持ち上がったため(イタリアのリソルジメント、プロイセンの他のドイツ諸国への影響力の強化)、東アジアに派遣すべき軍艦を確保できなくなってしまったのである。

　しかし、おそらく、これで良かったのだろう。というのも、先に挙げた学術的な理由からである。つまり、オーストリア海軍の軍艦での他国への渡航では、文民である研究者も乗船させていた。地理学者、植物学者、動物学者など。更に、旅の記録を取る画家も。オーストリア＝ハンガリー帝国東アジア遠征隊は、計画してから実現までに10年の「準備」、より適切な表現としては「足止め」の期間を経て、ようやく日本に向かって出発した。しかし、このときに初めて画家ではなく写真家だけを同行させたわけである。新しい芸術の手法が採用されたのであった。

3. ヴィルヘルム・ブルガーが選ばれた背景

　オーストリア＝ハンガリー帝国東アジア遠征隊提督を務めたのは、海軍少将アントン・フォン・ペッツ男爵(Anton Freiherr von Petz, 1819-1885)であった。当初、この役職には、1866(慶応二)年のリッサ海戦でイタリア海軍を相手に勝利を収めた海軍中将ヴィルヘルム・フォン・テゲトフ(Wilhelm von Tegetthoff, 1827-1871)が内定していた。しかし、彼は、1868(明治元)年2月に軍事省海軍部長に任命されたため、本国を不在にするわけにはいかなくなった。そのため、リッサ海戦で副司令官であったアントン・フォン・ペッツ男爵が海軍を代表し、東アジア遠征隊に参加することになったのである。彼は、二隻の軍艦を指揮した。フリゲート艦ドナウ号とコルヴェット艦フリードリヒ大公号

である。同時に、遠征費用を節約するため、彼は外務省も代表した。つまり、彼は、修好通商条約に調印する権限を付与された公使に任命されたのである。海軍提督兼外交官という役職を兼務したほかの唯一の例としては、日本に派遣されたアメリカ海軍提督マシュー・ペリー(Matthew C. Perry, 1794-1858)がいた。

しかし、日本との条約が「通商条約」であるからには、貿易も重要な案件であったため、商務省を代表した二人目の官吏も乗船していた。それが、「一等官吏及び商業・学術業務責任者」(Erster Beamter und Leiter des kommerziellen und wissenschaftlichen Dienstes)という役職を与えられたカール・フォン・シェルツァー博士であった(Dr. Karl Ritter von Scherzer, 1821-1903)。彼には、各種専門家を選抜するという任務が与えられた。そして、旅を画像で記録する芸術家も。シェルツァーは、その選抜にあたって、初めて写真家を同行させることを決めた。その写真家に選ばれたのが、ヴィルヘルム・ブルガーそのひとであった。

シェルツァーには、すでに東アジアへの渡航経験があった。1857(安政四)年4月にトリエステを出発したオーストリアのフリゲート艦ノヴァラ号に乗って、1858(安政五)年8月に中国からフィリピンに向かう航行で宮古島のそばを通過したのである。当時は、まだ水彩で旅を記録する画家が乗船していた。

もともと、ヴィルヘルム・ブルガーも画家としてキャリアをスタートさせた。彼は、しかしながら、当時はまだ新しかった技法に心を奪われたのである。とりわけ、母の兄の一人で、1834(天保五)年からウィーン大学物理学研究所で教鞭を執り、ウィーンで写真の研究が始められた頃からずっと写真技術の研究に従事していた伯父のアンドレアス・フォン・エッティングスハウゼン(Andreas von Ettingshausen, 1796-1878)の影響が大きかった。甥にあたるブルガーは、彼の影響で写真に魅了されたのである。留学先のパリからエッティングスハウゼンがメッテルニヒ宰相宛(Klemens Wenzel von Metternich, 1773-1859)に出した1839(天保十)年9月16日付の書簡を読むと、彼がダゲレオタイプに関心があったことが分かる。彼は、1866(慶応二)年にウィーン大学を退官するまで、その写真の技法の研究に従事した。

ヴィルヘルム・ブルガーは東アジア遠征隊への入隊を希望したが、それは、

長らく、写真に多大な関心を寄せていたシェルツァーの意図にも適っていた。シェルツァーはすでに1862(文久二)年から写真家協会の会員で、1864(元治元)年には自分が収集した写真を「第一回ウィーン写真展」で展示した。シェルツァーの支持でブルガーの遠征隊への参加が認められた。彼の意見の一つには、「東アジアの国々で活動している写真家に仕事をさせれば良いという意見もあるだろう。しかし、それは、費用を節約するというよりはむしろ、費用がかさむ選択となるだろう。ここから同行させる写真家に旅のあいだ、訪問先で仕事をしてもらう方がずっと倹約できる」というものがあった。

4. ミヒャエル・モーザーが日本に向かった背景

　15歳の少年が東アジア遠征隊に随行するという話は、ほとんど童話のような話に聞こえる。ブルガーとモーザーは、1866(慶応二)年にザルツカンマーグート地方で出会った。ザルツカンマーグート地方は、オーストリアでは夏の休暇を過ごす避暑地として人気の高い地方であった。貧しい地方で、海抜の高いところに位置し、冬は寒かった。数世紀ものあいだ、岩塩の採掘が主な収入源であった。しかし、19世紀初頭に始まった観光が当地を最も人気のある避暑地へと変貌させたのである。大都市、とりわけウィーンから多数の家族連れが、夏にはこの美しい風景を求めて、当地を訪れた。辺り一帯は高い山に囲まれ、沢山の湖があり、まさに絵画のような景観が広がっている。大抵、家長である父親は3、4週間をそこで過ごし、妻と子供達は滞在を延長して8週間程度滞在した。当地が魅力的な場所となったことには、ほかの理由もある。皇帝までもが、ここに、つまりザルツカンマーグート地方の中心部にあたるバート・イシュルという町に夏の別荘を建てたのである。写真は、思い出を自宅に持ち帰る重要な手段となった。印象深い景観を撮した写真や、当地の民族衣装に身を包んだ肖像写真などである。

　ヴィルヘルム・ブルガーがこの地の美しい景観を撮影する目的でザルツカンマーグート地方を訪れるのは時間の問題であった。ブルガーとモーザーの出会いについては、詳細を描述しているエッセイがある。ミヒャエル・モーザーが日本での滞在を終えて、帰郷してまもなく書かれた「シュタイアーマ

はじめに

01　カメラに向かうヴィルヘルム・ブルガー。アルトアウスゼー、背景はトリッセルヴァント山、1866年夏

ルク州出身の世界旅行者」というタイトルのエッセイである(Peter Rosegger, „Ein steierischer Weltfahrer. Erlebnisse des Bauernsohnes Michel Moser aus Altaussee". In *Heimgarten. Eine Monatsschrift.* Graz. 1. Jg., Heft 9, Juni 1877.)。それによれば、ヴィルヘルム・ブルガーは、アウスゼーで撮影をしているときに、カメラの暗箱を修理に出す必要に迫られた。彼はアルトアウスゼーで、そのような仕事をできる人物を見つけた。その人物は、農業を営みながら、鉱山で働く労働者でもあり、また仕事の合間には、子沢山の家庭の家計を支えるために木工も手がけていた。それがミヒャエル・モーザーの父親のヨアヒム・モーザー(Joachim Moser, 1820-1906)であった。

　修理は完璧であった。お礼としてブルガーはヨアヒム・モーザーの子供達の写真を撮ろうとした。しかし、大きなレンズのついたカメラが置かれると、子供達は怯えて、皆、逃げてしまった。一人だけその場に残った子供が

いた。ミヒャエル・モーザーである。彼はカメラに興味を持ち、ブルガーにカメラのことを尋ね、撮影してもらった。彼の父親が驚いたことには、ネガには、彼の息子の顔は真っ黒で、髪は真っ白に写っていた。最後にブルガーが、モーザーに尋ねた。「お前も写真家になりたいか？」小さなミヒャエルは「なりたい！」と答えた。そのように話がまとまった。

　翌日からしばらく、ヴィルヘルム・ブルガーは美しい景色の中を撮影した。ミヒャエルは彼を手伝った。ブルガーがアウスゼーの土地を撮影している数日のあいだ、ミヒャエルは、極めて賢く助手の仕事をやり遂げた。このようにして、若きミヒャエルはウィーンに行くことになった。父親もそれに賛成した。

　ブルガーがモーザーに東アジア遠征隊に同行したいかと尋ねたとき、モーザーは一も二もなく「喜んで！」と答えた。これは両者にとって意味のあることだったのである。ブルガーはよく働く助手を連れて行けて、モーザーは世界を見る機会に恵まれた。それは、モーザーが期待していた以上の旅となった。

02　アウスゼー近郊、タイヒシュロッセル（Teichschlössl）という名称の建物の側にて。左には若きミヒャエル・モーザー（13歳）、1866年夏

5. ミヒャエル・モーザーが日本での滞在を決めた理由

　1869(明治二)年10月18日に東京において日本とオーストリア=ハンガリー帝国のあいだで条約が調印された。日本側の全権は、外務卿の澤宣嘉と外務大輔の寺島宗則で、オーストリア側の全権は前述したようにアントン・フォン・ペッツ男爵であった。驚くべきスピードで交渉が妥結した。10月8日に交渉に入ったので、人々はこれを「10日条約」と呼んだ。計画されていたのかどうかは不明であるが、オーストリア=ハンガリー帝国東アジア遠征隊の二隻の軍艦が日本に向かってトリエステの港を1868(明治元)年10月18日に出航してちょうど一年後の日であった。美しい記念日である。これにより、日本での任務が完了した。

　しかしながら、オーストリア=ハンガリー帝国東アジア遠征隊は、その後も4週間弱日本にとどまった。一つの理由としては、兵庫から横浜に向かう航行中に遭遇した台風で両艦とも損傷を負ったため、修理に出さなくてはならなかったことが挙げられる。また、横浜の商工会議所で、オーストリアから運んできた製品を展示し、日本の市場の動向を探ることも課題としてあった。しかし、ブルガーは、この滞在期間を写真撮影のために活用することができなかった。横浜に到着してまもなく、ブルガーは病に倒れ、病院で長いこと静養しなくてはならなかったからである。再び健康を取り戻すと、横浜と東京の写真を数点撮影した。

　「一等官吏及び商業・学術業務責任者」であるシェルツァーは、ヴィルヘルム・ブルガーをドナウ号で南アメリカには連れて行かず、日本に数週間留まらせて、当初予定していた写真の撮影を続行させることを決めた。そして、郵船で上海を経由し、新たに開通したスエズ運河を通って、オーストリアに帰国させることを。この費用には、助手で写真の機材の荷物持ちをしていたミヒャエル・モーザーが帰国するための渡航費は含まれていなかった。そもそも、ブルガーは私費で助手を同行させていたので、遠征隊が費用を負担すべきリストにモーザーは含まれていなかったのである。

　ある史料によれば、ブルガーは、これまで真面目に働いてくれた助手に、どこか民間の海運会社に見習い水夫として雇用してもらうように助言した。

そうすれば、ブルガーもモーザーもモーザーの帰国するための渡航費を負担しなくて済むからである。遠征隊の経理も担当していたカール・フォン・シェルツァーには、それよりは良い考えがあった。シェルツァーは、10月27日付の自分の日記に次のように記している。「例のミヒャエルは、国の費用で『ドナウ号』か『フリードリヒ大公号』で帰国させてやれるだろう。」

いずれも、ミヒャエルのためを思って提案された帰国のための方法であった。しかし、大陸育ちの若きミヒャエル・モーザーにとって、それは恐怖でしかなかった。トリエステから横浜までの船旅における全日数の半分は船酔いに苦しみ、海にすっかり恐怖を抱いていた。もしも、ドナウ号でオーストリアに向かうとすれば、太平洋を越えて、南アメリカを周航し、大西洋で再びヨーロッパに戻るということをしなくてはならない。フリードリヒ大公号で帰国するとすれば、再び、数か月ものあいだ、中国海域の航行に耐えなくてはならない。見習い水夫として帰国することを選択したら？ どれほど長く、そのような船で航行を続けなくてはならないのか、彼には検討もつかなかった。

そして、日本に留まることを決めたのである。最初は、過酷な生活が待っていた。言葉の知識もなく、親しい人もいなかった。オーストリア＝ハンガリー帝国は、初代駐中・駐日領事を主に上海に駐在させていたので、日本では横浜にあったイギリス領事館がオーストリアの権益も代表していた。しかし、モーザーは、しばらくすると何とか生計を立てられるようになった。彼の写真家としての知識が彼を助けた。隔週に発行された、日本で最初の写真貼付新聞『ザ・ファー・イースト』紙 (The Far East) の創刊者であるジョン・レディ・ブラック (John R. Black, 1826-1880) がモーザーを雇用した。これが、モーザーにとって、固定収入を得られて、やりがいのある最初の仕事となった。モーザーは、その後、お雇い外国人として日本政府に出仕した。1873 (明治六) 年のウィーン万国博覧会及び1876 (明治九) 年のフィラデルフィア万国博覧会の日本事務局の委員となり、最後は、著名な写真家として故郷で活躍した。本書で紹介する錦絵などは、モーザーが日本で収集し、孫のアルフレッド・モーザー氏 (Alfred Moser, 1948~) が所有しているものである。

はじめに

03 昇斎一景「東京名所三十六戯撰　日本ばし」(「東京の街路で起きた困った出来事」)

04 *Costumes of Tokio Japan.* 名刺判写真 裏面:「ミヒャエル・モーザー。写真家、東京。日本」(„Michael Moser. Photographer, Tokio. Japan.")

6. 史料の特徴

　本書を読んでいただければ、ミヒャエル・モーザーがどれだけ特別な人生を送ったのかということについては理解して頂けるだろう。小説家が書いた作り話と言っても不思議はない。大都市からも海からも遠く離れ、美しくも貧しい地方の子沢山の一般家庭に生まれ育ち、初等教育だけを受けた若干15歳の少年が日本へ向かう船旅に出て、青年期を日本で過ごした記録である。この記録は、歴史学の見地からも重要な情報を含むが、言語の上でも大変興味深い史料である。ミヒャエル・モーザーは学習能力が極めて高い人物であったが、この記録のうち、最初の日記と旅に出て間もなく書かれた手紙は、主に話し言葉、つまり彼の故郷の言葉である方言で綴られている。

はじめに

ウィーンで暮らし始めた頃、彼は第二言語として標準ドイツ語を学ばなければならなかっただろう。彼の言葉の選択、聞き取って綴られた言葉のスペル、文法は極めて独特なのである。本書を読んで頂ければお分かり頂けると思うが、彼の語学は聞き取りを基礎にしていた。例えば、英語の形容詞は、音だけを拾って固有名詞として理解されている箇所がある。また、中国語もピンイン表記としては正しくはないが、当て字としてのローマ字表記から、かなり正確に音を拾っていることが分かる箇所もある。彼が熱心に言葉を聞いて覚えたことで、記録された事柄も多いのである。また、彼の文章には、当時のオーストリア＝ハンガリー帝国の海軍の言葉の世界も反映されている。フランス語、イタリア語などの言葉が入っていることもその一例である。このように、言語の上でも有益な情報を含むことから、注にはモーザーが使っている言葉や表現に関する注釈も入れた。ドイツ語に興味のある方は、ぜひ、ドイツ語の史料集（2019年にドイツ・ミュンヘンの出版社 Iudicium Verlag と東京のドイツ東洋文化研究協会〔OAG〕より刊行予定）も確認していただきたい。

　本書が、日墺関係の更なる理解に寄与し、多くの方にとって新たな発見の機会となれば、望外の喜びである。

2017年8月8日　ウィーンにて
宮田奈奈、ペーター・パンツァー

もくじ

【カラー口絵】

【巻頭言】
◉駐日オーストリア共和国大使フーベルト・ハイッス
出版に寄せて ………………………………………………………………………………（1）

◉アルフレッド・モーザー
「世界がもっと広くないことが残念だ」
　　ミヒャエル・モーザーの冒険の旅 ………………………………………………（4）

【はじめに】
オーストリア人少年写真家
　　ミヒャエル・モーザーの世界旅行と日本滞在 ………………………………（7）

ミヒャエル・モーザー略年譜……… （24）

I 手書きの日記「東アジアに向かう旅で経験したこと」……………… 1

ウィーンからの最初の旅………3
トリエステから出発………5
メッシーナ………5
アルジェ………7
ジブラルタル………9
喜望峰………14
インド洋にて………17
アンヤー………19
シンガポール・アジア………24
バンコク………31
サイゴン………49
香港………51
上海………55
長崎………77

(21)

II 書簡 105

- 1通目　トリエステ、1868（明治元）年10月17日 107
- 2通目　喜望峰、1869（明治二）年2月3日 109
- 3通目　シンガポール、1869（明治二）年4月20日 113
  ヴィルヘルム・ブルガーがウィーンの写真家協会に宛てた手紙
  （帝国・王国東アジア・南アメリカ遠征隊の報告書）...... 117
- 4通目　中国海域にて、1869（明治二）年6月15日 120
- 5通目　上海、1869（明治二）年（?）...... 124
- 6通目　長崎、1869（明治二）年9月初旬 127
- 7通目　横浜、1869（明治二）年10月6日 130
- 8通目　横浜、1869（明治二）年10月20日 138
- 9通目と10通目 141
- 11通目　横浜、1870（明治三）年8月20日 142
- 12通目　横浜、1870（明治三）年9月26日 149
- 13通目　横浜、1871（明治四）年1月13日 154
- 14通目　横浜、1871（明治四）年1月13日 157
- 15通目　横浜、1871（明治四）年5月 162
- 16通目 166
- 17通目 166
- 18通目 167
- 19通目 169
- 20通目 169
- 21通目　1877（明治十）年5月10日 170

III 手書きの日記 183

「1872（明治五）年・73（明治六）年の日本からウィーンへの旅とアルトアウスゼーへの帰郷」

「ウィーン万国博覧会」

IV 手書きの日記 205

「日本への二度目の旅、ヴェネツィア、1874（明治七）年2月8日」

V 旅行記 ………………………………………………………… 249

「日本への二度目の旅、1874（明治七）年」

VI 手書きの日記・新聞に掲載された日記 ………………… 259

「東京からフィラデルフィアに向かう旅での出来事」
「フィラデルフィアから故郷アルトアウスゼーへの帰郷に関する報告」
「フィラデルフィア万国博覧会」

VII エッセイ ………………………………………………… 287

「東京の花まつり」

VIII 自伝的エッセイ ………………………………………… 295

「ミヒャエル・モーザーが日本で経験したこと、冒険」

ミヒャエル・モーザーのアルバムについて………323
訳者あとがき………355

図版一覧、所蔵先・著作権保有者一覧………362
人名索引………370

凡　例

1. 史料本文中の括弧の使用については、モーザーや新聞の主筆等による注記・編集内容は（　）、編者・訳者による注記は〔　〕を入れた。

2. 日記の本文中の下線は、モーザー自身によるものである。

3. 日記の原本には頁番号が入れられている。注などで日記を参照している場合の番号は、日記の原本の頁番号を指す。

4. 日記の原本の頁の切り替えは、∟で示している。

5. 図版のキャプションの「　」はモーザー自筆のキャプションを示す（詳しくは、図版一覧を参照のこと）。

手紙、エッセイの本文中に見られる〔…〕は、編者の判断で省略した箇所を指す（ドイツ語版も同様である）。省略された箇所の文章を確認されたい方は、原文にあたって頂きたい。

ミヒャエル・モーザー略年譜

※太線で囲った年代・事項が、本書に収録するモーザー関係史料が扱う年代

西暦・月日 【　】内はモーザの年齢	事項	日記・手紙	V. 1874	VII. 1888 VIII. 1885
1853年5月3日	オーストリア・シュタイアーマルク州のアルトアウスゼーにて、ヨアヒム・モーザー(1820-1906)とエーファ・モーザー夫妻の次男・第二子として生まれる。 兄：グレゴール（長男・第一子） 弟：ハインリヒ（三男・第三子）、オイセビウス（四男・第四子）、レオポルド（五男・第五子）、マティアス（六男・第七子） 妹：ゾフィー（長女・第六子）		Peter Rosegger, „Ein steierischer Weltfahrer. Erlebnisse des Bauernsohnes Michael Moser aus Altaussee". *Heimgarten*. 1877 など ＊1878年のパリ万博開催時に日本事務局の通訳者に任命されるまでの伝記	
1866年　　　【13歳】	写真家ヴィルヘルム・ブルガー(1844-1920)の助手になる（のちに、弟のハインリヒ、オイセビウス、レオポルドもブルガーの助手となる）。			
1868年9月	ヴィルヘルム・ブルガーが、オーストリア＝ハンガリー帝国東アジア遠征隊の公式写真家として雇用される。		ÖStA., A.V.A., Handelsm./Präs 514 (30. Aug.) u. 742 (6.sep.), 1868.	
1868年10月18日【15歳】	オーストリア＝ハンガリー帝国東アジア遠征隊がトリエステ港を出発。ミヒャエル・モーザーもブルガーの助手として参加。	I. 日記 1868・69年 II. 手紙 1～6通目		VII. エッセイ 1888年 VIII. 自伝的 エッセイ 1885年
11月13日	ジブラルタルに到着。			
1869年1月26日～2月18日	喜望峰に滞在。			
4月～5月　　【16歳】	シンガポールとバンコクに滞在。			
5月17日	シャム王国と修好通商条約を締結。			
6月19日	香港を経由して上海に到着。			
9月2日/8日	中国と修好通商条約を締結（北京と天津で批准書を手交した）。			
9月1日	フリードリヒ大公号が上海を出発（ドナウ号は9月12日に芝罘〔＝煙臺市〕を出発）。			
1869年9月4日	遠征隊が長崎港に到着。ブルガー、モーザーも乗船していたフリードリヒ号が先に到着し、ドナウ号は9月16日に到着。			
9月24日～27日	兵庫（神戸）に滞在（26日は、大阪）。	II. 手紙 7通目		
10月2日	横浜港に到着。	II. 手紙 7・8通目		
10月18日	日本と修好通商条約を締結。			
11月14日	遠征隊が日本を出発。モーザーは日本に残る（ドナウ号は1871年3月1日にオーストリアに帰還）。	II. 手紙 9・10通目		
1870年	横浜のホテルで働く。	II. 手紙 11・12通目		
1870年11月頃～【17歳】	ジョン・レディ・ブラックが刊行していた写真貼付新聞『ザ・ファー・イースト』のカメラマンとして働く。	II. 手紙 13～18通目 III. 日記 1872・73年		

ミヒャエル・モーザー略年譜

年月日	年齢	内容			
1873年1月	【19歳】	『ザ・ファー・イースト』のカメラマンを辞めて、佐野常民が率いるウィーン万博事務局の通訳者となる。	III. 日記 1872・73年		
1月29日		ウィーンに向けて横浜港を出発。			
3月21日		トリエステ港に到着。ウィーンに向かう。			
5月1日～11月2日	【20歳】	ウィーン万国博覧会開催。			
1874年1月12日～3月27日		ウィーン滞在後、イタリア・ヴェネツィアへ出発。同地の写真家カルロ・ナヤのもとで「月光写真」の技術を学ぶ。	IV. 日記 1874年	V. 旅行記 1874年	
1874年4月14日		伊豆半島沖で沈没したニール号に搭載されていた日本の展示品を調査するという任務を帯びて、ナポリ港から日本に向けて出発する。			
5月27日	【21歳】	横浜港に到着。			
1875年夏～	【22歳】	東京の外国人居留地(築地)内のお雇い外国人ゲオルク・マルティン博士の家に住む。	VI. 日記 1876年 II. 手紙 19～21通目		
1876年1月10日		フィラデルフィア万国博覧会の日本事務局の通訳者として雇用される。			
3月10日		同万博に参加するため、サンフランシスコに向けて横浜港を出発。			
3月26日		サンフランシスコ港に到着。			
4月4日		アメリカ大陸を鉄道で横断し、フィラデルフィアに到着。			
5月10日～11月10日		フィラデルフィア万博開催。この間、チフスのような症状で3か月入院。			
1877年1月11日	【23歳】	フィラデルフィアを出発。大西洋を渡り、リヴァプール港を経由してハンブルクに向かう。			
2月1日		故郷のアルトアウスゼーに到着。			
1878年5月20日～11月10日	【25歳】	パリ万博開催時に日本事務局の通訳者となる。			
1880年	【27歳】	バート・アウスゼーに写真館を開業。			
1881年	【28歳】	商務省から、オーストリア国家銀記章を授与される。			
1889年3月5日	【35歳】	フランツィスカ・フルーヴィルト(1863-1946)と結婚。			
1890年5月1日	【36歳】	一人息子のフィリップ(1890-1978)が生まれる。			
1912年11月24日	【59歳】	バート・アウスゼーにて卒中発作で亡くなる。			

I

手書きの日記
◎
「東アジアに向かう旅で経験したこと」
1868（明治元）年10月から1869（明治二）年9月まで

1868（明治元）年10月3日（トリエステ）から1869（明治二）年9月8日（長崎）までのミヒャエル・モーザーの手書きの日記。オーストリア＝ハンガリー帝国東アジア遠征隊の公式の写真家に選ばれたヴィルヘルム・ブルガー（Wilhelm Burger, 1844-1920）の助手として遠征隊に参加し、トリエステから長崎までの旅を記録した。日記で見出しとして挙げられている地名は、メッシーナ（シチリア）、アルジェ（アルジェリア）、ジブラルタル（イベリア半島）、喜望峰、インド洋、アンヤー（インドネシア）、シンガポール、バンコク、サイゴン、香港、上海、長崎である。

05　日記（1868・69年）1頁：ウィーンからの出発「神と共に」

Tagebuch
meiner Erlebnisse

Reise
nach
Ost-Asien.

所蔵©Kammerhofmuseum, Bad Aussee

I 手書きの日記（1868・69年）

1.
神と共に

ウィーンからの最初の旅

　1868年〔明治元〕10月3日の夜9時半に南鉄道で出発した。とても明るい夜であった。セメリングを越え、とても美しい地域を走り、早朝6時にグラーツに到着した。天気がとても良かった。実に美しい町であった。シュロスベルクからの眺めは素晴らしかった。トルコ城壁に時計塔、そして大きな鐘がある。その鐘はリースル[1]といい、オーストリアがフランスから略奪した大砲を使って、1809〔文化六〕年に[2]鋳造したものである。午後は、雲が出てきた。夕方6時15分にトリエステに向かって出発した。夜は、再び快晴となった。同月5日、朝8時半に無事にトリエステに到着した。海の広さと船の大きさに圧倒された。夜は、ホテル・ダニエル[3]に泊まった。

　10月6日夕方4時にコルヴェット艦フリードリヒ〔大公〕号に向かい、船で夜を過ごした。ハンモックで寝た。

　〔1〕868〔明治元〕年10月7日、天気はずっと良い。ただ、風が出てきた。自分用のハンモックをもらった。236番である。

　10月8日の昼に、船での最初の食事をとった（音楽バンドの演奏つき）。

2.
　10月9日快晴。少し風があった。今日、初めて自分の新しい食器で食事をした。お米のスープ、肉、パン、赤ワイン。10月10日、風がある。10月11日、風の強い日。ハンモックのロープを失くしたが、見つけた。10月12日、トリエステでミラマーレ城[4]の写真を2点撮影した。

06　トリエステの港、ヴィルヘルム・ブルガー撮影、1868年10月

10月13日快晴。トリエステで兵器庫を撮影した。カメラの二重フィルターを海に落とした。14日、ドナウ号をヴィリーさん5)の船室の窓から撮影した。晴れた、風のない穏やかな日であった。10月15日、午前は風が出ていた。快晴。10月16日、ひどい鼻風邪を引いた。受洗証明書のことで、家に手紙を書いた。10月17日、快晴。旅は日曜日まで延期された。10月18日、午前は身体の具合が少し悪かった。

07　ヴィルヘルム・ブルガー及びミヒャエル・モーザーが乗船したコルヴェット艦フリードリヒ大公号、トリエステ出港前、1868年10月

I　手書きの日記（1868・69年）

3.　　　　　　　　　　トリエステから出発

　1868〔明治元〕年10月18日、朝7時に錨が引き上げられて、船が動き出した。7時半にトリエステを出航した。とても天気が良く、風のない穏やかな日であった。私たちは蒸気機関を動かして移動した。約2時間経ったところで、とても小さなある町のそばを通過した。名前は知らない。ピラノ[6]という[7]。
　午後3時に初めてひどく吐いた。4時半に同様に2回目。そして、夜通し吐き続けた。
　19日は、風がとても強かった。体調はひどく悪かった。日中、吐き気に悩まされ、ずっと横にならざるをえなかった。
　20日、〔一日〕中、横になって過ごすほかなかった。ずっと、ひどい目眩がした。夕方5時半にリッサ島[8]を通過した。夜は、ひどい嵐に見舞われた。21日、依然として、ひどく気分が悪かった。朝は、大嵐と悪天候が止むのを待つために、ある島に碇泊した。島は、コトル湾にあるメレダ島という[9]。

4.　10月22日。夜は、天気が荒れ模様であった。強く雨が降った。しかし、気持ちの良い天気であった。また、2回吐いた、夜と朝に。23日、夜にまた雨が降った。しかし、気持ちの良い天気であった。朝8時にラグーザ[10]の港に着いた。海に出っ張っている鋭角の部分がとても美しい。（その辺りの）海は真っ白であった。具合がだいぶ良くなったので、食事をとった。へまをして、アルコールランプで左手に火傷を負った。24日朝7時にカステルヌオーヴォの港に到着した[11]。ラグーザの港によく似ている[12]。閑散とした場所に建つ家が数軒見えた。一日中、雨が降っていた。気分はだいぶ良い。25日の夜は、雨が強く降った。朝は、空気がとても澄んでいて、天気は回復した。私たちは、コルヴェット艦フリードリヒ〔大公〕号を撮影した。とても美味しいイチジクを買った。

5.　　　　　　　　　　　メッシーナ

　10月26日、朝8時にカステルヌオーヴォを出発し、ダルマチアからアドリア海をぬけてイタリアに渡った。とても天気が良く、風のない穏やかな日であった。カステルヌオーヴォには要塞が一つと城砦が三つある。午後は、大陸が見えなくなった。一日中、体調がひどく悪かった。午後は盛んに吐

5

Abfahrt von Triest.

Am 18. Oktober 1868. — um 7. Uhr früh wurde der Anker herausgezogen und der Dampf schon vorab in Bewegung — und um halb 8. Uhr sind wir abgefahren von Triest in sehr schöner ruhiger See. wir sind mit Dampfer gefahren — als wir 2. Stund gefahren — sahen wir bei einer sehr schönen kleinen Stadt vorbei — Name unbekannt. Pirano um 3. Uhr Nachmittag des nachmal Tag hig gebrochen. — um halb 5 Uhr ditto das 2 tte mal gebrochen und den ganzen Nacht in einer kleinen Bucht festgelegen.

Den 19 ten , sehr windig wir sind sehr schlecht auf das Land . . . da den ganzen Tag liegen 20 ten , Den ganzen immer geblieben immer sehr schaukelig, endlich um halb acht Uhr fahren wir bei Insel Lissa vorbei Nachts angekommen Namen . . . 21 ten , wir noch immer sehr unwohl, in der früh sind wir bei einer Insel stehen geblieben um den großen Sturm und ein schlechte Wetter abzuwarten.

Die Insel heißt Cattaro Meleda im Meerbusen von Cattaro . . . .

08 日記（1868・69年）3頁：「トリエステから出発」

いた。夕方にはまた良くなった。夕方、イタリアの最南端に到着した。今日、初めて船でガラス板の準備をした[13]。24日、初めて印画紙に焼き付けをした。27日は、天気が良かった。ずっと、イタリアの大陸（カラブリア州）が見えた。今日は初めて、船上で焼き付けた印画紙を裁断し、台紙に貼った。今日は、体調は幾らか良かった。

28日、午前、シチリアの大陸が見えた。とても天気が良く、風のない穏やかな日であった。体調がとても悪かった。

29日、今日の夜、シチリアのメッシーナに入港した。天気のとても良い日であった。

6. 1868〔明治元〕年10月30日の午前中は、メッシーナ市を撮影した。変わった町である。数えきれないほどの要塞で囲まれている。正午に再び出発した。私は、まもなく、また気持ちが悪くなった。午後は、盛んに吐いた。海はひどく荒れていた。夜8時半に活火山のそばを通過した。円みを帯びた高山で、海の真ん中に立っている。頂上は火を噴いており、実に奇妙である。ストロンボリ火山は10分毎に火を噴いている[14]。

31日は天気が良かった。海はかなり波立っていた。夜は土砂降りであった。一日中、体調が優れず、何度か吐いた。今日は、海と空を眺めるばかりであった。1868〔明治元〕年11月1日、天気は良く、風のない穏やかな日であった。相変わらず体調が優れず、吐いた。海と空を眺めるばかり。11月2日、天気が良い日であった。身体はかなり楽になった。土曜日から、食事をしても何も美味しく食べられない。朝、サルディニア島の大陸が見えた。帆走した。海は穏やかであった。

7. アルジェ

11月3日、天気は良く、風のない穏やかな日。今日は、また少し食事をとった。相変わらず、身体がとてもだるく、頭痛もする。4日、昨日と同じように天気が良い。少し楽になった。11月5日朝6時半に二羽のとても美しいコマドリが船にやってきた。おそらく海を渡っていたのだろう。午後は、海が荒れた。また盛んに吐いた。体調は頗る悪かった。11月2日から大陸を見ていない。6日、快晴。朝は、また吐いた。体調がひどく悪い。午前10時に強風が吹くなか、アルジェに到着した。今日の午前に、初めて船上で乾板

09 「アルジェの港」ヴィルヘルム・ブルガー撮影、1868 年 11 月

を用意した。昼に上陸し、町を撮影した。アルジェは、アフリカのアルジェリアという国の首都で、フランス人の領地である。とても大きく、美しく、変わった町である。アラブ人や黒人といった黒色人種の土地で、女たちは目元まですっぽりと覆っている。フランスの軍人もとても多い。

8. 　1868年〔明治元〕11月7日、アルジェ。天気はひどく悪く、雷と大雨に見舞われた。強風が吹き、とても寒い。海は大荒れである。体調はだいぶ回復したが、まだ食欲がまったく湧かない。食べられるのはパンだけである。8日、天

10 「アルジェ、ガラス製品の商人」ヴィルヘルム・ブルガー撮影

気は悪い。雨。荒天で、とても寒い。9日、午前中は、空気がとても冷えていた。午後のあたりになると天気は良くなった。上司のヴィリーさん〔ヴィルヘルム・ブルガー〕と写真を撮影するために町に出かけた。レンズのフィルターを失くした。町で美味しいイチジクを食べた。10日、過ごしやすい一日であったが、風はとても冷たかった。海は荒れていた。身体の調子はかなり良くなったが、相変わらず全く食欲がない。11日、快晴、海は荒れていた。午後2時にアルジェを出発した。また、すぐに吐いて、具合が悪くなった。

12日、快晴。海は、かなり荒れた。相変わらず吐き続けて、一日中、体調はひどく悪かった。13日、朝、スペインの大陸が見えた。天気が良く、風のない穏やかな一日であった。

9. ジブラルタル

午前にジブラルタルに到着した。風の強い日。14日、曇り。11月15日、16日、17日はジブラルタルで過ごしたが、ずっと、ひどい雨降りの日が続いた。ヴィリーさんが、とても安く売られているイチジクとオレンジを私にも買ってくれた。身体の調子はとても良いが、まだ食欲がない。18日、快晴。ヴィリーさんと撮影に出かけた。町はとても美しい。山(半島)の麓にあり、要塞でぐるりと囲まれている。私はその山に登った。深く開削されていて、巨大な大砲が1600門もあった。実に見事である。その場所で、沢山の砲弾が積み上げられているのも見た。午後、私たちは、スペインの国境を越えて、その村の、海草が葺かれている、実に奇妙な小屋を撮影した。ジブラルタルはヨーロッパの最果ての地である。19日、快晴。身体の具合は、かなり良い。

11月15日、手紙を家に出した[15]。

10. 1868〔明治元〕年11月20日、朝6時にジブラルタルを出発し、アフリカ大陸とヨーロッパ大陸のあいだを航行した。合わせて約1海里である。船はあまり揺れず、実に穏やかに進んだ。昼11時に(アフリカの)タンジェに到着した。小さく、不衛生な町である。甚だしく未開な人々が暮らしていた。住民の大半は、ユダヤ人やアラブ人である。

21日、曇天。初めて、料理長のところで食事をした。22日、曇天。天

気は荒れていた。朝、また吐いて、気分が悪くなった。23日、朝7時にタンジェを出発した。快晴だが、海は荒れていて、気分が悪くなり、とても頻繁に吐いた。24日、海は相変わらず荒れていて、ひどく具合が悪くなり、始終、盛んに吐いた。25日、海はだいぶ穏やかになった。ここ

11. から帆走する。まだ、具合がひどく悪かった(タンジェでは、沢山のラクダとロバを見た。タンジェは、かつて海賊の町であった。11月23日の昼にヨーロッパ大陸とアフリカ大陸が見えなくなった)[16]。11月26日、海はだいぶ穏やかであった。身体の具合はだいぶ良いが、しかし、相変わらず食欲は全く湧かない。

27日、28日、29日、30日はずっと帆走した。海はとても穏やかである。12月1日、2日は天気が良かった。吐き気もだいぶ治まってきた。2日、テネリフェ島に到着、サンタ・クルスに寄港した。小さな町で、スペイン領である。

12月3日、天気はとても良く、暑かった。午前中は、島に撮影に出かけた。この町はとても気に入った。この島にはカナリアが生息している。ヨーロッパの雀のようにあちこちに飛び回っている。夜7時半にテネリフェを出発した。4日、天気はとても良く、暑かった。海は穏やかであった。今日は一度も吐かなかった。

5日、快晴。具合が悪くなり、また1回吐いた。

12. 1868〔明治元〕年12月6日、天気がとても良い日であった。午前は、遠くにサメの背びれが見えた。7日、甲板長が船上から巨大な魚を釣り上げた。約2フィートの大きさ[17]である。8日、また、とても天気が良く、風のない穏やかな日であった。体調は変わらず、頗る快調である。9日、風のない日。あまり前に進まず。甲板長はまた〔先日と〕同じぐらいに大きな魚を釣り上げた。午後は、私たちの船の前をイルカが泳いでいた。信じられないほど大きな魚〔ママ〕で、1.5尋[18]ほどの長さであった。10日、海はとても荒れていた。今日は、奇妙な、飛ぶ魚〔飛魚〕を見た。11日、船は、高波でひどく揺れた。それで具合が悪くなり、夕方、吐いた。12日、高波。相変わらず具合が悪い。13日、快晴。海は依然として、かなり荒れて

13. いる。午前に、ドナウ号から、船員が一人死んだという知らせが入った(帆を作る二等の船員)[19]。

1868〔明治元〕年12月14日、快晴。海はだいぶ穏やかであった。15日、と

ても天気の良い、暑い日であった。海はとても穏やかであった。午後、小さなサメを見た。

16日、とても天気の良い、ひどく暑い日であった。今日は、蒸気機関を動かして航行した。海は極めて穏やかであった。17日、とても暖かく、雨が少し降った。午後は、大きな鳥が四羽飛んでいるのを見た。

18日、とても天気の良い日であった。朝8時に、航行を少しのあいだ休止し、ボートでドナウ号に移動した。それから、帆走した。昼にブラジルの郵便船が隣を通過した。その船は、ブラジルに向かった。19日、快晴。海は穏やかであった。

14. 1868〔明治元〕年12月20日、天気はとても良く、暑い日であった。今日の午後5時に赤道を越えた。ここは、いつも最も暑い場所である。太陽が真上にあるからである。2時に私たちは赤道祭を祝った。まだ赤道を越えたことがない者は、洗礼を受けた。船員五人が赤道を越えたことがあった。一人は、熊の格好をして、一人は女性の格好、一人は裸になり、二人は、紳士の装いをした[20]。それから祭りが行われた。彼らは、水を張った大きな樽とその上に載せる幅狭の板を持ってきた。その板の上に、一人ずつ座らなければいけない。

15. 顔には、石灰を塗った。それから、巨大な眼鏡をかけて、木製のカミソリを手にした者がやってきて、彼の顔の石灰をこそぎとった。それからほかの二人が、樽の上の板を彼のために外した。彼は、足を上にして〔お尻から〕、水を張ったその樽に落ちた。木製のバケツを持っている者は、水を汲んで、蒔いた。その場にいた者は一人残らず、びしょ濡れになった。そして、コールタールで赤色に塗られた。各種専門家、一等航海士、艦長〔ピットナー〕[21]もこの洗礼を受けた。これは、とても愉快であった。小ヨーゼフと設営係のシェンツフラグが私に最初の水をかけた。このようにして、2時から4時までずっと水をかけ合った。

21日、22日は、連日快晴。

16. ここで、ヨーロッパと3時間の時差ができた。

1868〔明治元〕年12月23日は、天気がとても良く、風のない穏やかな日であった。午後は、とても沢山のイルカを見た。何百頭ものイルカが船の周りをぐるりと取り囲んでいた。こんな光景は、今まで見たことがなかった。イルカは、体長が約一尋あり、長く、平たい尾びれを持つ。24日、快晴。午

11 海軍中佐マクシミリアン・フォン・ピットナー（1833-1911）。オーストリア＝ハンガリー帝国東アジア遠征隊フリードリヒ大公号に乗船していた要人の肖像写真をヴィルヘルム・ブルガーが寄せ集めて作ったコラージュより

後は、聖夜を祝った。各種専門家は、船員皆にちょっとしたクリスマスプレゼントをあげるために、全員の人数を数えた。次の物がプレゼントとして渡された：ワイン、たばこ、石けん、サーディン、シャツ、そして写真。くじ引きのような具合で、各自、番号を引いた。私は、上司〔ブルガー〕からグルデン硬貨22)をもらった。今年は、聖夜をこのようにすごせるとは思ってもみなかった。

17. 1868〔明治元〕年12月25日は、とても天気の良い、風のない穏やかな一日であった。26日、天気がとても良かった。私たちは、大陸から20海里の場所にいた。ブラジルの土地(南アメリカ、ペルナンブッコ岬)がよく見えた。27日、28日は、連日快晴。29日にドナウ号が見えなくなった。30日、海はとても荒れていた。また、気分が悪くなり、朝に吐いた。31日、海はかなり荒れていた。

1869〔明治二〕年1月1日、新年を迎えた。深夜は、砲台のある場所までやかましい音楽が聞こえてきた。それから軍楽隊がやってきた。とても天気の良い一日であった。1月2日、天気がとても良い日であった。3日、風のない日。4日、今日の夜11時に不幸があった。水兵が一人、スパン

18. カー23)から甲板に落ちた。不運なことに、頭が粉々になり、その不幸な水兵は2時間のうちに死体となってしまった。彼は、甲板でハンモックと旗でくるまれ、木製の十字架と火の入ったランプがその上に置かれた。このことは、すぐにドナウ号にも知らされた。すると、海が穏やかであったので、海

I　手書きの日記(1868・69年)

軍の従軍司祭〔ローレンツ・ラコヴェッツ〕がこちらにやってきて、甲板で葬式が執り行われた。午後、その遺体は帆布で包まれ、その端に150ポンドの鉄の重しをぶら下げて、3時に司祭から清められ、長い板の上に乗せられて、海へと流された。その不幸な人物はカピタノヴィッチュ[24]という名前であった。主よ、永遠の安息を彼に与えたまえ、アーメン。

19. 1月5日、6日、7日はずっと天気が良く、暑い日が続いた。海はとても穏やかで、船はあまり進まない。昼になると、太陽が照らし、影がなくなることに気づく。8日、天気はとても良く、風のない穏やかな日であった。9時半にドナウ号の提督〔ペッツ〕[25]がフリードリヒ〔大公〕号に移動してきた。9日、10日は快晴で、風のない穏やかな天気であった。11日、海はとても荒れた。船は、ひどく揺れた(横揺れした)。大砲を固定し、砲台の砲門を閉じなくてはならなかった。今日は、吐かなかった。

1869〔明治二〕年1月12日、海はとても荒れていた。

13日、14日、風は収まったが、船はひどく揺れた。この数日ほど船が揺れたことはなかった。今日は、アホウドリを見た。とても大きなカモメのような鳥である。

20. 1869〔明治二〕年1月15日、曇天、雨降りの日。かなり寒くなった。

16日、天気が良く、寒い日。海は穏やかになった。今朝は、上司から助言をもらった[26]。大人しく、従う。

17日、雲が若干出ている日。夜は、風がとても強くなった。18日、曇り。強い風が打ち付けて、海は嵐の様相を呈していた。今日は、シッポウバトと海燕を見た。私たちのところと同じぐらいの大きさだが、鴨のような長い嘴と足を持っている。今日はまた、ドナウ号を見失った。

19日、今夜はひどい嵐に見舞われた。風が強く、建物のように高い波が甲板に打ち付けた。船は転覆するのではないかと思われるほど、ひどく揺れた。しかし、私たちは幸運なことに、神のご加護で生き延びることができた。何という奇跡だろう。私は、船酔いにはならなかった。

21. 5本のヤードを見つけた。そして、ドナウ号は、流れて沈んで行く死体を何体か見つけたが、船に引き上げることはできなかった。

砲台は一日中、水浸しになっていた。帆を一反だけ張り、進んだ。20日は、嵐は幾分収まった。しかし、波はとても高く、海は恐ろしい様相を呈していた。21日、快晴。波はとても高い。船は、ひどく横に揺れた。22日、

23日は天気が良かった。24日午後、事故で亡くなった船員の遺品が競売にかけられた。25日は風がとても強く、夕方になると嵐の様相を呈し始めた。ドナウ号が見えた。26日、朝8時に喜望峰が見えてきて、テーブルマウンテンが見えた。11時に喜望峰に到着した。町は、山頂が平らなテーブルマウンテンの麓に広がっている。テーブルマウンテンは有名な山で、町はジブラルタルによく似ている。

　27日、上司〔ブルガー〕と町に撮影に出かけた。町はとても美しい。通りは、すばらしく美しく、長く、まっすぐで、建物は皆、茶色く、低層で屋根がなく、平らである。領事が船にやってきた。

22. 喜望峰

　ここは、不快なほど暑い。ちょうど真夏なのである。ここでは、とても美味しいぶどうをとても安く手に入れられる。ほかには梨もある。しかし、りんごは少ない。

　ここでは、調理された1フィート〔30センチ程度〕の大きさもある巨大な蟹も食べることができる。一匹6クロイツァーである。午後4時にドナウ号が到着した。昨日、今日と礼砲を発射した。私たちの船の隣にはアメリカの砲艦が碇泊している。ちょうどイギリスの教会を撮影していたときに、ドイツ語を話す一人の人物が私たちのところへやってきた。彼も写真家であった。ボヘミア[27]出身で、すでに16か月も喜望峰にいると言う。私たちは、彼のアトリエに行き、美味しいビールを飲ませてもらった。

　28日、午前中は雨が降った。昼になると再び天気は回復した。29日、曇天。午後は、マライ人の墓地で撮影をした。

23.

　その墓地の墓には、それぞれ四角の石板〔墓碑〕が立てられている。そこにはヘブライ語で碑銘が刻まれているが、聖人像は入れられていない。30〔日〕、「ザンドフィッシュ」が船の周りを泳いでいた。とても大きく、球のように丸い。2枚のひれがあり、左右に揺れながら泳ぐ[28]。

　31日、快晴。1869〔明治二〕年2月1日、B. マーラー氏（ドイツ語を話す人物）のアトリエで現地のカフィル人〔バンツー人の一種族〕を撮影した。真に未開で、粗暴な人々である。2日、昨日に続き快晴。夜は、調理した食事はとれなかった。3日、家に手紙を書いた[29]。今日は、艦長が二羽のペンギンを

Ⅰ　手書きの日記(1868・69年)

12　喜望峰、テーブルマウンテンの見える景色。前に座っている人物はミヒャエル・モーザー、ヴィルヘルム・ブルガー撮影、1869年2月

撃った。この動物はアヒルのようだが、背中は黒く、ほかは白い。嘴と足も黒く、泳ぐときにひれとして使う翼には、毛は生えていない。この鳥は飛べない。肉はひどく臭く、食べられたものではない。

24. 　4日、今日は、カフィル人の女性を一人撮影した。漁師がちょうど陸に引き揚げたばかりの一匹のマダラ[30]を見た。今日、専門家のH. ハート氏がウィーンに戻った。原因は、艦長との衝突である[31]。

　今日、ここで捕まえられた脱走兵を見た。今日、イギリスに送還される。

　5日、6日は快晴。喜望峰にいるマライ人は黄色の肌をしており、先の尖った、丸く、高さのある麦わら帽子、幅広のズボンに大きなシャツを身につけている。靴のかわりに、木製の板のようなものを履いている。その先端にはボタンのようなものがついていて、足の指をそのあいだに通す。7日、快晴。

　8日、パン屋で上司のヴィリーさん〔ブルガー〕がとても美味しい食事をご馳走してくれた。私は、金属製の笛を三つ買った。午後、フランスの戦艦ジャン・バールが到着した。100門もの大砲を搭載していた[32]。

15

25. 喜望峰では、真っ白な猫を見た。喜望峰では、また、14頭の雄牛がそれほど大きくはない車を曳いているのを見た33)。

2月9日、荒天。

10日、快晴。午後3時に日食。今日は、町の外に出て、松のような木の下で食事をした（パン屋）。松の下には、草は生えていない。どこもかしこも砂と石ばかり。風変わりな土壁の家が建てられている。11日午前、船の網で奇妙な魚や大きな蟹が捕獲された。エイ、「カッツェンフィッシュ」34)一匹も捕獲された。午後、私たちは提督〔ペッツ〕を撮影したが、あまりうまくいかなかった。

13 「海軍少将ペッツ、両船の提督」ヴィルヘルム・ブルガー撮影、喜望峰、1869年2月11日

12日、とても良い天気であった。13日、14日は、連日快晴。15日の午前は、汽船でロベン島に向かい、撮影をした。島は小さい。喜望峰から汽船に乗って1時間で着く35)。この島にいるのは罪人だけである。主にカフィル人とホッテントット人〔コイコイ人〕である。ホッテントット人は小柄で、黄色の肌をしていて、ほとんど髪の毛が生えていない。彼らは、島では自由に移動することができる36)。

26. 2月〔10日〕、午後、木〔松〕の下で食事をしているときに日食が起きた。あっという間に辺り一面が真っ暗になった。

27. ここの罪人の大半は、2年から3年のあいだ、この島で過ごさなくてはならない。精神疾患の罪人だけが収容されている建物も何棟かある。私は、昼は、島に赴任しているドイツ人医師のもとで過ごした。そこでは、イギリスの音楽が演奏された。4時に汽船に戻った。波止場がなかったので、罪人に船まで運んでもらった。この汽船は毎週1回、食料を積んで〔島に〕向かう。島には何もなく、何も育たないからである。夕方は、黒人の子供たちと魚釣りをし

28. た。彼らは、針と糸、それから捕まえた魚の肉を餌にして、いとも簡単に魚を捕まえる。毎分約2分の1フィート〔約15センチ〕の大きさの魚を三、四匹釣る。この「クレッテンフィッシュ」には毒があり、食べられない[37]。黒人の子供が一匹の魚を釣る間に、私は、二、三匹の魚を釣った。

16日、快晴。17日、鉄道で30分程度の距離にある郊外に向かい、テーブルマウンテンの奥地にあるロンデボッシュという町[38]で女性のグループを撮影するという仕事があった。イギリスの大富豪が私たちの将校を数名招待した。入江に面して建てられた屋敷に向かった。森は松のような木ばかりであった。その屋敷は、二階建てで教会の造りによく似ていた。外に立派な食事が用意されて、ドナウ号の軍楽隊が演奏を披露した。上流階級の女性が大勢来て、外で踊った。私も、そこでとても美味しいお茶を飲んだ。ロンデボッシュは、テーブルマウンテンの裏手にある。6時45分に船にまた戻った。

29. <center>インド洋にて</center>

18日、風がとても強かった。錨をつないでいる鎖が切れてしまったほどである。

喜望峰は、アフリカの最南端の地である。夜9時半に喜望峰を出発した。19日の朝、喜望峰の大陸を見送った。海はとても荒れており、私は再び一日中吐き、具合がひどく悪くなった。20日、海はとても荒れていた。また、アホウドリと海燕が船の後ろを追ってきた。21日、海も私もずっと不調である。22日、幾らか回復した。23日、24日、25日、26日は、ずっと風が強く、海がとても荒れていた。私の体調は、だいぶ回復し、食欲も戻った。27日の午前は風がとても強かった。数えきれないほどの水凪鳥が船の周りを飛んでいた。1869〔明治二〕年2月28日、気温がとても低かった。海の水温の方が10度は温度が高かった。海は少し穏やかになった。喜望峰で八匹の猫を船に乗せたが、そのうち一匹には四匹の子供がいた〔合計12匹〕。

30. 1869〔明治二〕年3月1日、涼しい一日。

2日、曇り、涼しい一日。今日、一隻の帆船が見えた。3日、雨が降り、涼しい日。4日、とても天気が良く、澄み渡る青空の広がる日。風はなく、海は穏やかであった。ここでは、オーストリアでは月が欠けるときの三日月のかたちは、月が満ちるときに見える。ここは、オーストリアの反対側に

位置するからである。上司〔ブルガー〕が、トリエステに戻るときは、日付が一日ずれていると教えてくれた。私たちの船は日が昇る方向に向かって進んでいるからである。今日は一日中、イギリスの戦艦が併走していた。そして、沢山の巨大なアホウドリたちも、私たちの船を追いかけて来た。5日、6日、7日はずっと晴れており、涼しく、風があった。ずっと、ちょうど良い順風が吹いていた。上司も、少し具合が悪くなった。

31. 　3月8日、曇天。とても強い風が吹いていた。海は荒れていた。午後には、嵐が始まった。9日、ひどい嵐。海はとても荒れており、帆が破れてしまうほど、風が強かった。

　10日の夜は、土砂降り。午後は、天気が回復した。今日は風がなかった。11日、昨日の夜8時45分に船員の一人が長く苦しんでいた肺疾患で死んだ[39)]。その不幸な船員の遺体は、甲板の上のメーンマストとフォアマストのあいだに安置された。午前中に遺体は解剖された。天気が悪かったため、ドナウ号で従軍司祭は葬儀を執り行い、3時半に遺体は海底深くに沈められ、弔われた。午前中は雨が降っていた。

　12日、雨が降った。〔緯度〕42度、〔経度〕70度。

32. 　3月[40)]13日、霧の濃い、雨降りの日。ドナウ号を見失った。

　14日、青空の晴れ渡る日。15日も青天。3月15日には、1月27日以来、ずっと食べていなかった塩漬け肉が食事で出された。新鮮な肉は食べなかった。

　16日の午前は、とても強い風が吹いた。船はひどく縦に揺れて、私はまた具合が悪くなり、ほどなくして吐いた。午後に風は幾分穏やかになった。

　17日、18日、風はなかった。しかし、雨が強かに降った。19日の午前は、とても強い風が吹き、船は激しく縦に揺れて、まもなく、私はまた吐いた。午後は、幾分回復した。

　20日、抜けるような青空の日。

　21日、今日も天気が良く、風のない穏やかな日であった。

　22日、天気の良い日。海は波が高く、ひどく荒れていた。風はあまり出ていなかった。船は、横に少し揺れた。

　23日、一日中雨が降っていた。24日、午前は、北風が強く吹いた。船はひどく縦に揺れ、私はすぐに具合が悪くなり、吐いた。午後は、風は幾分止んだが、雨はずっと土砂降りであった。

33. 　3月25日は、聖木曜日。

曇天。最近はずっと、とても暖かい。気温は24度もある。船舶の号鐘や設営隊主計長の笛でもなく、ラチェット[41]が鳴らされた。26日、聖金曜日。天気がとても良い日であった。昼は、棒鱈とヌードル入りのスープを食べた。27日、昼はまた号鐘を鳴らし、音楽を演奏した。設営隊主計長が笛を鳴らした。昼は、豚肉を食べた。28日、復活祭当日。インド洋の緯度16度、経度121度の地点でひどく気分が悪くなった。天気はとても良く、海は、波がかなり高かった。船は、ひどく横に揺れた。夕方、砲台のある部屋で、士官候補生のF.トイフェル[42]の演出で18人のドイツ語を話す船員が芝居を行った。

34. 彼らは、アメリカ先住民[43]の芝居を演じた。皆、半裸で、衣装は信号旗と旗で用意した。数名は女性の格好をした。とても良くできていた。芝居は7時から8時まで続き、私はとても楽しんだ。29日、とても天気の良い、暑い一日。30日、雨。とても蒸し暑かった。31日、一日中、雨が強く降り、夕方はずっと雷が光っていた。1869〔明治二〕年4月1日、〔一日〕中、ひどく雨が降った（土砂降り）が、風は吹いていなかった。2日、夜は快晴。しかし、朝から日中にかけては、ひどく雨が降った。風はなく、全く前に進まなかった。

3日、ひどい土砂降りで、風はなかった。4日、曇天。風が出てきた。5日、雲が多く、雨が降った。2月19日からずっと大陸が見えてこない。

35. インド洋では、五隻の船以外には何も見えなかった。ずっと嵐のような雨と寒い日が続くばかりであったが、船は順調に前に進んでいた。

ようやく今日、1869〔明治二〕年4月5日の朝9時にジャワ島が見えてきた。10時にはスマトラ島も見えた。

島はいずれも平坦で植物が生い茂っているように見える。今日は、蒸気機関を動かして移動し、昼の11時にスンダ海峡の手前で図らずもドナウ号と出会った。それから、スンダ海峡を通り、約4海里離れているジャワ島とス

36. マトラ島のあいだを進み、夜9時にアンヤーに到着した。

アンヤー

1869〔明治二〕年4月6日の午前に早速、大陸に向かった。とても天気の良い日であった。上陸すると、褐色の肌をした裸身のマライ人たちが待ち受けていた。この一帯はとても美しく、一面に緑が広がっている。土の色は我々のところと同じように黒色である。辺り一面にとても美しい緑が育ってい

る。まるでブナの森に囲まれているようだが、実際は椰子である。椰子の幹はまっすぐで、滑らかな木肌をしており、高く伸びる。先端は、バラのように葉が生い茂っている。葉は、長さ1ファゾム以上、幅2フィートあり、ギザギザしている。その下に、小さなカボチャ大の椰子の実がぶら下がっている。熟した椰子の実は黄色で若干縦長である。

37. また、ここにはバナナの木も沢山植わっている。バナナの木は背が低く、1ファゾム以上の長さで幅2フィートのつるりとした葉をつけている。果実は、太い茎に大量に並んで、ぶらさがっており、約5インチの長さで、もっちりとした食感である。とても美味しい。住民は、褐色の肌をしたマライ人である。彼らは半裸で、腰の辺りにだけ布を巻いており、頭には編んだ麦わら帽子を載せている。ちょうど、われわれのところのパンのかごのようなものである。その帽子の下には、頭の大きさぴったりに編まれた丸い輪っかを載せている。帽子は大抵、茶色か黄色に塗られている。ここの住民は、ロープも縄紐も使っていない。魚を獲る網は、サトウキビか竹の繊維で作られている。

38. その繊維は縄紐のようにまとめられており、最も大型の帆でさえもサトウキビや竹の繊維で作られていて、かなり頑丈に見える。

人々はだいぶ小柄で痩身、そして皆、とても大きなナイフを携えている。これは、彼らの唯一の道具で、これを使って太い幹の巨木も切り倒し、分割する。また、約2分の1インチも厚さのある固い椰子の実を上手に割る。椰子の実の外側はクルミの殻のように固く、内側は、ゆで卵の白身のようである。その中には、約300ミリリットルの果汁が入っている。牛乳のような味で喉を潤してくれる。椰子の実に丸い穴を開けて、その果汁を飲み干す。椰子の実は、小さなナイフでは到底開けること(切ること)ができないほどに固い。

39. ここの人々は実直で、あまり野次馬根性のようなものがないようである。これは、他の土地と異なる。というのも、私たちオーストリア人がボートで上陸し、歩き回っていても、だれも見向きもしないのである。皆、大きなナイフを携えているが、彼らを恐れる必要もなく、森の奥地まで行ける。彼らはまた、とても穏やかである。防波堤で人だかりを見ることがあるが、何の叫び声や話し声を聞くこともなければ、その辺りを走っているのを見かけることもない。彼らもまた、キンマ[44)]を噛む。これは、タバコのようなもの

だが、舌や口が真っ赤に染まり、歯が墨のように真っ黒になるほど強い。キンマのタバコは、前歯と唇のあいだにはさみ、吸う。

40. 塊のタバコは、プラムのような大きさで、いつも口から半分出ている。キンマのタバコは、ずっと口の中にいれたままで、パイプのような吹かしタバコはない。食事は、バナナやパイナップルなどの果物やお米だけである。椰子の実の果汁を飲み、お米を水に浸して、調理せずに食べる。牛肉やパン、小麦粉で作る料理などは、ここの人々には馴染みがない。四角い角を持つ雄の水牛が何頭かいる。彼らはかなり小型で灰色である。それから、とても小さな羊と、耳が短く縦に立っている極小の豚がいる。ほかには、とても小さなヤギもいる。これらの動物は、矮小型だと言わねばならない。それから沢山の鶏、鴨、ガチョウがいて、船に積んだ。

41. それらは、とても安く買えた。鴨二羽は1イギリスシリング（50クロイツァー）、鶏一羽は15クロイツァー、鶏12羽で1ターラーである。椰子の実は一つ6クロイツァーで、サトウキビから作った褐色の砂糖もあった。とても安かった。私たちのところでは、〔？〕45)という種類にあたるジャガイモもあったが、ここの人々は調理せずに生で食べる。

アンヤーはオランダ領で、ここには1万人の人々が住んでいる。港には、とても良い上陸場がある。そこには、美しい、小さな運河を通過して入港するのだが、船から降りるのにちょうど良い階段があるのである。建物はあまり見かけず、ホテルや休憩所、飲み屋が数軒あるばかりである。ホテルは二階建てで、椅子やテーブルが置かれていて、優雅に設えられている。窓には、ガ

42. ラスがはめられていない。ホテルでは、ボトルのワインやビールを飲める。しかし、とても高い。それから焼いた鶏が食べられるが、パンはない。これらの建物は石造りで、屋根は瓦葺きである。建物の所有者は、ヨーロッパ人である。ここにはドイツ人もいる。それから中国人も。彼らの住居は石造りで、屋根には椰子の葉が葺かれている。買い物をするために、その建物の中に入ったとき、中国人が一人椅子に座っており、足をテーブルの上に投げ出して、パイプを吹かしていた。その隣には、横になれる安楽椅子があった。もう一人の中国人は、別のテーブルについていて、計算機で計算をし

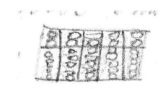

14　日記（1868・69年）42頁：中国の「計算機」として紹介されている、そろばん

ていた。それは、1枚の板に沢山の玉がついているもの[46)]である。それを上下にずっと移動させている。中国人は中背で、黄色の肌をしており、丸顔で
43. ある。頭を剃っていて、1本の長い三つ編みを脇腹の辺りまで下げている。その家には、小さな丸いお菓子の上にガラスの蓋を被せているものが二つあり、そのほかには麦わら帽子、タバコがあった。中国人の建物には、中国語が書かれた黄色の紙が所狭しと貼り付けられている。見事な椰子の木の森を奥に進むと、原住民の小屋が並んでいる場所に出る。椰子の葉でできた簡易な小屋である。住民数に比して、小屋の数はかなり少ない。というのも、人々は屋外で暮らしていて、調度品や鍵をかけて保管しなくてはならないようなもの、ベッドも何もないからである！　水を持ち歩くための容器は、竹筒である。竹は、とても背が高く、3、4インチほどの厚さがあり、幹の先端のほうで葉が重なり合って広がっている。竹の内側は空洞で、わら茎のように節がある。
44. 二つの節のところで切断し、一つの節のところに穴を開け、水を入れたりする。人々は動物のように暮らしており、床で寝ている。仕事というものはなく、おなかがすくと、木から果物を採ってくるという具合である。先住民は年を取れない。最も老齢の者でもせいぜい35歳ぐらいである。教会も学校もないにちがいない。ここの人々は時計にも馴染みがない。飲み屋にだけ時計が一つある。兵士は皆、褐色の肌をしたマライ人で将校は白色人種である。およそ100人の兵士がいる。彼らは、紺色の服を着て、高さのある帽子をかぶり、靴は履いていない。訓練のときは俊敏に動く。銃にはバンドが付
45. いておらず、肩の前に構える。一般の兵士は、無報酬で、食事や飲み物だけを支給されている。そして、3年任務に就くと、300フローリンが支払われる。兵士は結婚しており、妻や家族も兵舎に住まわせる。その兵舎で、妻は料理をする。礼砲を発射するための大砲は一門しかない。道や街路はとても美しく整備されており、道は椰子の木の森を通過している。馬も見た。しかし、子牛[47)]ほどの大きさである。そして、二輪車の馬車も二台見た。この馬車は、小柄な茶色の馬がそれぞれ二頭で曳いている馬車である。ここにはジャコウネズミも生息している。灰色で、リスより幾分小さく、細い尻尾がついている。そして、椰子の実の上をあちらこちらに跳ね回っている。ここには猿、オウム、そして〔?〕[48)]鳥も生息しており、皆、とても安く売られている。猿の値段は一匹2フローリン50クロイツァーである。

46.　オウムの値段は一羽1フローリンである。ほかにもあらゆる種類の鳥や動物が生息していて、虎、クロコダイル、象、蛇も沢山いる。

　1868年〔正確には、1869(明治二)年〕4月7日、曇り。午後は激しく雨が降り、風がとても強く吹いていた。ピットナー艦長は、オオコウモリと沢山の鳥を撃った。オオコウモリはコウモリと似ていて、ロットワイラー[49]のような顔をしている。まっすぐに立っている耳を持ち、羽根はコウモリの羽根とそっくりである。ただ、コウモリよりもずっと大きく、濃い灰色で2本の大きな前足を持つ。羽根を広げると、3フィート〔約90センチ〕以上の大きさがあり、肉食獣で、夜行性である。ピットナー艦長はまた、巨大なトカゲ[50]を撃った。5フィート〔約150センチ〕の長

47.　さはある。8日、快晴。午前に艦長のボート[51]が、海に落ちた。鉄製のフックが壊れたのである。そのボートは、2フィート〔約60センチ〕以上の水深に沈んだ。二人の船員がそのボートから落ちたが、泳ぐことができた。しかし、一人の船員が頭に大怪我を負った。もう一人も軽い怪我を負った。

　アンヤーは、楽園のような植生に恵まれた土地である。私が今まで見てきた場所で一番美しい[52]。

　午後、再び陸に向かった。バタヴィアから新聞が到着したのだが、その紙面には、フリゲート艦ラデツキー号がリッサ海戦[53]で大破したと書かれていた。私たちの艦長の三番目の弟は、ラデツキー号に一等航海士として乗船していて、そこで命を落とした[54]。

　9日は、とても天気の良い、ひどく暑い日であった。10日、とても天気の良い、風のない日。9時にアンヤーを再び出発した。シンガポールまで水先人を一人乗せて行くことになった。この辺り一帯は、航行するのが実に危険だからである。その水先人はドイツ人であった。

48.　船員が懺悔できるように、シンガポールまで海軍の従軍司祭を乗せて行く。ここからは小さな島に沢山出会した。昼には、海から覗く、とても小さな岩礁を幾つも見た。私たちの船がこれに乗り上げないように、水先人はこれらがある場所を全て知っていなくてはならない。

　11日、とても天気の良い、ひどく暑い、風のない日。私たちは島の間を進んだ。私たちは、また、海から覗く、無数の小さな岩礁を見た。今日は、30分毎に蒸気機関を停止しなくてはならなかった。砂州が沢山あるからである。昼は、水深四尋〔7.2メートル〕しかなく、私たちの船の着水部分は、三

尋〔5.4メートル〕だったのである。夜は、錨を下ろさなくてはならなかった。

　12日、ひどく暑く、風のない穏やかな日であった。ずっと島のあいだを移動し、スマトラ島の横を通過した。私たちが見た限りでは、スマトラ島は全く平坦で、丘陵もなかった。

　13日、相変わらず、ずっと島が見えた。午後2時に再び赤道を越えた。今日、私は海軍従軍司祭〔ラコヴェッツ〕に、砲台のある部屋で告解を聞いてもらった。一門の大砲の隣に告解の椅子が置かれていて、旗がぐるりとかけられていた55)。14日、相変わらず島のあいだをすれすれの距離で走ったため、家や農民の姿をよく確認することができた。竹と竹の葉56)でできた櫂を使う、褐色の肌をした、半裸のマライ人が乗った小型の船が、私たちの方にやってきた。夕方5時にシンガポールに到着した。宮廷顧問官で、遠征隊の〔専門家の〕隊長であるシェルツァー57)がまもなく乗船した。それから小型の船が、私たちの船にやってきた。その船には、頭には白いターバンを巻き、煤だらけになっている濃い褐色の肌のヒンズー教徒が乗っていた。

シンガポール・アジア58)

　その後、愛する両親とハインリヒ59)からの手紙を受け取った。両親の手紙の日付は1868〔明治元〕年10月21日で、喜望峰で受け取れたはずだったが、ウィーンでずっと止まっていた。ハインリヒの手紙は、1869〔明治二〕年2月2日の日付であった。〔1868〔明治元〕年〕10月1日に手紙を受け取って以来の手紙で、旅に出発してから受け取った手紙としては、最初の手紙であった。リリエナウ男爵夫人が、私がジブラルタルで書いた手紙は、ウィーンで紛失したようだと知らせてくれた60)。

　15日、曇天。今日、果物を載せた小型の船が、何艘かやってきた。この船はかなり小さく、幅広で、先端がとても尖っている。後部は、切られたかのようなかたちをしていて、2本の出っ張りがある。この船に乗っているのは、大抵は中国人で、彼らは2本の細長い櫂を使っている。櫂のブレードの部分は長方形で、その部分を後ろに持ち、両手でその櫂を持つ。これは、トリエステ〔の船の漕ぎ方〕と同じである。彼らは、バナナ、パイナップルなどの果物や、鶏の卵、そして、とても沢山の綺麗な貝を載せてやってくる。私はパイナップルを食べた。ここのパイナップルはとても美味しいが、

I 手書きの日記(1868・69年)

鋭く尖っていて、最初の頃、唇と舌を切って流血した。

　16日、曇天。午後は、黒色の肌をした道化師が船にやってきて、とても奇妙なものを披露した。更に!! この小さな船には、取り外しのできる、椰子の葉でできている天井がとりつけられている。これは、第一に雨よけ、第二に暑い日差しを避けるためのものであり、〔船は〕人々の住居でもある。彼らは、この船の上で寝て、お米を少しの魚と水で炊く。塩などのほかのものは一切使われていない。原住民は、クリングという。

52.　昼に上陸した。天気は、曇りで雨が降っていた。この土地は全く平坦である。

15 「シンガポール。礼装時の装飾品を身につけたクリングの女性」ヴィルヘルム・ブルガー撮影、1869年4月

町の近くにのみ、小さな丘が三つある。町は大きく、美しい。家屋は、とても美しく、屋根には丸い瓦が葺かれている。ホテルも何軒かある。住民の大半が中国人で、次に多いのがマライ人、黒色の肌をしたヒンズー教徒たちである。ヨーロッパ人はごく僅かである。ドイツ人もいる。中国人は黄色い肌をしており、半裸である。彼らは水着のようなズボン以外には尖った麦わら帽子しか身につけていない。多くは帽子すらかぶっていない。高貴な身分の中国人は、青色の幅広のズボンを穿いて、白いシャツを着ている。皆、頭の頭頂部を丸く剃っており、後ろに長い三つ編み[61]を下げている。髪の長さが足りない者は、三つ編みを黒色の絹糸とつなぎ合わせて、太腿まで垂らしている。中国人の三つ編みを切り落とした者は、300ドルの罰金を支払わなければならない。

53. 　クリング[62]、あるいはヒンズー教徒たちは肌が黒色で、頭は剃り上げている。なかには、髪を伸ばしている者もおり、美しい髭をたくわえている者もいる。彼らは、大抵、白色のターバンを頭に巻いている。美しい家屋が建ち並んでいるが、その大半は二階建てで、決まってベランダが設備されている。その下には柱が立っていて、柱の内側の空間は、通路になっている。その通路では、店が開かれている。ここでは、まともなものは買えない。というのも、中国人は、自分たちの暮らしにおける必需品だけを売っているからである。例えば、大きな「中国人仕様の帽子」[63]や、中国人の服、他には、実に簡素に作られたもの（ここの人々が身につけている白色の靴や帽子、白色の服など）[64]、そしてバナナなどの果物が売られている。お米、お茶、そして干物なども大量に売りに出されている。家具工、板金工、仕立屋は皆、床の上に座って仕事をするが、とても美しいものを作る。中国人は、実に勤勉である。

54. 　このひどい暑さでは大儀であるにも関わらず、労働している姿しか見ない。仕事場や商店は、彼らの住居でもある。家には鉄製の小さな竈がある。椅子やベッドはない。食事のときは床に座る。食事に使われる道具は、磁器の茶碗と木製か象牙でできている鉛筆大の2本の細い棒だけで、その棒は一度も洗わない。そして、〔その2本の棒は〕人々のあいだで使い回される。主食は、お米だけ。外でも、あらゆる種類の食事が提供されている。主に、とても脂っこい豚肉や魚などだが、どれも非常に不味い。中国人は、2分の1セント（1クロイツァー）を支払い、食事を丼鉢によそってもらい、床に座り、箸を使って食べる。これが、昼食の全てである。

55. 　パン屋もある。パンも不味く、塩さえ使われていない。全く食べられたものではなかった。床屋も多い。通りに店が出ているので、道で髪や髭を剃られることになる。扉も何もない小さな部屋にいる状態である。中国人は、三角形のカミソリで剃る。客は、椅子に座り、床屋は、そのカミソリで顔全体と顎下のひげを、客と一言も言葉を交わすことなく、剃る。このような床屋を沢山見たが、いつも満席であった。一つの通りに二、三軒の両替屋がある。

56. 　両替屋は、建物と建物のあいだの隙間のようなところにあり、私たちのところの教会堂開基祭の露店と似ている。前にテーブルのようなものを置き、その上には丸い〔？〕[65]がある板があり、銅銭がずらりと並べられている。両替商は、ヒンズー教徒やクリングが多かったが、彼らは、店の端っこの

テーブルの隣に足を組んで座っていた。両替屋は、朝早くから沢山のお金を用意して、店を開いている。中国人は、銀を投げて、そのときの音で本物かどうかを見極めることができる。ここには、あらゆる種類の銀貨が持ち込まれるが、彼らはその価値を私たちのところとは別の価値で計る。まず、重さを測り、それから音を確認して、良い銀か、そうでないかを確認するのである。

57. 私は両替屋に、プロイセンのターレル貨で1フローリン50クロイツァーを持ち込んだところ、あまり良い銀ではなかったため、2シリングしかもらえなかった。彼らは銀の価値に対して対価を支払うからである。ここでは、イギリス領インドの銅貨のセントが使われているが、オーストリアの通貨だと2クロイツァーにあたる。ヨーロッパと同様に装身具の店が沢山あるが、この人々は、客を店に呼び込むようなことはしない。いつも静かに、商品のそばにたたずんでいる。彼らは、いつも深刻な顔をしている。中国人には、あまり信仰というものがない。彼らは、お金のことしか頭になく、「お金」が彼らの神である。だから、お金を勘定しているところしか見ない。小売商は皆、銀貨を入れた大きな袋をいつも持ち歩いている。中国人は右から左に文字を書く。そして、行は上から下に。〔筆記用具としては〕筆と墨を用いる。

58. 中国人は慣習として、手の指の爪を切らない。指から1インチ以上も爪を伸ばしているひとをよく見かける。住居や小間物屋では、黒色の墨で中国語が書かれた濃い黄色の紙が天井に貼られているのを見る。奇妙なことだが、仕事場などを覗くと、とりわけ鍛冶屋などでは、半裸の人々が、くわや刀などを持って仕事をしている様子が見える。通りは汚れが充満しており、町はひどい悪臭がする。私は新しく建てられた、美しいイギリスの教会を訪れた。しかし、教会の中は空っぽで、絵画や像というものは何も飾られていない。一部が編まれて作られている、とても美しい、新品の椅子が並べられている。

59. 説教壇やオルガンもある。祭壇があるべきはずの前方の場所には、ただの大きな四角い献金箱があり、その上には白い布がかけられている。この教会から出ると、安堵した[66]。飲み水は少ない。ここには、とても深くまで掘られた、丸い井戸が造られているが、その井戸にあるのは小さな水たまりだけである。ここに、中国人は、各自でブリキのバケツを持ってきて、それを長い紐に括り付けて、下に投げ落とす。バケツ二つがいっぱいになるまで苦労して水を汲み上げる。水質はとても悪い。苦みがある。ここでは、1本の

竹の両端に荷物を提げて、肩に担いで運ぶ。

60. 今日は、撮影できないほど雨が降っていたため、午後は町を見て回った。ここには、何も面白いものはない。上司〔ブルガー〕は、ここに部屋を借りていた。シンガポールには、ほかの写真家もいて、ドイツ人の写真家もいた。今日、頭が赤色で、ほかが緑色のオウムを一羽買った。

　4月16日。シンガポール〔の町〕には、8万2千人の人々が暮らしている。そのうちの6万人が中国人で、残りはヒンズー教徒、マライ人、そして少数ではあるが、ヨーロッパ人も住んでいる。シンガポールは一つの島で、島の外周は約42マイルの大きさである。その島はイギリス領で、島全体では10万人の人々が暮らしている。シンガポールは、マラッカ半島から約4分の1マイルの距離に位置する。虎が、そのあいだを泳いで移動している。

61. シンガポールには家畜がほとんどいないので、虎は人間を食べる。一年に、100人から300人が虎の犠牲になっている。しかし、ここの人々は、そのことをあまり気に病むこともなく、相変わらず森に入って行く。

　17日、曇り、雨降りの日。ここには、とても沢山の辻馬車が走っている。いずれも、とても美しい軽量の馬車で、小さなロバと同じ大きさの馬が牽いている。茶色の大きな馬は極めて少数で、高位の人々だけが所有している。御者は、大抵、黒色の肌をしたヒンズー教徒である。雄牛は、あまり大きくはなく、背中に高さのあるこぶがついている。ちょうど、らくだのようである。私たちは、こぶ付き牛と名付けた。気の毒なその牛たちは、

62. 鼻に穴を開けられ、紐が通されている。角で曳かれることはない。彼らの角は、まっすぐ直立しているからである。

　4月18日、午前中は、沈没したラデツキー号の追悼ミサがドナウ号で執り行われた。私たちも弔砲を発射した[67]。隣に投錨していたプロイセンのコルヴェット艦メドゥーサ号[68]も弔意を表し、弔砲を発射した。

　午後は、陸で過ごした。夕方になると、小型の船は、もう来なかったので、夜10時まで波止場で待たなくてはならなかった。すると、黒色の肌をしたクリングあるいはヒンズー教徒が私のところに来て、自分はマドラス出身なのだと教えてくれた。彼は、数字の1から10までの英語の数え方と単語を幾つか教えてくれた。

　19日、とても天気の良い日。私たちは、写真を撮った。

63. 町を大きな運河が通っている。運河の向こう側にある、最も大きな居住区

の一つには中国人が住んでおり、こちら側はヨーロッパ人の居住区である。この運河は、小型の船でいつも埋め尽くされている。海が12時間毎に干潮になるため、船は乾いた土の上にある状態になるが、残りの12〔時間〕は、海が再び満潮になるのである。郊外では、小川のそばに木造の家が建ち並んでいる。それらは、6、7フィートの高さの柱の上に建てられており、湿気から守られている。とても美しい、(ヨーロッパ風の)ホテルも数軒ある。昼は、ホテル・ユニオンでドイツ料理の食事をとった。ハムとシュマレン[69]である。そのあと、馬車で陸の少し奥地に入り、散索した。どこもかしこも、竹や椰子の木でできた家が建ち並んでいた。ここには、黒色の肌をした半裸のヒンズー教徒が暮らしている。

64. 彼らは、腕や足、更に首にも銀のリングをはめ、耳は金と銀の飾りだらけである。それから鼻には、金の鈴をぶらさげており、鼻の上の額の中央には、金と銀のシールのようなもの〔ビンディ〕を貼り付けている。女たちは、髪を長く伸ばしており、金や銀のピンを差している。男たちの飾りは、額に貼り付けた銀のシール〔ビンディ〕だけであった。彼らは、観察するに、実に奇妙である。それから、ここには沢山のキンマの木が生えている[70]。この木の

65. 幹は細く、高く伸びる。その先端には、とげとげした、淡緑色の長い葉がバラの花のようなかたちでついており、その下にキンマの実がぶらさがっている。実は、鶏の卵ぐらいの大きさで、その見た目は檸檬のようである。〔外側は〕固く、内側に灰色の固い種があり、それを人々は好んで延々と噛んでいるのである。およそ15分で、撮影の依頼を受けていた中国人の家に到着した。家の内装は大変美しく、贅を尽くしたものである。階段は、緑色と黄色に塗られており、床には竹製の敷物が敷かれていた。椅子もテーブルも上から下まで彫刻がふんだんに施されている。部屋の壁という壁には、中国人が描かれており、中国語の文字が書かれた書画が壁のいたるところに掛けられている。天井からは、彫刻が施され、絵の描かれた四角いランプが吊り下げられている。

66. 部屋のドアは丸く、とても大きい。赤色に塗られており、隅々まで彫刻が施されている。部屋のテーブルは、どれも鳥などの立体的な彫刻が施されている。また、中国人ばかりが描かれている磁器の鉢が、どのテーブルにも並べられている。ここにあるものの大半は金か銀でできており、一言で言って豪奢である。というのも、少しでも場所があれば、中国の風変わりなもので

埋め尽くされているのである。素晴らしく美しい絹の刺繡画も無数にある。それらは、絵画と見間違えてしまうほど、細い糸で刺繡が施されている。そのほとんどが、中国人をモチーフにしており、鳥や動物をモチーフにしたものも多い。最も多いのは、龍をモチーフにしたもので、ほかには、コウノトリ〔鶴〕、クジャク、鶏など、ありとあらゆる自然をモチーフにしている。全て、とても美しい。

67. しかし、このような絵は、かなり高価だろう。それから、とても美しい銀製の花瓶も見た。これが、最も奇妙である。細い銀の糸を巻いて、同じ銀の糸で中国人のレリーフが施されている花瓶である。見事な美しさで、レリーフは実際の中国人そっくりである。このようなものは、ヨーロッパでは全く作られていないのではないかと思う。これらの奇妙な物の見物で目をすっかり痛めてしまった。これらは全て、中国から持ってきた本物ばかりである。この家の家主である中国人は、シンガポールで最も裕福な中国人で、百万長者であり、中国からこれらのものを送らせたのである。この家の外壁は、石造りで私たちのところの家と似ている。家の周囲にはとても美しい庭が広がっている。

その裕福な中国人の名前は、ワンポアという[71]。

68. 彼の家には扇状葉椰子[72]もある。中くらいの高さの木で、葉が開いた扇のようなかたちをしている。また、池も造られていた。池には、ゆらゆら揺れている植物が生えている。その茎はとても長く、1フィートぐらいの長さがある。その植物には、とても大きな、美しい円形の葉がついている。葉の端は上に折れ曲がっていて、約5フィート〔1メートル50センチ〕の大きさがあり、まるでブリキ製の蓋のようである[73]。戻るとき、お葬式を見た。ちょうど、木造の家から遺体が運び出されているところであった。遺体は、霊柩車に乗せられた。その霊柩車は馬に牽かれており、車の上には軍帽が載せられていた。おそらく、生前は軍人だったのだろう。軍隊も参列しており、ほかは皆、ヨーロッパ人であった。女性の姿はなかった。野外用の笛を吹いている人が二人いて、太鼓を叩いている人もいたが、これは葬送曲を演奏しているのであった。

69. 夕方は、両艦の軍楽隊がホテル・ヨーロッパの前の広場で演奏した。ここの人々には音楽はとても珍しいものである。

4月20日[74]の午前は、ひどい土砂降りの雨が降り、雷が鳴った。午後は、

再び素晴らしく快晴。シンガポールとその周辺は、世界で最もよく雨が降る場所で、一年の降水量は18フィート〔5,400ミリ〕である。シンガポールは、赤道から北緯1度に位置する。そのため、ひどく暑い。

　21日、曇天。4月22日、昼の11時にシンガポールを出発した。曇天。ずっと、シンガポール島を左手に、別の島を右手に見ながら、そのあいだを航行した。夕方には、海の真ん中に立つ大きな岩礁に、灯台が立っているのが見えた。

　23日、とても天気の良い日。午前は、左手に島が幾つか見えた。

　24日、良い天気。マラッカ半島の陸地がずっと見えた。

　25日、雨。朝、私たちの船は、ドナウ号に曳航してもらった。というのも、フリードリヒ〔大公〕号に載せていた燃料の石炭がほとんど底をついてしまったからである。しかし、その後、まもなく午前のあいだに強風が吹き、両艦ともそれぞれに帆走した。1869〔明治二〕年4月27日、雨。午前は、とても強い風が吹いた。8時にドナウ号から船員が一人海に落ちた。すぐに両艦ともその場で停止し、ドナウ号は、この強風と大波にもかかわらず、ボートを出した。しかし、1時間後に、ボートは何も見つけることも、見ることもなく戻ってきた。

　しかし、その数分後、彼らはその船員を見つけたようで、すぐにそのボートを再び出した。もちろん、そのボートが同じ場所に戻るのに、再び30分かかった。すると、見知らぬバルケ[75]がこちらに近づいてきて、そのボートのところで少しのあいだ停まった。その気の毒な船員は、ようやく海から引き揚げられたのである。彼は、水泳がとても得意に違いない。2時間以上も大波がうねる海で生き延びたのだから。無論、瀕死の状態ではあったが[76]。

　午前中は、ずっと大陸が見えた。それから、大々的な戦闘演習が行われて、大砲と銃が発射された。

<u>バンコク</u>[77]

　28日、8時にバンコクに到着した。船は、ごくわずかしか碇泊していない。沖合12マイルの地点で投錨した。土地は平坦で、海とほとんど地続きである。とても天気の良い、暑い日であった。今日は、水面に集まった沢山の小さな海蛇を見た。29日、快晴。

16　バンコク、チャオプラヤ川の向こうに「暁の寺」(ワット・アルン)が見える景色、ヴィルヘルム・ブルガー撮影、1869年5月

　　30日、朝6時に、シャムの国王〔ラーマ五世〕が用立てた汽船に乗って、バンコクに向かった。シャムの旗は赤色で、中央に大きな白い象が描かれている。私たちは乗船料を請求されることなく、その船に乗った。その船には、ドナウ号の軍楽隊、遠征隊提督のペッツ男爵、将校たちも乗船した。軍楽隊が、そのあいだ、ずっと演奏していた。

73.　私たちは、とても美しい川を上った。岸の両側には椰子の木と藁で建てられた家が並んでいた。8時過ぎに、パークナムという小さな町を通過した。建物は、木を編んで造られていて、屋根には椰子の葉が葺かれていた。パークナム[78]近くには、小さな島があった。そこには、とても美しい仏寺[79]が建っていた。この川は、「メーナム」という[80]。川の両岸には、美しい椰子の木が立ち並び、6、7フィートの高さの木の杭の上に建てられた家が見えた。とても小さなボートに乗って、半裸の人々が忙しそうに往来していた。川

74.　の両岸には複数の要塞も見えた。昼にバンコクに到着した。ここは、見渡す限り、ずっと平坦で、丘も山も見えない。ずっと先まで建物が建てられている。陸に建てられている建物もあるが、大半は川に建てられている。建物は、一様に平屋で小さく木造で、椰子の葉を屋根に葺いている。瓦葺きの屋根の建物もある。垂木は、両端の先が高く伸びて、尖ったかたちになっている[81]。

中国人の建物は、大抵、屋根は青色、緑色、橙色、白色に塗られ、屋根一面にとても美しい花や像が飾られていた。それらの飾りの多くは陶器でできていた。水中に浮く、これらの建物のあいだを通りながら、ずっと進んでいった。遠くに、聳え立つ寺院の塔が見えた。

75. ようやく私たちの家[82]に到着した。この建物は、私がこれまでに見てきた建物のなかで、最も美しい。これは、新築された、とても美しい建物で、国王がオーストリア人のためにわざわざ用意してくれた建物なのである。まず、歩兵と軍楽隊が、それから提督が船から降りた。提督のために国歌が演奏され、オーストリアの国旗も掲揚された。家の前には、とても美しい門があり、四角いレンガのプレートがはめ込まれた庭園がある。入口には二人の歩哨が立っている。建物は三階建てで、水漆喰で白く塗られており、美しい階段をのぼって三階に上がると、とても美しいバルコニーに出る。建物の内装は、実に優美に設えられている。建物の裏手には、美しい庭園がある。

76. 高官の寝室は、かなり広く、天井は高い。扉は2枚のただの開き扉、つまり、かんなで削ってもいない2枚の板でできていて、石灰が一面に吹かれている。その扉の両側には、小さな栓がついていて、扉の枠には穴が開いている。そして、鍵の代わりに、横に引く木がついているだけである。大抵、これは、1フィート以上の幅があり、釉薬が施されている。家の玄関扉は、鉄製の格子扉で、とても大きい。窓は、部屋の扉と同様の構造である。床には、編まれた敷物が敷かれている。壁は、滑らかではなく、穴だらけである。そのため、そこを白っぽいヤモリが歩き回っている。ちょうど、私たちのところの蜘蛛や蟻と同じように沢山いる。

77. 私は部屋で床の上に寝なければならなかった。夕方はコオロギ、夜は蚊、朝は鶏の鳴き声が喧しく響き渡った。5月1日は、第一大臣[83]で「シャムの第二の王」[84]の訪問があった。彼は、四人の褐色の肌をした人々に担がれてやってきた。その駕篭には、約二尋の長さの棒と中央に2フィート〔約60センチ〕の幅の四角いビロードのクッションがついていて、大臣〔摂政〕はそこに足を組んで座っていた。駕篭は、全体が赤色に塗られていた。その両端には3フィート〔約90センチ〕の長さの棒が渡してあり、紐で駕篭に固定されていた。駕篭は肩で担がれていた。大臣[85]は、比較的老齢のずんぐりした人

78. 物であった。青い布を腰に巻き、白いジャケットを身につけ、小さな帽子を頭に載せ、スリッパを履いていた。そして、杖をついていた。こんな格好を

した者が、私たちの国でうろうろしていたら、穿くズボンさえ持っていない、貧しい物乞いと思われるだろう。

　2日、仏寺[86]の周辺を撮影した。しかし、ちょうどクリッペ[87]のようである。とても美しい小さな山[88]があり、その周りを小さな池と柵が囲んでいる。山の上には陶器製の飾り[89]があり、とても素晴らしい屋根のある、6本の柱に建つ小さな素敵な建物[90]がある。大きな建物は木造で、屋根には釉薬をかけた小さな瓦が葺かれている。屋根の中心は緑色で、端は黄
79. 色である。屋根の棟の両端は尖っていて、屋根には〔陶器製の〕美しい花が飾られている。小さな山の頂上には、金色に塗られた塔が二基建ち、様々な像が立っていて、いたるところに藪や木々が植わっている。その景観は大変美しい。シャムには、岩も山もない。石は、仏教の寺院に属するもののため、大きな石は苦労して、こちらに人力で運び込まれて来た。このことは、この石に記されている。3日、仏教の寺院[91]は大きな庭のようである。鉄製の美しい柵で囲まれており、全て四角の瓦や石でできていた。

80. 　建物はいずれも、1フィート〔約30センチ〕の高さの石の上に建てられている。四角い杭が6本から8本あり、建物の上にはとても美しい屋根が取り付けられている。また、茶色の陶器製の大きな鉢に黄色の像が載せられている。この庭では、それぞれのお堂に小さな池がある。とても大きなお堂には、小さな山もある。この建物にはお堂が二、三棟隣り合って並んでいて、そして、高い山もある。お堂は石灰で真っ白く塗られている。屋根は三段になっていて、釉薬をかけた瓦で覆われている。中央は黄色で、外側は2フィートの幅があり、緑色の瓦で出来た冠が並べられている。屋根は大抵、そのちょうど逆の色合いで、屋根の棟の先端には高い尖塔が立っている。

81. 　寺院の入口には、様々な石像が立っている。大抵、

17 「シャム、シャムの寺院〔ワット・アルン〕の入口」
ヴィルヘルム・ブルガー撮影

I　手書きの日記（1868・69年）

石でできた球を口にくわえている獅子、それから中国人が騎乗している馬、象、猿などである。ほかには、5本の細く長い髭を蓄え、地面に届くような丈の長い服を着て、手には大きな杖を持っている中国人の像も沢山見かける。寺院では、階段を数段登り、それから入口を通過する。そこからは、石造りの杭ばかりが立っているところを下に降りていく。窓枠には不思議な彫刻が施されており、全面金色に塗られている。扉は、同様に全面金色に塗られている。扉の大半は、真珠層〔螺鈿〕がいたるところにはめ込まれているが、窓はただの針金を編んだ格子で、ガラスははめられていない。

82.　寺院の中は狭く、祭壇のある台は高く、大きい。上の方はより狭く、そこに仏陀が鎮座している。彼は、極めて痩せていて、等身大以上の大きさである。足は組まれていて、手はその足の上に置かれている。裸に近い容姿で、尖った冠をかぶっている。彼は、目の上まですっかり金色である。仏陀はタイの人々の神である。象も彼らの神の一つである。仏陀の足元には、女性の体躯の等身大の像の彫刻が並べられているが、とても不思議な見た目である。手の指も足の指も皆同じ長さで、一様に冠を手にしている。祭壇の台も隅々まで彫刻が施されていて、この彫刻にはいずれも小さな四角いガラスがはめ込まれている。そのガラスは、大抵は鏡である。金色と銀色に塗られていて、美しく輝いている。

83.　それから、その周りには金色に塗られた小さな彫刻の仏陀が数百体も並べられている。寺院の内側は赤色と青色に塗られていて、金色のバラ〔蓮〕がそこに描かれている。床には、磨かれた石が敷き詰められている。しかし、このときは、編まれた敷物がその上に敷かれていた。祭壇は、その上に設置されているのだが、人々は、その御前で横になっている。一人の使用人が熱いお茶を入れたティーポットを持っていた。私は、このポットから一杯のお茶を飲んだ（砂糖は入れない）。寺院は、いずれも似通っている。バンコクには、寺院が多数建立されている。お堂の中には、決まって、大きな仏陀が安置されている。大半の寺院の壁には、ひどい不幸ばかりが描かれていて、仏陀はその絵のいたるところで奇跡を起こしていた。像は実に奇妙な風貌をしている。それから、寺院の中には沢山の鏡が掛けられていた。時折、私は、私たちの

84.　ところの聖櫃にあたる祭壇で、1枚の大きめの鏡を見かけた。〔キリスト教の〕聖像や神の何かというのは、バンコクでは一切見ない。お堂は、大抵、立ち入り禁止になっている。

35

〔仏〕塔はお堂から数歩離れたところに立っている。〔仏〕塔の全体は丸く、先端はとても尖っていて、真っ白である。〔仏〕塔の大半は、上から下まで像が飾られていて、美しい。〔仏〕塔の先端の上には、七つの輪〔相輪〕で出来た十字架のようなものがある。〔仏〕塔には鐘も時計もない。そのため、ここでは、どこにも時計を見つけることができない。2時頃、寺院から森の方に出ると、突然、森に向かう、褐色の肌をした現地の人間が二人乗っている一台の車に出会った。その二人は、青色の布がかけられている1本の棒を持っていて、彼らの後ろを10人から12人の人々が大股で歩いていた。彼らは、各自、手に1、2本の木の棒を持っていた。すぐに、私は、火葬が行われるのだと理解した。

85. そして、私は、好奇心から彼らの後をついていくことにした。まず初めに、彼らは遺体を地面に横たえた。その地面にはすでに、丸いかたちになっている黒色の焼き跡があった。その中央には木が置かれていた。ちょうど、棺と同じくらいの大きさで、約2フィートの高さがあった。遺体は、それから何度も棺に入れたり、出されたりして、その後、8人から10人のヒンズー教あるいは仏教の僧侶が来た。彼らは、黄色の大きなブラウス〔袈裟〕を体に巻いて、それとは別に濃い黄色の畳んだ布を肩からかけていた。それぞれに、椰子の葉でできた丸く、白い団扇を持っていた。彼らは、棺の周りを取り囲むように立ち、言葉を幾つかぶつぶつ呟いた。しかし、十字を切ることも、ほかに何かをすることもなく、再び先を急いだ。彼らは遺体(老齢の人の遺体)[92]から
86. 服を脱がせて、そして、3回、木を積んだ周りを、遺体(棺)を担いで回った。彼らはそれを素早く行った。それから遺体(棺)は木の積んだ上に置かれた。棺には蓋はなかった。棺の中の遺体の上にも木片を詰めた。それから、その木の重なったものに火をつけて、ピッチを染ませた松明を差し込んだ。あっという間に大きな火が燃え盛り、棺を燃やした。というのも、棺には底もなかったからである。棺は、遺体が落ちないように、そして火の回りが良くなるように、木を数か所止めただけのものであった。全てが大きな炎に包まれると、人々は、遺体の腰に巻かれていた白い布を3回、火と遺体の上で振った。しかし、一人の男が、その布を取り、自分の腰に巻いた[93](彼らは二つに割った椰子の実を持っていた)[94]。
87. 黒色の肌の現地人の一人は灰掻き棒を持っていて、火のそばでずっと掻き回していた。もう一人は容器に水を入れて持ってきて、それを棺の上にずっ

とかけていた。そうすることで、すぐに燃え尽きてしまわないよう、そして、崩れ落ちてしまわないようにしていた。火はずっと大きく燃え盛っていた。しかし、ちっとも嫌な臭いはしなかった。彼らが悲しみに暮れている感じは全くしなかった。なぜなら、ずっと笑って、ふざけていたからである。この火葬で、私は、半分未開の人々のもとにいるのだと思うようになった。約1時間で残り火だけとなった。灰は保管され、随意の場所に埋葬される。遺体〔となった人物〕はとても貧しかったに違いない。なぜなら、ここは、遺体を火葬する専門の寺院だったからである。

88. 大半の遺体は、犬やハゲタカの類[95]に食べられる。大きな犬や大きな獰猛なハゲタカはいつもこれらの寺院の周りにいる。

4日、とても天気の良い、暑い日。今日は皆、最上級の礼服を着用した。なぜなら〔国〕王〔チュラロンコーン、ラーマ五世〕を訪問したからである。私と上司〔ブルガー〕も、宮殿に参上した。川のすぐそばにある宮殿の前のある建物で撮影をした。11時に行列が始まった。まず、シャムの兵士たち、それから私たちの将校や外交官が皆、馬に乗った。シャムの大臣〔摂政〕と私たちの提督は駕籠に担がれた。オーストリアの国旗が掲揚されて、私たちの国歌が演奏されるなか、彼らの後ろを歩兵隊とともに進んだ。彼らが、私た
89. ちの前で少し立ち止まったので、私たちは彼らを撮影した[96]。宮殿は大きく、城壁で囲まれていて、あちらこちらにごく小型の大砲が並んでいる。そして、それぞれの入口には、先端の尖った、とても美しい、小さな塔が立っている。建物の外側は、色とりどりの陶器や花のかたちをした陶器でできている。それぞれの入口には、見知らぬ人物を建物の中に入れないように歩哨が一人立っている。宮殿の入口の前には、家畜小屋が幾つかある。そこには、巨大な象がいる。彼らの歯は一尋以上長く、調教されている。なぜなら、この象たちは国王のもので、国王は、これに乗って移動するからである。ここには、小さめの白っぽい象[97]もいる。象は、シャムの人々にとって、聖なる存在である。シャムの国王は、軍隊に300頭以上の象を置いていて、戦時には馬の代わりに象を使うのである。兵士たちは
90. 美しい軍服を身につけていて、裸足で移動する。そして、とても高さのあるチャコ[98]をかぶっている。彼らは通常、ちょうど小さなビールの樽のような形状の太鼓と二つの野外用の笛で演奏をする。彼らには、10人で編成されている軍楽隊があった。彼らの笛は、小さな竹筒でできていて、鍵はなく、

ただ七つの穴が空いているだけである。指揮はフランス語で執られて、銃にはもちろん谷形照門はなかった。将校は、大半がフランス人であった。シャムには海軍があった。宮殿の敷地には、四角い石がびっしりと敷き詰められている。まず、沢山の美しい木の格子がはめられている建物がある。そこでは、いたるところに大砲が設備されている。私が見た二門の大砲〔の口径長〕は、三尋以上の長さがあった。それから再度、門をくぐると国王の宮殿の前に出る。宮殿は平屋で、屋根には瓦が葺かれていた。入口は、とても美しい陶器製の門で、門の両側には、小型の大砲が設備されている。

91. 宮殿には、寺院もある。それから、幾つか時計が設置された塔[99]がある。ここにある時計が唯一の時計で、バンコクのほかの場所では、時計は一つも見かけない。国王の宮殿のドアの正面の一角には、沢山のとても美しい金色の椅子駕籠が並べられている。その駕籠には、実に美しい彫刻が施されていて、鏡やガラスがはめこまれている。駕籠の中には、金糸の刺繍の入った絹製のクッションが置かれている。人々が担ぐ棒は、赤色に塗られている。国王が、自ら何かを操縦するということはない。人々に担いで運んでもらうのである。それから、ここでは、駕籠に乗り降りする高位の人々も見かける。2本の棒の上に四角い赤色のビロードのクッションが置かれている。その上に高位の人は足を組んで座る。一人が、その人の隣を歩き、その人に巨大な傘を差す[100]。傘の大半は、10フィートの長さはあり、赤色のビロードでできている。ほかには、紙のようなものでできているものもある。

(それから人々は書きものもする。長い紙で、ちょうど棒砂糖のような黒色で、本を積み重ねたような形状をしている[101]。その紙をバラバラにして、白い鉛筆を用いて、シャム語を書きつける。)[102]

92. 彼の後ろを、銀あるいは金の四角い容器を持ったひとがついていく。その容器には、キンマとタバコの予備が入っている。彼らも、とても頻繁にキンマを噛むのである。それから一人は、熱いお茶の入った銀また金のティーポットを持っている。もちろん、そのティーポットの全体には、とても美しい彫刻が施されている。そして、一人は、火のついた火縄を持っている。このような具合で、一人のそのような高位の人物には大抵六、七人以上のお供がついていて、それぞれに何か運んでいる。そして、そのような高位の人物が出かけるときは、彼より身分の低い人々は、彼が通り過ぎるときには、彼の前で跪いて仰ぎ見るということが、ここでは慣習なのである。もちろん、

私は、人々が皆、高位の人々の前で跪いているのを見たときには、笑ってしまった。そればかりか、お供までもが、その人物が立ち止まっているあいだは、跪かなければいけないのである。高位の役人が下位の役人に何か尋ねるときも、下位の役人は、手を合わせて跪くのである。

93.　高位の人々とそれ以外の人々は、すぐに見分けがつく。高位の人々も、いかなる町の片隅でも地面に座る。ここにはベンチがないからである。一般の人々は痩せぎすで、弱々しく、腰に布を巻いている。この布は、膝までもない長さである。それに比べて、高位の人々は、まず、とても太っていて、身体が大きい。それからすっかり剃り上げている頭に白色の布を巻いていて、頭には何もかぶっておらず、靴も履いていない。

　5月5日、快晴。私たちの家で写真の焼き付けをした。

　6日、曇天で雷。

　7日、曇天の一日。8日、私の洗礼名の日だったが[103]、シャムの首都であるバンコクで、褐色の肌をした人々のもとで過ごさなくてはならなかった。午前中は、ひどい土砂降り。昼は、撮影をするために宮殿に向かった。そこで、私は、シャムの国王に献上したオーストリアの贈り物を見た。

94.　ハンガリーのとても美しい銀製の乗馬用具、磁器の器、グラス、チロル地方の小さな彫刻の置物、ワイン、耐火性の金庫、鍛冶道具、大判のアルバムなど。国王〔ラーマ五世〕は、そのほかにも聖シュテファン勲章とオーストリア＝ハンガリー帝国皇帝の肖像画を受け取った。第二の王〔副王ウィチャイチャーン〕も贈り物を受領した[104]。それから、私たちは宮殿にある寺院[105]に行き、横たわっている大きな仏陀[106]を撮影した。この仏像は宮殿〔の建物〕のすぐ外にある。私たちはある寺院に来た。教会のようで、祭壇の前の床には、約10人から15人の黄色の服をまとった僧侶が座っていた。僧侶は竹製の丸い団扇を持っていて、頭は丸めていた。そこで彼らは一様にいつもぶつぶつ呟いている。もちろん、キンマはいつも口にある（僧侶は眉毛を剃り落として、移動するときにはいつも、四歩以上先は見えないように、竹製の団扇を目元の前に掲げなければいけない）[107]。僧侶のほかにも、数名の人がいて、そこでいつも

95.　うるさくしていた。おしゃべりをしたり、笑ったり、それから小さな子供たちもお寺の中でぐるぐると走り回り、叫び、うるさくしていた。お祈りを捧げる機会があるとは私は考えてもいなかった。バンコクには、すでにカト

リックの教会108)が一堂あり、その教会では、すでに多くの異教徒たちが洗礼を受けていた。それから、その寺院の隣には、皆、同じ髪型で、金色に塗られた仏陀がおよそ100体も立っている場所(通路)がある。私たちは、それからまた別の寺院に赴いた。そこにはバンコクで最も大きな仏陀が安置されている109)。これは実に巨大な像である。仏陀は右側に横になっていて、足はまっすぐに伸ばしている。左手は身体の左側に置かれていて、右手で頭を支えている。彼が、そのように横になっているので、頭は、床から持ち上がっており、全長は72フィートから150フィートの長さがある。頭も含めて、彼は三つの四角い台の上に横たわっていて、その台には美しい彫刻と金箔が施されている。

96. 彼の足裏の幅は、私の身長より広い。真珠層〔螺鈿〕がはめ込まれていて、とても美しい像である。足の指は、すっかり丸く、1フィート以上の太さがあり、指は皆、同じ長さである。そして、この巨大な仏陀は金箔で加工されている。お堂の中に安置されている仏陀の隣には等身大の馬〔の像〕があり、虎〔の像〕も馬と同じように等身大の大きさである。大半は、象のように長い鼻がついている。しかし、これらの動物は、とても不思議である。鶏も、半分が人間で、半分は鶏である。顔は真っ白で、ぴったりとした金色の服を身につけ、謝肉祭のときのように尖った縁なしの帽子をかぶっている110)。下半身は鶏である。このお堂の外には、歴代の国王の墓地がある。全体が丸く、先が尖っている、高さのある四基の塔が揃って並んでおり、外側は、釉薬をかけた陶器でできている。

97. この塔は、様々な色の陶器、花のかたちをした陶器や像で上まで装飾が施されている。そして、この塔の下に国王の遺灰が収められている。前代の国王の塔、つまり四基目の塔には、まだ足場が残されている111)。この大きな仏塔のほかにも、それに似た、沢山の小さな仏塔が立っている。おそらく、王子等のものに違いない。前代の国王は、昨年逝去した。私はよく知らないが、半年、あるいは一年間、国王の遺体は、ガラス製の蓋がついていて、はんだ付けされた金属製の棺112)に保管されるらしい。そして、荼毘に付される。9日は、宮殿で撮影をした。私たちは、シャム人は歩いて入室が許されておらず、跪いて進まなければいけないという国王の謁見の間を撮影した。10日の午後、土砂降りの雨が降った。11日は、天気が良く、ひどく暑い日。一

98. 日中、汗が滴り落ちて、シャツは日中びしょ濡れで、汗を絞れるほどである。

40

午後は、生まれつき手がひどく大きく、指の大半は腕のように太く、ほとんど移動できないが、そのほかは健康であるというシャムの女性を見かけた。12日、快晴。ここの人々は、半裸で腰の周りに1枚の布を巻いているだけである。皆、同じように巻いている。バンコクは未開の地だからである。ここの人々は、褐色の肌で、頭は剃り上げている。

　女性も同様で、女性の場合は、布は膝までの長さがある。彼女らのズボンは大抵紺色で、大半の女性は胸のところを白色の細い布で巻いている。頭は剃り上げているが、女性は頭頂部を丸く剃っている。ここの女性の口と歯は漆黒で、とても醜い。なぜなら、ここでは身分の低いものから国王まで皆、キンマを大変頻繁に噛むからである[113]。そして、男性はいつも片方の耳にはタバコを、もう片方の耳にはキンマを挟んでいる。キンマというのは、赤色の物質を塗りつけた緑色のキンマの葉っぱのことである。その物質は、ちょうど石灰のように見える。そして、その物質をタバコのように内側に巻いて、1枚のキンマの葉をキンマの種子[114]と一緒に噛む。このキンマを彼らは一日中、口に入れている。女性は男性よりもキンマを噛む。そして、この暗赤色の物質〔唾液〕を沢山吐き出す。

　ここの子供達は全裸で歩き回っている。一部の子供達だけが、小さな楕円形の金属の板を1本の紐で腰の辺りに付けている。この金属は大抵銀で、とても美しい彫刻が施されている。

　子供たちは皆、体に黄色の物質を塗っている。これによって、日焼けから肌を守っているのである。それから、腕と足に銀の輪を付けている。彼らも頭は剃り上げているが、多くは、ちょうど前額の上のところで髪を丸くお団子状に編んで、大きな、美しい真鍮製のピンを差している。

　多くの者はまた、白い花でできた、小さな白い冠をこのお団子に巻き付けている。ほかの子供達はまた、1個から3個の小さなお団子を頭の好きなところに作っていた。バンコクでは町の半分が水上に位置しており、住民がそこで暮している。家屋は小さく、汚い。椰子の木で建てられている。屋根の両側の高いところに尖った出っ張り[115]が付いている。家は竹筒の杭の上に建っている。両側には2本の太い支柱があり、川に固定されている。そして、動かないように、竹紐で固く結び付けてある。支柱には、その竹紐は輪のようにぐるりと巻き付けられているのである。そのようにして、水嵩が増しても上下に動くようになっているのである。そして、それぞれの家では何がし

かが売られている。売られているものは、小さなものに限られており、大抵は陶工の作った食器、キンマを噛むときに唾を吐くための壺、多種多様な不思議な彫刻である。

101. このような具合なので、ここで何かを買いたいと思えば、ボートでそちらに向かわなければならない。住民はほとんど皆、小型のゴンドラを所有している。しかし、このゴンドラは持ち運びができるほど小さく、軽量なので、乗るには危険なのである。しかし、ここの人々は、その操縦には大変長けていて、たとえ、ひっくり返っても、大事には至らない。彼らは皆、うまく泳げて、そもそも、ほとんど服を着ていないのだから。商人は中国人である。建物は、両岸のすぐそばに建てられていて、1マイル以上もの距離に建物が数百軒も並んでいる格好である。大変変わっている。

　川はかなり広い。常に、シャムの汽船が川を上ったり、下ったりしている。大型の商船も沢山走っている。それから中国人のジャンク船も沢山走っている。バンコクの町には、ほとんど道路がなく、とても状態が悪い。町は、小さ
102. な運河だけでできているのである。そして、川が海と合流しているので、12時間毎に水位が上がったり、下がったりする。この小さな支流にあたる運河も同様である。12時間は全く干上がり、12時間は再び水が満ちるのである。ここの交通は皆、水上で行われる。ここでは、馬などの家畜が牽く、あるいは車が運搬するということはない。バンコクでは荷馬車や荷車というものは見ないのである。そのため、この川で、ウィーンの最も忙しい道路のように、乗り物の移動や人々の往来が見られるのである。ここのボートは大変美しく造られている。皆、とても細長い。大半の人々が、ちょうど大きな樽のような形状に編んだカゴをボートに乗せている。その樽の両側には大きな穴が開いていて、彼らの家の役割を果たしているのである。高位の人物のボートには感じの良い、そのような家が設えられている。もちろん、船には座るためのベンチはない。船で移動したいなら、シャムの人々のように〔床に〕座らないとい
103. けないのである。国王のボート[116)]は大変長く、大きく、両端は高く釣り上がっている。船の中央に家が設えられていて、とても美しい彫刻が施されており、金色に塗られている[117)]。船員は白色の水泳パンツを履いていて、赤色のジャケットを着ている。そして、麦わら帽子をかぶっている。それぞれに、小さく短いオールを手にしている。ボートには、このような船員が20人以上座っている。

陸に建つ家は皆、6フィートから10フィートの高さの柱の上に建てられている。大抵、板でできていて、もちろん、内側は外側と同様に汚い。そして、貴族や高位の人物の家も同様に小さく、汚い。家は大抵、半分は川のただなかに位置していて、家の下には沢山の泥と悪臭のする汚れが溜まっている。ここの人々は、一日中泳いでいて、どこでも水の中には大勢の人がいる。まだ、ほとんど歩けないような子供ですら、すでにとても上手に泳げる。ここ 104. の人々は、皆、布を2枚持っていて、水から上がると、乾いている方の布を身体に巻きつけ、そして、濡れた布は置いておく。汚いのは、彼らの飲み水なのだが、そもそも彼らの水は汚いのである。川はすっかり濁っている。この川には、ありとあらゆる汚れと不衛生なものが流れ込んでくるのである。沢山の死んだ家畜などが流れ込んできても、ここの人々はこの水を飲まなければいけない。水は通常、大きな楕円形の陶器の容れ物に入れられて、そこに、およそ二つのバケツ[118]を入れる。しばらくのあいだ、そのままにしておくと、泥や汚れが底に沈む。私たちもいつもこの汚い水を飲まなければならなかった。陸で使われている容れ物の幾つかは、私たちのところの藁のカゴのようであったが、椰子の葉を編んで作られたもので、その先端はまっすぐ立たないぐらいにとても小さかった。そのカゴの中と、その前には、やはり椰子の葉を編んで作られた敷物が敷かれていて、そこにバナナやパイナップ 105. ル、メロンなどの売り物が並べられている。クロイツァーは、ここでは亜鉛でできていて、銀貨は丸く、やや立体的で、小さいものも大きいものもある。ここでは、まともなものを購入することはできない。ここでは、いたるところにロットワイラーのような犬がいて、狭く、汚い通りを外国人が通ると、ひどく吠える。しかし、その人が立ち止まる、あるいは犬に向かって行こうとすると、犬はもうそこにはいない。子供のゆりかごは、ここでは四角形で、その上にネットがかけられている。ゆりかごの底は、やはり板でできていて、その上に子供は寝かせられる。ゆりかごは、思い思いの場所に掛けることができる。ここは、私たちのところとは風俗習慣も全く異なる。彼らの食事は、お米、魚、お茶で、もちろん塩も脂も使わない。彼らのかま 106. どは鍋（小）のような形状である。そこに、お米を入れた鍋を置き、調理をする（家では、屋根の下に、からっぽの椰子の実を吊る。そこに雀が巣を作る）。そして、調理されたお米は、天日干しされて[119]、指で食べる。ここの人々は、手の指の爪をとても長く伸ばしていて、多くの人々の爪は、指か

ら1インチは、はみ出ている。人々は、娯楽のためにボール[120]などを所有している。およそ10人、それより多くの人々が円陣を組み、右手でボールを高く空中にほうりあげる。彼らは、その動作をするときは、とても敏捷で、上手にやり、ボールをできるだけ地面に落とさないようにする。ここの人々は体がとても柔らかいが、強そうには見えない。そして、ここには、とても多くの罪人がいる。彼らは足を鉄の鎖で繋がれていて、ずっと重労働に従事しなければならない。重い刑に処された者は、首の周りに鎖を巻かれて、二人ずつつながれている。二人をつなげる鎖は、一尋の長さがあり、鍵は付いていない。このような状態で、いつも働かなければならない。そして、数年ものあいだ、この鉄に繋がれて過ごすのである。その期間は、犯した罪に応じて異なる。法律は、ここではとても厳しいのである。

107. 5月13日、快晴。夜は、私たちのところでシャムの音楽が演奏された。彼らは、フランスの楽器を使っている。彼らは、ひどい出っ歯のため、吹奏がとても苦手である。14日、曇天。夜、歯がとても痛くなった。夕方、私たちの泊まっている場所の裏手にある寺院に出かけた。その寺院は、祈祷を行っていたため、開いていなかった。すると、ここの仏教の僧侶が、寺院の数歩後ろにある彼の自宅〔庫裏〕に招き入れてくれた。それは、小さな石造りの家で、ドアはとても小さかった。家の中もとても狭くて汚かった。床には、藁を編んだ敷物が敷かれていて、家には小さな窓がついていた。そこには、すでに二人の僧侶が座っていて、本から何かを読み上げていた。読み上げな

108. がら、とてもうまくキンマを噛んでいた。彼らは2冊の、白色でシャムの文字が書かれた——おそらく、油性塗料だろう——黒色の紙をまとめた分厚い本[121]のほかには何も持っていなかった。それから、約1.5フィートの長さで、2インチもない幅の、繊細で美しい〔？〕[122]を紐につないでいた。そこにはシャム語が書かれていたが、おそらく文字を焼き付けたものと思われる[123]。そして、黒板とキンマの蓄えを入れた容器がある。真鍮の容れ物には、赤色の物質が一杯に詰められていた。私は、すぐに、それは彼らのスープあるいは食事なのだろうと思った。しかし、驚いたことに、彼らは、そこにキンマをずっと吐きだしているのである。そのため、その容れ物は、すぐに一杯になったのであった。彼らは、とても沢山の唾を吐くからである。つまり、この小さな動物の檻は、この三人の僧侶の住居〔僧坊〕なのである。この寺院の裏手には僧坊ばかりが並んでいるが、大抵は、石造りの家で、汚い。この

僧侶等の犬も住んでいる。そこを通りかかるときは、いつも僧侶がお祈りを捧げて、ぶつぶつ呟いているのが聞こえる124)。

109. 5月15日、快晴。とても暑い。

16日、快晴。国王は盛装で撮影された。ちょうど、彼の住居の前（ドアの前）で準備をした125)。中央には金色の椅子があり、両側には小さなテーブルがあった。そこに、国王は、キンマの予備を詰めた、とても美しい容器とお茶の入ったティーポットを置いていた。そして、足元には唾を吐くための金の鉢を置いていた。私たち三人は皆、写真家であった126)。

110. つまり、一人は、とても素晴らしい写真を撮影するシャムの写真家で、川岸に住んでいるフランシス・チットである127)。私の上司〔ブルガー〕は彼から、とても美しいネガを買い取った128)。もう一人の写真家は王子で、国王の義理の弟である。前代の国王には奥さんが36人いた。一人の、つまり最初の妻が正妻で、ほかの妻と子供達は、私が思うには、何の特権にもあずかっていない。そのため、そのような王子の一人もまた写真家として働いているのである。しかし、アマチュアである。彼は宮殿を撮影したが、彼もまた、とても素晴らしい写真を撮影した。私たち三人は皆、携帯用の暗室を国王のいる階の下の階に設置した。一階の部屋で、とても汚い場所である。3時に国王が下に降りてきた。丈の長い、金色の素晴らしい上着を着て。素晴らしい刺繍が施されている、半分は絹〔糸〕、そして半分は金〔糸〕でできたズボンを履

111. き、また、金〔糸〕で刺繍が施されている、先の尖ったスリッパのかたちをした、とても美しい金色の靴を履いていた。膝から下の足が見えていて、まばゆいばかりの美しさの豪華な冠をかぶっていた。冠はとても高さのあるもので、尖っていて、左側にはブドウの飾りのようなものがついている。冠はとても豪華で、本物の金と宝石だけで作られている。かぶるときは、額のバンドで留める。国王の後ろを、ヨーロッパの兵隊のような格好をして、サーベルを携帯し、赤色の軍服を身につけた若い青年二人が歩いていた。その後、国王は自分の金の玉座に着席した。国王が現れると、全ての人々が跪き、肘と手を合わせて、国王の前に地面に伏せ、国王に対して顔をずっと向けていなければならなかった。その後、私たちは国王を撮影した。ほかの二人のシャムの写真家は、四つん這いになって機材の方に這って行き、それからまた後ろに戻ってくるということをしなければならなかった。

112. 顔をずっと国王の方に向けておかなければならなかったからである。シャ

18-1 「シャムの第一の王〔チュラロンコーン、ラーマ五世〕、18歳(1869年)」ヴィルヘルム・ブルガー撮影、バンコク、1869年5月16日

18-2 同左

ムの写真家が国王にネガを見せたときも、彼は、跪いてそこまで進まなければならなかった。撮影は、三人とも成功した。国王は2回撮影させた。彼は、宮中喪のために頭をすっかり剃り上げていたので、当初撮影させたがらなかった。彼の〔現在の〕容姿は美しくないと言ったのである。しかし、最終的には冠をかぶることを条件に撮影の許可が下りたのであった。彼は、ちょうど今日、オーストリアの聖シュテファン勲章を受け取った。彼は、それを胸に下げた[129]。国王は、まだ17歳である。彼が頭をすっかり剃り上げたのは、シャムの宮中で喪があったからである。全ての大臣、宮殿で働く者、高位の者、女性はその喪に服した。彼らは、頭からおよそ1インチの長さの髪をまっすぐに立てていた。女性は、耳の辺りにだけ長い髪の毛を下に垂らしている。女性は大抵、区別がつかない。シャムの国王〔チュラロンコーン、ラーマ五世〕は高さのある尖った王冠を五つ所有している。それを、式典に応じてかぶるのである。一つは礼冠で、ほかのものは、一つずつ位が落ちる。国王の住居は二階建てで、全ての扉が金色で、窓枠も金色に塗られ

I 手書きの日記(1868・69年)

19　オーストリア＝ハンガリー帝国使節団とタイ側の条約交渉相手。ペッツの隣で写真の中央に座っている人物は、摂政・軍事大臣兼任シー・スリヤウォン(Sri Suriyawong)。起立している人物で向かって左から二人目はカール・フォン・シェルツァー。ヴィルヘルム・ブルガー撮影、バンコク、1869年5月17日

ている。ほかは、薄緑色である。窓は、ガラスがはめられておらず、部屋の内側や天井に赤色、緑色、青色など様々な色のガラス板がはめられているのを見た。そして、ドアや階段ごとに歩哨が一人立っている。

　17日の午前は、大臣の邸宅を訪問した。

114. 　宮殿の隣、川沿いにある建物である 130)。それは、石造りの二階建ての建物で、一階は清潔というわけではない。それから、その建物の中で、金色の上着を身につけた三人の大臣、制服を着た提督、シェルツァー博士、ドナウ号に乗船していた三人の外交官の集合写真を撮影した 131)。ここで撮影するときはどこでも半裸の人々が大勢見物に来た。その建物の前では、大砲が発射された。それから、第二の王〔副王〕の宮殿 132)に赴いた 133)。その宮殿は、川を30分上ったところにあり、やはり右岸に位置している。その宮殿

47

は、第一の王〔国王〕の宮殿によく似ているが、あまり美しくはなく、優雅でもない。上司〔ブルガー〕は、第二の王〔副王〕に、第一の王〔国王〕を撮影したネガを見せなければならなかった。第二の王〔副王〕はそれを気に入り、同じように写真を撮影させた。第二の王〔副王〕は30歳ぐらいで、背が高く、恰幅の良い、美しい容姿の男性である。彼は、王の位についているが、特別な仕事はない。彼は、突然、第一の王〔国王〕が亡くなったときに、あるいは、何か不幸が起きたときに、速やかに政府を取り仕切るためだけにいるのである。彼の宮殿では、小型の二輪馬車を三台見た。建物の正面には高貴な身分の若者が数名おり、王〔副王〕に出すためのお茶を屋根のある場所で用意していた。

5月18日、朝8時に私はシャムの砲艦の乗組員とともに出発した。この船は、とてもゆっくり走った。12時頃にバクナム〔パークナム〕[134)]に到着した

20 「シャムの第二の王〔副王ウィチャイチャーン〕」

116. が、潮が引き、水深が浅くなっていたため、河口の外側の砂州の上で数時間待機しなくてはならなかった。潮が再び満ちると、再び航行を続けた。砲艦はとても小さく、快適ではなかった[135]。ごく数名の船員と艦長一名が乗船していて、大砲が二門だけ搭載されている船である。8時にドナウ号に戻った。提督等一行は、特別に用意された立派な汽船で戻ってきた。上司〔ブルガー〕は、ドナウ号のシュリック氏[136]とサイゴンまで船室を交換した。フリードリヒ〔大公〕号はすでに8日前に出発していたからである。

バンコクでの数日を、私たちは大変快適に過ごした。食べたいものをいつでも食べることができた。全て国王が提供してくれたからである。朝は（ミルクを入れない）お茶にお昼と夜は、豚を焼いたもの、鶏、魚、ジャガイモ、それと小麦粉料理。しかし、大半は塩や油を使わずに調理されていた。器に食べきれないほど沢山盛り付けられていた。調理を担当したのは、中国人である。

117. 国王は、更に船員のために船にお茶やジャガイモ、砂糖などの食料を送ってくれた。

19日はシャムの〔副〕王〔ウィチャイチャーン〕がドナウ号を訪問してくれた。朝の6時にはすでに彼の汽船が視界に入り、まもなく礼砲が21発[137]発射された。そして、彼が私たちの船の近くまで来たとき、再び礼砲が21発発射された。そして、お供を連れて、国王〔副王〕が船にやってきた[138]。皆、金糸を織り込んだ服を着ていた。王でさえ裸足で、被り物はなかった。彼らは、船をくまなく見学した。船員は、皆、整列していた。昼に、国王〔副王〕は再び自分の船に戻った。すると、船員が彼に向かって、15回の万歳三唱[139]を繰り返した。それに対して、彼もまた万歳で返答した。〔午後の〕2時
118. に国王〔副王〕は出発した[140]。それから21発の礼砲が2回発射された。夕方は、バンコクの船着場に向かって出発した。20日、天気は良かった。ドナウ号での移動はとても気に入った。船が大きくて、快適だったからである。

21日、風が強かった。22日、天気が良かった。二つの島のそばを通過した。23日の昼に雨が強く降った。午後は、再び天気が良くなった。

サイゴン[141]

24日、今日の夜は、サイゴンの河口の手前で投錨した。水先人[142]。7時

にサイゴンに向かって川を移動した。川は、とても大きく、深く、両岸には緑色の原生林が生い茂っていた。一度、曲がり角に来たが、そこでは、木々が川に向かってしなだれてかかっていた。船員が、そのうちの1本の木に子猿が大勢いたのを見たと言っていた。それから、町に到着する前には、野牛が放牧されている草原がいくつかあった。この辺りは平坦で沼地が多い。

119.

サイゴンに2時に到着した。私たちは、すぐにまたフリードリヒ〔大公〕号に乗船した。ここでは、川はとても狭く、建物のすぐそばを移動した。昨日は、二等の料理人であった船員二人、ブレミッチと歩兵のラウス（ダルマチア人）が深夜に歩哨に立っていたあいだに、一等の料理人の〔？〕143)から3,000フローリンに相当する金と銀を盗み、失踪した。25日、天気の良い、暑い日。

サイゴンは、フランスの植民地である。左岸にはフランス人の石造りの家が並び、右岸には原住民の藁葺きの家が並んでいる。ここはひどく暑く、日射病にかかってしまうため、とても危険である。サイゴンに滞在するのは、1時間が限度である。

120. ここには、とても野蛮で危険な人々がいる。また、蛇などの野獣も沢山生息していて、虎や象などもとても多い。今日は夜に、船員のランズベルクが失踪した。ポーランド系ロシア人の伯爵の息子で、子供の頃から国を離れ、すでにとても沢山の経験を積んでいたが、どこでもひとと衝突し、私たちの船でも様々な問題を起こしていた。そのため、彼は船上で囚われの身となっていたが、そこから力づくで脱出し、水に飛び込んだのである144)。川の流れがとても早いので、彼は溺死したに違いないとフランス人は話している。川の水は、塩水である。

26日、快晴。陸に降りることはできたが、私たちはここでは撮影は〔船から降りて〕しなかった。私たち〔の船〕は陸にとても近いところに〔碇泊して〕いたので、上司〔ブルガー〕は、ある写真家から、裕福なアナミット人〔ベトナム人〕

121. の手を写したネガを購入した。爪が指の半分以上の長さがあり、指を手入れする以外のことは何もしていなかった。この爪は、彼がとても裕福で、働く必要がないことの表れである。午後3時にサイゴンを出発した。27日は聖体の祝日で、天気の良い、風のない穏やかな日であった。午後は二つのかなり大きな島のそばを通った。28日は、天気が良かった。

29日、とても天気の良い暑い日。風は全くなく、海は穏やかであった。海面は、おがくずのようなものが浮いているかのようにすっかり黄色である。

しかし、それは、〔おがくずではなく〕どうやら花粉らしい。昼は、北ドイツの商船のすぐそばを通った。30日、天気の良い、気持ちの良い一日であった。北東の強風を利用して、帆走した。31日、快晴。沢山の飛魚を見た。

1869〔明治二〕年6月1日、快晴。昨日から蒸気機関で進んでいる。夕方になると、香港島、つまり中国大陸が見えてきた。夜に、その島の前で投錨した。

私は、暑さのために身体中に汗疹ができてしまった。

122.　6月2日、朝7時に香港の港、ヴィクトリアに入港した。

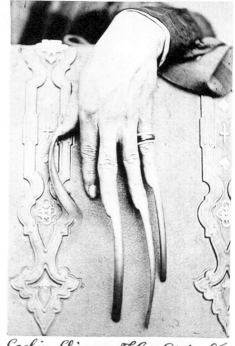

21 「コーチシナ、ある富裕のアナミット人〔ベトナム人〕の手」

香港[145]

このときもまた、プロイセンのコルヴェット艦が碇泊しており、私たちは、その隣に投錨した[146]。ここには、あらゆる国の船が無数に集まっており、そのなかには、イギリスの3.5層の古い巨大な戦列艦二隻の姿もあった。香港は、世界で一番美しい港らしい。港はちょうど湖のようで、船の出入りは見えない。この辺りは丘陵が多く、右手には香港、左手には中国大陸が広がっている。

香港島には、草木の無い高山しかない[147]。町は一番高い山の麓にある。美しい邸宅が一列に並んでいる。また、私には一通も手紙が届いていなかっ

た。昼に早速、中国人が商品を持って、船にやってきた。ここでは、皆、先の尖ったスリッパを履いている。彼らは靴を持ってきた。とても安かった。私は何足か美しい靴を一足2フローリン・グルデンで購入した。私の最初の鉛筆は短くなってしまったので、新しいものを購入した。

123. それから、白色の象牙[148)]のとても美しい彫刻、サーディン、バナナ、レモネードも持ってきた。この小舟は、彼らの住居兼商店で、彼らはいつもこの船で移動するのである。それから画家(中国人)もやってきた。彼らは、とても美しい出来栄えの見本を携えており、肖像画をたったの8フローリンで描いた。

今日は一日中礼砲が発射されていた。提督や艦長がお互いに[149)]訪問していたからである。

3日、4日、5日は快晴であった。5日は、プロイセン総領事[150)]が全戦艦を招待し、正午には一斉に全軍艦(プロイセン艦隊、イギリス艦隊、ドナウ号)が礼砲を21発発射した。

6日、私は上司〔ブルガー〕から陸で終日過ごすことを許された。とても美しい建物が並び、どの家にも柱が立っている。その柱の空間は、廊下のような具合である。そこで中国人が店を開いている。中国語が金色で描かれている赤地の看板がドアの両側に掛けられている。中国人は、とても美しい物、装身具を並べている。大半は、象牙彫刻である。それから、とても沢山の靴屋がいるが、ヨーロッパ人よりも中国人の靴屋の方が多く、様々な靴を並べている。そのほかには、とても素敵な小鳥屋もある。

124. 通りはどこも坂道で、日曜日でも働く中国人で埋め尽くされている。彼らは休日というものを知らないのである。そして、どこでも中国のそろばんを見かける。ここで通用しているお金の多くは中国のお金で、その硬貨は、真鍮製で真ん中に四角い穴が開いている。そこに、彼らは紐を通して持ち運んでいる。私はオーストリアのグルデン銀貨しか持ち合わせていなかったのだが、そのグルデンは、60クロイツァーにしかならなかった[151)]。私は、そのお金で二足の着色された靴を購入した。10フローリン〔グルデン〕がその靴に消えてしまった。私は、町で中国人のもとで過ごすことが気に入らなかった。中国人の街から外に出て、その街の外の左手にあるヨーロッパ人の建物のある場所に出ると安堵した。ここには10人の写真家がいる。イギリス人が二人、中国人が八人。美しい写真を撮るが、極めて安価である。12枚で1

ドルである。ここには移動のための車はないが、その代わりにとても沢山の駕籠が稼働していて、いたるところを走り回っている。警官は、〔イギリスに雇われた〕インド人ばかりである。

125. 中国人は〔青色の？〕服を着ている。そして、先の尖った靴を履き、異常に大きく、尖った麦わら帽子をかぶっている。高貴な身分の者は、彼らとは異なり、白色の衣服を身につけ、オイルで発酵処理したタバコの葉を詰めた、とても長いパイプをふかす。パイプはまるでステッキのような見た目で、小さく、平らな火皿がついている。女性は大変小柄で、紺色のズボンを履き、私たちのところの雨合羽に似ている膝丈のブラウスを着ている。そして、小さな子供をいつも背負っていた。女性は、髪を長く伸ばし、不思議な髪型にしている。ちょうど、私たちのところのボンネット[152]のような髪型である。女性の多くは、足を損傷しており、とても小さい。彼女たちは、子供の頃から足が大きくならないように、いつも鉄製の靴を履いているのである。小さな足が美しいとされているからである。これをするのは高貴な身分の者に限られるが、彼女たちが歩くときは、いつも十分に注意を払わなければならない。女性は皆、緑色のガラス製のイヤリングをしている。香港では、二堂のイギリスの教会しか見なかった。そこでは、ドイツ系オーストリア人の牧師に会った。

126. 7日、8日は土砂降りの雨の日。9日は、曇天で、とても強い風が吹いた。海は、とても荒れていた。10日、土砂降りの雨の日で、涼しい日であった。大陸の人々は、椰子の葉でできた雨合羽を着ている。ここには、青色の像が描かれている黄色の旗[153]がはためく二隻の戦艦も碇泊しており、二つの小さなトップセイルのある、とても小さなジャンク船二艘も搭載されていた。ジャンク船には9門から12門、あるいはそれ以上の数の大砲が搭載されていた。ここには、海賊が大勢いるからである。

11日、12日は雨降りの日で、いつも強い突風が吹きつけていた(突風)。午前は、再び大陸で過ごした。私たちはここでは撮影はしなかった。ネガを購入した。

13日の日曜日、14時に香港を出発した。外海に出ると海は荒れて、船は強かに揺れた。そして私はまもなく、また吐いた。14日は快晴で、ずっと沿岸が見えた。

15日は快晴で、強い風が吹いていた。帆走するには良い順風であった。

22 「香港、中国のお針子」ヴィルヘルム・ブルガー撮影

23 「中国人の教師」ヴィルヘルム・ブルガー撮影

24 「香港、中国人の賭博師」

私たちは沿岸のかなり近くを航行していた。このような高波の中を走っているボートもあり、その中には数艘、碇泊しているボートもあった。沢山の飛魚を見た。私はずっと具合が悪かった。

127. （6月13日）、シンガポールで乗船した億万長者の富豪パレラー氏[154]が、香港で二人の中国人を雇った。

一人は世話人で、一人は料理人である。彼らはカリフォルニアまで私たちに同行する予定である[155]。

15日、風が吹いていた[156]。

16日はとても強い南西の風が吹き、ほぼ嵐。私は、またとても具合が悪くなった。

17日は快晴。蒸気機関を動かして走ったが、船はひどい縦揺れを起こした。私は、午前中はずっと横になっているしかなく、ずっと吐いていた。午後は、またずっと島のあいだを通り、夕方、川のような海峡に来たところで投錨した。島は、チュサン[157]といった。この辺りは、とても美しかった。島〔の標高〕は一様に高く、草木が生えておらず、鋤き返した小さな畑ばかりであった。大抵はジャガイモが作られていた。18日は快晴。朝、島を出発した。午前に再び公海に出た。あちらこちらに島が見えた。

128. そして、いたるところを小型のジャンク船が埋め尽くしており、投錨していた。午後に、そのような船から中国人の水先人が乗船した。5時に一隻のロシアの砲艦がそばを通った。夕方、灯船がそばを通った。8時に揚子江[158]の河口、灯台の前に投錨した。

上海（海の近くの意味）[159]

土地は平坦である。19日、朝は、ウースン川[160]にいたが、そこから上海に向かって、川を上っていった。土地は、平坦な地形がずっと続いている。水は淡水である。川では、どこでも、実に沢山の風変わりな竹製の帆がついた中国のジャンク船が行き交っている。9時に上海に到着した。夜は、ここは、空気がかなり澄んでいる。川はとても大きい。ウースン、あるいは上海川という〔注160を参照のこと〕。私たちは、町からはまだだいぶ離れたところにいる。

20日、とても天気の良い、暑い日。午前は、上司〔ブルガー〕と上陸し、そ

れから終日、一人で散策することを許された。ここには四つの街が集まっている。

129. 全て、右岸に位置している。アメリカ、イギリス、フランスの居留地、そして中国人居住区である。それぞれの街のあいだを川が走っている。川岸には、とても美しいヨーロッパの建物や邸宅が並んでいる。日中、ヨーロッパ人の姿はあまり見かけない。彼らは、暑さを避けて、夕方になってようやく外出するからである。しかし、その代わりに中国人は十分すぎるほど見かける。高貴な身分の中国人は青色か白色の長い絹のブラウスを身につけ、頭には同じく絹製の小さな円形の黒色の帽子を載せている。そして、巨大な眼鏡をかけて、彼らの多くは足に白いゲートルを巻いている。そのほかの人々は茶色のゲートルを巻いている。そして中国人は、皆、一様にかなり長い三つ編みを下げているが、大抵は、黒色の絹糸を繋げて長く延ばしているのである（そして、中国人は皆、白色の竹製の団扇を持っている）161)。中国人の女性は皆、小柄でよく似ている。皆、丸顔で、彼女たちの多くは、とても可愛い。

130. 中国人の男性の肌の色は濃い黄色であるが、彼女たちは肌が白く、頬は赤い。彼女たちはいつも親切で、身なりを清潔に整えている。もちろん、皆、足を故意に傷つけており、歩くことが困難なほど小さい。彼女たちの服装は、膝が半分は隠れるほど丈がとても長い、白色あるいは黒色のブラウスと黒色のズボンであるが、このズボンは裾が大きく広がっていて、左右が重なり合う具合である。そして、耳には大きなガラス製のイヤリングをつけていて、髪型がとても独特で面白い。女性は皆、後ろに流した髪を、中心を空洞にするような具合で大きなお団子状にまとめているのである。若い女性は髪を右に流し、耳の上辺りで出っぱるように編んで角にして、沢山の白色の花で飾っていたが、これは奇妙な外貌であった。貧しい女性は、単純に三つ編みを頭に巻き付けていた。中国人は、いつも真顔である。笑っているところをほとんど見ない。通りで子供達が一緒に遊ぶ姿というものを見ないし、

131. そもそも子供の姿自体を通りで見かけることがほとんどないのである。10歳で少年は大人の仲間入りをして、働かなければならない。中国人は勤勉で、忍耐力と粘り強さを持っている。一年中働き通しで、祝日は一日だけである。中国人の女性は、ほとんど奴隷のような存在で、父親が自分の娘を売る。娘は奴隷として扱われるのである。そして、ここで結婚をしたい者は、両親に

決まった値段を支払って、女性を請出さなければならない。女性一人は80ドル、つまり160フローリンで、身分の低い女性はもちろん、それよりも安い。しかし、外国人には女性を買うことは許されていない。

132. ヨーロッパ人の住宅の裏手にある、川から数百歩のところに中国人の住宅が建っている。皆、一様に木造の低層家屋である。一階は、商店あるいは仕事場、あるいは商店と仕事場で、更にそれ以上の用途も兼ね備えている。一階の前面には側壁がなく、柱が立っているだけである。そして、一階の部屋は皆、倉庫か商店の機能を担っていて、通り過ぎるときは、何がそこにあるのか、また何が作られているのかを見渡すことができる。(それから、通りには食べ物の屋台や床屋[162]がひしめいており、木製の楽器をいつも鳴らして、桃や小さなリンゴなどの果物を売っている)[163]。屋根裏には大変小さな部屋があり、寝室として使われている。中国人はベッドを知らず、床に藁を編んだ敷物を敷いて寝る。頭の下には同じく藁を編んで作った、硬い、長方形の枕を置く。この部屋では、10人から15人が隣り合って床の上で寝ている。中国は人口過剰なのである。

133. 中国人の、気品に溢れた、大きな美しい邸宅は木造で、とても優雅に設えられており、淡褐色に塗装されている。家には、美しい大窓が沢山取り付けられており、バルコニーがぐるりと巡らされている。そのバルコニーには沢山の美しい灯篭が吊るされているが、大抵は丸い風船のようなかたちをしていて、赤色で中国語の言葉が書かれている。中国人の馬車は、手押車のようなものである。板の中央に突き抜けるような格好で大きな車輪があり、両側に人が座る。車輪の側面には板があり、客は、そこにもたれかかり、一人の中国人がそれを前に押す。車輪はひどい音を立てる。まるでキリギリスの鳴き声のようである。川から百歩ほど離れたところに、24フィートの高さで、1フィー

134. トの厚さがある壁で囲まれた中国人の居住区がある。6か所ある門は、夜の9時になると閉じられ、中国人であろうと外国人であろうと、外には出られない。城壁は黒色の煉瓦で造られており、城壁の上には、大砲のための四角の鋸壁がある。城壁の外側を囲むように川が流れているが、とても汚い。そして、それぞれの門には小さなみすぼらしい橋が架けられている。私は、小さな南門から入った。街は、21平方マイルから23平方マイルの大きさで、25万人の住民が暮らしている。外国人であるヨーロッパ人の街も併せると、40万人を超える。街路は、とても汚く、舗装もされておらず、二人の人間

がお互いにぶつからないように避けながら通れる広さもない。荷物の運搬人は、大きな声を張り上げ、何度も人にぶつかりながら、かなり苦労してこの道を前に進むという具合である。

135. 通りには、看板を掲げた商店しかない。なかには看板を通りの上に掲げる店もあり、まるで長く暗い道を進むような気持ちになることが多い。文字の色は金色、赤色、黒色、緑色で、背景は白色、赤色、青色などである。店は、どれもとても美しく、大抵、絹の生地、刺繍、団扇などを売っている。また、店には絹織機が置かれていて、とても美しい生地が織られている。それから、靴ばかりを売っている商店もあれば、タバコ、水パイプ、傘[164]、〔?〕[165]、笛、ヴァイオリン、ギターなどの楽器だけを扱う店もある。笛は、竹だけで出来ており、鍵などはない。ヴァイオリンは、ちょうど中ぐらいの大きさの木槌のようで、2本の弦が張られている。また、ハムやひどい臭いのする魚の干物も売られている。一番多いのは、色とりどりのガラス製品である。あらゆる形状のものがある。美しい絵が描かれたガラス製のラ
136. ンタンには真珠が貼り付けられており、それらは贅沢品に数えられている。また、死者の棺ばかりを扱う店もとても多く見かける。棺は、3インチ以上の厚さのある板でできていて、とても美しく作られている。ここでは、水車を一台だけ見た。雄の水牛が牽いているものである。石臼は、その雄牛の小屋のほぼ隣にある。牛は、目をふさがれていて、石臼の周りをずっと回っていなければならない。

中国人の居住区はまるで蟻塔のようである。どの通りも、ひどい怒鳴り声、騒音、車輪の轟音で埋め尽くされていて、いつも人で溢れかえっている。中国人が二人で何か荷物を運ぶときは、二人とも二歩進むごとに声を張り上げる。そのようにして、移動をうまくやってのけ、速やかに前進することができるのである。それから、ここはひどく臭い。大抵の通りでは、窒息寸前になる。また、ここでは、通り全体がトイレとなっているところもある。

137. 路地を歩いていて、石造りの建物に行き当たった。おそらく、中国人居住区の牢獄である。なぜなら、門のすぐ下の壁に鶏用の梯子のようなものが設置されていたからである。約10フィートの高さで、6フィートの幅があり、約3インチの厚さの横木が渡されている檻がある。その中に、四人の中国人が見せしめに入れられていた。彼らは、死刑を宣告されていて、首を分厚い四角の板で固定されており、2日後に首を刎ねられることになっている。しかし、

Ⅰ　手書きの日記(1868・69年)

25 「上海、中国人の受刑者」

彼らは、そのことを気に病んだりはしていないようであった。私が見たときは、彼らはまだ私のことを笑いとばせたくらいである。罪人が収容されているこの檻は、極めて狭い通りに置かれていて、ここを通り過ぎるひとの目に必ず入る。しかし、中国人には特に珍しいことでも何でもないようである。なぜなら、ごく限られた人数のひとしか、そこに立ち止まり、檻の中を覗き込もうとはしないからである。それから、この檻の隣、門の左手には、門の中に通じている暗がりになっている部屋がある。前面は、ただの大きな横
138. 木が渡されているだけだが、ここは罪人で溢れかえっていた。彼らは一時的にここに収容されているのだが、彼らも外から見物できるようになっている。中国はとても厳しい。というのも、毎年、数千人の中国人が首を刎ねられ、死刑の判決を受けているのである。盗みは、彼らにとっては大罪である。この罪を2回犯した者は、例え、盗んだものが取るに足らないものでも、死刑が宣告される。そして、彼らには様々な拷問の方法がある。例えば、四頭

の雄牛に体を引き裂かせ、ナイフであらゆる関節を切り離し、眼球をくり抜き、そこに酢酸や生石灰などを注ぐという方法。ほかには、罪人を死ぬまで眠らせないという方法や、首まで(生きたまま)土に埋めて、妻や家族の誰かが、その罪人が死ぬまで食事を持っていかなければいけないという方法。このように、彼らには惨たらしい拷問の方法が多数あるのである。

139. それから、私は仏陀の寺院に来た[166]。寺院は、極めて小さく、平屋建てである。境内には、とても美しい門がある。その両端には、二頭の石造りの獅子像があり、それぞれの門には恐ろしい形相の中国人が描かれている。それをくぐると、前庭となっている四角い広場があり、そこには、木の格子に囲まれていて、美しく優美な屋根が取り付けられた四角の石碑が立っている。寺院の門のすぐ前には大きな煙の容器がある。その容器の内側は石、外側は金属でできていて、中国語がびっしりと書かれている。その容器は、大体10フィートの高さがあり、八角形の舗石の上に載せられていて、下が小さく、真ん中が大きな球体のように丸く、二つの取っ手の輪が付いている。そして、小さめの四角い四つの窓が付いていて、上には大きな尖った屋根がある。その寺院で祈祷が行われるときは、その煙の容器に火が焚べられる。

140. すると、窓から煙が出てくるのだが、とても強い臭いがする。寺院に入ると、巨大な扉があり、両端のすぐそばに四人の黒色の洋服を着た男たちがいる。彼らは上海で最も体格の良い格闘家らしい。この両端の上には、美しいジャンク船が掛けられていて、小柄な中国人がそれに乗っている。(帆を入れると)約10フィートの長さで、その先に入口があり、本堂にはそこから入るようになっている。中は狭く、暗がりになっていて、窓はない。光は、門から差し込むばかりである。祭壇は、大きな四角い鉄の格子で囲まれている。門を入ってすぐ右手のところには、白い髭を蓄え、太鼓腹をした大きな中国人が立っている。彼は、赤色と緑色の服を着ている。およそ10フィートの高さがある。これは中国人の神らしい。彼の隣には、やはり太鼓腹だが、髭はなく、小柄な中国人が立っている。

141. 彼は、親切そうな微笑みを浮かべている。左手には、二対の像が立っているが、こちらは威嚇するような恐ろしい形相をしている。大きな方は黒髭を蓄え、鹿の小さな角のようなものを1本付けている。これは悪魔、邪悪な神に違いない。中央に立っているのは、金色に輝く仏陀の像だが、バンコク(シャム)で見た仏陀の像とは全く異なる風貌をしている。中国人にはとても

I 手書きの日記(1868・69年)

沢山の神々がいるのである。この神々がいるところには先の尖った鉄製の器具があり、そこにろうそくが立てられる。このろうそくは、良い香りがするものが詰められている。小さく、細いろうそくもあれば、大きな赤色のろうそくもあり、それから白色のろうそくもある。一日中、何らかのろうそくが灯されている。また、それぞれの神(の像)の前には、丸いかたちをした、鉄製の煙の容器(皿)が置かれていて、紙人形でできているお供え物が燃やされている。これは、良い香りのする銀色の紙でできた、三角形の小さな人形であるが、寺でもどこでも沢山買い求められている。

142. そして、神に敬意を表するためのお供え物として、この容器で沢山燃やされている[167]。

それから、龍のかたちをした像も沢山ある。ここにも中国人はお供え物を供える。悪い神と良い神にも。良い神には、畏敬の念を表するために、そして悪い神には、災いを起こさないように。ちなみに、寺院には一日中、アヘンを吸っている中国人がいて、頭が朦朧として、床に横になってしまうぐらいに沢山吸っている。祈祷が行われる午前中は、神々の前でも、とても沢山のろうそくに火が灯され、更にこの灰の容器でもお供え物が燃やされるため、本堂からは煙がもくもくと立ち上り、ひどい臭いである。そして、神々の前には、細長いクッションが、そこで跪けるように置いてある。中国人の男性

143. がお寺をお参りすることはあまりない。中国人の女性だけが、切羽詰って、神に助けを求めに来るのである。中国人の女性は、このクッション(神々を囲んでいる格子の外側に置かれている)に跪き、ずっとお辞儀をし続けながら、何か決まったお祈りの言葉を唱える。そして、それだけ言えば良いという特定のお祈りの言葉を唱える。中国人の女性は、まるでずっと床にキスをしていたいかのように、頻繁に神々を仰ぎ見たり、お辞儀をしたりしながら、クッションに跪いている。そして、この右側には、机(寺院の使用人がそばにいる)があり、そこには祈祷に関係するものが置かれている。中国人の女性はお祈りを終えると、その机から(その使用人に幾らかお金を渡して)最後にホロスコープを手に取り、細い棒が詰まっている矢筒のようなかたちの竹製の筒を、そのうちの1本が出てくるまで、熱心に振る。それぞれの棒には言葉が書かれているのだが、それは、信頼の置けるメッセージである神託なのである。

144. それから、請願者の願いに対する神のお告げを理解するために、中国の箴

61

言が書かれた本を手に取り、棒に書かれた言葉を引く。そして、自分の前に掛かっている、太い竹筒でできている賽銭のための大きな容れ物に数厘入れる。そして、その場を去る。これは、上海で最も大きな寺院(チン・フアン・ミアンで、ドイツ語に訳すと、皇帝の寺院)168)である。寺院の周辺には、ありとあらゆる神が描かれており、そしてあらゆる建物の前あるいはドア板には龍が描かれていたり、中国の箴言が書かれている。仏陀の寺の裏には、通りを何本か隔てて「お茶の庭園」がある169)。これは、中国人が気晴らしをする娯楽場の中心地であり、娯楽、気晴らしの公的な場所である。ここでは、曲芸師、歌い手、噺家、演奏家、占い師、音楽家や道化師に出会う。

145. ここでは、人々が思い思いに、朝から晩まで娯楽や気晴らし、儲けを求めている。音楽家と噺家は綿布でできたテント(天井)を広げていて、その周りに四脚の細長い椅子を並べて、中央には机を置いている。そこに三人の演奏家が座っている。二人はヴァイオリンを持っている。このヴァイオリンは、ちょうど、長い柄のついた、2本しか弦の張っていない小さな木槌のようである。三人目は、私たちのところのシンバルのように、ゴーン、ゴーンと鳴る楽器を持っている。それは、幾らか小さく、内側は空洞になっていて、そこを木の棒で叩き、それにより拍子をとるのだが、ひどい音である。音楽は、陽気な調子になってみたり、悲しい調子になったりする。シンバルのような楽器を持つひとがその調子を決めている。時折、一人がそれに合わせて歌う。汚い声で、ひどい韻を踏んで。しかし、中国人は、それを気に入っているのである。なぜなら、彼らはいつも真面目に、熱心にこの演奏を聴いているからである。ここでは笑っている顔を見ることはない。音楽家のなかには四人

146. 目の男がいる。大抵、老齢の人物で、時折、お金を集めに出る。客は2厘から4厘を支払う。それから、彼は、真鍮製の水煙管を持っている。長い管と真鍮製の先端が付いている。煙管はとても大きく、幅広なので、それは机の上に置かれている。とても小さな雁首しか付いていないため、一服ごとに新たにタバコを詰める必要がある。一服しかできないようになっているのである。タバコはオイルで発酵加工されている。そのため、ヨーロッパ人には愉しめるものではない。この男は、この水煙管を移動させて、あちらこちらに歩き回り、タバコを詰めては、中国人一人一人の口に、一服できるように差し出す。しかし、吸口を拭うこともなく、何か説明することも、一言話しかけることもなく差し出すのである。そして、タバコを吸いたくない者は、た

だ、頭を後ろにそらすだけである。町の中心にあるこの庭園では、昼になる
147. と、このテントが野外に建てられる。11時半には中国人がやってきて、椅子に腰掛けて、音楽家や噺家が来るのを待ちわびているのである。彼らは、12時を過ぎないとやってこない。そして、夜まで休むことなくずっと演奏し、話をする。中国人は、それを熱心に聴いているのである。私には悲しく思われるこの演奏も、中国人にとっては、最高の娯楽なのである。

　この「お茶の庭園」は、公共の庭園と同じぐらい、中国の大都市には欠かせないものである。これは、ドイツ語で「お茶の庭園」という意味になるだけで、庭園で茶葉が栽培されているわけではない。広く、美しい広場で、朝から晩まで信じられないほど多くの人々が、絶え間なく往来している。それから美しい園亭と人造の小さな洞窟がある。ここには、大きな、毛むくじゃらの白い雄のヤギのような美しい生き物がいた。私たちのところのヤギの角は後ろに向かって付いているが、彼らの大きな角は前に向かって付いていた。庭園の中心部には、美しい石垣に囲まれた小さな池がある(ありふれた種類のとても大きな亀と食用ではない〔観賞用の〕小さな魚が生息している)[170]。池には、澱んで
148. 悪臭を放っている緑色の水が溜められており、そこで蓮の花が、大輪の白い花を咲かせている。「お茶の庭園」の周辺には、大型の美しく優美な中国の茶屋ばかりが並び、池の中央には、最も美しく、上品で、優雅な茶屋が杭の上に建てられている。そこには、石造りのジグザグな橋が2本架けられている。欄干が美しい。建物は八角形で、それぞれの角には反っている屋根が付いている[171]。建物の中は、とても清潔で、感じが良く、小さな四角いテーブルと小型の細い木挽き台〔椅子のこと〕が並べられている。全ての家具には日本の赤色の漆が塗られている。一階よりも格調の高い二階に上がるには、汚い階段を上っていく。そこからは、「お茶の庭園」がすっかり見渡せる。この茶屋には、官僚やマンダリン、(中国人の)商人などの上流階級の人々しか訪れない。ほかのどの茶屋よりも値段が少し高いのである。私は、仲間(マティアス)と艦長の身の回りの世話人と一緒に、外壁の外側にある、南門のすぐそばにあった中国人の茶屋に行った。

149. 　部屋のつくりは、私たちのところとよく似ている。小さなテーブルと小さな細いベンチ(木挽き台)があり、全てに赤色の漆が塗られている。茶屋の多くは、開放的に造られている。全ての側面に壁があるわけではない(二、三の側面だけが壁)。つまり一、二面は窓である。建物の中は広く、窓は、屋

根のすぐ下の高さまである。そして二階も茶屋になっている。上の階には美しいバルコニーとベランダがあり、そこから通りや茶屋の一階も見える。そして、いずれにせよ、二階の方が一階より格調が高い。

　私たちは、茶屋の一階の中央のテーブルの一席についた。茶屋の床は、ただ土をならして、押し固めているだけで、舗装されていない。部屋の中央のすぐそばには大きな鉄製の鍋に熱い湯が一杯に溜められており、鍋の下には、ずっと火が焚べられている。しかし、全てが、かなり汚い。私たちが席に着くと、中国人150.が一人やってきて、それぞれに二客の小さな茶碗を持ってきた。一客は空で、もう一客には、茶碗のおよそ半分のところにまで乾燥した茶葉が入っていた。この茶碗には蓋が付いていて、その中国人はまもなく沸騰したお湯を入れたヤカンを手にして、戻ってきた。お湯は、大きな鍋から持ってきたもので、そのお湯をお茶の上に注いだ。すぐに、この熱い、明るい黄色の液体を二客目の空の茶碗に移して、それを飲む。もちろん、砂糖やミルクは入れない(中国人はお茶に砂糖を入れない)。しかし、このお茶は、私たちにはあまり美味しく感じられなかったので、追加で砂糖を頼んだ。すると、彼は、間もなく、小さな黄色の紙に一つの灰色[172]の砂糖を載せて、持ってきた。このおかげで幾らか美味しくお茶を飲めた。

　茶葉の入っている茶碗にお湯がもう入っていないことに気づくや否や、中国人は、再びやってきて、お湯を注いでくれる。この茶葉の量で、五杯か六杯はお茶を飲めるのである。私は、四杯か五杯程度、お茶を飲み干した。中国人たちは、好奇心から私たちにずっと注目していた。茶屋にヨーロッパ人がいることは、彼らにとっては珍しいことなのである。支払いについては、私は151.前もって、1シリングを中国の厘に両替して、それに紐を通して持っていたので、中国人に、必要なだけここから取ってくれ、と言うと、彼は30厘から40厘を取った。これは、約6クロイツァーから8クロイツァーに相当するが、更にもっと取った。お茶一杯(1ポーションの茶葉)の値段は、本来は6厘から12厘(1、2クロイツァー)である。この茶屋は、一日中客で賑わっている。彼らは、ここで一杯のお茶を飲み、オイルで発酵処理したタバコを一服して(大抵、真鍮製の水煙管)、商談をする、あるいは気兼ねなく時間を潰しているのである。中国人の人生は、私には悲しいものに思われる。なぜなら、素敵な娯楽が何もないからである。茶屋よりは少ないけれども、それでも料理屋がとても沢山ある。店の造りは茶屋と同じである。通りでは、いたるところ

に竈が並べられており、そこを通ると、調理しているところや料理がよく見
152. える。私が見たところによれば、食事は、お米、野菜、魚、鶏と豚肉でできている。これらは皆、とても小さく切られていて、人々は、磁器の器によそって、磁器のスプーンと2本の木製あるいは象牙製の箸で食べる。料理屋も一日中、客で賑わっていた。食事の値段は、ご飯一杯が12厘、野菜一杯が12厘という具合である。中国の硬貨は厘で、銅、錫、そして鉄を混ぜたものでできているが、大抵は錫製である。厘はクロイツァーと同じくらいの大きさだが、大きさはあまり一定していない。中央に四角い穴が開いており、中国語の文字が書かれているだけである。そこに紐を通して、大抵50か100、あるいはそれ以上を一つのまとまりにしている。両替屋では、そのような厘の大きなソーセージ状の束が山に積み上げられているのを見る。およそ1200厘から1250厘が1メキシコドルに相当し、オーストリアの貨幣であれば2フローリン16クロイツァーに相当する。上海の物価は、ひどく高い。これ以上に物価の高いところはないほどである。

153. ここでの暮らしには、ひどくお金がかかるが、それでもなお楽しめることがない。そして、ここでの買い物は、ドルだけで換算されていて、例えば、一般的な(ヨーロッパ風の)料理屋では、1回の食事につき1.5ドルから3ドルを支払う。ワイン1本あるいはビール1本は0.5ドルからである。コーヒーあるいはお茶一杯は1シリングである。商店なども、とにかく、なんでもドルである。値段を聞くときは、ドル、ハーフ・ドル、シリングの言葉だけが並ぶ。1シリングは6ペンスあるいは3ペンスに相当し、ここでは、私たちのところの銅貨のクロイツァーのように、沢山出回っている。ここでは、それらの硬貨は、私たちのところでこれらの硬貨が持つ価値ほどの価値はない。なぜなら、そもそも全てがひどく高いのである。次に、ここにはお金持ちしかいないのである。例えば、イギリスのペンスやセントなどの銅貨は、ここでは全く見たことがなかった。ここほど物価が高いところは、私は、これま
154. でに見たことがない。例えば、食事代込みで200ドルから300ドルの月給を受給する、ドイツの貿易会社に勤務するような人々でも、収入が足りないと不足を申し立てるのである[173)]。ここは、私は全く気に入らなかった。第一に中国人自体が好きになれない。第二にひどく物価が高い。第三に中国の町の暑さと悪臭が耐えられないし、楽しめることが全くない。

151頁〔本書64頁〕の茶屋について補足

　私たちが店を後にする前に、中国人は、熱湯を張り、紺色の布が沈んでいる2枚の真鍮製の皿を私たちに持ってきた。彼はこの布を絞り、この熱いお絞りで顔を拭うのだと言った。そうすると、涼しくなるからということである。私は、ただでさえひどく暑いのに、熱いお絞りで顔を拭うなんて、と思った。しかし、好奇心からそれをやってみたところ、実際にさっぱりとした。この湯気は肌から熱を取り、それにより、さっぱりとする効果を与える。

155.　1869〔明治二〕年6月21日、22日、23日、24日、そして25日はずっと気持ちの良い、快適な天気が続いた。

　26日は雨が降った。ドナウ号は北京で通商条約を締結するために天津に向かって出発した。フリードリヒ〔大公〕号は、条約が調印されるまで、ここで待機しなくてはならない。

　27日、気持ちの良い、雨降りの日であったが、東からのとても冷たい風が吹いた日であった。28日、気持ちの良い、雨降りの日。29日、快適な日。30日は天気が良く、風のない日。私は、具合が悪く、頭が痛くて、体がとてもだるかった。午前は、雀が船に数羽やってきた。甲板の上に留まっていた。7月1日、天気の良い、とても暑い日。私はまた幾らか体調が良くなった。2日、とても強い南西の風が吹いた。台風だったようである。ここを出港した汽船が高波のため前に進むことができず、呉淞の河口に碇泊せざるをえなかったため、再び引き返してきた。3日、4日は天気の良い、暑い日であった。

　5日、曇天。今日、旅に出てから初めて、両親からの手紙を受け取った。嬉しかった。

156.　1869〔明治二〕年5月9日の日付であった。

　〔7月〕6日、曇り空で、快適であった。午後は、中国の小型の戦艦が入港した。三角形の、青い大きな龍が描かれた黄色の旗を掲げていた。そのほかにもシンボルが描かれていて、旗の端には青色のギザギザの飾りがついてる。以前から中国の軍艦が一隻碇泊しているが、その船には緑色の旗に、旗の角と角をつなぐ黄色の十字架が見える。艦長はオーストリア人である。彼は士官候補生で、ここ中国では、月給を受給している艦長である。彼の名前は

「ヴァサリ」という[174]。中国の船の将校らは皆ヨーロッパ人で、そのとても多くがドイツ人である。彼らには制服はなく、いつも平服を着ている。

　7日、気持ちの良い日、強く雨が降った。8日、曇天、快適な日、風はない。9日、とても強く雨が降った。午後は、私たちの船のそばを、中国人の死体が流れていった。彼は、年寄りの男性であった。顔は水に沈んでいて、背中が水の上に出ていた。彼は、まだ青色の服を身につけていた。一昨日も、私たちの船のすぐそばを死体が一体流れていくのが見えた。しかし、サンパン[175]やボートでその死体のそばを通っていった中国人たちは、死体に構うことなく、流れるままにしていた。まるで水に何もないかのように、死体に気を留めることはなかった。そのため、中国人の死体が流れてくると、死体は猫のように、中国人の前をただ通り過ぎていくばかりである。中国人の死体が川を下ることは、ここでは何も珍しいことではないようである。彼らは、自殺を図り、水に飛び込んだのだろう。

　10日、一日中、ずっと土砂降りの雨が降っていた。

　11日、早朝は、とても素晴らしい朝であった。鳥たちがピーピーと鳴き始め、それから大きな一羽の鳥がツグミ[176]のように鳴き、そして、ありとあらゆる鳥たちが、その鳴き声で私たちに一日の始まりを告げた。午後は、海軍歩兵のプフリューゲル氏[177]と共に上陸した。

　私たちが最初に向かったのは、中国人の街であった。

　私たちは、様々な通りをどんどん奥に進んでいった。だいぶ遠くまで来てからやっと、私たちは自分たちが道に迷ったことに気づいた。私たちは途方にくれた。誰とも会話ができず、城壁を登るほかに、できることはなかったからである。そして、私たちが通ってきた門を再び見つけるために、町にぐるりと巡らされている城壁の上を歩いた。そして、町のすっかり裏手まで来た。ここには建物も建てられておらず、ただ、あちらこちらに農家の家があるような場所が沢山あった。ここでは、専らお茶が栽培されているようである[178]。土に水が引かれているからである。つまり、水が蓄えられた、とても細い畦が造られているのである。そして、土には背の高い植物が植えられている。中国人の街を移動したとき、城壁の上のあちらこちらに、すっかり錆び付いた古い鉄の小型の大砲を見つけたが、その前には竹の葉でできている小さな小屋が建っていた。おそらく、歩哨の小屋だろう。しかし、私は、中国人の兵士をまだ見たことがない。

159. 私たちは、城壁の上から上海を見渡す、素晴らしい眺望を得た。しかし、土地は全く平坦で、平らでないようなところは少しもない。ここの土地は、海抜一尋もない。そこには、とても沢山の木造あるいは竹造りの平屋の家が建てられている(中国人には墓地がない、むしろ自分たちの畑か庭に埋葬するため、土地はお墓だらけとも言える)179)。それから、私たちは、城壁の上に建っている、大きく美しい建物〔城楼〕に行き当たった。この建物は通り抜けられるようになっている。私たちは、建物の中を覗いてみた。そこは、様々な神々、灰の皿、そして、ろうそくで一杯で、ちょうど寺院のような具合であった。その建物には優雅な回廊があり、いたるところが神々で埋め尽くされている。私が思うに、あれは「タン・フン・ロウ」〔ダン・フォン・ロウ／丹鳳樓〕であった。「赤色の風の建物」180)。ようやく〔?〕時間後に181)、私たちはまた中国人の街に戻り、私に馴染みのある東門にたどり着いた。私たちは、「お茶の庭園」に向かい、その近くにある一軒の大きな茶屋に立ち寄った。すぐにお茶が運ばれてきた。店主は、私たちに嫌な

160. 臭いのする食事と、それぞれに2本のお箸を持ってきた。店主は、頻繁に、どのように箸を使うのかを見せに来て、大笑いしたが、私たちは何とか箸で食事をつかむことができた(今回は、私は一粒の砂糖を携帯していた)。最後に、濡らしたばかりの布が運ばれてきて、私は、それを使って、顔を拭った。店主は、お茶一杯に対して1シリングを請求した。それから、私たちは「お茶の庭園」をブラブラと歩いて、様々な中国人の噺家を見た。

そこでは、気の毒な中国人たちが四つん這いで彷徨っていた。彼らには足がなかった。つまり、足首から下がなかったのである。左足は、足首の上で切れていて、全く完治していなかった。肉はまだ真っ赤で(赤いのか皮膚から出てしまっているのか)、右足も同様で、右足には黒く腐敗した足に瓶がぶら下がっていた。ひどい有様で見るに耐えない。そして彼は、足を結ばないまま、通りを埃や砂、石にまみれて、あちらこちらに這って進む。私たちのあいだで、このようなことに耐えられる者はいないだろう。しかし、中国人はそれをするのである。国民が彼に情けをかけて、数厘を与えるように。

中国人の法律においては、犯罪を犯した者は、もはや天を仰ぎ見る価値すらないとされるのである。

161. そのため、そのような人々は足裏と足指のあいだに切り傷をつけられて、そこにある特定の毒を塗りつけられているのである。足が徐々に腐るように。

そして、そのような中国人にひどい苦しみを与え、彼らが生きるためには足を切断するしか選択肢がなくなるように(毒を塗布することは、もちろん頻繁に繰り返される)。そのため、そのような罪人が四つん這いで進むのをとてもよく見かけるのである。彼らの多くは、腐敗した足を紐で結び、首のところに括り付けて、人々から憐みをかけてもらい、何がしかを与えてもらう182)。しかし、中国人に同情してもらうためには、その人間はひどい外見をしていなくてはならない。ちなみに、これらの気の毒な罪人は、国民から嫌われていて、唾を吐きかけられている。

　午後は、曇りになり、雷が鳴った。夜、私たちは再び中国人の街から出て、好奇心から、中国人の馬車(手押車)に乗った。フランス人の居住区を通過したが、私たちは中国人たちから注目された。

162.　私たちは御者に1シリングを支払った。本来の値段は、1時間につき1シリングであるが。

　フランス人の居住区にはイタリア人が多く住んでいる。9時にボートで船に戻った。12日は天気が良く、ひどく暑い日であった。

　13日の午前は、土砂降りの雨、午後は、曇り。

　14日は、雲が出ていて、快適な日。

　15日の午前は、天気が良かった。午後は、土砂降りの大雨。

　16日、17日、18日、19日、20日はずっと天気がとても良かった。ひどく暑い日が続き、私は、ずっと汗をびっしょりかいていた。21日は天気の良い、暑い日。午前中は、巨大な魚が将校等のために運ばれてきた。一尋以上の長さがあり、80キロ以上の重量があった。上司〔ブルガー〕は重い病気を患い、午前に陸から船に戻ってきた。彼は、コレラのような症状を起こしていた。おそらく、陸で水を飲みすぎたか、何かの果物を食べたようである。症状は終日ひどくなるばかりであった。ここの大陸の水質はとても悪く、身体に害となるようである。

163.　ここの土地は平坦なので、湧き水が出ない。飲み水は、汚い川の水から得ている。もちろん、不純物は沈積させ、濾過しているのではあるが。しかし、水はミミズ183)で一杯らしい。

　21日184)、とても天気の良い、暑い日。夜になると、上司〔ブルガー〕の具合はひどくなった。彼は、これまでの人生でこのような痛みを経験したことはないと言った。彼は、しきりに腹痛と頭痛を訴えて、そしてほとんど立ち

上がれないほどに衰弱した。私は、一晩中、彼のそばにいて、団扇を仰いで風を送り続けた。このひどい暑さで、まともに呼吸をするのも難しかったからである。22日、上司の具合は幾らか良くなった。しかし、まだ立ち上がることはできない。この暑さにあって、もともと丈夫であったことが、病に倒れた今も有利に働いている。今は昼夜を問わず暑く、シャツもズボン下[185]もずっとびしょ濡れで、額には汗が流れ続けているという状態である。

164. 夜は、上司〔ブルガー〕の船室で休まなくてはならなかった。

　23日、上司〔ブルガー〕はまた幾分体調が良くなった。まもなく出発することになっているため、上司〔ブルガー〕は、ホテルにある彼の身の回りのものを取りに、私を陸に向かわせた。ホテルは、フーチョウ通りのカールトン・ハウス[186]である。私は、9時から午後4時までずっと、夏のこのひどい暑さのなか、中国人の居住区を歩き回った。この行為は、ここでは日射病にかかる恐れがあるため、危険だということを後で知った。昼は、高級な茶屋に行った。「お茶の庭園」の池の上に建てられた茶屋である。しかし、ここには身分の高い中国人しかいなかった[187]。中国人は、一杯のお茶に1フローリン、つまり0.5ドルを請求した。中国人は、ユダヤ人以上である。なぜなら、何よりお金が大事だからである。彼らの神はお金なのである。仏陀の大きな寺院の入口の門に15歳か16歳ぐらいの若い中国人が一人いた。彼は、道に座り、首から四角い板をぶら下げていた。私が二度目に彼を見たときは、

165. 彼は、数名の若い中国人とゲームをしていた。それから大きな仏陀の寺院から「お茶の庭園」に続く、細い通りを進んで行ったが、その通りでは、キリギリスがいっぱいに捕まえられた大きなカゴが二つ売りに出されていた。それぞれのカゴに100匹以上はいた。このキリギリスは一匹ずつ、とても小さな楕円形の、約3インチの幅の竹を編んだ綺麗な虫かごに入れられている。中国人は、この大きな緑色のキリギリスの大変な愛好家なのである。彼らは部屋にそれを吊り下げているのだが、絶え間ない鳴き声、つまり、金切り声、リンリンという鳴き声を気に入っているのである。そして、これを置いていない家はない。私たちのところと同じように、大抵、鳥かごの中には小さな緑色の鳥であるキクイタダキ[188]がいた。一人の中国人の医者がその通りにある、通り抜けのできる通路が通っている建物にいた。彼は、通りに二台の木挽き台[189]と小さな机を出していた。机の上には瓶や坩堝に入った薬が並んでいた。

166. 壁には、彼が今まで治療してきた患者が描かれているような絵が掛けられていた。それらの絵の下には中国語で何か書かれていた。大半の絵には、身体中に赤い斑点(血の斑点)が出ている人間が描かれていた。描かれた女性の多くには、首のところに3、4本の縦の線(赤)が出ていた。医者は痩せすぎの弱々しい男であった。ちょうど、一人の患者を診察していた。その患者は、もう一台の木挽き台に座って、右腕を机の上に乗せていた。医者は爪をとても長く伸ばした2本の指を、数分間無言で患者の前腕に当てていた。その後、処方箋を出した。中国人は奇妙なものを薬剤として用いる。鳥の巣、乾燥させた赤い斑点のあるトカゲ、鹿の角の先、鼈甲、犬の肉、動物の骨、人間の体の部位からできている様々な薬剤、クジラの歯、貝殻、蛇の皮、サメの胃袋、

167. サメのヒレ〔フカヒレ〕、乾燥させた蚕、蚕の幼虫、蚕の排泄物、熊の胆汁、兎の糞、たこの足、乾燥させた樹液、乾燥させた血吸蛭、ミミズ、赤大理石、象牙の粉、ガマからできている薬剤、明代の正徳の治世時代(1506年から1522年まで)[190]の古い銅銭、雪解け水、母乳など。別の医者のところでも、患者が棚あるいは椅子を支えにして立っているのを見た(同様に外の街路で)。医者は、かなり大きな針[191]を手にしていて、患者の前腕や足、背中の動脈に、そして、集中的に患者のひかがみ[192]に刺した。血液は地面に滴り、患者は身体中穴だらけになっていた。しかし、その患者は、すっかり大人しくしていた。会話は何もなく、患者が針を刺されるときに小さく痙攣しただけであった。

168. 私たちにはとても耐えられないことである。それから、首に3、4本、縦の幅広の線が入っている中国人の女性を見た。これは何かの病気である。

5時にまた船に戻った。夜は、パロツカのところで、砲台のある場所の設営係[193]のスムトニー、設営係のゼーマンと喧嘩をして、頭にきたことには、彼らのところで[194]食事ができなかった。喧嘩の原因は、彼らが私と上司〔ブルガー〕のことを悪く言ったからである。

24日、ひどく暑い日。夜は、蚊が沢山出て、私たちの血を吸ったり、耳元で飛び回ったため、数分たりとも眠れなかった。

今日から、料理長と一等の料理人のもとで食事をするようになった。ヌードル入りのスープ、肉、そして葉野菜やジャガイモなどの付け合わせの食事は美味しく、私は大いに満足した。上司〔ブルガー〕は、また元気になり、立てるようになった。

25日、26日は、上司〔ブルガー〕の具合は良くなったが、まだ何もできない。

フランスの汽船「ファーズ号」が入港した[195]。とても暑い夜で、その上、沢山の蚊が発生して、眠れなかった。26日の午後は、雷が鳴り、かなり強く雨が降り、
169. 2本の虹が連なって、川の上にかかった。27日、28日、29日は、とても暑い日がずっと続いた。夜通し沢山の蚊が発生した。

　30日、イギリスとドイツのクラブハウスで行った、私たちの展示会を撮影した。クラブハウスは、ちょうど川沿いにあり、美しく、優雅な、大きな宮殿のような建物(灰色の壁)で、天井の高い、風通しの良い、広い部屋とサロン(二階分の高さのある吹き抜け)がある。全て立派に設えられていた。私たちは、広い部屋の一室にオーストリアとハンガリーの製品を展示した。とても美しいものばかりである。シェーンベルガー[196]が監修者で、私たちはこの展示会を撮影する任務を負っていた。しかし、あまりに暗かったため、撮影はできなかった。クラブは、上海に駐在するイギリスの商人の組合が設立した(彼らの娯楽と気晴らしのため)[197]。彼らの多くは、クラブで食事をする。なぜなら、彼らは自分たちの〔?〕[198]を持っていて、そこでは、全て大量に、そして、ホテルよりかなり安く購入できるからである。そこでは、20人から36人の中国人のボーイが給仕をしている。
170.　食堂には沢山の天井扇が取り付けられている。中国人の使用人がそれを動かして、新鮮な空気を送り続けてくれる[199]。

　1869〔明治二〕年7月31日、8月1日。昨日と同じイギリス人のクラブハウスで展示会の撮影をしたが、全くうまくいかなかった。相変わらず、あまりに暗いからである。

　8月2日、同じイギリス人のクラブハウスでうまく撮影ができた。午後は雨が降り、雷が鳴った。スウェーデンの船が一隻入港した。ここには数隻の船と汽船が入港している。商船は、そのように造られた小型の曳航船で灯台まで曳航されている。比較的狭い河床で、ここで船と船が隣り合って密集して碇泊しているのである。多くの旗は、イギリス、それから北ドイツ(ブレーメン、ハンブルク、プロイセン、オルデンブルクとハンザ同盟都市)のものであった。林立するマストの茂った森のために、川岸を飾るヨーロッパの商人の立派な建物を眺めることができない。
171.　川には150隻はある船が並んでおり、その大半がイギリスの鉄船で、多くには5本から6本のヤードがある。フランスの居住区より上流にあたる中国人の街では、中国のジャンク船が忙しく往来している。ジャンク船のマスト

I 手書きの日記（1868・69年）

は斜めになっていて、船は、奇妙に独特なリギングで碇泊している。ジャンク船は小さく、そして鈍重である。船の後方と前方はかなり高さがあり、前方が後方よりやや低い。船尾は前と後ろの見分けがつかないぐらい、船の後ろが垂直にパツンと切られたようになっている。前方にだけ、両舷に白色と黒色で塗られた巨大な彫刻の目のようなものがある。船の後方は同様に、両舷に赤色と白色の丸い囲みに中国語の箴言が書かれたものが五つ、六つあった。

172. 船の両舷の中央には板〔梶〕が取り付けられており、上下に動かせる。彼らは、この板を船の操縦に用いる。それを水に差し入れて、すばやく船の方向転換を行う。ジャンク船には3本から5本のマストがある。マストは短く、小さく、斜めで、一直線に並んでいる。真ん中のマストが一番大きく、一番小さな2本のうち1本は前、もう1本は後ろにあり、船の端に立っている。帆は竹の繊維でできていて、茶色である。それぞれのマストには一反の帆が張られている。長く、硬く、かなり幅がある。横方向に、竹製の棒が沢山取り付けられている。配置されている船員の数は、通常10人である。帆を張るとき、あるいは投錨するときは、ひどい大声をあげて、大きな音を出す。まるでカラスが集まって鳴いているかのようである。帆を上に上げるときは、彼らは、下に飛び降りる。それを見るのはとても面白い。帆をたたむ必要はない。多くのジャンク船には6門から12門の大砲が搭載されている。ジャンク船には色は塗られていない。いつも海岸沿いに航行している。この船は、公海を航行するには不向きで、簡単に沈没してしまう。

173. また、サンパンというボートもある。小さく、短く、鈍重に造られており、船尾は上に釣り上がった船型である。中国人は曲がった梶で操縦するのだが、その梶は同様にロープで取り付けられた櫓の機能も果たしており、サンパンをすばやく、そしてうまく前進させる。前方には同様に二つの目玉が描かれており、先端は、丸みを帯びたかたちである。中央には、丸い、膨らんだかたちの屋根が取り付けられている。サンパンには二人の人間が座れる場所があり、赤色、白色、青色、黒色で美しく、派手に色が塗られている。似た船型のそのようなサンパンが数百艘が走っていて、船と陸のあいだの連絡船として使われている。ここの川の流れは大変激しいので、サンパンに乗っている中国人は、〔乗船する予定の〕船が来るまで、ずっと漕ぎ続けなければならない。彼が、つまりサンパンが流されないように。川の流れは、ここではおよそ4、5時間毎に不規則に変化する。ここで目にするもので最も面白く、美しいものは、川を

73

174. 航行するアメリカの巨大な蒸気船である。ものすごく大きく、幅広で、喫水は比較的浅い。外車船で、二基の煙突が付いているが、この新しい機械200)は甲板の上に設置されている。甲板の上には二階か三階建ての部屋や複数の部屋のある住居が設備されている。各階には美しいバルコニーが取り付けられている。この船は全体に色が塗られている。窓は緑色で、船底は黄色である。この川を航行する蒸気船は、川だけを航行し、例えば南京、福州などに向かう。

今日、私は具合が悪かった。頭痛とひどい下痢201)。

3日、とても暑い日。夜は土砂降りの雨が降り、雷が鳴った。私の具合は一層悪くなり、〔胃の調子が悪く〕吐いて、熱が出て、ひどい下痢を起こしている。

午後は、上海の最も高位の役人202)であり、マンダリンで将校であるタウタイ〔ダオタイ〕が私たちの船にやってきた。彼は、三角形で黄色の旗を掲げた黒色のギグに乗ってきた。タウタイ〔ダオタイ〕は二人のマンダリンと通訳を一人、そして二人のイギリス人の文民を従えていた。タウタイ〔ダオタイ〕は中

175. 国人の通訳をタラップに派遣し、彼らの訪問を許可するかと尋ねさせた。私たちが許可すると、2枚の赤い名刺を持った二人のマンダリンがやってきた。それからタウタイ〔ダオタイ〕もやってきて、ピットナー艦長がタラップで出迎えた。タウタイ〔ダオタイ〕は背の高い、格好の良い人物である。顔は赤みを帯びていて、下に垂れ下がる口ひげを蓄えている。彼らは足首のところまで届く黄色の丈の長い服を身につけていた。腰には色の濃い、絹の幅広のベルトを巻いて、そこに扇子の容れ物を差していた。そして、ロートのようなかたちの、かなり小さな白色の帽子を頭に載せていた。その帽子の上には、赤毛の馬の尻尾でできた小ぶりの束の飾りがついていて、約6インチから8インチの長さがある。タウタイ〔ダオタイ〕は、彼の位階にふさわしく、ゆらゆら揺れる孔雀の羽根を付けていた。マンダリンの独特な服は、絹をふんだんに使って作られていて、絹と金の優雅な刺繍が施されている。彼らは、大砲が操作されている砲台に行き、船を見学した。それから船上でパーティーが催されて、音楽が演奏された。彼らは、これら全てに大変満足していた。それからタウタイ

176. 〔ダオタイ〕は艦長と一緒に食事をした。彼らは、冷菜とシャンパンの食事を楽しんだ。別れるときは、彼は帽子を頭に載せて、手を合わせて、幾つか儀式を行い、お辞儀をして、そして別れを告げた。

4日、5日は、私はとても具合が悪かった。身体中がひどい倦怠感に襲わ

れていて、お腹を下した。ずっと床か椅子に横たわらなくてはならなかった。

6日は、とても具合が悪かった。午後、船医のフライシュマン氏203)が吐かせてくれたので、幾分楽になった。上司〔ブルガー〕は、私のことを全く心配しない。私の状態を良く分かっているのに。7日、とても強い風が吹き、一日中、強い雨が降った。私は幾らか調子が良い。8日、天気の良い、快適な日。私は、また少し良くなった。

朝、フライシュマン医師が私に再び茶色の苦い薬を処方した。私は吐いた。一週間ものあいだ、ずっと何も食べていない。全く食欲がないのである。9日、幾らか良くなった。

177. 10日、快適な日。私たちは、ここ上海にすでに2か月滞在している。ちょうど、この月(6月から7月、8月)は最も暑く、健康に悪い季節である。私たちはひどく苦しんでいた。というのも、温度計が日陰の場所でも35度を指しており、昼には、暑さにすっかりやられてしまったからである。船上では様々な病気が引き起こされた。主に熱である。患者数はというと、船の医務室には現在、毎日26人がいて、その上、船員の半数が疲れきっている。船に帆布製の日よけのテントを張っても、毎日一人は日射病にかかった。上海での生活には、ほとほとうんざりしていた。なぜなら、夜は一睡もできないほど、蚊が湧いたからである。私たちのあいだでは、「再び、新鮮な空気を吸うことが
178. できて、蚊からも逃れられる日本に行けたら」という話しか出ない。(天津にいるドナウ号の)〔ペッツ〕提督からは、まだ出発の指示が出ていなかった。通商条約締結の相談が思っていたようには速やかにまとまらなかったからである。今日10日に、ピットナー艦長から呉淞に向かえという指示が出た。私たちは2時に出発し、4時に呉淞に到着した。そして、沿岸にあるフランスの商館の前に投錨した。私たちの船の近くには、フランスの小型の砲艦が停まっていた204)。呉淞は、黄浦江と長江が合流する場所にある汚い村で、数えきれないほど多くの中国のジャンク船が碇泊していた205)。11日の今日は、私はまた具合が悪くなり、食欲が全くない。12日、ものすごく暑い日。チフスの症状のために、私たちが上海で病院に運んだ、ドイツ語を話す船員のエダーが亡くなった206)。艦隊艇207)で、熱中症を起こした船員シュッピッツァリッチュが上海の病院に運ばれた208)。中国人の商人209)が毎日、帆船に乗って上海からやってきた。

(私たちの有能な商人は、上海のチープ・ジャックという)210)

179. 13日、艦隊艇がまた、日射病にかかったストロイコという船員を上海の病院に運んだが、まもなく亡くなった211)。

14日、イギリスのコルヴェット艦が、昨夜、私たちの船の隣に投錨し、今日は上海に向かった。私たちは今日、フリードリヒ〔大公〕号を撮影した。ここは上海のようにあまりに暑かったため、新鮮な海の空気が吸えるようにと、艦長が、60マイル離れた舟山群島212)に向かうことを決めた。8月15日、朝の4時半に呉淞を出発した。とても天気の良い日であった。午後3時に舟山群島に投錨した。私たちは、ここでは公海にいた。つまり、陸からだいぶ離れた場所である。揚子江〔長江〕からのとても強い流れがある場所であった。ここの島は、草木の生えないただの山で、建物などは建てられそうにないが、しかし、このような場所にもひとが住んでいた。私たちの船のすぐ隣には中国人の小さな村がある。20軒から30軒の小さな藁葺きの小屋が立ち並ぶラッガーという名前の村213)である。

180. 今朝、上司〔ブルガー〕が私をドアの外に暴力的に追い出した。原因は、私が彼について悪口を言ったからということらしい。船尾の休憩室ではずっと私のことが話されていた。私は、私の何について話されていたのかについては全く知らない。

16日、天気の良い快適な日。17日、私は、すでに15日から船室には行っていない。ずっと船首の上甲板にいた。昼に、彼〔ブルガー〕がまた、私を呼びよせるために人をよこしたが、なぜ彼が私に怒っているのかということの説明はない。そのため、彼が私にただ嫌がらせをするつもりで呼んだのかどうかについては分からない。私は、船尾の休憩室で将校等が私について何やら沢山話していたということ、そして、上司〔ブルガー〕が、私を部屋に閉じ込めて、更に尋問するつもりであるということだけ聞いた。8月18日は皇帝の誕生日であった。朝日が昇ると、船を満艦飾に飾り立て、皆、正装した。祝砲は発射されなかった。曇天、雨の降った一日であった。

19日、まだ、ずっととても具合が悪い。しかし、食欲は十分にある。20日、大砲の発射訓練を行った。小さな石の島の上に白色で印をつけて行った。

21日、とても天気の良い、暑い日。朝、中国の戦艦がラッガー村のそばに投錨した214)。その船には、私たちの知り合いのドイツ人の艦長が乗っていた。

181. 彼は、私たちが突然出発したため、残された洗濯物や郵便が灯船にあると知らせてきた。22日、天気は良かった。23日、24日も天気が良かった。水

の上に的を浮かべて、船員は、それぞれ4発ずつ銃を発射する訓練を行った。ここは、いつも空気が良かった。

　25日の朝、舟山諸島から再び出発した。昼に灯船のそばを通った。すぐにボートが出されて、私たちの洗濯物と提督からの手紙を受け取った。その手紙で、卒中発作の症状を起こした三人目の船員のシュッピッツァリッチュが亡くなったことを知った。洗濯物や手紙は、新しく上海の領事に着任したシュリック氏215)が中国の軍艦で送ってきた。夜6時に上海に着いた。大陸にいるある人が、ここは健康に悪いと知らせてきた。26日、曇り、蒸し暑い日であった。27日は曇り。28日は快適な日。29日は天気の良い日。昨日の夜は、イギリスのコルヴェット艦「ゼブラ号」が私たちの船の隣に投錨した216)。今日の日曜日は、くじ引きをして、16ペニー獲得した。

　8月30日、昨日の夜9時に〔ペッツ〕提督から、長崎に向かうようにとの命令が下った。当地で再び落ち合うためである(私たちにとって、なんと良い知らせだったことか!)。有能な納入業者が今日の午前のうちに石炭と全ての食料を調達してくれた。これは、迅速に整った。4時に上海を出発し、8時に灯台のそばの河口に投錨した。〔8月〕31日、天気の良い日、右舷に舟山群島が見えた。船は縦揺れしながら進み、私は間も無くひどく気持ちが悪くなり、船酔いを起こした。

　1869年9月1日、天気の良い日。船は縦揺れしながら進んだ。海は穏やかで無風。私は、ひどく気分が悪かった。

182.　〔9月〕2日ほぼ嵐。帆走した。風があまりに強く、二度も帆が破れた。私たちは、絶え間なく、向かい風を受けていた。大抵は北風で、そのため、ずっと風に向かってジグザグに進まなくてはならなかった。

　3日、船はずっと縦に揺れていた。私は、具合が悪くなり、吐いた。

　4日の朝に、島と大陸が見えてきた。午前中に、私たちの後ろに煙雲が見えた。おそらく軍艦で、ドナウ号だと思われた。

183.　　　　　　　　　　　長崎

　〔ピットナー〕艦長は蒸気機関を止めさせて、ゆっくり帆走しているドナウ号を待った。午後、その船が私たちに追いついたとき、それが、〔ドナウ号ではなく、〕イギリスの大型の汽船であることが分かった。その船は長崎に入港

した。私たちは再び前進し、〔9月4日の〕²¹⁷⁾4時半に長崎に到着した。九州という大きな島にある町である。長崎は、私たちがこれまでに見てきた港の中で最も美しい。まるで、小さな湖のようである。進入口は二隻の船がすれ違えないほど狭い。港は、美しい緑の山と丘に囲まれている。岸には趣のある小さな家屋が建ち並んでおり、大半が木造である。町自体はとても大きく見える。建物は皆小さく、平屋の木造で、漆喰が塗られている。この一帯は本当に美しく、オーストリアの故郷を思い出す。私たちは陸のすぐそばに碇泊している。大勢の日本人がボートに乗って、まもなく私たちの船のところにやってきた。

184. 彼らのボートはかなり大きく、私たちのところのボートと似ている。前方は尖っていて、真ん中には人が座れるような、ちょっとした小屋がある。また、1本から3本の櫓があり、1本は後ろに、2本は左舷と右舷についていて、それによって素早く前に進むことができる。ここでは、湾に碇泊していると海は見えない。ここは、とても狭く、二隻の大型の船は隣り合って進むようなことはできない。進入口のすぐ前には、パッペンベルクという島がある。小さく、丸い、しかしながら絶壁の岩壁が聳える、高さのある島である²¹⁸⁾。数年前にキリスト教徒が迫害されたときに、数百人のキリスト教徒が日本人に槍で岩壁から水に突き落とされた場所である。島には、美しい緑色の大きな木々が育っている。すぐに日本人が私たちの船に乗船した。日本人は、私たちがこれまでに見てきた人々の中で最も裸に近い人々である。というのも、3本の指の幅しかないような白い布〔ふんどし〕を腰に巻きつけているだけだからであ

185. る。寒いとき、あるいは雨のときだけ、足首のところまで長さのある、白色の模様の入っている青色の上着を着て、腰のところをベルトで結んでいる²¹⁹⁾。彼らは、変わった髪型をしている。頭頂部は坊主頭のように剃り、額も剃り上げている。長い髪は、頭の上の方に向けて梳り、5インチの長さの小綺麗にまとめたソーセージのようなかたちの髷（三つ編み）を 額の上に、前方に向けて載せて、ポマードを塗り込んでいる。彼らの髪の毛は、子供から大人まで中国人のように皆、黒色で、髭は生やしていない。ここの人々は皆、とても、とても²²⁰⁾小さく、しかし、ずんぐりとしている。親切だが頑固で、肌の色は濃い黄色である。皆、似たような顔立ちをしていて、丸顔で平らな鼻、捲れた分厚い唇で、出っ歯である。皆、子供から大人まで髪は黒く、髭は生やしていない²²¹⁾。ここでは、数日前に日本人のあいだで大きな暴動が

I 手書きの日記（1868・69年）

あったようである。きっかけは、お米や食品の価格が高騰し、市場に出回らなくなったことであった。

186. 価格を下げるために、彼らは、この倉庫の持ち主（日本人）を皆、殴り殺した。ここでは4日間、極めて不穏な日が続いたようである[222]。5日から6日まで、とても天気が良く、快適な天気が続いた。ガラス板を用意した。私たちは、ここではとても美味しいパンを食べることができる。ちょうど上海〔のパン〕と同じように、長く、大きな四角いパンで、フライパンで焼いたもののようである。とても綺麗に膨らんでいて、私たちのところのクグロフ[223]のように〔整った〕見た目をしている[224]。昼に、日本人がタバコ、パン、茶色のレープクーヘン[225]のようなものを持ってきたが、皆、高かった。日本人は、とても美しいお金を使用している。「イジボ」〔一分〕は日本の文字が入った長方形の銀貨〔一分銀〕である。「イジボ」は60クロイツァーから70クロイツァーに相当し、「イジボ」の4分の1の硬貨〔一朱銀〕もある。これは18クロイツァーに相当する。それから黄銅製の小銭もある。これは、「テンポ〔ウ〕」〔天保〕という名称である。この硬貨は大きな楕円形をしており、1インチ10ミル[226]の長さで、5分の4インチの幅がある。これは、黄銅を混ぜたものでできていて、中心部に四角の穴が開いていて、日本語の文字が書かれている。一「天保」はおよそ3クロイツァーに相当する[227]。

187. 日本の文字は中国の文字と酷似しているが、日本語の方が私には好ましい。ドイツ語の「グーテン・タルク」〔Guten Tag〕は日本語で「オハイオ」〔おはよう〕と言う。中国語では、〔？〕[228]、お金はチンチン[229]、食事はチャウチャウ[230]と言う。日本人の食事は、中国人の食事ととてもよく似ている。つまり、お米を食べるのだが、〔日本人の食事の方が〕ずっと清潔で食欲をそそる。

7日は雨が降った日。今日は、日本人の役人が船に来た。彼らは、私たちのところの女性のような服装をしている。細かい縞模様のある灰色のスカート[231]、上はかなり広袖になっている灰色のシャツを着ている。袖と背中（襟首のところ）には、様々な文字の入った白い円の模様が入っている。多くの（領主の）「ダイミョオ」〔大名〕という将校等は、腰に巻いてあるベルトに大きな刀一振りと、大きめの短刀二振りを差している。

188. 刀用のベルトは付けていない。親指だけが離れている青い靴下を履き、板を靴として履いている。彼らは、私たちの船を興味深く眺めていた。船を乗り降りするときには、友好的に深いお辞儀をした。私たちの将校等は、彼ら

の差している刀の刀身を見たがったが、彼らの決まりがあるため、日本人が刀を抜くことはなかった。この決まりというのは、鞘から刀を抜き、闘いを始めたら、とりわけ侮辱行為があった場合には、相手を殺すか、切腹をして自害するほかないというものである。これは、よくあることのようである。

　8日は、曇天で雨が降った日。昼に上陸した。波止場のすぐ近くに実に簡素で、単純な構造のヨーロッパ人の建物が建てられている。それらの建物は二階建てで、四角い窓と四角の平らな屋根が付いていて、バルコニーがぐるりと廻らされている。建物は木造で、石灰の漆喰232)が塗られていて、好みの色233)の水漆喰が塗られている。皆、感じの良い建物で、ここでは、あらゆる国の領事館の旗がたなびいている。オーストリアの国旗だけがない。

189.　私たちはヨーロッパ人の居住区にある山を少し登った。ここには感じの良い、碧紫色の小さなカトリック教会234)が建てられている。ここの土地は美しい緑に覆われており、極めて清潔で、道路もよく整備されている。美しい松などの広葉樹〔正しくは、針葉樹〕の巨木が植わっている。山の上のもう一方の側には、川が流れていて、イギリスの領事館の建物235)

26　長崎の大浦と港の眺望

の横にイギリスのプロテスタントの教会が建っている。この教会は、だいぶ小さく、小さな小屋のような外観である。イギリスの教会の下には日本の寺院があり、私たちは、その寺院の写真を撮影しようとした。しかし、雲が出ていて、雨が降っていたため、〔うまくいかなかった〕。日本の寺院は、天井の高い、木造の大きな建物である。寺院の前には、入口である美しい門が建てられて、それから広い境内があり、その中央の本堂の扉の正面には木236)が立っている。本堂の扉につながる階段の右手には、大きな楕円形の石でできた釜(樽)があり、4本の竹の棒の上に屋根が付いている。その屋根の下には、約1フィートの四角い青色の布237)が

190. 2枚ぶら下がっていて、木の棒には、旗のようなものがぶら下がっている238)。本堂の前の少し離れたところには、感じの良い、小さな塔のような建物があり、その屋根の下には黒色の鐘が吊り下げられている。ちょうど、コップ239)のようなかたちをしている。この上には、鎖2本で0.5フィートの長さの太い丸太(まだ樹皮が付いている)〔撞木〕がかかっている。これは、この鐘を撞くためのものである。更に、それより離れた入口の門のところには、寺院の使用人の住居として使われている建物が二棟から三棟建っている。その左手には塀が見えるが、ここは墓地である。本堂の左手には、妻子のいる僧侶の住居〔僧坊〕がある。本堂の扉に至るには、10段の木造の階段を上る。前面の壁は動かすことができる。つまり、壁は窓のような具合なのである。しかし、とても大きくて軽い。ただの四角い木枠に、日本の絹か綿の白色の紙が貼られているだけである。本堂の中は、とても美しく、明るく、広い。彼らの神様の姿は全く見えない。美しい木の柱が立っている。台座には、藁あるいは竹でできた、極めて美しく光り輝く敷物が敷かれている。上には、優美な灯りが吊るされていて、全て金塗りである。祭壇は何も見えない。と

191. いうのも、祭壇の前にも先ほどのものと同じ、横に動かせる壁があるからで、これは金色に美しく塗られている。

　ここでは、2〔時〕に祈祷が始まった。まず、ビールの樽のようなかたちをした不恰好な太鼓が鳴らされる。最初はゆっくりと、それから実に素早い調子で鳴らされる。それから鐘が鳴らされた。塔の上で、日本人がしばらくのあいだ、1分か2分ごとに丸太で鐘を撞き始めた。鐘は大きな鈍い音がした。その日本人は毎回1回だけ鐘を撞いた。それからまもなく僧侶がやってきて、祭壇の前の壁を横に退けた。すると、背の低い鉄製の格子が見えた。私は遠慮し

て、本堂の前方には行かなかった。祭壇には、あまり沢山のものは置いていないに違いない。祭壇では、私は背の高い金塗りの像しか見なかった。五、六人の僧侶が、私たちのところの神父と同じように、手を合わせながら祭壇の格子のところで跪いた。それからずっと、3時を過ぎるまで声を合わせて歌っ

192. た〔お経を唱えた〕。時折、小さな鐘が鳴らされて、祭司長〔住職〕が独唱したりもした。彼は、50歳ぐらいの小柄な男性で、私に写真を見せた。このように彼らはずっと全く動かずに、約1時間半、歌い続けたが、私にはあまり美しいとは思えなかった。彼らのほかに、神殿(本堂)には誰もいなかった。彼らの妻たちだけが騒ぐ子供を腕に抱いて、祭壇の周りを走っていたが、お祈りや歌を邪魔することはなかった。僧侶は、きちんとした服装をしていた。足首まで届く白い外衣[240]を着ている。そして、この上に、それよりは少し短く、広袖になっていて、地面まで届くような袖の長さで、黒色の透ける素材の(紗のような)ブラウスを着ている。約2インチの幅のベルトをお腹の下のところまで垂らしている。主に黄色で絹製である。金や銀の刺繍が施してあるものもあり、頭はすっかり剃り上げている。外の通りを歩くときは、黒色の服だけを身につけ、紐は首に巻き、左手には黒色の大きなサンゴのついた、大ぶりのロザリオ〔数珠〕を巻いている。

193. そして、皆、被り物もなく、裸足で高さのある板〔下駄〕を靴として履き、頑丈な絹の紙でできた、かなり大きめの傘を差している。お寺のすぐ隣の小高い丘には、低い塀のある墓地があり、背の低いこんもりした生垣に囲まれている。墓地のちょうど目の前にある寺院の境内には、実に小さな臭い匂いのする池がある。驚くべきは日本の墓地の景観で、皆、段状に整備されている。墓石は皆、四角形で、半円の石[241]や屋根のようなものが載っている墓石もある。墓石に刻まれ、赤色か金色に塗られた文字は、故人の名前を表している。どのお墓の前にも美しい花が供えられていた。墓地は念入りに清掃され、整えられている。

194. (日本では神木とされている)トウヒがお墓の上に枝を広げている光景がよく見られる。それぞれのお墓の面積はかなり小さく、正方形で、隣り合って並んでいる。というのも、日本の棺桶は同様に四角く、死者は体を折りたたまれて埋葬されているのである。日本人は墓地をいつまでも大切に守っている。墓地は、人の住む町と比べても比較的広大なのである。郊外の高台には必ず(塀はないが)良く生い茂った生垣に囲まれた墓地がある。日本では

I 手書きの日記(1868・69年)

27 「長崎の運河の景観」

それぞれの家に先祖代々のお墓がある。これは、およそ10フィートから12フィートの面積がある。日本の神殿(寺院)は郊外に沢山ある。大抵、高台で広葉樹が植わっている場所に建っている。〔建物の〕かたちはどれも似ていて、木造で家のような形状に建てられている。そして、寺院〔神社〕の前には 門が立っている。高い木の柱の上に桁が渡され、その上に更に2本目のややせり上がった桁が渡されている〔鳥居〕。これがない寺院〔神社〕はない。この門は、この建物が寺院〔神社〕であることの目印なのである。

195. 日本人は、仏陀を信仰している。早朝から夜まで、太鼓の空な響きが聞こえる。太鼓は、祈祷が始まったことを示しているが、それぞれの寺院に、それぞれの時間配分がある。

　ヨーロッパ人の居住区では、ヨーロッパの品物を扱う、美しく、優雅な商店が並んでいるが、ここでは、長い三つ編みを垂らした中国人にだけ出会う。日本人のところでは、私の同郷〔ヨーロッパ〕の人々と同じぐらいの割合で中国人に出会う。この地区には、美しく、広く、長い道が通っている。そこから日本人の街につながっている、数え切れないほど沢山の橋に出る。ここでは

83

車や荷馬車は見ない。全て、雄牛に運ばせている。ちょうどロバのように雄牛に荷物を載せている。この雄牛には、遠くからでも聞こえるほど沢山の鈴が身体中につけられている。人々は、荷物をこの雄牛に載せて、町の雑踏を移動するのである。日本人の街は、運河ばかりでできている。運河には、木造の、しなったかたちの美しい橋が架けられている。街の前には、オランダの島である出島がある。つまり、日本人の街とは小さな運河を隔てているだけである。この島では、オランダ人が300年以上も日本人に捕えられていた〔外出が禁じられていた〕。小さな橋が、日本人の街から出島に架けられている。この橋には、日本人の歩哨が立っていた。なぜなら、身分を証明できた歩哨と使用人の例外を除いて、この橋を渡って、出島に行くことは厳しく禁止されていたからである。現在、出島はオランダの商品を展示している百貨店である。ここには現在、オランダ人とドイツ人だけが住んでいて、美しい三階〔二階〕建ての石造りの建物と倉庫が建てられている。長崎という町は、とても大きく、整然とした町である。長く、広い、まっすぐな道が続く。ここは、中国人の街(豚の道路)とは全く異なる。通りは綺麗に清掃されており、みすぼらしい露店などが出ている場所はどこにもない。というのも、ここ日本には道路清掃夫や清掃人がおり、あらゆるものが整然と整備されているのである。そればかりか、通りには、毎日、水がかけられ、みじんも臭わない。建物は皆、とても美しく、木造の平屋で簡素な造りである。中国の建物と似ている。ここには、とても沢山の美しい商店がある。とりわけ多く見受けられるのは、漆や銅、磁器でできた、とても美しい花瓶や食器などを扱う商店である。これらは大抵、その平屋の建物の床に並べられている。この商店には、日本人の商人に構われる、あるいは何か話しかけられることに躊躇することなく入ることができて、商品を全て見ることができる。多くの店では、商品が並べられているのに、誰もいないことも多い。つまり、これは日本人が実直であることの表れなのである(商店では、美しい子供のおもちゃを沢山見かける)。建物は平屋の木造で、簡素な造りである。前面の壁はすっかり移動させることができる。ちょうど私たちのところのバルコニーの窓242)のようなもので、とても軽い。大抵の壁には、鶏用のはしごのような木製の扉が垂直に取り付けられているか、(四角い木製の扉)243)、もしくは、とても軽い小さな四角い窓で仕切られていて、そこに白色の日本の紙が貼られている。日中は前面の壁は、すっかり横に取り除

けられていて、家の中が見渡せるようになっている。建物は、信じられないほど小さい。彼らの家の間取りは、玄関(実質的な居間)と小さな納戸、そして二人の人間がほとんどすれ違えないほどに狭い台所から成る。扉から建物の中に入ると、約2、3インチの幅の地面があり、台所を通って、裏口から出る。部屋の床は1、2インチほど地面から高く、藁の敷物〔畳〕が敷かれている。そして、この床には誰も靴を履いたまま上がってはいけない。ヨーロッパ人でさえ。私の〔上司〕[244]は、日本人の写真家を訪れたときは靴を頻繁に脱がなければならなかった。

199. そして、日本人が彼らの板でできた靴〔下駄〕を履いたまま家に上がるところを見ることはない。彼らは、扉の前にその板〔下駄〕を立てかけておくのである。そのため、家の中は極めて清潔に保たれている。彼らにはテーブルも椅子もない。彼らは、床に輪になってしゃがみこむ。その輪の中心には、灰と赤く燃える炭が入れられている丸い容器〔火鉢〕が一つ置かれている。それぞれに一般的な煙管を手にしている。煙管は小さく、8インチから10インチの長さで、真鍮製の吸い口ととても小さな雁首が付いている。雁首がとても小さいので、2回吸うごとに新たにタバコを詰めて、火をつけなければいけない。人々は、とても親切に、そして礼儀正しく談笑する。外の通りでは、お互いに「オハイオ」〔おはよう〕と挨拶をする。二人ともお互いに立ち止まって、膝のところまで頭を下げてお辞儀をしながら。外国人に対しても彼

200. らは親切で礼儀正しい。彼らの寝床は、ただの筵で、それを床に広げるだけである。彼らは私たちと違って、何も脱がなくて良いという恩恵にあずかっている。なぜなら、彼らはもともと何も着ていないからである[245]。

〔201~279頁は空白〕
〔281・282頁は空白〕

28　日記(1868・69年)の最後の頁：「ミヒャエル・モーザー、シュッツ〔シュッツは、猟師の意味〕」

I 手書きの日記(1868・69年)

注
1) 1587(天正十五)年に鋳造された鐘の名称。1588(天正十六)年からグラーツのシュロスベルクの34メートルの高さのある鐘塔に吊るされている。
2) 時計塔は、1560(永禄三)年に今日のかたちに造られた。1809(文化六)年にグラーツがフランスに占領されたときに、グラーツ市民がこれらを買い取っていなければ、鐘も時計塔も破壊されていただろう。「1809年にフランス人が鋳造したものである」の一文は、この頁の端に書かれている。
3) 住所は、Via S. Nicolo 9。「二流、あまり多くを望まなければ、問題ない」(*Illustrierter Führer durch Triest und Umgebungen.* Wien – Pest – Leipzig: A. Hartleben's Verlag 1883, S. 17)
4) ミラマーレ城:オーストリア大公フェルディナント・マクシミリアン (Erzherzog Ferdinand Maximilian, 1854年から1860年までオーストリア海軍最高司令官)が住居として建てた城。トリエステから北西の方向に5キロほどの距離の海岸沿いにある。
5) ヴィルヘルム・ブルガーのこと。ヴィルヘルム・ブルガー(Wilhelm Burger, 1844年ウィーン生まれ、1920年ウィーン没):オーストリア=ハンガリー帝国東アジア遠征隊に公式の写真家として参加。帰国後、1871(明治四)年11月8日に「宮廷写真家」の称号を受領した。1872(明治五)年から1874(明治七)年のオーストリア=ハンガリー帝国の北極遠征隊にも写真家として参加した。詳しくは、パンツァー、宮田「オーストリア=ハンガリー帝国東アジア遠征隊とブルガー&モーザーコレクションの成立過程」『高精細画像で甦る150年前の幕末・明治初期日本』洋泉社、294〜305頁を参照のこと。
6) ピラン(イタリア語では、ピラノ Pirano)。スロヴェニアの南西端に位置する、絵画のように美しい港町。
7) ピラノという地名は、筆跡から、後日、日記に書き足されたことが分かる。
8) アドリア海のヴィス島のこと。1918(大正七)年までオーストリア=ハンガリー帝国の領地で、現在はクロアチア共和国領となっている。
9) イタリア語でメレダ(Meleda)島、クロアチア語でムリェト(Mljet)島は、ドゥブロヴニクから北西に30キロ地点に位置する。コトル湾からはかなり離れている。1918(大正七)年まではオーストリア=ハンガリー帝国の領地で、現在はクロアチア共和国領となっている。
10) アドリア海沿岸のダルマチア最南部に位置する美しい港町、ドゥブロヴニクのこと。1815(文化十二)年から1918(大正七)年まではオーストリア領、その後、ユーゴスラビア領となり、現在は、クロアチア共和国領。
11) カステルヌオーヴォ(現在は、ヘルツェグ・ノヴィ)。コトル湾の入口にある港町で、1815(文化十二)年から1918(大正七)年まではオーストリア領、その後、ユーゴスラヴィア領となり、現在は、モンテネグロ領。

12) ドゥブロヴニク。イタリア語ではラグーザ(Ragusa)。現在は、クロアチア共和国領で、アドリア海沿岸のダルマチア最南部に位置する美しい港町。
13) 日付が前後しているが、これは原文通り。
14) この火山の名称を記した短い一文は、頁の最後に赤色のインクで後から書き足されている。
15) この手紙は、届かなかった。そのため、本書には収録していない(*Grazer Volksblatt*, 2. Jg., Nr. 133, 13. Juni 1869, S. 2 の「最初の手紙」(„Erster Brief") を参照)。この日記の50頁にある、リリエナウ男爵夫人がジブラルタルからの手紙は受け取っていないと報告している箇所も参照のこと。
16) 括弧内の文章は、10頁の上の余白に書き足されたもの。
17) 昔の長さの単位で、1インチ(ドイツ語では、Schuh シュー・靴の意味)は、31.61センチである。この魚が60センチ以上の魚であったことが分かる。
18) オーストリアでは、一尋は約1.9メートルである。この記載によると、イルカは約3メートルの大きさであったことが分かる。
19) ヨハン・ディムニミッチ(Johann Dimnimič)：実際は一等。12月11日、一人、朝の点呼に現れなかった。調査しても何もわからなかったが、夜に船から落ちたのだろうと結論された(ペッツから海軍省宛の事故の報告書、ÖStA, KA, Marine-Sektion / PK Nr. 45, Kapstadt 31. Jan. 1869, f. 64-71)。
20) 服を着ていたという意味。
21) 海軍中佐マクシミリアン・フォン・ピットナー(Maximilian Ritter von Pitner, 1833年グラーツ生まれ、1911年グラーツ没)：最後は海軍大将。
22) グルデン(ラテン語でフローリン)は1858(安政五)年から1892(明治二十五)年までオーストリア帝国の貨幣として使用された(1867[慶応三]年からオーストリア=ハンガリー帝国。1グルデン=100クロイツァー)。銀貨のグルデンは日常ではあまり使われず、蒐集されることが多かった。
23) 最後部のマストの縦帆。
24) フランツ・カピタノヴィッチュ(Franz Kapitanovič)：船員、二等(Erzherzog Friedrich Schiffstagebuch 67 / Jan. 1869. ペッツ提督およびフリードリヒ大公号の船医フライシュマン(Dr. Fleischman)の報告。ÖStA, KA, M.S. / P.K. Karton 44, 1869 I/5-7 f. 66 und 524)。
25) アントン・フォン・ペッツ男爵(Anton Freiherr von Petz, 1819-1885)：リッサ海戦での功績が認められ、1866(慶応二)年に海軍少将に昇格され、マリア・テレジア軍事勲章(騎士級)(Kdt. SMS Kaiser)を授与された。1878(明治十一)年に名誉海軍中将に任命され、退役した。
26) 接頭辞の判読・理解が難しいところであるが、前後関係からこのように推測できる。
27) ボヘミアは16世紀から神聖ローマ帝国あるいはオーストリア帝国支配下の

領邦で、1918(大正七)年までオーストリア＝ハンガリー帝国皇帝がボヘミア王であった。第一次世界大戦後に帝国が解体され、チェコスロバキアの一部として独立し、現在はチェコ共和国領。

28) モーザーの魚の描写によれば、これはマンボウのことだろう(Mola mola. 英語でOcean sunfish / オーシャン・サンフィッシュ。そのため、聞き間違えてSandfish / ザンドフィッシュとしたと考えられる)。フグ目の大きな魚でゆっくりと泳ぐ。日光浴をするかのように、頻繁に水面に横になって泳ぐ。

29) この手紙は、新聞に掲載されたかたちで残っており、「第二の手紙」として紹介されている(Der Sonntagsbote. Beilage zum „Grazer Volksblatt" ad Nr. 145, 27 Juni 1869, S. 1/2)。

30) 原文にはStockfischとあるが、これは棒鱈のこと。おそらく、干物にする前のマダラのことを指していると考えられる。

31) ヘルマン・ハート(Hermann Haardt)は鉄鋼産業の専門家として乗船していた。ドナウ号に乗っていた遠征隊の事務次官のオットカー・フィステラー(Ottokar Pfisterer)の個人記録によると、ハートは喜望峰に到着後、アメリカの将校等と酒を飲み、彼らの前でオーストリアやオーストリアの海軍について否定的な意見を述べた。結果、船の将校等、同僚から彼をクビにするよう要求が出た。ハートは書面で謝罪し、専門家として遠征隊への同行を希望したが、フリードリヒ大公号の将校等は聞き入れなかった。

32) 1852(嘉永五)年から就役された、二階建て配置で90門の大砲を搭載し、800人の船員を乗せた強力な戦艦。フランス軍に従軍していた有名な海賊、ジャン・バール(Jean Bart, 1650-1702)に因んで名付けられた。この船舶は、海軍士官候補生を乗せて航行していた。

33) 猫に関する記載は、頁の頭の部分に後から書き加えられたもの。牛が車を牽いていた話は、頁の最後に後から書き加えられたもの。

34) Katzenfischは、おそらく、ギンザメ(Seekatze / Chimaeriformes)のこと。ドイツ語では、ギンザメは、ほかにSeeratte、あるいはSeedrachenとも言われる。軟骨魚類に分類される。

35) テーブル湾に位置する5.5平方キロメートル弱の島で、喜望峰から沖合12キロ程度の距離に位置する。約20年前から、島は博物館に整備され、1999(平成十一)年に世界遺産に登録された。

36) モーザーは、26頁の番号をふるのを忘れたようである。27頁の下のところに26頁と書き足されており、そこに2月10日のことで短い情報が補足されている。

37) この一文は、頁の始まりのところに後から書き足されたものである。原文にはKröttenfischとあるが、この魚の名称は不明。「クレーテンフィッシュ」(Krötenfisch)であれば、ヒキガエルやアマガエルなど。もしくは、河豚(Kugelfisch クーゲルフィッシュ)のような魚を意味しているとも考えられる。

38) 喜望峰の南に位置する郊外の町。17世紀にオランダによって建設され、19世紀からはイギリス領になった。それから1990年代までヨーロッパ人(主にイギリス人とオランダ人)の居住地であった。
39) 船員フランツ・ヴヤーシン(Franz Vujahsin)は肝臓の疾患で亡くなった。死体解剖で肝膿瘍と診断された(フライシュマン医師の報告書、横浜、1869〔明治二〕年11月5日、M.S./P.K. K44, I 7/25, f. 524v)。
40) 原文にはMarzoとあるが、イタリア語で三月の意味。
41) カトリックでは聖木曜日から聖土曜日のあいだは、教会は慶事に使用する鐘は使わず、ラチェットを使用する。ラチェットは木製の体鳴楽器の一種で、歯車の凹凸を利用して音を出す。
42) 海軍士官候補生ヨーゼフ・トイフル(Josef Teufl, 1842年ハウクスドルフ/ニーダーエスタライヒ州生まれ、1923年ウィーン没):トイフルは、1862(文久二)年に海軍に入軍した。最初の将校の階級(海軍少尉)に昇進したのは東アジア遠征隊に参加していた1869(明治二)年4月26日のことであった。リッサ海戦時には、フリゲート艦ハプスブルク号に乗って戦い、それに対して、銀の勇敢褒章を授与された。その功績を讃えられて、1892(明治二十五)年に爵位(Edler von Fernland)を与えられ、1903(明治三十六)年に退官すると海軍少将の称号と身分を与えられた。
43) 正確には、アメリカ先住民と牧童に関する芝居。
44) キンマは、コショウ科コショウ属の蔓性の常緑多年草。この葉と、乾燥させたビンロウジをカットしたものに水で溶いた石炭を塗布し、噛む。依存性の高い嗜好品。唾は、ビンロウジの赤色に染まり、葉も茶色に変色する。
45) 判読不可。
46) モーザーはこの「計算機」の小さなイラストを日記に描いている(図版14)。
47) 原文にはKaibelとあるが、子牛の意味。
48) 判読不可。
49) ドイツの牧草犬。
50) ワニのことか。
51) 原文にはGig(モーザーの綴りではKick)とあるが、すぐに水面に降ろすことができる小型のボートのことで、ここでは、艦長に優先的に用立てられるボートのことを指している。
52) この一文は、日記の37頁の頁の下の余白に後から書き足された文章であるが、ここに挿入するのが適切と考えられる。
53) リッサ海戦は、1866(慶応二)年7月20日にアドリア海リッサ島(現在のクロアチア領ヴィス島)でのイタリアとオーストリアのあいだの海戦。オーストリアと対立していたイタリアが、普墺戦争に参戦したが、オーストリアが勝利した。
54) フリゲート艦ラデツキー伯爵号は、ドナウ号と同じ構造をした姉妹艦で、

I　手書きの日記（1868・69年）

1869（明治二）年2月20日にリッサからそれほど離れていない地点で沈没した。船内で爆発が起こり、それにより300人以上の船員が亡くなった。そのなかに、副艦長で海軍大尉のエデュアルト・ピットナー（Eduard Pitner, 1835年グラーツ生まれ、1869年没）もいた。「3番目」であるのは、ピットナーにはヘクトール・ピットナー（Hektor Pitner, 1849年ザルツカンマーグート州ブルンゼー生まれ）という弟がいたからである。ヘクトールは、海軍士官候補生として東アジア遠征隊に参加し、ドナウ号に乗船していた。『ヴィーナーツァイトゥング』（*Wiener Zeitung*）は1869（明治二）年4月14日の記事に、この事故の詳細な公式報告を掲載している。

55）　ローレンツ・ラコヴェッツ（Lorenz Rakovetz, 1832年クライン郡クラインブルク市ザンクト・マルティン生まれ、今日のスロヴェニア領クラーニ）：トリエステ司教区の海軍従軍司祭。1865（慶応元）年からベローナ号（Bellona）、その後、ドナウ号の海軍従軍司祭を歴任した。中国の芝罘（烟台）で船から降り、オーストリアに戻った。

56）　椰子の葉か。

57）　カール・フォン・シェルツァー（Karl Ritter von Scherzer, 1821年ウィーン生まれ、1903年ゲルツ没）：「一等官吏」の身分で、遠征隊の商業・学術的な任務の責任者であったシェルツァーは、シンガポールまで郵船で移動し、ここでようやく遠征隊に合流した。ヴィルヘルム・ブルガーを遠征隊の写真家として同行させる決定は、主にシェルツァーによるものである。

58）　後から、この頁の始まりの部分に書き足されたもの。

59）　ハインリヒ・モーザー（Heinrich Moser）：ミヒャエルの弟（1854年生まれ）。

60）　この男爵夫人は、高位の官吏と結婚したマリー・リンベック・フォン・リリエナウ男爵夫人（Marie Limbeck Baronin von Lilienau, 1835年ウィーン生まれ、1895年ウィーン没）に違いない。旧姓はブルガーで、ミヒャエルの上司にあたるヴィルヘルム・ブルガーの姉である。リリエナウ家は、ヴァイブルクガッセ4（Weihburggasse 4）に、ブルガー家は、バウアーンマルクト7（Bauernmarkt 7）に住居を構えていた。

61）　辮髪。

62）　マライ人は、原住民のインド人をクリングと呼んでいた。この呼称は、ベンガル湾沿いに位置した古代のカリンガ国（今日のオリッサ州）に由来していて、テルグ語が使われている地域である。しかしながら、クリングと呼ばれていたが、実際にシンガポールに暮らしていた民族集団の大半を占めたのは、南インドのタミル人であった。

63）　原文では、Kinesenhüte（正しく綴れば、Chinesenhüte）というモーザーの造語が使われている。

64）　この括弧の一文は、頁の終わりに書き足されている。

91

65) 判読不可。
66) この教会は、おそらくプロテスタントの教会であったと考えられる。宗教改革で、多くのカトリックの教会がプロテスタントの教会に改宗された。モーザーはカトリックの信者であったので、この教会の内装を快く思わなかったと考えられる。
67) この日記の47頁を参照。
68) コルヴェット艦メドゥーサ号は、プロイセンの軍艦として使われていたが、1867(慶応三)年7月からは、北ドイツ連盟の旗を掲げていた。フリードリヒ大公号の船の日誌には(1869〔明治二〕年4月、Schiffstagebuch der Erzherzog Friedrich, Heft 70)、同じく極東に向かっていたメドゥーサ号は、北ドイツのコルヴェット艦と記されている。オーストリア＝ハンガリー帝国の東アジア遠征隊は、この船に、7月2日に香港で、最後は10月上旬に横浜で遭遇している。メドゥーサ号の主な任務は、中国におけるドイツの商業利益を保護することにあった。
69) シュマレン：ドイツのバイエルン、オーストリアの郷土料理。フライパンで焼いた、小麦粉あるいは、じゃがいもでできたパンケーキのようなもの。
70) 以下、キンマではなく、ビンロウを描写したものと思われる。
71) 中国の裕福な商人で、本名は胡亜基(広東語読みでHoo Ah Kay、1816年広東・黄埔区生まれ、1880年シンガポール没)。ワンポア(Whampoa)は、黄埔(Huangpu)の広東語読み。彼は黄埔生まれだったので、社名を黄埔とし、また自らを名乗る時は黄埔と言った。15歳で父親と一緒にシンガポールに移住し、富を築いた。彼の会社Whampoa & Coは、主にイギリス艦隊に色々な物を供給した。語学に優れ、影響力を持ち、中国、日本、ロシアの名誉領事を務め、好んで人を自宅に招いた。彼は、生前から自分が所有していたものや立派な庭(南生花園、広東語読みでNam Sam Fa Un)を一般に開放していた。庭も建物も現在は存在していない(1964〔昭和三十九〕年に取り壊された)。
72) ここに、モーザーは、扇状葉椰子の二つの小さなイラストを描いている。
73) モーザーは、シャムの王からワンポアに送られたオオオニバス(Victoria regia)を説明していると考えられる。オオオニバスは、直径2.5メートルにもなる葉を水面に浮かべる、スイレン科の水生植物。
74) 両親の手紙に返信した手紙は4月20日の日付になっている。その手紙は「三通目の手紙」として新聞で紹介されている(Der Sonntagsbote. Beilage zum „Grazer Volksblatt", ad Nr. 150, 4. Juli 1869, S. 1/2)。内容は、喜望峰からインド洋を横断し、ジャワ島のアンヤーでの滞在とシンガポールに関する短い報告である。
75) 地中海諸国で用いられるマストのない小舟のこと。
76) この事故は、ドナウ号の日誌(Schiffstagebuch der Donau)には、朝の4時から8時の出来事として記録されているが、船員の名前は記載されていない。「このボートは、救出された男を乗せて戻って来た」(1869〔明治二〕年4月の日誌)。

I　手書きの日記（1868・69年）

77)　タイについては、チェンマイ大学人文学部日本研究センター副センター長の西田昌之氏にご教示いただいた。ここに記して謝意を表する。西田氏にご教示頂いた情報については、括弧に西田と入れている。
78)　パークナムは「河口」の意味で、バンコクの南約30キロに位置するチャオプラヤー川の河口に広がるサムット・プラーカーンという町。
79)　おそらくはワット・プラサムットチェーディー。パークナム対岸の島の裏側にある大きな仏塔を持つ寺院（西田）。
80)　この川は、チャオプラヤー川（Chao Phraya）。メーナム（Maenam）はタイ語で川の意味。
81)　千木のこと。タイではガオパンロムと呼ぶ（西田）。
82)　後にオーストリア＝ハンガリー帝国領事館として使用されるこの建物は1865（慶応元）年にバンコクに建てられた。場所は、ジャルーンクルン通り（New Road）沿いのチャオプラヤー川に面した場所、現在River Cityが立地。1879（明治十二）年の地図にはすでに記載がある（西田）。
83)　モーザーは、der erste Minister（第一大臣）と呼んでいるが、摂政のこと。本章注85を参照のこと。
84)　彼は、第二の王（副王）ではなく、摂政であったシー・スリヤウォン（Sri Suriyawong, 1808-1883）（チュアン・ブンナーク）。1855（安政二）年から1869（明治二）年まで軍事と南部統治を管轄する兵部省（ガラホーム）の大臣の地位についていた（西田）。1868（明治元）年から1873（明治六）年まで未成年であった国王ラーマ五世の摂政を務め、当時、もっとも影響力のあった政治家。ペッツ提督は、日誌（Gesandtschaftliches Tagebuch）で宰相（原文ではPremierminister）と呼んでいる。
85)　モーザーがここで描写している「大臣」は、摂政のシー・スリヤウォンのことではないだろう。ペッツの日誌によれば、シー・スリヤウォンの容貌は「知的で、思慮深く、威厳があった」。
86)　この寺院は、おそらくワット・プラユラウォンサーワートと思われる。ブンナーク家とゆかりが深く、1832（天保三）年シー・スリヤウォン（チュアン・ブンナーク）の父プラユウォン（ディット・ブンナーク）が土地を寄進し、創建された。そこには仏塔のある石の築山の庭園がある。シー・スリヤウォンもこの寺院に多くの寄進を行っている（西田）。
87)　クリスマスに教会などで飾られる、キリストが降誕したときの廐の様子を表した模型。
88)　亀山（カーオタオ）と言われる築山（西田）。
89)　円形の仏舎利塔のことか。
90)　東屋（サーラー）のこと（西田）。
91)　全体の描写から、この寺院はバンコクの対岸トンブリー地区のワットアル

ンと思われる(西田)。
92) 括弧の中の説明書きは、モーザーはこのページの端に書き込んでいた。
93) インドでは仏教僧はもともと死者の衣を自分の衣として着用することがすすめられた。これを糞掃衣(ふんぞうえ)または塚間衣(ちょうけんえ)という(西田)。
94) タイの葬儀では、火葬の直前に死者の頭上で椰子の実を割る儀礼が行われる(西田)。
95) タイの鳥葬の風習は、中国や日本の古い地誌に見ることができる(西田)。
96) ペッツ提督に随行した人数は、ほぼ50人で、国王との謁見については、ペッツ提督の日誌(Gesandtschaftliches Tagebuch)に詳細な報告が見える(*Wiener Zeitung*, 4. Juli 1869, Nr. 151, S. 43f)。
97) 象は国王の所有物である。現在なお、白象が出現すると王室が調査を行い、認定されると王室の施設で特別に飼育される(西田)。
98) 筒型の軍帽。
99) 当時、王宮の中には大きな時計台が設置されており、外からも見ることができた。現在はない(西田)。
100) 日よけ、雨よけの傘。
101) グラダート・コイ・ダムと呼ばれる紙であり、コイの木の繊維を手すき紙にしたもの。炭や墨を入れることで黒色になる(西田)。
102) 最後の括弧内の文章は、91頁、92頁にわたって、日記の下の余白に後で書き足された文章である。
103) ミヒャエルは、大天使ミカエルに由来する名前である。ヨーロッパのキリスト教圏では聖書の聖人、あるいは後に聖人となった人物の名前を名付ける習慣がある。それぞれの聖人には一年に一度記念日が割り当てられており、人々は、自分の名前の聖人を生き方の手本とした。モーザーの時代までは、この洗礼名の日の方が、誕生日より重要であった。
104) この日(5月8日)にペッツ提督と随行した人々は、副王に謁見した(Gesandtschaftliches Tagebuch. *Wiener Zeitung*, 7. Juli 1869, Nr. 153, S. 71)。副王のフルネームは、グロムプララチャウォンボウォンウィチャイチャーン(Krom Phra Ratchawang Bowon Wichaichan, 1838-1885)。1868(明治元)年10月から副王(Uparat)となる。チュラロンコーン王(ラーマ五世)は、彼が1885(明治十八)年に亡くなった後、副王の職を廃止し、彼の長男を皇太子に任命した。ウィチャイチャーンは、チュラロンコーンの従兄弟の一人。
105) ワット・ポーのこと。
106) 涅槃仏はラーマ三世によって1832(天保三)年に建立された(西田)。
107) 括弧内の文章はあとで、94頁の下の余白に書き足されたもの。
108) バンコクにはフランス人宣教師フローレンによって、1821(文政四)年にア

サンプション教会(Assumption Church)が建設されている(西田)。
109) 国王の宮殿の右手にあるワット・ポー(Wat Pho、Wat Phraとも表記される)。そこに祀られている涅槃仏は全長46メートル、高さ15メートル。
110) 謝肉祭は、オーストリア、ドイツのバイエルン地方では、Faschingという。モーザーが言及している想像上の動物は神話に登場する生き物で、おそらく、キンナラー(雄:Kinnara)、キンナリー(雌:Kinnari)という神鳥(西田)。
111) 四基の仏塔(タイではチェーディー Chediと言う)はそれぞれ42メートルの高さで、タイルでできたカラフルなモザイクで覆われている。最初の仏塔はラーマ一世が、二基目と三基目はラーマ三世が建立させた。四基目はラーマ四世が発注し、1853(嘉永六)年から建築中であった。
112) プラゴートと呼ばれる王のための棺であり、遺体は屈めた状態で容れられる(西田)。
113) 98頁の下の余白には、再度「女性は口が黒く、とても醜い」(Die Weiber sind wegen ihrem schwarzen Maul sehr häßlich)という文章が補足されている。
114) 正しくはビンロウの実、ビンロウジのこと。
115) 千木のこと。タイではガオパンロムと呼ぶ(西田)。
116) 御座船(西田)。
117) このページの上の部分の余白に、そのようなボートの簡単なイラストが描かれている。
118) 原文ではEimerという言葉が使われているが、日本の升にあたるような分量を計る単位。当時の1 Eimerはおよそ57リットル。
119) 原文ではin der Sonne getrocknetとあり、直訳すると天日干し。おそらく、カーウターク(直訳すると「干飯」)と呼ばれる天日干しあるいは燻製したご飯をタレにつけて食べるもの(チェンマイ大学日本研究センター所長のサランヤー氏にご教示頂いた)。
120) タクローというボールであり、籐で編んで作られる。競技の名称はセパタクロー(西田)。
121) 黒い紙はコイの紙。コイの紙をまとめた本をサムット・コイと呼ぶ(西田)。
122) 判読不可。バイラーン(植物の葉)のことか(西田)。
123) バイラーンは、水に漬けたあとに鉄筆で葉に傷をつけて文字を書き、乾燥させて経典とする。更に読みやすいように炭の粉を入れて黒くすることがあり、おそらくはこれが焼いたように見えたのではないかと思われる(西田)。
124) 次のページの上半分には5月13日と14日の記述が間違って入れられている。これらは、線で消されて、107頁に移動させられている。
125) 5月16日は、ペッツが国王に信任状を手交し、それから副王にも謁見した日。
126) モーザーがここで言う「私たち」とは、ブルガー、チット、そしてもう一人

のタイの写真家のことである。

127) フランシス・チット（Francis Chit, 1830-1891）：本名はクン・スントーンサーティットラック（Khun Sunthonsathitlak）。彼は、写真の技術をフランスの神父から学んだ。ラーマ五世の頃から宮廷写真家として働いた。彼のアトリエは、トンブリー区のカトリック聖十字架教会のそばにあった。

128) ブルガーがチットからネガを買い取ったことについては、次の論文でも報告されている：Paisarn Piemmettawat（2015）*Siam: Through the Lens of John Thomson 1865-66 Including Angkor and Coastal China*. Bangkok：River Press, pp.16-19.

129) ハンガリー王国聖シュテファン勲章は、オーストリア＝ハンガリー帝国の最高位の文民の勲章。国王には大十字勲章が贈られ、副王には鉄十字勲章が贈られた。

130) ペッツの日誌によれば、その建物はInternational Court-Houseという名称で、法務省の前身であり、モーザーの言うような邸宅ではない（*Wiener Zeitung*, 7. 7. 1869）。ここで、5月17日の午前に条約が調印された。

131) 写真は、条約調印時に撮影されたもの。日記で言及されている礼砲の発射は、この調印を祝して発射されたもの。バンコクでは、12時ちょうどにシャムの大砲で21発の礼砲が発射された。パークナムでは、これを、当地に投錨していたドナウ号とシャムの軍艦が行った。写真に写っている三人のシャムの男性は、条約を調印あるいは交渉したシャム王国側の代表。ペッツの隣で写真の中央で座っている人物は、摂政・軍事大臣兼任のシー・スリヤウォン（Sri Suriyawong）。

132) 現在は、国立博物館として使われている建物。

133) この訪問については、ペッツの日誌には記載が見られない。ペッツは午後、他国の領事等と面会し、夜は、条約の調印に関係した摂政をはじめとするシャム王国の要人等との晩餐会に出席した。

134) 正しくはパークナム（現在は、サムット・プラーカーン）。タイ湾に合流するチャオプラヤー川の河口にある港町。

135) 原文ではunkomotという言葉が使われているが、オーストリアの言葉で不快の意味（unbequem）。

136) のちに領事となるルドルフ・シュリック（Rudolf Schlick）。新たに設立予定の総領事館を建設するために、上海まで遠征隊に同行した。

137) 21発は皇礼砲。

138) ペッツの日誌によると、副王のほかに二人の王子、王の兄弟、外務大臣そして、王の部下が20人乗船した。10時にペッツ提督が彼らの汽船に迎えに行き、午後も彼らの船まで見送った（*Wiener Zeitung*, 7. 7. 1869）。

139) タイの万歳は「チャイヨー、チャイヨー、チャイヨー」と通常3回繰り返す

I 手書きの日記(1868・69年)

ことをワンセットとする(西田)。
140) 日記の117頁の終わりに、国王の前でひれ伏す決まりについて、二つの文章が補足されている(日記の111 / 112頁を参照):「国王は、バンコク以外の場所で人が地面に体を投げ出して、国王の前でひれ伏す決まりを廃止した。国王が言うには、ヨーロッパ人がそれを見て、彼を笑いとばさないためにである。」
141) 日記では、118頁の上の余白に書き込まれている。
142) あとで補足された情報。水先人が乗船したと思われる。
143) 判読不可。
144) フリードリヒ大公号の日誌(Schiffstagebuch der Erzherzog Friedrich, Heft 71 / Mai 1869)には当直の記録が見える。「1時45分に甲板に人間が飛び降りた音が聞こえて、月明かりでそれが水兵のランズベルクであったことが分かった。彼は、彼を縛っていた鎖を壊して、泳いで逃げた。二艘のボートが出されたが、彼を捕まえる試みは失敗に終わった。」
145) 日記では、香港のタイトルは、122頁の上の余白に書き入れられている。
146) 海軍大佐のシュトゥルーベンが率いる北ドイツのコルヴェット艦メドゥーサ号とオーストリアの船は4月17日にシンガポールで出会っている。
147) ヴィクトリア・ピーク。香港島にある山で、標高522メートル。
148) 象牙もしくは、サイの角。
149) 原文ではgegenwärtigとあるが、おそらくgegenseitigの誤りと考えられるため、gegenseitigを補って訳した。
150) ギュスタフ・フォン・オーバーベック(Gustav von Overbeck, 1830年レムゴー生まれ、1894年ロンドン没)は1854(安政元)年から香港にあるイギリスのある商館に勤務していた。1856(安政三)年にプロイセン領事、1864(元治元)年からオーストリア＝ハンガリー帝国王国(総)領事。1866(慶応二)年(普墺戦争)以後、プロイセンの職務を辞任し、その後、仕事を評価され、オーストリアの貴族に列せられた。
151) オーストリアでは当時、1グルデンは100クロイツァーの価値に換算された。
152) 原文ではGoldhaubenとあるが、これは、オーストリアのプレアルプス地方(ザルツァッハ、イン、オーベレドナウ)で日曜日の服装として、女性がかぶる帽子。
153) 1890(明治二十三)年までは清朝の旗は三角形で、黄色の地に青色の龍が描かれていた。
154) アルフォンス・フォン・ペレイラ＝アルンシュタイン男爵(Alfons Freiherr von Pereira-Arnstein, 1845-1931):東アジア遠征隊に合流する以前は、オーストリア海軍に属していた。ペッツ提督の許可で4月21日にシンガポールで乗船した。このことは、すでに、ペレイラ＝アルンシュタイン男爵がシェルツァーとヘルベルト男爵とともにスエズ運河経由でシンガポールに向かったトリエステ

において、提督とは話し合われていた(HHStA, Personalia F 4/252)。外務省はそのことについて連絡を受けており、許可を求められていた(KA, Marine-Sektion, Präsidialkanzlei K44: 1869 I 7/9 f. 253-256)。ペレイラ男爵はすべての費用を自己負担し、横浜までコルヴェット艦フリードリヒ大公号で旅をして、その後、東京で10月18日に調印した通商友好条約書を速やかにウィーンに持ち帰るという任務を帯びて、オーストリアに帰国した。というのも、ドナウ号もフリードリヒ大公号もほかの任務を遂行しなければならなかったからである。

　裕福な家庭に生まれたペレイラ＝アルンシュタイン男爵の海軍でのキャリアは比較的短かった。1863(文久三)年4月に見習いとして海軍に入軍し、士官候補生として(1865〔慶応元〕年8月から)ペッツが指揮をとっていた戦艦カイザー号に乗船し、リッサ海戦を戦った。しかし、昇格試験(1867〔慶応三〕年)に及第してまもなく、健康上の理由から、1868(明治元)年2月に名誉海軍少尉の身分で予備役に編入された。外交官の試験に及第したあと、1872(明治五)年末に外務省に入省した。1870(明治三)年には、すでに、在仏オーストリア大使館の外交官補として勤務経験を積んでいた。

155)　モーザーは、ページを改めて、6月13日の出来事について再び記述している。
156)　ヨハン・ヴェーア(Johann Wöhr)助任司祭が編集した、ミヒャエル・モーザーが両親に宛てた「4通目の手紙」には、「1869(明治二)年6月15日、中国海域にて」(Der Sonntagsbote. Beilage zum „Grazer Volksblatt", ad Nr. 227, 3. Okt. 1869, S. 1/2)と書かれており、シンガポールからバンコクまでの航行、バンコクでの滞在、特にタイの国王を撮影したときのことや、サイゴンの訪問、それから香港に到着したときのこと、これらの港町での滞在の様子などが詳しく書かれている。この手紙は、香港から出発した日の前日、つまり6月13日に投函されたと考えられる。この手紙にはバンコクとサイゴンの写真が同封されていた。
157)　舟山群島のこと。上海、呉淞でのうだるような暑さのため、フリードリヒ大公号は船員の体力の回復と治癒を目的に、8月14日から25日まで再びここに戻った。
158)　揚子江は、上海の北に位置する長江のことで、東シナ海に注ぐが、その直前に黄浦江に合流している。
159)　日記では、このタイトルは128頁の上の余白に書かれている。
160)　ここは、やや細流にあたる呉淞江(蘇州河とも言う)に注ぐ黄浦江のことを指していると思われる。ここは、上海の中心地。
161)　括弧の中の文章は、この頁の最後の箇所に書かれている。
162)　原文では、Balbirerとあるが、これは、現在は使われていない言葉である。現在は、Barbier, Friseurつまり床屋の意味。
163)　この文章は、あまり脈絡なく挿入された文章のような印象を受ける。おそらく、そのために執筆者であるモーザー自身も括弧に入れたのだと考えられる。
164)　フランス語でParapluie。オーストリアでは当時、傘をParapluiと呼んでい

Ⅰ　手書きの日記（1868・69年）

た（現在はRegenschirm）。
165）　判読不可。
166）　上海城隍廟。モーザーが日記の144頁まで描写している寺院は、仏教ではなく、道教の寺院である。町の中心にあり、伝統的に各都市の守護のために建てられてた寺院仏閣の種類に属する。寺院が建立されたのは15世紀前半に遡るが、今日の建物は、数々の政治的な革命があったため、20世紀に建てられたものである。上海の三体の町の守護神は、前漢の政治家であった霍光(Huo Guang)、明朝初頭の政治家秦裕伯(Qin Yubo)、清朝の陸軍大将の陳化成(Chen Huacheng)で、陳化成はアヘン戦争でイギリスから上海を守ろうとして戦死した人物である。
167）　この描写から考えられる「お供え物」は、おそらく紙銭のことである。「銀色」という言葉で説明されているものは、そのうちの銀紙のことと考えられる。
168）　城隍廟。二つ目の漢字に皇の字が含まれているため、モーザーは皇帝の寺院と説明を入れたようである。
169）　16世紀に造られた豫園という大きな庭園のこと。
170）　括弧に挿入された文章は、あとから頁の終わりに書かれたもの。
171）　1820（文政三）年に建てられた点春堂(Dianchung tang)のこと。
172）　モーザーは、grau（灰色）と書いているが、おそらくbraun（茶色）のこと。
173）　18世紀に創立された「プロイセン王国アジア貿易会社(Königlich Preußisch-Asiatische Handlungs-Compagnie)」はずっと前になくなっていたため、中国で創立されたドイツの大手の貿易会社プスタウ株式会社(Pustau & Co)、ジームセン株式会社(Siemssen & Co、広東に拠点を置く)あるいはカルロヴィッツ株式会社(Carlowitz & Co)のいずれかに違いない。ドイツの商船は、ほとんどの場合、ハンザ同盟都市から来ている船であった。
174）　ルイス・ギュスタフ・ヴァサロ(Louis Gustav Vasallo, 1835年プラハ生まれ、1873年ウィーン没)：モーザーは日本で彼に再会している。ヴァサロもモーザーも1873（明治六）年のウィーン万国博覧会のときに、日本のために働いた（モーザーの日記1872（明治五）・1873（明治六）年の2頁、4頁を参照のこと。ヴァサロは万博当時、日本の船の船長であった）。1852（嘉永五）年から1859（安政六）年までヴァサロはオーストリア海軍に所属していたが、士官候補生の最下級の位階で海軍を退役した。
175）　サンパンは、中国や東南アジアで渡し船として使用される平底の木造船。
176）　Zaritzer、Zare(t)zerあるいはZehrer。ザルツカマーグート地方でツグミ(Tudrus viscivorus)の呼称として一般的に使われていた言葉。最大29センチの体長のある、オーストリアでは最も大きな鳴禽類（エーベンゼー自然博物館のDr. Walter Rieder氏にご教示頂いた）。
177）　リンツ出身の海軍歩兵アルトゥール・フォン・プフリューゲル(Arthur von

Pflügl、生没年不詳)。

178) 茶栽培には水をあまり必要としないので、ここは田んぼのことを指していると思われる。

179) 括弧内の文章は、頁の最後に書かれている。

180) モーザーの綴りでは、Tan-fung-lôwと書かれている。モーザーのドイツ語訳(„Das Stockwerk des mennigrothen Windes")に従って、ピンインで正しく綴ると、おそらくDan feng lou。つまり、漢字で表記すると「丹風樓」。しかし、正しくは「丹鳳樓」(Dan feng lou／たんぽうろう)のこと。1271(文永八)年に道教寺院として創建され、明代に城壁上の物見台として再建された。1912(大正元)年に撤去。

181) 空白になっており、あとからの補足もない。

182) モーザーはもしかすると、ハンセン病に罹患した人々に出会ったのだろうか。

183) 水中の紐状の微生物を指していると考えられる。

184) 正しくは、7月22日。

185) Gatti、Gateあるいは Gatehosen。オーストリア、バイエルン地方の言葉で、長さのあるズボン下のこと(夏は、日本のステテコと同様に膝下まで、冬は踝まで長さのあるもの)。

186) 福州路のことで、繁華街である。

187) ここは、豫園にある湖心亭(Huxin)のことを指していると考えられる。建物は、明朝時代に建てられたもので、16世紀初頭に造られ、のちに増築された。湖心亭の建物は、1855(安政二)年から格調のある茶屋として使われている。

188) Waldzeisigという言葉のオーストリアで使われている縮小形(Goldhähnchen／Regulus regulusとも)で、オーストリアでは最も小さな鳴禽類。

189) Schragenの縮小形Schragerl。オーストリアの言葉で木製の台、ここでは椅子のこと。

190) ここで指しているのは、明朝の皇帝、正徳(Zhengde, 1505-1521)のこと。

191) Spendel, Spindelは、オーストリア、バイエルン地方の言葉で、ピンや針を意味している。

192) 原文ではKniebieg。Kniekehleのこと。

193) オーストリアの海軍では、伍長の位階に当たる船員。おそらく、船室を清潔に保つこと、給養を担当とする役職。原文にあるStückquart〔ier〕m〔eister〕のStückは、砲台のある部屋の仕事を担当している人員の一員であることを指している。

194) 原文ではRanschとあるが、おそらく英語のRanch、仏語・独語のRevierのこと。

195) 船はフランスの船舶業、メサジェリー・マリティーム社のもの。1873(明治六)年はじめに、モーザーは日本の万博委員等とともにこの船に乗って、横浜からトリエステに向かった(モーザーの日記1872〔明治五〕・1873〔明治六〕年の5頁を参照)。

196) 貿易商ヴィクトール・シェーンベルガー(Victor Schönberger, 1844年プラハ

I 手書きの日記（1868・69年）

生まれ、1893年ウィーン没）はオーストリア＝ハンガリー帝国東アジア遠征隊に金属工業と裁縫用品の専門家として同行していた。彼は、上海でのオーストリアの製品の展示会だけでなく、横浜での展示会でも責任者であった。

197）　上海クラブ（Shanghai Club）は1861（文久元）年に創立され、1864（元治元）年に四階建ての建物が建てられた（住所：The Bund, No. 2）。今日、史跡保護の対象となっている建物は、1910（明治四十三）年に建てられたもので、現在はホテルとして利用されている（ホテル名：Waldorf-Astoria）。

198）　判読不可。

199）　原文には、ヒンディー語かサンスクリット語から由来しているpankaという言葉の英語の綴りpunkahsが書かれている。手動で動かす、天井に設置された椰子の木の葉でできている天井扇。

200）　モーザーはここで、日記の罫線の上に二基の小さな煙突のイラストを描いている。ボイラーのことである。

201）　原文ではDiarrhöという医学用語が使われている。

202）　涂宗瀛（Tu Zongying, 1812-1894）のこと。1869（明治二）年から1871（明治四）年まで上海でこの役職についていた。道臺（daotai）は英語でcircuit intendantと訳される、国を視察して巡回する行政長官。

203）　カール・フライシュマン医師（Dr. Karl Fleischmann, 1831年ウソフ／メーリッシュ・アウスゼー生まれ、1896年トリエステ没）：最後は、医師として海軍大将の位階にあった。

204）　フリードリヒ大公号を訪問した提督が乗っていたのは、スコーピオン号（Schiffstagebuch der Erzherzog Friedrich, Bd. 74 / Aug. 1869）。

205）　呉淞の碇泊地は、上海の中心地から約20キロ離れたところの、黄浦江が長江に合流するところに位置している。

206）　ドナウ号の三等の船員。フリゲート艦ドナウ号は、北京での条約調印のために天津に向かったため、フリードリヒ大公号で看病されていた。脳膜炎を発症し、大陸の病院に運ばれ、その病院で亡くなった（Vorfallenheitsbercht des Admirals, Shanghai, 24. Juni 1869 / Nr. 79, M.S./P.K. Karton 44, I 7/14, f. 355 v; Bericht Dr. Fleischmann über die Gesundheitsverhältnisse an Bord Erzherzog Friedrich, a.a.O. I 7/25 Yokohama 5. Nov. 1869, f. 524/525）。

207）　原文ではDampfbagasとあるが、Dampfbarkasseのこと。

208）　三等のヨハン・シュッピッツィアリッチュ（Johann Spiciarić）。日記の181頁の船員の死に関する記述を参照のこと（1869〔明治二〕年8月25日）。

209）　商人（中国語で江擺渡）は外国の企業で働く中国人労働者の監視をして、外国人と中国人のあいだの仲買人の役割を担った。

210）　この商人に関する記述は、モーザーは日記の142頁の最後のところに書き入れていた。原文ではTschüp-tschekとあるが、これは聞き間違い、あるいは綴

りの間違い。納入業者は、英語でCheap Jackと呼ばれていたと考えられる。つまり、納入業者のニックネーム、呼び名。

211) 二等の船員、トーマス・ストロイコ（Thomas Strojko, Erzherzog Friedrich Schiffstagebuch, Bd. 74 / Aug. 1869）。

212) 舟山群島は、杭州湾の前方に位置する群島。ここに碇泊したのは、船医の来訪を待つため。

213) 注215を参照のこと。

214) ページの端に書かれていること：「島はラゲット（Rugget）という」。日記の179頁でも「ラッガー」（Rugger）と書かれているが、英語の「Rugged islands」から来ていると思われる。島は、急勾配で凸凹しているからである（つまり、"rugged"）。

215) ルドルフ・シュリック（Rudolf Schlick）は、タイのパクナム（サムット・プラカーン）からサイゴンまでフリードリヒ大公号で移動していたため、このときの移動は、ブルガーの船室を使い、あとから来たドナウ号の彼の船室はヴィルヘルム・ブルガーに貸していた。彼は、上海でのオーストリア＝ハンガリー帝国王国総領事館新設を見届ける任務を帯びていた。1869（明治二）年12月6日に総領事館の開館式が執り行われると、シュリックは1874（明治七）年まで領事の仕事を担当し、また、総領事が不在の時は代理総領事を務めた。

216) HMS Zebraのこと。180人の船員を乗せて、1860（万延元）年から1873（明治六）年まで使用されていたスクリュー船。

217) フリゲート艦ドナウ号は一週間以上遅れて、9月16日に長崎に到着した。

218) 高鉾島。オランダ語でパペンベルク。

219) 頁の上の余白にあとから書き足されている文章：「彼らは白色の、あるいは青色の小さな布を頭に巻いて、額のところで結んでいた」（ハチマキのこと）。

220) 原文でもsehr, sehrと二度繰り返されている。強調表現。

221) 一度書いたことを忘れたのか、モーザーは、髪の毛の色と髭については繰り返し言及している。

222) うちこわしは、当時の日本の暦の上では7月半ば、ヨーロッパの暦の上では1869（明治二）年8月20日に起きた（「米価騰貴のため、米屋打ちこわしの騒動おこる」『長崎市史年表』1981年、107頁）。

223) ドイツ語では、クーゲルホップフ（Kugelhopf）。フランス語でクグロフ（Kouglof）。バター、小麦粉、卵、砂糖を混ぜた生地を、山形の型で焼いたケーキのこと。オーストリアでは主にクリスマスに食べる。

224) カステラのことを指していると考えられる。

225) レープクーヘン（Lebkuchen）。シナモン、アニス、生姜等の香辛料や蜂蜜を入れて焼いたお菓子。ジンジャーブレッド。

226) 原文ではStrichとあるが、これは一般にミルMilのことで1/1000インチの単位。

227) 日記のこの箇所に、ミヒャエル・モーザーは、天保と一分のイラストを描

いている。

228）判読不可。
229）原文ではTsching-tschingとあるが、おそらく、Tschin-an（Qing an請安）のこと。通常「乾杯」の意味だが、当時の清国では挨拶にも使われていた。お金とは関係がない。
230）原文ではTschau-Tschauとあるが、上海語で食事をすることは、Tsche-we（Chifan吃飯）。ここは、おそらくTschau-tschau（Jiao jiao交交）のことで、「こちらによこして下さい」の意味。注229と230については、1965年に上海で生まれ、現在はオーストリア国籍の画家ヤン・ドンコさんにご教示を頂いた。
231）原文ではKittelとあるが、これはオーストリア、バイエルン地方の言葉で女性のスカートのこと。
232）原文ではGmalterとあるが、オーストリアの言葉で漆喰のこと。
233）原文ではLeibfarbeとあるが、Lieblingsfarbeのことで、好みの色のこと。
234）1863（文久三）年にフランスの修道会Société des Missios Étrangèresによって新ゴシック様式で建てられた教会、大浦天主堂。
235）領事館は東山手No.9にあった。領事はマークス・O. フラワース（Marcus O. Flowers）で、オーストリア＝ハンガリーと日本のあいだに通商条約が締結されたあとは、オーストリアの権益も代表した。
236）何の木であったか、ということは書かれていない。
237）原文ではFetzlnとあるが、Fetzenの口語で、オーストリアでは布の切れ端を意味する。
238）手水舎のことだろう。
239）原文ではHäferlとあるが、南ドイツの言葉でコップという意味（Hafen, Häfen）。
240）ここではモーザーは、カトリック教会の司祭が礼拝や臨終の秘跡を授けるときに身につける白色の外衣のことを意味していると思われる。
241）ここには、上が丸く磨かれた石の小さな絵が描かれている。
242）ザルツカンマーグート地方では、冬は雪がよく降るため、多くの住居には、窓付きの閉じたバルコニー（Brückl）がある。
243）原文ではLattelとあるが、Holzleisten、つまり木製の扉のこと。
244）ヴィルヘルム・ブルガーのこと。
245）日記はここで終わっている。おそらく、モーザーはその後の出来事を手紙で報告しようと考えたのだろう。実際、そのようにしている。9月9日の記述で終わっているのか、あるいは、その後の詳細も記述されたのかについては、明らかではない。いずれにせよ、長崎での滞在をまとめたものであることは読み取れる。記入が見られる日記の最後のページには、三本マストの帆船のイラストが描かれていて、「ミヒャエル・モーザー、シュッツ」と書かれている（シュッツは、モーザー家の家号）。

201頁から279頁までは空白で、280頁にモーザーは収支のことを書き付けており、彼の1873（明治六）年終わりの財政状況が分かる。

II

書簡
◎
1868（明治元）年から1877（明治十）年まで

　1868（明治元）年10月17日（トリエステ）から1877（明治十）年5月10日（アルトアウスゼー）までの、ミヒャエル・モーザーが主に故郷のアルトアウスゼーの両親、神父、ウィーンの弟（ハインリヒ）に宛てて書いた手紙21通。神父は、アルトアウスゼーの初等教育の学校で教鞭を執っていた人物で、ミヒャエル・モーザーの手紙の内容に出版の価値を見出し、オーストリアのシュタイアーマルク州の州都グラーツの日刊紙（*Grazer Volksblatt*）に掲載するように話を持ちかけた。手紙の原本の大半は失われたが、グラーツの日刊紙（*Grazer Volksblatt*）と、この新聞の週刊別紙である日曜新聞（*Der Sonntagsbote*）に掲載されたため、記事として残っている。これらの手紙が投函された土地は、トリエステ、喜望峰、シンガポール、香港、上海、長崎、横浜、東京、アルトアウスゼーである。なお、ヴィルヘルム・ブルガーが1869（明治二）年5月12日にバンコクからウィーンの写真家協会に宛てた手紙も補足史料として収録している。

29　1873年2月9日にミヒャエル・モーザーの父親がミヒャエルに宛てて出した手紙の封筒。ミヒャエルがウィーン万博に向かっていたため、受け取れず、横浜で138日間保管されたのち、香港を経由してオーストリアに返送された

出典・所蔵
◎
Grazer Volksblatt, Graz(1, 19, 20: 1869, 1875, 1876).
Der Sonntagsbote. Beilage zum „Grazer Volksblatt", Graz(2-15: 1869-1871).
Prof. Alfred Moser, Wien（16 u. 17:［1871］, 18: 1872）.
Steiermärkische Landesbibliothek, Bereich Sondersammlungen(Nachlass Peter Rosegger), Graz(21: 1877).

補足史料
◎
Wilhelm Burger, *Photographische Correspondenz. Organ der photographischen Gesellschaft in Wien*. Wien, 6. Bd,1869.

II　書簡（1868〜1877年）

1通目[1]
トリエステ、1868〔明治元〕年10月17日

避暑地からの手紙
ハンス・ヴィージング[2]から

アウスゼー、1869〔明治二〕年6月初旬

　雷光と雷鳴！　今日は、今年初めて雷の天気となりました。小一時間前まで、大変気分良く、とても美しいアルトアウスゼー湖の周りを一人で散歩していました。ゴツゴツしたザール川の四角い石の上を渡っていると、「雷」の音が激しく「ゴロゴロ」と鳴るのが聞こえました。雷光は、光る文字で空にその言葉を書きつけようとしていました。ちょうど、学校に上がったばかりの子供が、初めてIという文字を書きなぐるように。それよりは、少しばかり慣れた手つきで。〔…〕こんな風に天気のことを考えていたら、今日は、今期最初の避暑地からの手紙を書こうというアイディアが、ちょうど頭の中で雷が光るように閃きました。そのため、この手紙を雷で始めることにしたのです。

　それでは、雷からちょっと離れましょう。そう遠くではないところ、つまり、周知のように、今年の10月にオーストリア帝国世界遠征隊を乗せてトリエステから出発し、大西洋のどこか、――私は、正確な位置を知りませんが――北京の辺りを航行しているコルヴェット艦フリードリヒ大公号のメーンマストの上に立って[3]。このコルヴェット艦は、すでに半年以上、「危険な海」を航行していますが、あと一年は、その船旅を続けることでしょう。親愛なる友人の好意で、この珍しい船旅の様子を知らせる手紙が何通か私の手元にあるので、それについてお話ししてみたいと思います。

　フリードリヒ大公号には、我々の同胞が乗船しており、世界を旅しています。この幸運に恵まれた船員のなかで、唯一のシュタイアーマルク州出身の人物です。そして、この唯一のシュタイアーマルク州出身の人物というのは16歳の少年で、ミヒャエル・モーザーといいます。彼は、アルトアウス

ゼーに暮らす、オーストリア帝国・王国の鉱山労働者で小農民の通称シュッツェン・ヨッヘルの息子です。遠征隊の写真家であるヴィルヘルム・ブルガー氏の助手として遠征隊に随行していますが、これは、乗船許可をとりつけたブルガー氏が尽力してくれたおかげです。

　我々のミヒャエルは、アルトアウスゼーの小学校〔初等教育〕で受けた授業以外に教育は受けていません。当時、教会の監督下で行われ、格別、役に立つようなことはなかった教育と言われている教育です[4]。しかし、少なくとも、彼は書くことのほかに、多少はそれ以上のことを学び、その学んだことの片鱗を証明しています。例えば、彼の両親宛の手紙には、文字通り「親愛なるお父さん、お母さん」(Liebe Eltern)という言葉を見て取れるのです。

　ミヒャエルは、ブルガー氏と10月初めにトリエステに向けてウィーンを出発しました。グラーツで一泊したようですが、それに関する短い報告があります：「私は町を少し見て回りました。町の中心にあるシュロスベルクに登りました。そこで、古いトルコの城塞、大きな時計のある時計塔、そして、巨大な鐘を見ました。この鐘には、鐘を鳴らすための4本のロープが付いていて、鐘は塔の中に設置されています。そこからは、町全体とその郊外が見渡せる美しい眺望を楽しめるのです！　グラーツは、かなり大きく、とても美しい町です。私はとても気に入りました。」

　それから、ミヒャエルはトリエステに向かい、朝9時に到着しました。

　「初めて、海を見ました！　ちょっと怖かったです！　そして、沢山の大きな船！　これに比べると、グムンデンの汽船などは『小舟』[5]のようなものです。」

　彼は、10月6日に乗船しましたが、出発の10月17日〔正確には、10月18日〕まで船で待機しなくてはなりませんでした。出発直前の日にも両親に手紙を書いています：「私は、まだトリエステにいます。出発がまた延期されたからです。ずっと船にいますが、食事も寝床も与えられています。全く申し分ありません。『ちょっと』慣れて、学習しないといけませんが。私たちの船は、巨大な戦艦です。大砲もライフルもサーベルも十分にあります。また、海兵隊に水兵、皆、合わせて200人もいます！　食事は、昼食時に十分な量のお肉や赤ワインが出されます。とても美味しいです。朝と夜は、ラム酒を一杯飲み、食べたいだけ食べて構いません。まだ、ずっと健康です。神の思し召しで、これがずっと続くと良いのですが。でも、お祈りを捧げるときはい

つでも、神様はきっと私を助けてくださることでしょう。」
　最後に、彼は短く、このように書いています。「次の手紙は、どこから出されたものを受け取ることになるでしょう？」
　次の手紙には日付が入れられています：1869〔明治二〕年2月3日、喜望峰。というのも、ジブラルタルから出された手紙はウィーンで紛失してしまったことが、あとで分かったからです。この手紙には、旅に関する素敵な報告があります。そして、それによって、素朴な若い世界周航者の鋭い観察力が証明されています。

———・———・———・———・———

2通目[6)]
喜望峰、1869〔明治二〕年2月3日

オーバー・シュタイアーマルク州出身の
一人の若者がアフリカとアジアから書いた手紙

　『グラーツァー・フォルクスブラット』が14日前に一通の手紙を持ってきました。親切にも、アウスゼーから送られてきた手紙です[7)]。
　しかし、この手紙は、最近届いた手紙ではありません。すでに何通か届いているので、もちろん『フォルクスブラット』でも紹介することはできるのですが、『ボーテ』が関心をもち、自分たちのところで、それらの手紙を紹介させて欲しいと頼んだのです。
　手紙を書いた人物は、アルトアウスゼーの鉱山労働者で小農民の通称シュッツェン・ヨッヘルの16歳になる息子です。その少年は、ミヒャエル・モーザーといいます。彼は、一人の画家〔ヴィルヘルム・ブルガーのこと〕の助手として、目下、世界周航中の帝国の船に乗船する幸運を得ました。船は、コルヴェット艦フリードリヒ大公号です。トリエステから出された最初の彼の両親宛の手紙には、10月6日以降船にいて、船を気に入っていると書いていました。船には、200人の人々、水兵、海兵、画家や学者が乗船しています。
　今日、『ボーテ』が紹介する手紙は、1869〔明治二〕年1月に大西洋で書かれたものです。彼はこのように話しています。

「私の体調は、現在、だいぶ良いです。船酔いは治まりました。船での生活にもだいぶ慣れました。1869〔明治二〕年11月21日朝6時にスペインのジブラルタルから出発し、ヨーロッパ〔大陸〕を離れました。そして、昼の11時には、アフリカはモロッコにある小さな町、タンジェに到着しました。住民は、大半がユダヤ人とアラブ人です。そこには、頭を丸めて、後ろに長い三つ編みを1本下げた、未開で粗野な人々がいました。

11月23日朝7時にタンジェを出発し、昼には、ヨーロッパ大陸を遠くに見送りました。12月2日、テネリフェ諸島に着き、サンタ・クルス〔・デ・テネリフェ〕(ドイツ語では、ハイリゲンクロイツ)に上陸しました。ここには、複数の島が集まっていて、一般にはカナリア諸島と呼ばれています。カナリアが生息していて、ちょうど私たちのところの雀のようにあちらこちらに飛びまわっています。

12月9日、イルカを見ました。信じられないくらいに大きな魚〔ママ〕です。鳥のように長く、平たい嘴があります。そして、豚のように肥えていて、体長は、大体8フィートから10フィートです。それから、実に沢山の飛魚を見ました。この魚は、体長約1フィートで、とても大きなヒレがついているのですが、それが翼のように広がるのです。大体100歩ぐらいの距離を弧を描くようにして飛び、また水に戻ります。というのも、その魚には水の外で呼吸をするような器官が備わっていないからです。とても変わった生き物です。

12月20日の午後に赤道(つまり、日付変更線)を越えました。ここで、地球は二つに分かれるのです。ここでは、正午には太陽は真上にあり、人に影を作ってくれません。すでに2時には赤道祭を祝いました。これは、船の慣習で、赤道を初めて越えた者は、水をかけられるのです。すでに越えたことのある水兵が水を張った大きな樽を持ってきました。そして、その上に板を置き、一人の人がその上に座らされました。それから、顔を石灰で塗り、木製のカミソリで剃られました。そうこうするうちに、二人の水兵がその板を外し、座っていた彼は足を上にして、お尻から樽に落ちました。すると、皆、船にとても沢山積んであるバケツを手にして、2時から4時までひっきりなしに水をかけ合いました。将校だろうと、海兵だろうと、水兵だろうと、関係なかったのです。誰一人、濡れずにそこから戻ったような人はいませんでした。更に、タールを自分の顔に塗りました。ひどい大騒ぎでした。天気は

とても良かったです。私は、大いに楽しみました。

　聖夜は、もちろん、大したお祝いをすることはできませんでした。というのも、戦艦では、いつも、それで終わりです（それ以上はないのです）。ですが、私は、それを一向に構いませんでした。家族のことを思い、どんな風にブフテルン[8]と蜂蜜を食べるのだろう、弟はどんな風におもちゃのピストルで遊んでいるのだろう、ということを考えていました。アルトアウスゼーで夜12時に朝課が行われたとき、ここでは、ちょうど3時間の時差があるので、こちらは夜9時でした。

　12月26日、大陸、つまり南アメリカのブラジルの海岸が見えました。約20マイル離れたところでしたが、上陸はしませんでした。太陽は、ここでは今、冬は朝5時に日が昇り、〔夜〕7時に沈みます。気温は、日陰の場所では温度計によれば28度で、飲み水は21度です。飲み水は、火酒を蒸留する方法と同じ具合で海水を蒸留したもので、大きな樽に貯蔵しています。もちろん、飲み水としてはあまり良くないものですが、ほかに方法がないのですから、仕方ありません。ビールのジョッキ六杯〔約1.8リットル〕の海水から約1ポンドの塩が採れます。これは、料理に使われます。

　1869〔明治二〕年1月4日、船で不幸がありました。夜の11時に水兵がスパンカーから甲板に落ちたのです。不運にも、頭がすっかり砕けてしまい、その不幸な人物は、2時間のうちに遺体となってしまいました[9]。彼は、甲板で棺に見立てたハンモックに包まれ、軍艦旗をぐるりと巻かれました。そして、火のついたランプと2本の木で作った十字架が置かれました。それから、間もなく、ドナウ号にも知らされました。海が穏やかだったので、海軍の従軍司祭〔ローレンツ・ラコヴェッツ〕がボートでこちらにやってきました。甲板で葬儀が執り行われました。将校は、礼服を着ていました。そして、水兵は整列しました。昼の11時半に葬儀が終わりました。午後、その遺体は、帆布製のハンモックを縫い合わせたものに包まれ、足に150ポンドの鉄の重しをぶら下げられました。そして、3時に司祭から再度、死者に最後の祝福が与えられ、長い板の上に乗せられて、海へと流されました。

　二隻の船は、併走しています。私たちのコルヴェット艦フリードリヒ大公号とフリゲート艦ドナウ号のことです。もちろん、よく互いに見失いますが、港で必ず落ち合うのです。

　1月17日、アホウドリが来ました。アホウドリは、最も大きな水凪鳥で、

翼を広げると、12フィートから14フィートの長さがあります。ほかには、シッポウバトがいます。大きさは、私たちのところと同じですが、彼らには長い嘴があり、脚は鴨のようです。

　1月19日に、再び、ひどい嵐となりました。建物のように高い大波が打ち寄せ、甲板を水浸しにしました。船は、あちらこちらに流されました。とても恐ろしかったです。

　砲台は、一日中、水浸しになっていました。私たちは帆走するしかありませんでした。ですが、神のご加護で幸運にも生き延びることができたのです。20日には、再び、嵐は収まりました。私は、海にすっかり慣れ、吐くようなこともなかったです。

　私たちが航行している海は、ヨーロッパ大陸より数倍大きく、大西洋といいます。私はずっと調子が良く、全くもって健康です。もちろん、船での暮らしは、陸での暮らしとは全く異なります。2か月もの間、ただ海と空を眺めるばかりで、外に出かけられないのは、「鳥小屋」〔鳥の巣箱〕に暮らしているようなものです。船上では、私には何の楽しみもありません。船員は、皆、イタリア人やダルマチア人で、彼らとは会話ができないのです。

　天気が良いときは、私たちはいつも写真の焼き付けをしなくてはなりません。私たちは、十分な数のプリントを用意することができません。なぜなら、船に乗っている人たち皆が写真を欲しがるからです。仕事はいつも十分にあります。

　ジブラルタルからの海上での暮らしは、おおよそ、こんなものでした。あなたがたの息子のミヒャエルより〔vestro（正しくは、vostro）figlio Michaeleとイタリア語で綴られている〕。

　1868〔明治元〕年12月2日から、テネリフェ島まで陸は確認できませんでした。1月26日になって、ようやく喜望峰のテーブルマウンテンが見えてきました。喜望峰とは、アフリカ大陸の最南端の名称で、トリエステを出発して、約1万海里を移動して辿り着いた場所です。11時に喜望峰に到着しました。町は、頂上が全く平らな山であるテーブルマウンテンの麓に位置します。イギリス領で、とても大きく、美しい町です。建物は低層で、一階建てで屋根がありません。全ての建物は、青っぽい色に塗られています。ここは、ひどく暑いです。とびきり美味しいブドウや梨をとても安価に購入できます。りんごは、わずかしかありません。1月に新鮮な果物を木から収穫できること

II　書簡(1868〜1877年)

は、アルトアウスゼーの皆には、とても不思議なことに思われるでしょう。
　ここの住民は黒人ですが、この近郊には、とても多くのヨーロッパの人々の居住地があります。喜望峰の商人は、イギリス人やドイツ人ばかりです。ここには、ドイツ語話者である写真家もいます〔第1章の日記23頁を参照〕。
　奥地に進むと、最も未開で危険な人々であるホッテントット人〔コイコイ人〕やカフィル人〔バンツー人の一種族〕が住んでいます。ホッテントット人は小柄で、猿のような容姿をしています。猿と違うところは、毛むくじゃらではないところです。ここでは、ヨーロッパには全く生息していないような、とても美しい鳥も見ます。同様に植物や木も。例えば、イチジクの木は、砂しかないような場所でも、私たちのところの〔セイヨウ〕スモモの木と同じくらいに背が高く育っています。ヨーロッパにあるような土はここにはなく、赤色の砂と石ばかりです。そのため、ここでは草が育たないのです。

　故郷では「シュッツェンヨッヘルの坊や」と呼ばれているミヒャエルが、喜望峰からこのように知らせてきました。彼は、私たちシュイアーマルク州の人々、そして彼が唯一教育を受けた、カトリック教会が運営していた小学校に名誉をもたらしています。

　　　　──・──・──・──・──

3通目[10)]
シンガポール、1869〔明治二〕年4月20日

6月のアウスゼー

　残念ながら、手紙の最初に期待される雷の天気には今日は恵まれていないのです。この新聞での仕事ほど諺の重みを感じることはないのです。「全て始まりは難しい。」あるとき、確か死刑執行人がこのように言ったのです。最初の犠牲者を絞首刑に処することについて。
　しかし、私のような一般の人々は、会話を始めるときに天気で始めることが好きなので、今日も皆さんをがっかりさせないように、吹雪の話で始めよ

113

うと思います。まことに、あれは、自然のちょっとした魔法のようでした！

　ある夜、自然が山の上に薄霧を吹き、そのカーテンの後ろで何事かを為したのです。そして、2時間も経たないうちに、この霧がまた晴れると、環状にぐるりとその山の頂をキラキラと光る雪が覆っていたのです。この絵は無料で展示されたのですが、寒さで身体が震えました。自然をよく知る人は、あれは、雪ではなく、災難を招く霰で、山に降り積もっただけで、我々の畑や牧草地に害がなかったことを神に感謝すべきなのだと言います。というのも、耕作に影響が出るよりは、寒さを我慢するぐらいの方が良いわけです。皆、同じ考えでした。雪は局地的に降り、翌晩には全ての山に均等に積もっていました。再び、かんかん照りの太陽が出て、冷たい仲間〔雪〕を溶かしました。そうでなければ、休暇が終わってしまうことを心配しなくてはならなかったことでしょう。私の手紙も途絶えてしまったことでしょう。

　しかし、助かりました！　我々の世界周航者ミヒャエルの手紙が一通、手元にあるのです。私をこの窮地から救ってくれるものです。もちろん、私は、彼が、これを読んだら、何を言うのか知りません。しかし、今、彼は中国人のもとにいるのです。

　「おい、中国人！」私が大学生になりたての頃、上級生がよく、私をこう呼んだのです。子供っぽいプライドから、これを深刻な暴言だと捉えていました。ですが、その上更に、彼が私に中国人にとてもよく似ていると言ったときは、これは何よりも嫌な言葉になりました。

　しかし、我々のミヒャエルが、3通目の手紙で中国人についても書いているので、その話を聞いてみようではありませんか。

　「1869〔明治二〕年2月18日の夜、アフリカ大陸の南端にある喜望峰を出発しました。19日の早朝には、喜望峰が見えなくなりました。風がとても強く、海はとても荒れていました。そのため、私はひどく気分が悪くなり、船酔いに苦しんだのです。小さいものから大きいものまで、水凪鳥が再び船の後ろをついてきました。

　喜望峰では、八頭の雄牛を乗せました。そして、将校や船員のために、何頭か羊や豚、鶏も乗せました。牛は、3週間で約250名の船員等に食べ尽くされました。しかし、私は、その牛を食べることは全くありませんでした。新鮮な肉は、全く美味しく感じられなくなっていたからです。それから、ま

た、塩漬け肉を食べるようになりましたが、これは、私も喜んで食べています。

　そのほかに、八匹の猫も乗せました。そのうちの一匹には四匹の雄の子猫がいます。船には、ラットやネズミが十分にいるのです。

　私たちが現在航行している海は、インド洋といいます。ずっと荒天続きで、時折、とても寒く、雨降りの日が続きました。そんなときは、船はとても早く進みました。

　復活祭の祝日は、クリスマスと同様に広大な海の只中で過ごしました。聖金曜日には、ラチェット[11]が鳴らされました。

　2月19日からずっと大陸が見えません。4月5日の朝になって、ようやくジャワ島が見えてきました。そして、夕方には（ジャワ島の）アンヤーに投錨しました[12]。

　上陸すると、褐色の肌をした半裸のマライ人たちが待ち受けていました。腰に布を巻き、藁で編んだ帽子を頭に載せていました。ちょうど、我々のところのパンのカゴのようなものです。彼らの家は、竹の葉で造られています。人々は屋外で暮らしています。ベッドなどの調度品はありません。人々の暮らしは、とても単純で、火を使わずに食べられるものをまとめて食べます。つまり、食事は果物だけです。仕事というものはなく、おなかがすくと、木から果物をとってくるだけです。彼らには、パンや小麦粉を使った食べ物、牛肉などは全く馴染みがないものです。この国は、とても変わって見えます。というのも、あらゆる植物、木々、果物が、私たちのところとは異なるのです。ここには、最も美しい種類の鳥やオオコウモリ、更に奥地に行くとクロコダイル、蛇、虎なども生息しています。猿やオウムは、とても多く、大変安価で購入することができるようです。

　4月10日、再びアンヤーを出発しました。ここからシンガポールまでは、ドナウ号の海軍の従軍司祭も私たちの船に乗りました。水兵が懺悔できるようにです[13]。

　4月13日に、再び赤道を越えました。つまり、あなた方の方向にです。14日、私は復活祭の告解を聞いてもらいました。一門の大砲の隣に告解の椅子が置かれていて、旗がぐるりとかけられていました。

　親愛なるお父さん、お母さん！　お祈りの環境については、ひどくなるばかりです。というのも、私たちが訪れる場所には、どこにもカトリック教会がないのです。その代わりに、寺院やシナゴーグ、そしてモスクばかりです。

115

旅のあいだは、カトリック教会に行けることはないのではないかと心配しています。(中略)手紙は、手紙を出せる港から書いています。船では、半分未開のダルマチア出身の人々のもとで過ごしているのですが、会話が全くありません。市場の女商人のいる場所とは違って、とりわけ軍艦では会話がないのです(中略)。

そして、陸に来ると、いたるところで黒色の肌の未開の人間を見ます。肌が黒いということは問題ではないのですが、全く意思疎通が図れないのです。なぜなら、どこでも違う言葉が使われているからです。そのため、港で故郷からの知らせを受け取ることをずっと心待ちにしているのですが、それを受け取れたときの喜びと言ったら。お父さん、お母さんには、ずっと離れた外国で故郷からの言葉がどれほど大きな意味を持つか、全く想像できないでしょう(中略)。おかげさまで、私はずっと健康で、これからもずっと神のご加護を受けて健康でいられるようにと祈っています。

シンガポール（アジア、三つ目の大陸）

1869〔明治二〕年4月20日

4月15日にシンガポールに着きました。というのも、(当初、予定されていた)オーストラリアには行かなかったのです。しかし、おそらく復路で立ち寄ることになるでしょう。

シンガポールは、大きな、美しい町です。住民は、大半が中国人、ヒンズー教徒〔インド人〕、マライ人で、ヨーロッパ人もわずかながらいます。人々は、ここではほとんど裸です。海水パンツのようなものしか身につけていないのです。中国人は、更に先の尖った大きな麦わら帽子をかぶっています。シンガポールは、赤道の下の方に位置しているため、ここは、ひどく暑いです。ヒンズー教徒たちは黒色の肌で、頭は剃り上げ、白いターバンを巻いています。中国人は、黄色の肌で丸顔です。頭は、半分剃っており、1本の長い、長い[14]三つ編みを後ろに下げています。髪があまり長くない者は、三つ編みに絹糸をつなぎ、くるぶしまで下げています。高貴な中国人だけが、青色の幅広の短いズボンと白色の大きめのシャツを身につけています。あまり暑くないときには、帽子はかぶりません。

II　書簡（1868〜1877年）

　中国人は、床に座って仕事をします。そして、とても美しいものを作ります。彼らは、右から左に筆と墨で文字を書きます。羽根は使いません。彼らの食事は、塩を使わず、水だけで炊いたお米と魚、そして、とても脂っこい豚肉です。ここには、テーブルも椅子もない独特な家が沢山建てられています。彼らは、食事のときは床に座り、床で仕事をします。
　中国人には、あまり信仰というものがありません。お金のことだけを信じているようです。というのも、いつもお金を数えているところしか見ないからです。そして、多くの中国人は、銀貨が詰まった袋を持ち歩いています。」

　さて、今日は、ここでミヒャエルと別れることにしましょう。中国人のもとで彼に沢山の良いことがありますように！　また、手紙で私たちを喜ばせてくれることでしょう！

―――・―――・―――・―――・―――

ヴィルヘルム・ブルガーがウィーンの写真家協会に宛てた手紙
（帝国・王国東アジア・南アメリカ遠征隊の報告書）[15]

　　　　　　　　　　　　1869〔明治二〕年5月12日、バンコク（シャム）
会長殿[16]
　東アジアおよび南アメリカに向かう旅での出来事をご報告しますとお約束しましたので、ご参考までに、以下わずかながらご報告申し上げます。
　ヨーロッパ以外の場所では、どこでも写真はまだ発展途上にあると思っていました。実際、アルジェ、タンジェ、テネリフェ、喜望峰、ポート・エリザベス[17]、更にシンガポールで目にした多くの写真は、故郷の写真に見慣れた私の目をあまり満足させてくれるものではありませんでした。唯一、これらの土地で通用している値段だけが、好ましく思われました。例えば、喜望峰では16シリング（8フローリン銀貨）、シンガポールでは3、4ドル（1ドルは2フローリン15クロイツァー銀貨）、バンコクでは4ドルで12枚の名刺判写真を購入することができました。
　この旅で、これまでに目にしたものがこのようであったので、ここバンコクで腕利きの写真家に出会ったことには少なからず驚きました。

その人物とは、親切で小柄な38歳の男で、シャム王国の宮廷写真家であるチット氏です。彼は、我々の訪問を大変喜び、我々が彼の貴重な写真を詳しく確認することを許可してくれました。

彼は、バンコクには夥しい数ある独特な建物、宮殿、仏塔などを写した大きめの判型のガラスネガ、大抵10インチから12インチの写真を大量に所有しています。そのなかには、私を大いに喜ばせてくれる完成した仕事のものがありました。彼の功績は、ヨーロッパでも必ずや認められることでしょう。キャビネ判の写真は、ここでもシンガポールでも見ませんでした。

チット氏のところでは、必ずしも新しい技法ではありませんが、これまで、どのアトリエでも実際に使っていることは見たことがなかった、しかし、単純で、扱いやすいことから広く採用されるはずの補力の技法が使われていることが分かりました。

つまり、数オンスの水道水を陶器の皿に注ぎ、それぞれに2、3滴の塩化金液（2オンスの蒸留水に8分の1ロートの塩化金という溶液の割合）を溶かし、現像定着後の画像が薄いものに塗布する、というものです。

極めて均一に、短時間でネガは黒化するので、十分な濃度が確認できたら、水道水で落とします。大きなプレートでも、数滴しか必要としないので、この方法は極めて安価で、私も湿板を扱うときには採用している技法です。

さて、タンニンプロセス[18]と熱帯気候におけるその耐性に関する私の経験をお話しなければなりません。出発前に、このことに関する懸念や危惧をお耳に入れてしまいましたが、この心配は無用のものであったと喜んでご報告できます。

喜望峰からインド洋に位置するシンガポールへの渡航において、4月22日から28日のあいだにタンニン酸を用いて作成した乾板は、今日（これを書いているのは、5月12日です）も全く損傷なく、無傷で、潮風や列氏24度から28度〔摂氏30-35度〕の連日の暑さにも見事に耐えています。

ほかのものには、損傷が見られます。例えば、紙で巻き、革のケースにしまったレボルバーは、錆びてしまいました。衣服にはカビが生えて、手袋は、ひどい状態です。タンニン酸を用いて作成した乾板だけが、頑丈に堪えていて、これだけが何の変化もない状態です。

このことは、写真家にとって喜ばしいことではないでしょうか？

私が貴殿の雑誌に1867〔慶応三〕年2月から1868〔明治元〕年1月まで発表し、

II　書簡（1868〜1877年）

30　ヴィルヘルム・ブルガー（1844-1920）。オーストリア＝ハンガリー帝国東アジア遠征隊フリードリヒ大公号に乗船していた要人の肖像写真をヴィルヘルム・ブルガーが寄せ集めて作ったコラージュより

　今でも、その工程を正確に行っているタンニンプロセスで、このような経験をしてからというもの、私が、ますます、この技法に魅了されていることをご想像いただけることでしょう。
　大抵の場合、湿板では代用できない、この扱いやすいタンニンプロセスの技法は、これだけ多くの仕事をし、それにより熟達できたことで、極めて満足のいく、申し分のない結果をもたらしてくれています。
　ほかにも報告書を書かなければいけないので、このようなところで失礼いたします。

あなたのヴィルヘルム・ブルガー
オーストリア＝ハンガリー帝国東アジアおよび南アメリカ遠征隊写真家

4通目 [19)
中国海域にて、1869〔明治二〕年6月15日 [20)

東アジア遠征隊の
シュタイアーマルク州出身の若者が
アルトアウスゼーの両親に宛てて書いた手紙、4通目

中国海域にて、1869〔明治二〕年6月15日

親愛なるお父さん、お母さんへ

　4月22日にシンガポールを出発しました。そして、28日にシャムはバンコクの港に到着しました。ここは、ずいぶん水深が浅く、陸〔バンコクの町〕から12マイルも離れた場所です。ここの土地は平坦で、海との差がほとんど分かりません。30日は、シャム王国の国王が用立ててくれた汽船でバンコクに向かいました。ここには、大きな川が流れています。この川は、「メーナム」といいます [21)。川の両岸には、とても美しい木が立ち並んでいます。23時に、バンコクに到着しました。ここでは、自分たちの家というものがありました。国王自ら、私たちのために用意してくれたのです。家は、二階建てて、ぐるりと壁で囲まれており、もちろん扉やドアには鍵などは何も付いていません。ドアは、2枚の開き扉が付いているもので(2枚の古い、汚い、カンナで削ってもいない板です)、板の両端には小さい栓が付いていて、出入口の枠には穴が開いています。これは、そで型蝶番〔ヒンジフレーム〕というものです。鍵の代わりに、横に引く木が付いているのです。窓には、ガラスははめられていません。この大変な暑さでは必要ないのです。いずれにせよ、私たちの家はバンコクで最も美しい建物です。

　町は、水(つまり、「メーナム」川) [22)の上に建設されています。建物は、椰子の木でできていて、小さく、汚いです。側壁は、カンナのかかっていない板です。それらの家は、竹筒の杭の上に建てられていて、両端は、2本の大きな杭で陸に固定されており、それによって水に流されないようになっているのです [23)。このような具合で、1マイル以上にわたり、この水に浮か

II　書簡（1868～1877年）

ぶ家が一列に数百棟も並んでいるのです。そのため、何か買い物をしたければ、ボート（船）で向かわないといけません。ここでは、人々は皆、小舟を所有しています。ですが、この船は、軽々と持ち運びができるぐらいに小さいため、この船での移動は大変危険です。しかしながら、ここの人々は上手に操縦し、例え転覆しても大したことにはならないのです。というのも、ほとんど何も服は着ていないですし、皆、うまく泳げるのです。ここの人々は、褐色の肌をしており、ほとんど全裸です。頭は剃り上げていて、身分の一番低いような者から国王まで、キンマをとても頻繁に噛んでいます。女たちは、男よりもそれを噛んでいます。そのため、口は炭のように真っ黒で、大変醜い容姿です。バンコクには、とても沢山の寺院があります。屋根は黄色や緑色に塗られた瓦で、〔仏〕塔は美しく、とても高さのあるものです。鐘や時計はありません。そして、お堂から数歩離れたところに〔仏〕塔が立っています。お堂の内側にある祭壇の上には、実際の人間より10倍は大きい、巨大な男性が座っています。その男性は、仏陀といいます。全身が金色で、シャム人の神です。それぞれの寺院に同じ像があり、ここではほかの像は見ません。一度、森に入ったのですが、そこで偶然、火葬に出会しました。これは、ちょっと不気味な話になります！

　国王[24]は若干17歳で、私たちは、彼を盛装の姿で撮影しました。全身金色の装いで、頭には高さのある尖った王冠をかぶっていました。通常は、ズボンとジャケットを身につけるばかりで、頭には何も被り物はありません。そして、靴も履かず、膝まで裸足です。国王は、車で移動するということはなく、その代わりに、金色の駕籠に乗り、人々に担いでもらうのです。そして、とても重要なお祭りが行われるときには、巨大な象に乗ります。これらの象は巨大で、彼らの歯〔象牙〕は、確実に一尋以上の長さがあります。国王は、300頭以上の戦象を所有していて、兵士は、戦時には馬の代わりにこの象に乗るのです。ここバンコクでは、これが慣習になっています。国王の前では、人々は膝をついて、肘と手は合わせて地面に身を投げ出さなければいけません。大臣や高官の前では跪かなければいけません。ここでは、身分のある人とそうでない人の区別は、ほとんどつきません[25]。身分のある人は、白いジャケットを身に付けているということぐらいです。というのも、ここでは皆、靴は履いていませんし、膝まで裸足です。頭に被り物はなく、地面にしゃがみ込んでいます。そして、街角の汚いところでもどこでも地面に座

121

るのです。というのも、ここにはベンチがないからです。

　5月18日、シャムの砲艦でバンコクから出発しました。19日に国王〔正しくは、副王〕26)がボートに乗って、私たちの船を訪れました。そして、船中を見て回りました。大砲が発射されて、船員は整列しました。国王〔副王〕は、金色のジャケットと金色の短いズボンだけを身につけていて、靴や被り物はありませんでした。21日、私たちはバンコクの港から出発しました。

　1869〔明治二〕年5月24日、サイゴンに到着しました。この町は、かなり奥地にあります。ずっと、とても長い川を移動しました。川の両岸には、ずっと、こんもりと生い茂った原生林が続いていました。水兵が、1本の木が猿だらけだったと言いました。というのも、ここのこの地域には、沢山の野生動物が生息しているのです。蛇やクロコダイル、象、そして沢山の危険な動物が。サイゴンは、フランスの植民地です。

　6月2日、香港に入港しました。香港は、イギリス領の島です。ここの港は湖のようです。なぜなら、香港島と中国大陸のあいだに位置するからです。香港の町は、大きく、美しく、山の麓に位置します。ここでは、全てがすっかり中国風です。中国の女性は、男性のような服装をしていて、ズボンを履き、小さな尖った帽子をかぶっています。頭髪は豊かで、彼女たちの髪型は、私たちの故郷の金色の帽子27)と似ています。女性の多くは、足に損傷を負っていて、とても小さく、そのためにほとんど歩くことができず、いつも注意しないといけません。小さな子供の頃から、鉄の靴を履いているので、足が大きくならないのです。それを中国人は気に入っているのです！女性にとって、これが美しいとされているのです！　ですが、その足を見ると、本当に気分が悪くなるのです。その足には、足のかたちがないからです。美しい(？)、小さな足は、もちろん高貴な身分の女性に限られます。

　親愛なるお父さん、お母さん！　おかげさまで、私は、かなり元気です。お父さんもお母さんも元気であるようにと祈っています。もちろん、この旅では、すっかり元気というわけにはいきません。というのも、すでに、この旅が始まって9か月が経ちますが、まだ一度も、朝も夜も温かいものを食べていないのです。私の朝食や夕食は、数年は経っていると思われる古い船用堅パンが一切れで、まず、そこに虫や小さな生き物が付いてないか、探さないといけません。そして、昼食は、臭い匂いのする、不味い、不衛生なスープです。私の食事は、パンと水だけだと言わねばなりません。家で食べるよ

うなパンを一切れでも時々もらえたら、私は大喜びするでしょう。ですが、ここでは4時に起床し、それから古いパンを一切れ食べるだけなのです！船では、多かれ少なかれ、こんな生活を送るものなのだと知っています。ですから、どうぞ心配はしないでください。

　手紙をもらえることを楽しみにしています。数か月のうちに、日本に着くでしょう。そうしたら、帰国します。それにもまた一年かかりますが。時間は、あっという間に過ぎます！　ここは、どこもひどく暑いです。時間は、ここでは7時間の時差があります。つまり、ここでは太陽は皆のいる場所より7時間早く昇ります。シュッツェンハウス〔モーザー家のこと〕の皆に心からの挨拶を。

心から感謝をしている
あなた方の息子の
ミヒャエル・モーザー

追伸：今は、中国で中国人のもとに滞在しています。

　我々のアルトアウスゼーの世界旅行者は、これまでの手紙と同様に、この手紙にも屋外で撮影した写真を同封しています。今回は、例えば、1. 東アジア遠征隊提督の肖像写真[28]。2. シャムの国王のダイヤモンドをちりばめたピラミッド型の第三の王冠。この写真は5枚あります。3. 第一の王〔国王〕の肖像写真。シャムの国王陛下は、今年4月に授与された勲章[29]の襷をかけていて、とても立派な風貌です。この国王は、バンコクからのこの個人的な報告書によると、遠征隊が船に乗り込む直前に写真を撮らせたようです。そして、国王のいわば代理人を務めるシャムの副王は、国王の威厳の恩恵を受け、自分自身の宮廷、つまり王城を所有していますが、政務においては何の権限もありません。しかしながら、国王に昇格するということのようです。つまり、「王は死んでも、王は生きている」(„Le roi est mort, vive le roi")。4. バンコクの山寺で、80フィートの高さのところに、まさにトルコ風に座っている姿の仏陀の偶像。5. 手の爪を手入れするほかに何もしていない、サイゴンの裕福な中国人〔ベトナム人〕の手。この爪は、指の長さ5分の1ほど長く伸びています。長い爪への情熱(長い指ではありません)は、大いに推奨されているのでしょう。ヨーロッパの幾つかの国々にも、このような中国人に

似た金持ちの実業家や権力者がいて、浮世離れした生活を送る人々がいます。彼らも、彼らの大事な手〔財産の喩え〕を、誰も近づかないように十分に注意をするのが良いでしょう。この手紙の送り主[30]は、この手紙が一語一句違わず書き写されたものであることを補足しています[31]。このアルトアウスゼーの人物〔ミヒャエル・モーザー〕は、彼の通った学校に名誉をもたらしています。

―――・―――・―――・―――・―――

5通目[32]
上海、1869〔明治二〕年〔？〕

東アジア遠征隊の
オーバー・シュタイアーマルク州出身の若者の手紙、5通目

『ゾンタークスボーテ』は、ロザリオの祈りの日曜日[33]以来、魔法の長靴[34]をほとんど脱いでいません。ですから、再び本紙は、遠く、遠く[35]離れた場所から届く新しい報告をお届けします。この報告というのは、今回は、アウスゼーの若者ミヒャエル・モーザーが、中国の大都市である上海から、現在はイシュルに滞在している彼の弟に宛てた手紙から借用するものです。『ゾンタークスボーテ』は、この手紙のうち、読者の皆さんには、ミヒャエルがアルトアウスゼーの両親に宛てた4通目の手紙で、すでにご承知のところとなっている箇所については省略します。

中国の上海から

親愛なる弟のハインリヒへ
　バンコクから君に出した手紙を受け取っていることを祈ります。(中略)シャムの旗は赤色で、中心には大きな白い象が描かれています。ちょうど、私たちのところの鷲がシャムでは象にあたります。(中略)シャムの人々の食事はお米とお茶だけで、全てお塩もラードも使われていません。スプーンも使わず、何でも指で食べます。(中略)私たちが寝泊まりをする部屋には蟻が

II　書簡（1868～1877年）

沢山いて、私たちのところの蜘蛛のようにあちらこちらを歩き回っています。ここでは、トカゲ〔ヤモリ〕36)も部屋の中を歩き回っています。1フィート以上も長いトカゲを見ました。でも、彼らは何も悪さはしません。ただ、壁を上に下にと這って移動しているだけです。壁には大きな穴があって、彼らはその中にするりと入っていくのです！　ああ！　食事中に彼らを見てしまったら！　彼らは、突然、現れるのです！　ああ、気持ち悪い！（中略）

　（バンコクの）宮殿はとても美しく、独特です。外側はぐるりと大きな城壁が巡らされていて、門のところには、美しい、小さな塔が立っています。そして、あらゆるところに歩哨が立っていて、関係者以外の人間を中に入れないようにしています。その宮殿の敷地には、板石が敷き詰められています。そして、実に美しい、小さな建物や中国風の寺院がここかしこにあります。屋根には、何かの像や花が飾られています。小さな建物の中には、決まって大砲が置かれていて、〔口径長が〕三尋以上も長い大砲を見ました。（中略）

　バンコクには、写真家が二人います。水上〔川〕にアトリエを構えていて、とても美しい仕事をする写真家です37)。

　5月24日には、サイゴンが見えてきました。サイゴンでは、三人の水兵が逃亡しました。二人は、料理長から3000フローリン以上を盗んだのです！

　（中略）香港は、物価がとても安いです。私は、とても質の良い、新品の靴を一足2フローリンで買いました。（中略）香港では、二人の中国人が乗船しました。一人は使用人で、一人は料理人です。

　6月19日には、中国の大都市である上海に入港しました。ここには、四つの街が集まっています。つまり、一つ目の街はアメリカ人、二つ目はイギリス人、三つ目はフランス人に属していて、そして四つ目の最も大きな街が中国人の街です。ぐるりと二尋の高さのある壁に囲まれています。建物は木造で、低層で小さいです。そして、面白いものを売っている、美しい小間物店がいたるところで店を開いています。けれども、通りはとても狭く、汚いです。中国人の街は、ひどく臭いです。中国人のところでは、ひどい叫び声やら、騒音やらが絶えません。私は、そこからまた出られて、安堵しました。中国人は好きになれません。彼らは、いつも働いていて、彼らにはたった一日しか祝日がありません。ここには、本当に沢山の茶屋があります。ちょうど、私たちのところのカフェのような感じです。ものの試しに、一度入ってみました。すると、店内は汚く、床は舗装されていませんでした。小さな

テーブルがいくつか並べられていて、それぞれのテーブルには二脚の小さな、細い木挽き台〔椅子〕があります。中国人にしてみれば、私が彼らに混じって茶屋の一席についていたことが珍しかったようで、彼らはずっと私のことを見ていました。茶屋の中央には、大きなやかんのようなかたちの金属でできた鍋が置かれていて、それがずっと火で温められていました。大きなやかんは、いつも熱湯で満たされています。中国人が二客の杯を持ってきます。一客には乾燥した茶葉が入れられていて、もう一客は空っぽです。そこに、熱湯が入っているやかんを持ってきて、茶葉の入っている方に注ぎます。そして、茶葉が良い具合になったら、それを空っぽの方の杯に移すのです。それを飲みます。けれども、砂糖は入れません。私は、そのとき、とても喉が渇いていたので、そのお茶はとても美味しく感じられました。このお茶は、確か2クロイツァーだったと思います。中国の硬貨は、黄銅〔真鍮〕でできていて、中心に四角い穴が開いています。大抵、そこに紐を通して、ソーセージみたいにつないでいます。中国のその硬貨12個が、オーストリアの1クロイツァーに相当します。

　中国人は、ひどい人間です。中国人に殺されたくなければ、夜は出かけないほうが賢明です。私たちの船も、すでに二人の中国人の死体のそばを通りました。けれども、その近くを通った小舟に乗った中国人は、その死体を気にも留めずに通り過ぎていきました。彼らは、全く何の気にもかけませんでした。というのも、中国人の死体が流れているようなことは、ここでは全く珍しいことでも何でもないからです。そのため、人々は見ることもしないのです。親愛なるハインリヒ、考えられるでしょうか？　中国人の死体がそんな風に流れているのを見ることが、どれだけぞっとすることか！

　この中国人は、重い罰を受けたのです。例えば、何かを盗んだりすると、その人はすぐに首を刎ねられます。もしくは、殉難の罰を受けるのです。例えば、雄牛を捌くときのノコギリで足を切られます。それから、両足両腕を切られて、目をくりぬかれて、そこに石灰と酸が詰められます。そして、死ぬまで眠らせてもらえません。それから、生きたまま埋めるという方法もあります。一人が首まで土に埋められます。そこに、そのひとに食事を与えるためのひとがいます。そのひとは、生き埋めになっているその人が死ぬまで、そこにいないといけません。そのようにして、二人とも拷問にかけられるというわけです。首を刎ねるのは、毎日行われています。私はもう、四、五人

は見ました。斬首のために、頭がすでに四角い板にはめられているひとたちを。けれども、彼らは、私が彼らを眺めている様子を見て、まだ笑ったりしました。彼らは町の中心部にいて、巨大な鳥かご(鶏小屋)に閉じ込められています。そのようにして、人々が彼らを眺められるようになっているのです。

　親愛なる弟よ。君は、私が家に書き送った手紙から、もっと多くのことを知ることができますよ。君に神様のご加護がありますように！　私のことをどうか忘れないでください！

―――・―――・―――・―――・―――

6通目[38)]
長崎、1869〔明治二〕年9月初旬

東アジア遠征隊の
オーバー・シュタイアーマルク州出身の若者が
アルトアウスゼーの両親に宛てて書いた手紙、6通目

　　　　　　　日本・ナンガサキ〔長崎〕、1869〔明治二〕年9月初旬[39)]

親愛なるお父さん、お母さんへ

　上海には、2か月と一週間強もいました。ちょうど、最も暑く、健康に悪い月でした。多くの乗組員が苦しみました。というのも、気圧計〔正しくは、温度計〕は、日陰の場所でも、ずっと35度を示していて、昼頃になると、暑さにすっかりやられてしまったのです。そのため、船上では様々な病気が発生しました。主に熱です。船の医務室にいる患者の数は毎日26人で、更に船員の半数がすっかり体力を失っています。船には帆布で日よけのテントを張っているのですが、ほぼ毎日一人が日射病で倒れました。重症の三人は、大陸の病院に運ばれました。一人はチフスで、一人は卒中発作で、一人は日射病で倒れて、皆、数日のうちに亡くなりました。

　私の上司〔ブルガー〕も、数日間、重い病に倒れました。私も8月3日には熱が出て、痢病でお腹を下して、数日間、ひどい体調に苦しみました。このようなひどい暑さは、病人には本当に堪えます。というのも、あまりに暑くて、

時折、呼吸すらまともにできなくなるからです。そのため、上海での時間は、ひどく退屈でした。夜になると、それでなくても蚊やブヨが沢山発生して、一晩中一睡もできないことがよくありました。そのため、健康上の理由から出発せざるをえず、60マイル離れた舟山群島40)に向かうことになりました。一日で、そこにたどり着きました。そこで新鮮な海の空気を再び吸うことができたのです。そこには8日間いました。それから、再び上海に戻り、公海に留まったのです。つまり、陸からだいぶ離れた地点に。

もはや、今すぐにでも日本に行って、新鮮な空気が吸えたら、ということ以外の会話はありませんでした。皆、中国ですっかり疲れ果ててしまったからです。フリゲート艦ドナウ号は、6月26日に中国の首都である北京に向かいました。通商条約を締結するためにです。そして、私たちの船であるフリードリヒ大公号は、その交渉が終わるまで、上海で待機しなくてはなりませんでした。しかし、北京での交渉が、当初考えていたようには速やかにまとまらなかったため、上海でかなり長いこと待機しなくてはならなくなってしまったのです。ようやく8月29日の夜9時に、北京にいるフリゲート艦ドナウ号の提督からすぐに日本のナンガサキ〔長崎〕に出発するようにとの命令が発出されました（それが、私たちにとって、どれほど嬉しいことだったか、お父さんやお母さんは想像できるでしょうか！）。そこで再び落ち合うためにです。8月30日に、早速、上海を出発しました。航行中は、嵐に見舞われました。そして、私は再び船酔いを起こしました。

9月4日に私たちは（日本の）ナンガサキ〔長崎〕に到着しました。ここは、これまでに私たちが見てきた港の中で最も美しい港です。美しい緑の山に囲まれ、水辺まで豊かに緑が生い茂った小さな湖のようです。海岸には、美しい、小さな家が立ち並んでいます。町は、かなり大きいです。建物は皆、小さく、平屋で、石造りの家も多いですが、しかし、大半は木造で感じ良く建てられています。ここは、辺り一面、とても美しいです。この町は、私たちに故郷のアルトアウスゼーを思い起こさせます。

日本人は、これまで見てきた人々の中で、最も全裸に近い人々です。というのも、彼らは、指3本ほどの幅の白い布〔ふんどし〕を腰に巻いているだけなのです。雨が降ったときにだけ、長い（青色の）コートを着ます。彼らは、頭頂部を半分剃り、長い髪は前に流して、そこのところに髪で作った5インチほどの長さの小さな丸い髷を前の方に向けて置いています。ここの人々は、

II　書簡（1868〜1877年）

31　「長崎の街路の景観」

　とても厚かましいです。肌の色は、濃い黄色です。かなり小柄で、ずんぐりしています。そして、皆、とてもよく似ていて、丸い大きな顔で、平らな鼻、捲れた唇、そして出っ歯です。
　ナンガサキ〔長崎〕には、やや都合の悪いときに到着してしまいました。というのも、私たちが到着するちょうど数日前に、ここで暴動が起きたからです41)。つまり、食品の値段が高騰したのでした。日本人の主食は、お米です。そして、お米の貯蔵庫を所有している、ここの（日本の）領主〔藩主〕は、全くお米を供給しようとはしませんでした。その代わりに、ほんの少しのお米に対して法外に高い値段をつけたのです。人々はこれに憤慨し、暴動を起こして、これらの商人を殴り殺しました。彼らは、飲み屋にも押しかけました。町でのこの暴動は、4日間続きました。（ここナンガサキ〔長崎〕の）日本人は、あまり良い人間ではありません。決して、近づいてはいけません。ヨーロッパ人にとって、ここは、あまりに危険です。とりわけ、夜に彼らに見つかると。お父さん、お母さん、そして私に神のご加護がありますよう、お祈りをします。シュッツェンハウス〔モーザー家のこと〕の皆に心からの挨拶を伝えてください。

心から感謝をしている
あなた方の息子のミヒャエル・モーザー

追伸：まだ、フリードリヒ大公号で帰国するか、ドナウ号で帰国するか分からないので、私の住所は、このようにしてください：帝国・王国戦争省、在ウィーン海軍部、東アジア遠征隊写真家W. B.[42]気付、ミヒャエル・モーザー

―――

9月初旬に日本のナンガサキ〔Nangasaki 長崎〕(モーザーのつづりでは、Nagasaki)[43]から出されて、アルトアウスゼーに11月末に到着した、前掲の手紙とほぼ同時期に、ミヒャエル・モーザーがユクハマ〔Jukuhama 横浜〕から10月6日の日付で出した、別の長い手紙が12月3日に届きました。つまり、短期間で当地に届いたわけです。というのも、この手紙は、新設されたパシフィック鉄道で「太平洋」[44]を越えて、北アメリカも越えて、ヨーロッパに輸送されたのです。この最新の手紙は、とりわけ興味深いものです。『ゾンタークスボーテ』がご希望でしたら、まもなく続きをお届けしようと思います。
（ボーテは、切にそれを望みます）

――・――・――・――・――

7通目[45]
横浜、1869〔明治二〕年10月6日

東アジア遠征隊の
オーバー・シュタイアーマルク州出身の若者が
アルトアウスゼーの両親に宛てて書いた手紙、7通目

1869〔明治二〕年10月6日、東アジア、ユクハマ〔横浜〕（日本）

親愛なるお父さん、お母さんへ
9月19日にナンガサキ〔長崎〕から出発しました。夜には、強い嵐に見舞わ

れたため、平戸島の志々伎港に入港しました（投錨しました）[46]。この一帯は、とても美しいです。「マツ」〔松〕のような木が茂る丘ばかりです。海岸にあるのは、小さな村だけです。ここは、田んぼばかりで、その中心にある小丘陵の大きな広葉樹の下には、とても美しい墓地があります。それぞれのお墓には美しい墓石があります。墓石は四角形で、およそ3、4フィートの高さがあり、その上に丸石と四角い屋根が載っています。お墓は皆、隣接しています。日本の棺桶は四角形で、遺体はその中で、我々のところのように寝かせられているのではなく、膝を抱え込んで座る格好で、体を折りたたまれています。日本の墓地はとても美しいです。花が供えられていることがその美しさの主な理由です。それぞれのお墓には竹筒が置かれており、水が蓄えられているのですが、そこに赤色の花が生けられているのです。これが、なんとも美しいのです！　墓地には、塀のようなものはありません。私たちは散歩をして、田んぼを通り抜けて、ある山に登りました。そこで、森に囲まれた故郷の家を思い出すことができて、とても嬉しかったです。ここの日本人はとても親切です。私たちと出会った人々は、皆、褒めてくれて（お世辞を言って）、いつも親切に日本語で「オハイオ！」（Guten Tag!〔こんにちは！〕の意味）と呼びかけて、挨拶をしてくれます。

　9月21日の深夜に平戸島の志々伎港を再び出発しました。22日の朝は、とても美しいシモノサキ〔下関〕海峡を通りました（「日本」島と「九州」島のあいだの海峡です）。ここは、とても狭く、大陸にある小さな町シモノサキ〔下関〕を左手にとてもよく見ることができたぐらいでした。数百艘の小舟が投錨していました。お昼に「スヨウナダ」〔周防灘〕で、イングランド王子でエジンバラ公爵のアルフレッド公[47]も乗船していたイギリスの小艦隊に遭遇しました。彼は、アメリカ経由で日本に来ました。長崎では、彼の到着が今か今かと待ち望まれていました。彼は、長崎に宿舎を造らせていました。王子は、フリゲート艦で通報艦の「サラミス号」に護送された黄色の外車船「ギャラティー号」に乗ってきました。私たちのフリゲート艦「ドナウ号」は、彼のために礼砲21発を発射し、イギリスのフリゲート艦もそれに対する返礼として礼砲を発射しました。

　9月24日、私たちはヒオゴ〔兵庫〕――町の名前は「クベ」〔神戸〕といい、「オオサカ」〔大阪〕の港です――に到着しました。この数日は、ずっと天気が良く、穏やかで、これまでで最も快適な航行となりました。海辺から一番高い

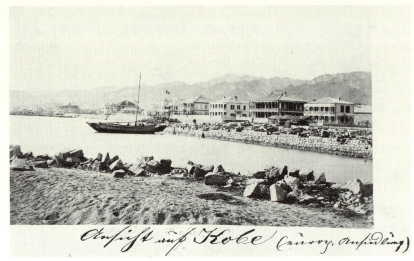

32 「神戸の景観(ヨーロッパ人の居留地)」

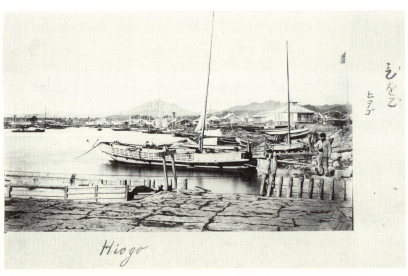

33 「兵庫」

Ⅱ　書簡（1868～1877年）

山まで、すっかり緑に覆われた、山の多い、とても美しい島のあいだを通過しながら進んだのです。

　私は、通過した沢山の美しい村、それから、あちこちを帆走する日本の沢山の小舟が気に入りました。簡潔に言って、素晴らしいところです！　見物ですっかり目を痛めました！　「クベ」〔神戸〕はかなり大きな町で、長く、広い、掃除の行き届いた街路が通っています。大抵、主に銅や漆、磁器の商品やとても美しい花瓶、食器などを扱う、とても美しい小間物店があります。商品は、通常、床に並べられています。これらの小間物店には、気軽に入ることができて、どの商品もよく見ることができます。店員は、客に構いませんし、何か話しかけるようなこともしません。つまり、これは、日本人が実直な人間であることの表れなのです。建物は、平屋で木造の簡素な建物です。正面の壁は、引き戸になっていて（ちょうど、我々のところのブリュックルフェンスター[48]のような具合です）、その多くには木枠が取り付けられています（四角い木摺）。ちょうど、鶏舎のような具合です。ほかの壁は、とても華奢な四角い窓で分けられており、その窓には日本の紙〔和紙〕が貼られています〔障子〕。昼間は、前面の扉は横に完全に寄せられていて、外から家の中が見渡せます。家の中は、玄関（実質的な居間）、小さな納戸と台所があります。寝床は、ただの藁の敷物〔茣蓙〕で、それを床に敷きます。彼らは、私たちと違い、服を脱いだり着たりする必要はないのです。そもそも服を着ていないからです。日本人は、いつでもどこでも清潔です。というのも、（アルトアウスゼーの私たちにように）靴を履いたまま家に上がることはないですし、外国人も靴を脱がないといけないのです。私の上司〔ブルガー〕は、時折、家の前で靴を脱がないといけないことがありました。ここには、数名の日本人の写真家[49]がいて、とても美しい写真を撮ります。ここは、どこでも通りは静かで、清潔に整えられています。簡潔に言うと、私は、日本と日本人の方が、中国人よりも一万倍好きです！　ここでの夜の空気は、とても新鮮で快適です。

　ここには果物があります。丸い、大きな梨のような果物です。黄褐色でザラザラした皮でアレキサンダー[50]に似ています。細粒状で水っぽく、熟していない味がします。しかしながら、高いです。一つ一天保（3クロイツァー）します[51]。ここには、オレンジ〔みかん〕やブドウも数種類ありますが、皆、やや酸っぱいです。

133

34 「大阪湾の景観」

　9月26日に、アメリカの汽船で20マイル離れた大阪に向かいました。町は川沿いにあり、やや内陸に位置します。大阪は、日本で三番目に大きな町で、海のように果てしなく建物が建っています。ヨーロッパの国の領事館が幾つかありますが（全権、代理）、建物は日本の建物で、内装だけがヨーロッパ風に優雅に設えられています。この町には、とても美しい運河が沢山走っており、それらには、美しく、優美な弓形の橋が架けられています。川には、街路と同じように、活発な往来があります。とりわけ興味深いのが、日本の将校〔大名〕です。二振りの大きな刀（サーベル）と短刀〔脇差し〕を一振り差しています。何らかの地位がある男性であれば、武器の携帯が許可されています。将校〔大名〕の妻でさえ、武器、つまりサーベルを一振り携帯する権利を与えられているのです。将校〔大名〕には制服はなく、ほかの高貴な日本人と同じような服装をしています。太腿までの青色の上着を着て、腰のところだけ一本のベルト〔帯〕で結んでいます。そこに刀を差しています。その上着の上に更にもう1枚、広袖のついた灰色の上質なジャケットを着ています。そこには日本語の文字あるいは家紋が入れられています。彼らは、青色の靴下

を履き、ただの1枚の板でできた靴を履いています。日本の文字は中国の文字とそっくりですが、日本語の方が美しいです。日本人の女性はとても美しく、真っ白で、血行の良い赤みのある顔をしています。皆、一様に独特な髪型に整えています。髪は美しく、優美にまとめられていて、そこに大きな針〔櫛〕を差しています。結婚した女性は、醜い容姿にしています。日本では、女性は、結婚後に歯を黒く染めるのが習わしとなっているのです。彼女たちの身なりは、男性とほとんど見分けがつきません。彼女たちもまた、広袖のついた紺色の(上着のような)服を着ていて、これにしっかりくるまれているので、足を組むことが難しいぐらいです。腰には、青色、茶色、あるいは赤色の幅広のベルト〔帯〕を巻いていて、後ろで大きなリボン状に結んでいます。彼女たちもまた、木の板〔下駄〕を履いて歩いています。

　9月27日の午前中に兵庫を出発しました。まもなく強風が吹き、海が荒れました。そのため、その夜は2回、投錨せざるをえませんでした。同月29日、「王の海道」[52]を出て、「トホドミナダ」〔遠江灘〕[53]に入った頃には、激しい嵐となっており、30日の夜にかけて、その勢いが増し、「タイフン」〔台風〕(大旋風)が発生しました。ここでしか見られない「タイフン」〔台風〕は、最も大型で危険な嵐です。午前中、嵐は激しく荒れ狂いました。(「東」からの)横風を船の左舷に受けました。風は、索具をピューピューと鳴らし、船は横に、縦に揺れ、あちこちに激しく流されました。船の揺れ(横揺れ)は強く、右舷は、普通は水面から20フィートは出ているのですが、水面から1、2フィートのところまで傾き、左舷では、信じられない高さの大波が甲板に打ち付けていました。砲台と甲板は、ずっと水浸しの状態でした。ありとあらゆる丸窓には防水性のあるものを釘打ちしてありましたが、それでも水が貫通してきました。船上では、ありとあらゆるものが恐ろしいばかりに滅茶苦茶になり、ぶつかり合いました。ずっとひどい騒音が続き、ガラクタが乱雑になったままでした。ロープをピンと張り巡らしましたが、掴んでいることなど、ほとんど不可能でした。私は、自分の身体を幾らか楽に固定できるよう、床に結び紐で自分を固定したのですが、それにより裂傷を負いました！　ああ！　このときに耐え忍んだひどい恐怖と言ったら！　船が揺れるたびに、海の棺桶に納められてしまうのではないかと不安になるのです！　これまで、これほどの嵐は経験していませんでした！　私たちは、「タイフン」〔台風〕の東経38度北緯33度の低圧域にいたのです。将校たちが言うには、もし、20

マイルでも南方にいたら、ひどいことになっていただろうということです。なぜなら、打ち寄せる波で船は粉々になってしまっていただろうからということです。ですが、私たちは、「タイフン」〔台風〕の低圧域の中心から逃れて、神のご加護により、幸運にも、恐怖や心配に苛まれ、ずぶ濡れになるだけで済んだのです。ドナウ号は、ボートを一艘失い、砲兵隊長(掌砲長)が砲台で倒れてきた水タンクに当たり、亡くなってしまいました[54]。夜は、一度、風が止みました。10月1日、嵐のあとに風が収まったため、海は静まり返っていました。昼に分厚い真っ黒な雲から太陽がほんの少しのあいだ、姿を現しました。午後は蒸気機関を動かして、進みました。10月2日、快晴！　朝から太陽が姿を現し、だいぶ内陸に位置する、12,678フィートの高さのある「フジヤマ」〔富士山〕という火山が見えました。

　10月2日、午後2時に「ヨクハマ」〔横浜〕に到着しました。ここでは、沢山の軍艦が碇泊していました。その中には、アメリカの船[55]、イギリスの船、フランスの船、イタリアの船、プロイセンの船[56]があり、オーストリアの商船[57]もありました。「ヨクハマ」〔横浜〕は、日本におけるヨーロッパの商都で、かなり大きく、石造りの建物ばかりです。この辺りは、平坦な土地で、全く美しくはありません。10月3日、ドナウ号で亡くなった砲兵隊長〔掌砲長〕の葬儀が執り行われました。彼は、午後、水兵で満員のボート六艘に付き添われて、音楽が演奏されるなか、陸に運ばれました。そのあいだ、各国の船は、旗をマストの途中のところで掲げていました。つまり、帆柱の真ん中の高さまで揚げて、ということです。彼は、陸上で厳かに埋葬されました。日本では、私たちは各港で埋葬式を執り行うことになりました。つまり、長崎、兵庫でも。フリードリヒ大公号で二人の歩兵が亡くなったからです[58]。

　10月4日、船では大きなお祝いがありました。皇帝の洗礼名の日です。雨が降っていたため、とても暗かったのですが、それでも朝6時に太陽が昇ると他国の軍艦と同様に、目一杯、船に飾りを施しました(各国の船が、マストを旗で飾り立てていました)。12時正午に全ての軍艦が一斉に私たちの皇帝の名誉のために、ちょうど戦場で轟音を響かせるように21発の礼砲〔皇礼法〕を発射しました。

　お父さん、お母さん！　私は、この大きな嵐のあとに、いかなる幸運を得たのでしょうか！　何と手紙を何通か受け取ったのです！　一通は6月7日付の二人からの手紙を、一通はハインリヒ[59]から、そして一通はフクセン

II 書簡（1868～1877年）

ロイスル60)から、そして大変驚いたことに、神父様からも、とても親切な手紙61)を受け取りました。これほど嬉しい手紙はありません。だからこそ、驚いたのです！ 今や、私は、全くもって上機嫌で幸せです！ 家族のこと、故郷のことで沢山の新しいことを聞きました。ですが、残念ながら、神父様とハインリヒの手紙で、愛するおじいさんが天に召されたことを知ったのです。私は、おじいさんが、ずいぶん前に亡くなったということを全く知りませんでした。彼は、きっと天から海での私たちの様子をずっと見守ってくれていたことでしょう！ ですが、歳をとったら、死ぬものです！ おじいさんに再会できないことは残念です。おじいさんのために、これからはもっと頻繁に「主の祈り」のお祈りを捧げるつもりです。二人に対しても、手紙のことでは心から感謝しています。手紙を読んで、アルトアウスゼーには問題がないことが分かりました。昨冬は、クリスマスに、まだ雪がほとんど降らなかったというのですから、特別に雪が少なかったのでしょう。お父さんがミツバチの巣箱にそれほど満足しているということに私は喜びました。お父さん、お母さん、妹がお父さんのことをどのように呼んでいるのかを是非知らせてください。「お父さん」でしょうか、それともまだ「ヨッヘル」でしょうか62)。神父様の御手に私からのキスを、そして手紙へのお礼を伝えてください。まもなく返事を書くつもりです。ただ、手紙が下手に書かれていたら、神父様は悲しむだろうと心配しているのです。

　さて、ここで、私たちはある決定を受け取りました。実際のところ、私たちに関係することです。フリードリヒ大公号は、アメリカを経由せずに、幾つか、とても重要な港に寄港すべく、来た航路を通って帰国することになりました。ここから香港、マニラ、ボルネオ、バタヴィアを経由してシンガポールに進み、そこで私たちは船を降り、汽船で帰国します。フリードリヒ大公号がしばらく、この海域にとどまっているあいだに、私たち〔ブルガーとモーザー〕は紅海を越えて、エジプトとパレスチナのあいだの「新スエズ運河」を通り、アレクサンドリアとアドリア海を越えて、トリエステに向かうのです。夏までには帰国できると思います。もちろん、アメリカに行けないこと、そして、世界旅行をできないことは残念です。ですが、私が、これまでにしてきた旅も十分に美しく、面白い大旅行でした。私は、元気にしています。健康です。帰国での旅で、ますます元気になることでしょう。親愛なるお父さん、お母さん、兄弟、妹よ、この手紙が、皆がいたって元気にして

いるときに届くことを祈ります。この手紙は、世界旅行をするのです。というのも、これは、アメリカを経由して、西半球を越えていくからです。その方が近いからです。私のいるこの場所と、お父さん、お母さんのいる場所には11時間〔正確には、8時間〕の時差があります。つまり、そちらが夜の1時だと、こちらはお昼の12時という具合です。ここには、あと数か月滞在すると思うのですが、雪が見られることでしょう。ここは、イタリアと同じ気候で、夜はすでにかなり冷えます。

さあ、ここでシュッツェンハウス〔モーザー家のこと〕、ミュールベルガー家[63]の代父と代母に、そして、私の同級生と知り合いの皆に、とりわけ、フクセンロイスル[64]、フランツゲート[65]、ハンゼルに心からの挨拶をして、この手紙を終えたいと思います。親愛なるお父さん、お母さん、兄弟、妹に心からの挨拶を添えて。

心から感謝している、あなた方の息子の
ミヒャエル・モーザー

―――・―――・―――・―――・―――

8通目[66]
横浜、1869〔明治二〕年10月20日

東アジア遠征隊の
オーバー・シュタイアーマルク州出身の若者が
アルトアウスゼーのイグナッツ・シュトゥーリック[67]に宛てて書いた手紙、8通目

1869〔明治二〕年10月20日、横浜
（1869〔明治二〕年12月15日　アルトアウスゼー着）

神父様

　1869〔明治二〕年10月2日に横浜で、神父様の手紙をとても嬉しく受け取りました。これほど遠く離れた場所で、故郷のことをこのように思い出せるこ

II　書簡(1868～1877年)

との嬉しさと言ったらありません。私に手紙を書くという労を取ってくださったことに重ねて御礼申し上げます。心からのお礼を申し上げることぐらいしかできないことをどうぞお許しください。これまで健康でいられたことを主に重ねて感謝するとともに、神父様がお元気で、この手紙を受け取ってくださることを祈っております。神父様がこの春にローマへの美しいご旅行をされたと聞き、大変嬉しく思いました。私も、壮麗なるイタリア、聖地ローマ、そして法王様のお顔を拝見することができたらと思うばかりです。ですが、喜んで打ち明けますが、私は幸運に恵まれているのです。なぜなら、例えお金持ちでも、私のような旅をできるひとはごく僅かです。このところ、宗教に関する、とても珍しい場所も訪れました。ナンガサキ〔長崎〕の港に入港する場所にある、およそ200フィートのまっすぐな、つまり、海に垂直に立つ、パッペン山と呼ばれている、海に浮かぶ小さな丸い岩礁です。約200年前に、日本人によって、日本の殉教者がここから海に投げ込まれました(1860年代に聖人の列に加えられました〔正確には、列福された68)〕)69)。残念なことは、これほど見事に美しい一帯が、カトリック教徒にとっては、悲しい思い出の地となっていることです。長崎の港は、1868年の春からようやく外国人にも開港されました。居住地も用意されており、驚くことには、これだけ多くの外国人、つまりヨーロッパ人がすでにここで暮らしていて、当地の気候条件に適した、つまり通気性の良い広い部屋のある、美しい豪壮な広い邸宅や屋敷が建てられている外国人居住地が開発されているのです！日本人は親切で愛想が良いですが、敵対すると恐ろしいです。というのも、彼らはとても勇ましい民族で、無礼に対しては、いつも手放すことのない、長い剣のような刀にすぐにものを言わせるのです。愛する両親に宛てた私の手紙から、神父様はすでにご存知のことと思いますが、横浜に向かう航行の途中、「トホドミナダ」〔遠江灘あるいは遠州灘〕でひどい嵐(「タイフン」、つまり大旋風)に遭いました。これにより、船は大打撃を受け、(ドナウ号とフリードリヒ大公号の)両艦は修理に出されています。私たちは極めて危険な状況に陥るところでした。この嵐で、二隻の汽船と三隻の帆船が沈没したようです。ですが、有り難いことに、何とか、その危険からは免れました。

　神父様！　この手紙は、クリスマスの頃に届くでしょうから(すでに12月15日です)、幸せな、喜びに溢れたクリスマスの祝日をお祈りさせて頂きます。私は、この大事な祝日を満足にお祝いすることもできないでしょうし、

35 「横浜」吉田新田の眺望

幼児キリスト像を見ることもできないと思いますが、神様はお許しくださることでしょう。というのも、仕方がないからです！　また、「新年」のご多幸とご健康、ご長寿とご存命のあいだのご清栄をお祈り申し上げます。天国に乗っていけるよう、金の車のこともお祈りします。私も、その車の連結棒70)に乗って行きます。もし、それが折れなかったら、ご一緒します。神様からの祝福をお与えくださいますようお願いして、この手紙を終えるとともに、心からの敬意を表します。

現在は日本人である、
あなたのミヒャエル・モーザー

注：ミヒャエル・モーザーは、両親宛のこれまでの手紙に様々な写真のほかに中国の硬貨や日本の植物や花を同封して送っています。

II 書簡（1868〜1877年）

――・――・――・――・――・――

9通目と10通目[71]

　アルトアウスゼー出身のミヒャエル・モーザーが日本から両親に宛てた手紙が二通、『ボーテ』のところにあります[72]。しかし、今回は紙面が足りないため、『ボーテ』は、私たちの若き同胞が、数年間、日本にとどまることを決意したということだけを伝えます[73]。彼は、帰郷したら「アウスゼーで小さな家あるいは農場」を購入できるよう、日本でできるだけ稼ぐそうです。現在、一人のドイツ人が経営する大きな飲み屋で働いているそうです。そして、旅行者や同郷の人物等と会話ができるように、一生懸命に英語と日本語を学びたいそうです。この若き、進取の気概に富んだシュタイアーマルク州出身者に成功を、そして、キリスト教のことは何も知らず、教会が確固とした信念のある殉教者を大勢出すことになってしまった民族のあいだで、彼が

36 「日本の商人とミヒャエル・モーザー、1869年、横浜にて」

父なる国への愛と、彼の誠実で恭しい性格を失わないことを祈ります。彼に主のご加護を！

———・———・———・———・———

11通目[74)]
横浜、1870〔明治三〕年8月20日

日本から
オーバー・シュタイアーマルク州出身の若者が
アルトアウスゼーの両親に宛てて書いた手紙、11通目

アルトアウスゼー出身で、1868〔明治元〕年、1869〔明治二〕年にコルヴェット艦フリードリヒ大公号に乗り、東アジア遠征隊に参加し、その後、地球の東半球にある最果ての国である日本に残ることを決めたミヒャエル・モーザーの手紙は、『ゾンタークスボーテ』の読者の皆さんの記憶に残っていることでしょう。1869〔明治二〕年11月19日の横浜からの彼の最後の報告では、彼は両親に、またすぐに近況を知らせるからと書いていました。ですが、何一つ知らせがないまま、一年が過ぎました。初めのうちは、「ミヒャエル」の手紙は紛失してしまったのだという考えで、自分たちを安心させていましたが、あとになり、「ミヒャエル」は中国と日本で始まったキリスト教徒迫害の犠牲になってしまったのではないかという不安が生まれてきました[75)]。ですが、ようやく、今年〔1870年〕10月31日にここに手紙が一通、日本から届いたのです（詰めて書かれた20枚の手紙）。ウィーンにいる「ミヒャエル」の弟のハインリヒ、そしてアルトアウスゼーにいる両親に宛てて書かれたこの手紙から、『ボーテ』は、沢山の興味深いことを省略しなくてはいけません。手紙からは、次のことだけ愛する読者の皆さんにお届けします。

　　　　　　　　　　　　1870〔明治三〕年8月20日、横浜（日本）

1870〔明治三〕年6月5日の日付の君の手紙を同年8月6日に横浜で確かに、そして大きな喜びと郷愁を持って、受け取りました。親愛なるハインリヒ！

Ⅱ　書簡（1868〜1877年）

　残念ながら、あまりうまくいっていないということを書かなければいけないのです。3か月前に愛する両親と神父様〔シュトゥーリック〕から手紙を受け取ったのですが、全く手紙を書かなかったことを許してください。両親は私のことを心配していることでしょう。本当に申し訳ありません。これから、私の日本での日々についてお話しします。1869〔明治二〕年10月2日に横浜に到着しました。

（中略）

　ベルリン・ホテルでもあまりうまくはいきませんでした！　ドイツ人のホテルの経営者は、ホテルをすでに12月1日にあるイギリス人に売却したのです。しかし、売ったのは、その半分だけでした。つまり、二人で経営することになったのです。そのイギリス人はドイツ語が一言も理解できず、私も英語が一言も理解できず、お互いに意思疎通を図ることがとても難しい事態に陥ったことがありました。ホテルでの仕事は、大変厳しく、私は沢山働かなければなりませんでした。朝は洗濯をして、全ての場所の埃を払い、掃除をして、床を磨いて、それからグラスを洗って、乾かしました。暖炉に火をくべて、薪木を割り、炭を運び入れるなどのこともしました。夜は、2時から4時まで起きていて、客の給仕をし、朝6時から6時半には、ドイツ人の経営者が、罵声を浴びせて私を起こすために、私の部屋にやってきました。起きろ!!!　なんて、心地の良い朝の挨拶だと思いませんか!?　それから、お祈りをする時間もほとんどなく、一着しかない服の袖に腕を通し、また仕事に向かうのです。まず、暖炉に火をくべて、それからバーの掃除を開始しました。横浜のここでは、男性がこれらのことを全てやらないといけないのです。女性はいないからです。日本人の女性は全く働いたりしないからです。ですが、ここでは、アルトアウスゼーのようにボロ切れで洗うのではなく、水をいっぱいに入れたバケツを床にひっくり返し、それから箒で一生懸命にこすってきれいにして、最後にボロ切れで拭って乾かします。これを毎朝行うのですが、30分で終わるように、とても素早く行います。それからまた、ほかの仕事が始まります。クリスマスは、ここでは、クリスマス礼拝も幼児キリスト像もなく、聖夜を全く感じることはできませんでした。ただ、隣の建物では、仮面舞踏会が盛大に行われていました！　私たちのところでは、お祈りを捧げることが義務であるのに、ここ横浜では、イギリス人等は踊ることが義務のようですよ！　クリスマスに私は泣きました。とても気後れし

143

てしまったからです。皆、とても美しい装いをしているのに、私は、不潔なぼろを着て、ぼんやりつっ立っていなければいけなかったからです！ ドイツ人の経営者に、身の回りの必需品を買うために、何ドルかくれないかと尋ねてみました。すると彼は、お金はない、イギリス人のところへ行け！ と言いました。分かったよ！ そして、イギリス人のブラウン氏のところへ行きました。彼はただこう言いました「ノー!」また、私はすっかり気落ちしてしまったのです！ 大晦日は、4時に寝床に就き、6時にはもう起きました。ですが、この短い睡眠時間で、私が写真家になって、ちょうどウィーンのイエーガーツァイレ通り[76)]でシュテファン寺院を撮影する夢をみました。すぐに頭の中で、その夢が繰り返されて、それからずっと、私はもしかしたら写真家にならないといけないのではと考えました。そして、ずっとその仕事

37　ウィーンのイエーガーツァイレ（あるいは、プラーターシュトラッセ）と呼ばれる町の中心地に向かう道。遠くに見えるのがシュテファン寺院。ヴィルヘルム・ブルガー撮影、1865年頃

を探し求めていましたが、どこにも見つからなかったのです。ホテルでの仕事は、もはや気に入りませんでしたし、お金ももらえず、更に、そこで働いていた3か月半のあいだ、建物から10歩も外に出ることは許されていなかったので、ここで仕事を新たに見つけることは極めて難しかったのです。とりわけ英語ができない場合には。私は、このような境遇で日本にとどまるようなことは誰にも勧めませんでした。

　一度、あるドイツ人の商人が、私を彼の会社で雇用しようとしたことがありました。私たちはそのように話をまとめていたのです。ですが、そこで働くべきときが来たとき、彼もまた、私を雇うことはできないと言いました。私が、まだ英語をあまり話せないこと、そして彼のところで働くには、英語の手紙を書くことができないといけないから、ということが理由でした。また、どうにもならなかったのです！　私は、神様を信じていると思います！　神様は何を望んでいるのか！　もしかすると、私は、やはりまだ写真で何かできるのかもしれません！　それは正しかったのです。1月30日に、一人のドイツ人が私のところに来て、言いました。彼は、写真の機材を持っているので、この商売を始めたいと。けれども、彼は、機材の使い方を全く理解していないので、私が彼のところで働くべきだと。私は、すぐに「はい！」と返事をしました。彼は、古いフランスの薬品と機材などを幾つか所有していました。3月1日に初めて彼のところへ行きました。ベルリン・ホテルにはお金のことでその後も何度も訪ねましたが、4月に再びそこに赴いて、これまでの仕事に対してたったの10ドルを手に入れただけでした。また、別のときに来い、と言われました。ですが、私はあまりに腹が立ち、二度とこのホテルには行きませんでした。そして、全て過去のことにしたのです。そして、すぐに10ドルで古着の上着、ズボン、そして帽子と写真の手引書を買い求め、靴を修理に出すことなどをしました。古着を買うしかなかったのです。新品の洋服は、お金が足りず、買えなかったのです。

　まだ、話さないといけないことがあります。それは、4月のことでした。初めて会う写真家のところに赴いたのです。もちろん、一着しか洋服はありませんでした。それもすっかり黄ばんでいて、ボロボロで、ズボンに穴が開き始めていました。そこで、私は何をしたでしょうか？　針もより糸も小さな継ぎ布も持ち合わせていなかったですし、修繕屋に出すお金もありませんでした。そもそも、修繕屋に持っていくことなどできなかったでしょう。な

ぜなら、そのあいだ履いていられるような替えのズボンはなかったのですから！　さて、それで私は何をしたのでしょうか？　私は、日本の紙〔和紙〕で穴を塞いだのです。そして、道路で泥をその紙に塗りつけました。色が均一になるようにです。まあ、何とかしたわけです！　ある日、ちょうど大雨が降り、家に戻るまでにすっかりびしょ濡れになってしまいました。しかし、何が起きていたでしょうか？　紙の部分が全て破けただけでなく、椅子に腰掛けたときに、ズボンの両膝がすっかり破れてしまったのです。シュタイアーマルク州の人のように、半ズボンを履き、膝小僧丸出しで立っていました！　幸運なことに、私の上司はとても親切で、何か着られるようにと古着のズボンを一着プレゼントしてくれました。

　親愛なるお父さん、お母さん、全て起こりうるのです！　生きていると、何でも起こるものです！　以前は、自分でも信じていませんでしたが、現在、自らの経験からそれが分かるのです。しかし、一度起きたからといって、構うものではありません。神様は、何が次に起こるのかをご存知です。というのも、その多くは話もしたくないような、ずっと悪いことが続いたのですが、それでも、これまでのところ、日本に留まったことをあまり後悔はしていないのです。なぜなら、ゆっくりではありますが、すでに幾分状況は良くなってきているからです。私には忍耐があり、希望があり、良い計画があり、神様が思し召しであれば、全て聞き届けて下さる神様のことを固く信じているのです。このようになることも、もう、それほど時間のかかることではないでしょう。つまり、「日本の写真家、ミヒャエル・モーザー」となることに。もう少し忍耐があって、別の状況があったら、今はすでにそうなっていたことでしょう。

　東アジア遠征隊に参加した多くの人々は、すでに帰国していることでしょう。彼らに私のことについて尋ねてみてください。旅のあいだ、私がどのようであったか、ということについて。とりわけ、リンツ近郊のクラインミュンヘンという町に住むミヒャエル・ヴィーズマイヤー、リンツのバウムバッハガッセ159番に住むアーサー・フォン・プフリューゲル。ヴィーズマイヤーは水兵で、プフリューゲルは海軍の歩兵で伍長でした。それから、ショイヤーマン[77]、ローゼンツヴァイク[78]、この二人は少尉でした。ゼルマーゲ伯爵[79]、マイラー[80]は士官候補生で海軍士官候補生でした。ヴィッティッヒ[81]、ピエトルスキー[82]、ポグリエス[83]、コルヴェット艦フリー

ドリヒ大公号の艦長のフォン・ピットナー氏に。東アジア遠征隊が日本を離れてからというもの、彼らには会っていませんし、連絡もありません。一度、英字新聞でドナウ号がアメリカに向かう旅で、4回大嵐に遭い、沈没しそうになったという記事を読みました。ですが、サンドイッチ諸島〔現、ハワイ諸島〕のホノルルで修理のためにドックに入ったそうです。それからまた、ドナウ号は完全に使い物にならなくなり、その後、売却されたということを聞きました84)。

1870〔明治三〕年6月18日に天津で大量虐殺が起こりました。中国人が暴動を起こし、フランス人修道士、つまりフランス人のカトリックの神父、修道女、フランス公使、フランスの商人が皆殺しにされたのです。ここ横浜からは、すぐに三隻のフランスの軍艦、四、五隻のイギリスの軍艦が、事態を収束し、治安を維持する目的で天津に向かいました。その後は、再び平穏が戻りました。いずれにせよ、まだ問題は続くでしょう。ヨーロッパ人、特にカトリック教徒には悲しい出来事となりました！　今しがた、手紙を書いていたら、郵船が電報を持ってきました。普仏戦争が勃発したという知らせです。

親愛なるお父さん、お母さん、重ねてお詫び申し上げます。ハインリヒに手紙を書こうと思ったのですが、二通目の手紙を書き終えるには、また、とても時間がかかってしまうことが分かったので、お父さん、お母さんにこの手紙を送ります。どうか、ハインリヒにできるだけ早く、この手紙の内容を伝えてくださいますように。夜は書きものができないのです。灯り85)を買えるほど、沢山のお金の持ち合わせがないからです。親愛なるお父さん、お母さん！　この手紙が二人のもとに届いたら、胸のつかえが一つ下ります。もっと早くに手紙を書きたかったのですが、一つには気後れしてしまったこと、もう一つには手紙を発送するだけのお金がなかったことで、それができませんでした。親愛なるお父さん、お母さん、どうか私のことは心配しないでください。

二人からの手紙と大いに尊敬すべき神父様からの手紙は、1870〔明治三〕年5月7日に受け取りました。8月6日には、ウィーンにいるハインリヒからの手紙を受け取りました。神父様の御手に私からのキスを、そして、くれぐれもお詫びを伝えてください。できるだけ早く、神父様に手紙を書きます。

幸運なことに、私はずっと健康です。時間がとても早く過ぎていきます。お父さん、お母さん、二人の近況やアルトアウスゼーのことを近く知らせて

ください。長らく、アルトアウスゼーからは何の便りもないからです。

　最後に、お父さん、お母さん、愛する兄弟・妹、代父、代母、友人、知人皆に、心からの、そして沢山の挨拶を送ります。大変感謝しているあなた方の息子、

ミヒャエル・モーザー

追伸：
日本語はとてもうまくできるようになりました。英語もまずまずです。イタリア語とフランス語も少しは話せます(以下、続く)。

38 「横浜の景観」山手から港の眺望

II 書簡(1868〜1877年)

12通目[86]
横浜、1870〔明治三〕年9月26日[87]

日本から
オーバー・シュタイアーマルク州出身の若者がアルトアウスゼーの
イグナッツ・シュトゥーリック[88]に宛てて書いた手紙、12通目
(この手紙は、何も手を加えずに公開します。批評家は、誰が彼にこの手紙を書いたのか
について考えを巡らすことになるでしょう)

1870〔明治三〕年9月26日、横浜(日本)

神父様
　1月27日付の貴殿の手紙を、ここ横浜で5月7日に確かに受け取りました。とても嬉しかったです。貴殿のお手紙を読ませて頂くという、この喜びを二度も頂きました。すでに、お返事を差し上げるべきときには遅いですが、貴殿は許してくださるものと思い、神父様に日本から幾つかご報告申し上げたく、喜んで筆を執ります。
　横浜での暮らしは、大変退屈で、静かなものです。とりわけ私にとっては。私は、まだこれほど若いのに、すでにとても寂しく暮らさなくてはいけないのです。オーストリアの保護のもとにはあるのです。オーストリア公使(イギリス人)を訪ねたからです。ちなみに、ここでは全く問題なく暮らしています。日本人とも、うまく話せるようになりました。日本人との付き合いでは、いつも彼らの興味深い独特な慣習に出会します。時間はあっという間に過ぎていきます。英語、イタリア語、フランス語を話せるようになったので、あらゆる国の人々とコミュニケーションがとれます。これらの言葉を夢中で学び、かなり容易く習得しました。どこでも学ぶ機会を得ることができたのです。横浜に、すでに2、3年住んでいながら、日本人とはまだほとんどコミュニケーションをとることができない人々も知っています。とりわけ馬鹿なフランス人たちです。彼らの多くは、すでに5、6年もここに暮らしているのに、英語すら一言も話すことができないのです。ちなみに、ヨーロッパ

149

人のあいだでは英語が主要言語です。日本語は、皆、すぐに習得します。というのも、この言葉はとても簡単だからです。私は、言葉をできるだけ早く習得するために、大変賢く学びました。小さな帳面を手に入れて、日本語や、私が興味を持ったものについては、その帳面に何でも書きつけたのです。日本人は、今では私にこう言います。「おまい　日本　おなちごと」(あなた、日本、同じ)89)。「おまい　だいさん　わが　あります」(あなた、とても沢山、理解する)90)。つまり、このような意味です。私はすっかり日本人のようで、日本語の発音にもすっかり馴染んだということです。私が、どのくらい日本に滞在しているのかを知ると、皆、私がすでにそれほど多くのことを理解していることに大変驚きます。日本語では、単語は、ほとんどの場合、どの単語もイタリア語のように、い、う、え、お、あるいは、あの音で終わります。中国語にとてもよく似ていますが、中国人は彼らの言語には「R」の音を持っていません。日本人が「L」を持っていないのと同じです。中国人は、全く異なる、とても不快な発音をして、ここ横浜でも、Rの代わりにLを発音します。彼らは日本人よりもずっと容易く英語を習得します。なぜなら、日本人はLを発音できないからです。日本人は、Lの代わりにいつもRを発音してしまうのです。日本人が使う単語は、とても少ないです。例えば、ヨーロッパ人が20の単語を使うところ、日本人は、おそらく10あるいは12の単語を使います。性別のある単語というのは全くないようです。日本語のアルファベットは48の音節〔仮名の字母のこと〕があります。もちろん、まだ、私は日本語を読むことはできません。

　横浜は、あまり美しくはない地域にある、ヨーロッパ、そしてアメリカの商都です。海抜1、2フィートのところに位置し、島になっています。以前はただの湿地だった場所ですが、そこに建物を建てようと、数年前から、ヨーロッパ人が土を掘り起こしています。土は、とてもぬかるんでいます。通りは、ひどいものです。ここは、とても頻繁に雨が降り、その都度、ひどくぬかるみ、泥々になるので、長靴を履かなければ、とてもではないですが、通りを歩くことはできません。膝まで泥に浸かってしまうからです。ですが、ありがたいことに、水を引くために、横浜のありとあらゆる道路の3フィートの深さのところに土管を通し、更に、約半フィートの高さまで、砕いた石と砂を敷き詰める工事を行っているので、これが終われば、もっと快適になるに違いありません。というのも、ここでは現在、飲み水は運んでこなけれ

II 書簡（1868〜1877年）

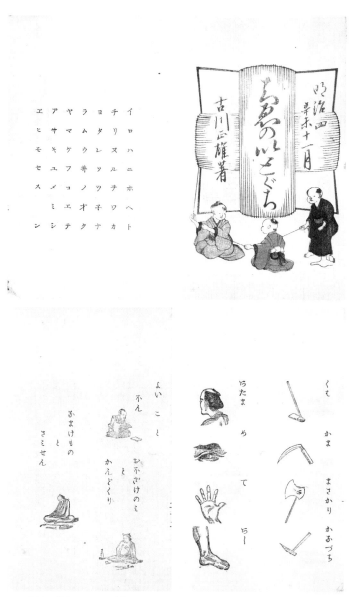

39　古川正雄（1837-1877）『ちゑのいとぐち』発行人：書林雁金屋清吉、発行元所在地：東京、出版年時：1871（明治四）年。子供のための日本語学習帳。古川は、ウィーン万国博覧会では一級事務官編集係であった。モーザーは古川から直接受け取ったのだろうか

ばならず、下水もまた、運び出さなければいけないのです。下水道がないからです。ここの飲み水は状態が悪く、信じられないほど多くの塩分や石灰が含まれています。ここには湧き水はほとんどなく、奥地に行っても見かけることはほとんどありません。その代わりに、ただ、土に深い穴が掘られているのです。ここから水を汲み上げているのです。この水質が良いわけがありません。横浜の周りには小さな丘陵があるのですが、すっかり平らにならされています。土壌を町に運び入れているからです。車〔馬車〕はここにはありません。全て、日本人が自ら、あるいは小船でここに運び入れるのです。この国には車〔馬車〕というものはないのです。ほかの輸送方法としては、私たちのところのロバのように馬が運んでいます。横浜の建物は、実に簡素な木造の建物で、あまり大きくはなく、大半は二階建てです。外壁は黒色の瓦で覆われており、屋根には同様に黒色の瓦が葺かれています。建物の内側は板張りで、紙が壁紙として貼られています。

　横浜には、すでに200軒の建物が建てられています。商売は、現在、ひどい状況です。馬鹿げた争いのためにドイツの船が航行できないからです[91]。ここから大阪までの鉄道は、まもなく完成します。横浜には小さな教会が三堂あります。つまり、イギリス、アメリカ、そしてフランス（カトリック）の教会です。ですが、ここでは日曜日の礼拝しか行われません。朝10時にフランス人のためのカトリックの礼拝が行われます。ですが、フランス領事とフランスの軍人のほかには誰も出席しません。11時にカトリックのイギリス人のための礼拝が行われます。ですが、その出席者の大半は軍人です。説教は行われず、神父（イエズス会の宣教師）が礼拝のあいだにフランス語と英語で福音書を読み上げるだけです。午後は、礼拝は行われません。ここには、ドイツ人の神父はいません。ドイツ人の大半がユダヤ教徒かプロテスタント教徒だからです。

　ヨーロッパ人の居住区と日本人の街は隣接しているのですが、日本人の街では、商売が常に、とても活発に行われています。日本人の街には、広く、清潔な道が通っています。日本人は、ここに商店を出し、商売を行っています。日本人のプライベートな生活や行動は夕方に始まります。天気が良ければ、朝6時、7時には大通りの両側に小間物屋を開けて、商品を道に並べ始めて（包みを広げて）、日が暮れ始めると、灯りを灯します。四角い紙製のランタン〔提灯〕の中に置かれている小さな獣脂ろうそくに火を灯すのです。そ

II　書簡(1868〜1877年)

の様子は、ちょうど私たちのところの教会堂開基祭のようです。日本人は、商品を道に広げて、その真ん中に、ちょうどカエルのような格好で座ります。ここでは、何でも見つかります。雑貨のほかに、魚、果物、食べ物の屋台があります。賭け事(富くじ)ができ、そして講釈師、占い師もいます。大きく、広い通りはいつも人々で溢れていて、通り抜けるのも難しいほどです。深夜を過ぎて、ようやく、それらの店の商人たちは、商品を片付け始めます。日本人は、深夜になる前に就寝することは稀で、その代わりによく昼寝をするのです。

　時間が足りないので、この手紙を終えなくてはなりません。次の手紙では日本人について詳しく書くつもりです。報告すべきことはあまりないのです。恐ろしい地震と大火事ぐらいなものです。日本では、これは珍しいことではないのです！　最近中国は大変物騒です。中国人は、外国人やヨーロッパ人を皆殺しにするつもりだと聞きました。時折、この地で、若いときを一人で過ごさなくてはいけないこと、心から「おはよう」と言えるような同郷の人、友達が全くいないことに思いを巡らすと、日本にいる私の人生は悲しいものに思われます。それなのに、これほど健康でいられるということは、自分でも不可解なぐらいです。ですが、愛する天の父〔神〕が再び、無事に故郷へ向かわせてくれるようにという願いはまだ捨てていません。今のところ、かなり順調です。ですが、一昨年、昨年の二年のあいだに起きたことは、生涯忘れることはないでしょう。旅の思い出も、私にとっては100ドルのお金より大事なものです。つまり、毎日起きたことや、見たこと全てを綴っている私の日記のことです。〔日記の一部を〕写す機会があれば、写して、故郷に早速送るつもりです。

　最後に、神父様のご健康をお祈りし、今後も変わらぬご温情をお願いし、手紙にサインをして[92]締めくくりたいと思います。

　　　　　　　　　　　　　　　　　　　あなたのミヒャエル・モーザー

この手紙には、消印があります：横浜10月5日、香港10月17日、アルトアウスゼー11月26日。つまり、たった52日で手紙が着いたことになります。この手紙に同封されていたのは、横浜の全景(大判)〔の写真〕で、ミヒャエル・モーザーが屋外で撮影したものです。そして、一通は「ミヒャエル」

の両親に宛てたもので、ここにはこのように書かれています。「親愛なるお父さん、お母さん。帰国についてはどうか心配しないでください。成功したら帰国します。私のことを理解してください。あと、もう少しだけご辛抱を！　外国人を護るために、ここの港には軍艦が数隻碇泊しています。ですが、私は守護天使の方をより信頼しています！　親愛なるお父さん、お母さん、また手紙を書いてくださるときは、どうか、私に神様とマリア様の絵を送ってください。小さな祈祷書もお願いできたら大変嬉しいです。というのも、私が現在持っているのは、2枚の絵だけだからです。守護天使とマリア・ツェル93)のものです。祈祷書を持っていたのですが、なくしてしまいました。ここでは、そのようなものは手に入れることができないのです94)。

———・———・———・———・———・

13通目95)
横浜、1871〔明治四〕年1月13日

日本から
ミヒャエル・モーザーが
オーバー・シュタイアーマルク州の両親に宛てて書いた手紙、13通目

横浜、1871〔明治四〕年1月13日

親愛なるお父さん、お母さんへ
　昨年11月7日付の二人の手紙を、1月12日に横浜で確かに受け取りました。嬉しかったです。ですが、残念なことに、その手紙で、私が二人にとても心配をかけていることを知りました。私は、そのことをよく理解しています。負担になっていること、そして、返事が遅れたことにお詫びします。ですが、二人とも考えてみてください、親愛なるお父さん、お母さん。あれからすでに半年が過ぎたのです。今は、写真家としての良い仕事に就いたと自信をもって報告することができます。私の上司はイギリス人で、J. R. ブラック氏96)といいます。彼のもとで真面目に働いていれば、未来は保証されています。現在、月に40ドルをもらっています。徐々に、もっともらえ

Ⅱ　書簡（1868～1877年）

るようになるでしょう。そして、今は、英語と日本語をきちんと学ぶ機会に恵まれています。現在、ドイツ人の肉屋のもとで暮らしています。彼は、カトリック信者で私の良い友人です。日曜日は休みです。親愛なるお父さん、お母さん！　ここ横浜で、私が堅実な生活を送れていることに安心してください！　ここでは、もちろん娯楽はあまりありません！　日曜日はいつも時間通りに教会に行き、「我々の父」にお祈りを捧げています。残念ながら、祈祷書は持っていません。ここでは、手に入れることができません。ですから、親愛なるお父さん、お母さん、心からのお願いです。私に良いカトリック祈祷書と聖像数点、そして二人の写真を手紙に同封して早急に送ってください。祈祷書が新品か使い古されているかは、全く問題ではありません。一つだけお願いがあります。どうか、これからは、何か私に送ってくれるときは、お金を払わないでください。もし、二人がもっと頻繁に何か送ってくれるのであれば、私が喜んで二倍を支払います。帰国については、親愛なるお父さん、お母さん、私のことでそれほどまでに心配してくれることは大変ありがたいのですが、残念ながら、帰国することはできない相談だということを二人とも分かっているでしょう。一年以上のあいだ、横浜で暮らし、すでに数か国語を話せるようになりました。将来のために、何かを習得し、貯金することができるのに、今、もし帰郷すれば、私にとっては悲しい再会となるでしょう。二人とも知っているはずです、親愛なるお父さん、お母さん。家にいても役立たずで、生計が立てられないことを。辛抱です！　神も、世界を一日でお作りになったわけではありませんでした！

　過去2年間は、もちろん、時には大変なこともありました。ですが、今となっては全て過去のことです。幾ばくかのお金を貯めるまで、あと数年の辛抱です。そうしたら、冬、嵐が吹きすさぶ頃には、暖炉の前の腰掛に一緒に座って、あらゆることを語りましょう。私は、まだ若いですし、学習して、仕事に必要な知識を吸収して、生計を立てられるようになるまでには、まだ時間があります。親愛なるお父さん、お母さん、二人は私が思慮に欠けているのだと思う必要はありません！　決して！　私は、何をすべきか、よく分かっています。なぜなら、経験が一番の教師だからです！　ですから、親愛なるお父さん、お母さん、私のことでは、もう、あまり苦労はしないでください。私は、すぐに上司〔ブラック〕に相談したのですが、ブラック氏は、私が彼のもとを離れたら、とても残念だと言いました。彼にとって、私はと

155

40 「東京でのミヒャエル・モーザー、1872年」　41 「J. R. Black 氏　ミヒャエル・モーザーの後援者」

ても便利ですし、彼は私にとても満足しているのです。私もまた、彼には満足しています。領事とのことは、解決できるでしょう。J. R. ブラック氏は私の将来を保証してくれるでしょう。領事からは、簡単な許可証を提出するようにと言われました。どうかお願いです。未成年の息子であるミヒャエル・モーザーは、日本に数年間滞在しても良い、という二人の署名を入れた証明書を送ってください。そうすれば、別の問題からも解放されるでしょう。私の筆の遅いことを平身低頭してお詫び申し上げます。私はずっと健康です！　心からの挨拶を。

　　　　　　心から感謝しているあなた方の息子のミヒャエル・モーザー

14通目[97)]
横浜、1871〔明治四〕年1月13日

日本から
ミヒャエル・モーザーがウィーンにいる弟に宛てて書いた手紙、14通目

横浜、1871〔明治四〕年1月13日（ウィーンで受け取った日、4月11日）

親愛なるハインリヒへ

　君に、私の暮らし向きが良くなったことを知らせるべく、再び筆を執ります！　幸運なことに、私はずっと健康で、満ち足りています。今は、ドイツ人の肉屋のもとで眠ったり、ご飯を食べたりしています。彼は、カトリック教徒で私の良き友人です。1月12日と22日に両親からの手紙を受け取りました。二人は、私が帰国すべきだと本省に手紙を書いたのです。残念ながら、それは、私にとって、できない相談なのですが。日本での暮らしは、とても気に入っています。すでに、ほとんどドイツ語のように日本語を話すことができます。あとはもう少しの辛抱です。もちろん、少しずつではありますが、うまくいくでしょう。今は、写真家としての良い仕事があります。もう少し私が年を取っていれば、自分で開業することもできたでしょう。ですが、私は、それをするにはまだ若すぎて、人々は信頼しないでしょう。これは大事なことなのですが、とてもうまく写真を撮れても、写真を売るには賢くないといけません。というのも、ここ横浜では故郷とは勝手が違うからです。ですが、写真の技術を磨いて、日本を訪ねて回る時間も機会もまだあります。先月、汽船に乗って、下田で写真を撮影しました。それから5日間の休みを取りました。クリスマス休暇は、私は日本の首都、江戸で過ごしました。

　12月には、次の英語の文章が新聞に掲載されました。とても嬉しかったです。

　「オーストリア東アジア遠征隊に参加した写真家〔ヴィルヘルム・ブルガー〕のもとで助手をしていた、我々の写真家ミヒャエル・モーザー氏は、我々と共に全てのカメラの機材を携えて上陸した。4ページに見える写真が、彼の訪

42 「下田」稲生沢川河口、ミヒャエル・モーザー撮影、1870年12月

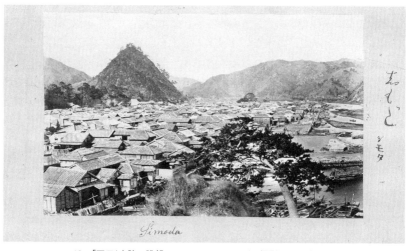

43 「下田」内陸の眺望、ミヒャエル・モーザー撮影、1870年12月

Ⅱ　書簡（1868〜1877年）

44　「下田」ミヒャエル・モーザー撮影、1870年12月

45　「柿崎（下田）」柿崎弁天島。背景は下田、ミヒャエル・モーザー撮影、1870年12月

問の成果である」98)

　現在、横浜はひどい状況です。というのも、天然痘が恐ろしいほどの強い感染力で広まっているからです。多くの人々が罹患し、多くの人々が亡くなっています。だからといって、私は全く心配していません。私は、神様だけを信じているからです！　神の御心のままに！

　1月2日、早朝2時半頃に日本人の街で火事が発生しました。そして、2時間のうちに126棟が灰と化しました。新年の最初の一週間で、ここでは、6、7件の火事が起こりました。多くは、ヨーロッパ人が起こした火事です。日本人の街で火事が起こると〔日本人は〕悲しみます。これとは逆に、ヨーロッパ人の街で火事が起こると〔ヨーロッパ人は〕楽しみます！　親愛なるハインリヒ、君は日本の火消しがどのように仕事をしてまわるのかを見るべきです。次々と家が燃え始めるときの喜びといったら！　火事は、大抵、夜に発生するので、眺める分にはとても美しいのです。とはいえ、自分のところでは火事は起きて欲しくないですが。ここの建物は簡易な木造で、とても大きな建物でも1時間で焼き尽くされます。火事と同様に、地震も恐ろしいほど頻繁に 発生します。

　1月29日の日曜日の午後に、田舎の方にちょっとした散歩をしました。小さな森林を歩いていたところ、日本人数名に出会いました。彼らは、薪を割っていたのですが、私に対してとても親切でした。私が再び散歩を続けようとすると、突然、私を呼ぶ声が聞こえました。「あんなた　どご　まろまろ」99)（どこに行くのか）。私は周りを見渡しましたが、何も見えませんでした。何度も呼ぶ声がして、1本の高い木の上に一人の日本人が枝を切っているのを見つけたのです。彼のいた場所は、木の一番高いところでした！木は、私たちのところのトウヒの巨木のようで、上のところには枝はありませんでした。その日本人は、木の天辺の辺りにいたのです！　しかし、その男は、一体、どうやって上に立っていたのか！　枝を切り落とした断面に左足で立ち、右足は身体を固定するために木に絡ませていました。両手は自由で、のこぎりで枝を切っていました。彼が下に落ちるのではないかと思い、彼に向かって、「気をつけろ！」とずっと大声で呼びかけました。すると、彼はこう返事をしたのです。「危なくないよ！」それから、「これ　イングリッシュ　ありますか」（私のところでも、このようなことをしますか、の意味）100)と、1本の枝にぶら下がって揺れながら、言いました。それから一

回転して、頭を下に、そして両手はどこにも捕まらないまま、足の指だけで電光石火の素早さで枝にぶら下がりました！　親愛なるハインリヒ、これを眺めるのは恐ろしかった！　それからまた、まるでリスみたいに木を這い降りてきました。

　ちょうど今日2月10日に、オーストリア総領事[101]から郵便を受け取りました。彼に全て事情を説明したところ、「日本にまだ数年間留まりたいということは、大変結構なことだ」と彼は言いました。それから、彼は私の上司とも話をしました。ですから、もう、私のことで問題はあまり起きないと思います。親愛なるハインリヒ！　君の手紙を2月6日に受け取ったときの私の喜びの大きさと言ったら。とてもうまく撮れている君の写真や愛する両親の写真にも、とても喜んでいます。今回は、私の写真も同封します。ヨーロッパを離れて、すでに二年が経ち、日本に一年以上暮らしている私が現在どんな容姿をしているか、この写真を見てもらえれば、分かるでしょう。けれども、いつも思うのです。私は、二人目のシュッツェン・ヨッヘルだと[102]。愛する弟よ、どうぞ、そのうちの1枚を台紙に貼って両親に送ってください。これから、もっと送ります。それでは！　親愛なる弟よ！　達者で暮らせ！　君に沢山の幸運と健康を祈っています。ごきげんよう。

君を誠実に愛する兄の
ミヒャエル・モーザー

15通目 [103]
横浜、1871〔明治四〕年5月

日本から
ミヒャエル・モーザーが
オーバー・シュタイアーマルク州の両親に宛てて書いた手紙

1871〔明治四〕年5月、横浜

親愛なるお父さん、お母さんへ

　ヨーロッパを離れてから、一年で最も重要な祝祭の三つを祝う喜びをまだ持てていません。実際のところ、カトリック教徒にとっては、祝うべきお祝いなのですが！　ですが、当前のことです。神様は、私をお許しくださるでしょう。日本では致し方ないことだからです。というのも、ここでは、一日は、ほかの日と何も変わらずに過ぎるからです。日曜日だけが、通常の休業日で、ヨーロッパ人のところではお店が閉まります。これは、私にはあまりあてはまらないのですが。というのも、私はよく旅に出るからです。日曜日の午前中は、私にとっては、とても快適に時間が過ぎていきます。10時に教会に行き、11時半ぐらいにそこから戻ります。12時に昼食をとります。ヨーロッパ人のところでの食事は、主に、魚、肉、鳥、鶏、パン、ブラックコーヒーです。これらは、最も簡単な方法で調理されていますが、美味しいです。これは、とても簡単な食事なのです。ですが、ひどく高いのです！ここ横浜では、主婦や女性の調理人が料理をするオーストリアとは勝手が異なるのです。なぜなら、ここには、ヨーロッパ人の女性はおらず、日本人の女性はヨーロッパの調理法を知りません。ですから、ヨーロッパ人の男性は、できるだけ質素に済ませようと思えば、自分で作らないといけないのです。肉を調理するのが一番簡単なので、肉は好まれます。小麦粉を使った料理は、男性にはあまりに面倒臭いのです。私は、ここの食べ物にもだいぶ慣れました。ここでは、これは好きじゃない！　というわけにはいかないのです。ここでは、何かを食べられたなら、喜ぶべきなのです。

日曜日の午後は、自分の良心に照らし合わせて自問自答します。どこに行くべきか、何をすべきか？　どこで時間を潰すための娯楽を見つけようか？などなど。親愛なるお父さん、お母さん。故郷から何から何まで離れて、広い世界で運試しをして、全く見知らぬ人々のあいだに身を置き、仲間や友達、そして信用できるような親友がいないところで、若い青年が人生で最も美しいときを過ごさなくてはならないということがどういうことか想像できるでしょうか。大抵、午後は散歩に出かけます。ですが、残念ながら、いつも同じ内容の日曜日を過ごし、一人の仲間もいません。気持ちが落ち込みます！　音楽などの娯楽はここでは皆無です。また、私はまだ若いので、どこでも、できる限り控えめに振舞わないといけません。ドイツ語の物語集あるいは読本は、ヨーロッパを離れてからというもの、1冊も読んでいません。日曜日が格別に退屈であることは、お分かりいただけると思います。日本人のところでも何もありません。彼らには、一年を通して数日しか休日はないのです。

昨年のクリスマスは、江戸で写真を撮っていました。復活祭の祝日には、日本の奥地への旅に出発しなければなりませんでした。それでも、朝課に行けるだけの時間がまだ十分にありました。そして、昼頃旅に出ました。私と写真の機材の入った箱を運ぶ日本人三人で出発しました。日本では、あらゆるものが人間の手で輸送されています。日本人は、1本の竹の棒を肩に担ぎ、その両端に荷物を吊るして、釣り合いをとります。この方法で、驚くほど重い荷物を簡単に運ぶことができるのです。日本では車道というものはなく、細い歩道しかありません。6時間、谷や村を歩いて、夜に疲労困憊した状態でズルマ[104]という村の旅籠に到着しました。ここで、親切に出迎えてもらいました。ヨーロッパ人や外国人が日本の奥地に赴くと、日本人から好奇心を持って観察されます。私たちのところに日本人がいたら観察するのとちょうど同じように。旅中、私はずっと、日本人にとっての見せ物でした。私たちが村や家の近くに来ると、すでに大勢の子供や人々が扉の前に立ち、叫びました。「どっちんさん！」[105]。つまり、ヨーロッパ人あるいは西洋の男が来る！　という意味です。しかし、私が近づくと、一人、二人の子供が恐れ慄き、咄嗟に走り出しました。建物の中に、あるいは単純に遠くへ！彼らは、ヨーロッパ人に対して恐怖を抱いているのです。ですが、そこを通り過ぎると、再び、彼らは私の後ろをぴったりと付いてきて、20人から30

人の子供たちに後ろを追いかけられながら、村を通過することもありました。ですが、全て、根気よく耐えなければいけません。日本人は誠実で良い人々ですが、彼らと争いを始めてはなりません。

このような具合で、ズルマの旅籠では一部屋を供されました。私は、その部屋の床で寝なければいけませんでした。というのも、日本人はベッドを使っていないのです。私の部屋を子供と大人の日本人が大勢取り囲んでいました。彼らは、好奇心から、その部屋で休んでいた白人のヨーロッパ人を見ようとしたのです。日本人は、窓ガラスの代わりに紙を使っているのですが、彼らは指でその窓に穴を開けて、中を覗くほど厚かましくなったのです。「どっちんさん　はいぎん」。つまり、ヨーロッパ人、姿を見せろ！という意味です[106]。

しかし、朝になって、よく眠ったあとに目を覚ますと、まず部屋が明るく全開になっていました。そして、私は掛け布団をかぶって、床の上に横たわっていました。それを数名の子供達が取り囲んでいました。理知的ではない人々を相手にしなくてはいけないことを知っていたので、全てに耐えました。子供達は早朝から、私が部屋から出てこないか、監視していたのです。ですが、待ちきれずに、とうとう私の部屋に押し入ったのでした。この宿の主人でさえ、彼らを止めなかったのです。これが、日本人の習慣なのです。

旅籠では、一般的な日本の食事が出されました。ほかには何もないからです。つまり、水で炊いただけで、塩もラードも使っていないご飯、砂糖を入れない熱いお茶、そしてお酢のようなソースです。ほかに何もないなら、美味しく食べられるものです。ですが、日本の旅籠は、私たちのところとは全く異なります。ここには、椅子やテーブルというものは全くありません。畳が敷かれている床に座るのです。いつも静かなので、旅籠にいるのか分からなくなります。遊びの道具や音楽などはありません。しかしながら、私たちのところと比較すると、とても高いです。四人で二泊三日で十三「一分」、つまり約7、8フローリンもかかるのに、他に特別なことはないのです[107]。

土地は、とても美しく、豊かです。しかし、日本人が、それをうまく耕す方法を知らないこと、また学ぼうとしないことが残念です。日本人は小麦、米、豆、インゲン豆、えんどう豆、大根のようなものしか育てません。しかも、彼らは自分たちが困らない程度の量しか育てないのです。例えば、1枚の畑で一袋しかとれないところを、もし、正しく耕作について学べば、4袋

Ⅱ　書簡（1868〜1877年）

　から6袋は収穫できるのですが。茶樹栽培と養蚕は、現在、盛んに営まれています。果樹と呼べるような果樹は日本には全くありません。牛も羊もヤギもいません。ここでは、家畜小屋を見かけたことがありません。畜産は、とても遅れていて、日本人はそれについてあまりに無知です。畑仕事は、男性の仕事です。女性は、いつも家にいます。

　5日後に再び横浜に戻り、横浜で約60点の写真を撮影しました。もちろん、その報酬として、月給を10ドル[108]上げてもらいました。田舎で過ごす時間は、とても気に入りました。横浜に戻って最初の一週間は、田舎への郷愁を覚えたほどです。何より、私は自然愛好家で、田舎やそこに暮らす人々をより好むのです。そのため、海岸沿いに住んでいることが、とても残念に思われるのです。なぜなら、そこには明らかに大きな違いがあって、それは、そこに住む人間にも言えることなのです。仕方がないことです！　私の愛するアルトアウスゼー地方に戻ることを望めたら、どれだけ幸せなことでしょう。ですが、もうしばらくの辛抱です！

　私の友人たち、代父・代母、愛する兄弟、妹、そして特に二人、親愛なるお父さん、お母さん、皆に心からの挨拶を送ります。私は、順調です。いつも元気で健康です！

　　　　　　　　　　　　　　　　二人に深く感謝している息子の
　　　　　　　　　　　　　　　　　　ミヒャエル・モーザー
　　　　　　　　　　　　　　　　　　　横浜の写真家

〔16通目〕109)
〔日付なし〕

　親愛なるお父さん、お母さん。鉱山長殿に手紙を書き始めたのですが、時間がなく、また、筆記用具の質が悪く、そして、郵便局がまもなく閉まってしまうので、今回は送れません。くれぐれも謝っておいてください。私は相変わらず忙しくしていて、夜は自宅までの遠い道のりを歩いて帰らなければいけません。帰宅がとても遅くなることが頻繁にあります。

ミヒャエル

〔17通目〕
〔日付なし〕

親愛なるお父さん、お母さんへ

　ヨーロッパを離れてからというもの、ほとんど全ての手紙に写真を同封しました。ですが、これまで、二人がそれを受け取ったのか、どうかが分かりません。もし、興味があれば、これからも同封します。なぜなら、写真で他国の様子を紹介することができたら、アルトアウスゼーにいる二人を喜ばせることができると思っているからです。

II 書簡(1868〜1877年)

〔18通目〕110)

1872〔明治五〕年6月10日、江戸〔東京〕

親愛なるお父さん、お母さんへ

　帰国するために必要な、とてつもない金額の費用を集めることができないので(そして、アルトアウスゼーでは将来の見通しが立たないので)、そして、今は、写真家としての良い仕事があり、英語と日本の言葉の知識があることで、より良い将来の見通しが立てられるので、東アジア、そして、おそらくその後は、アメリカで今後の生計を立てていくことを決めました。

　親愛なるお父さん、お母さん、二人がこの考えに賛成して、移住を許可してくれること、そして、愛するお父さんには、それが実現できるように、当局が政府の移住許可書を出すように働きかけて、できるだけ早くそれを私に送ってくれるようにお願いします。

　心からのお願いを込めて、恭しく忠誠を誓い、サインをする111)

あなた方の息子の
ミヒャエル・モーザー

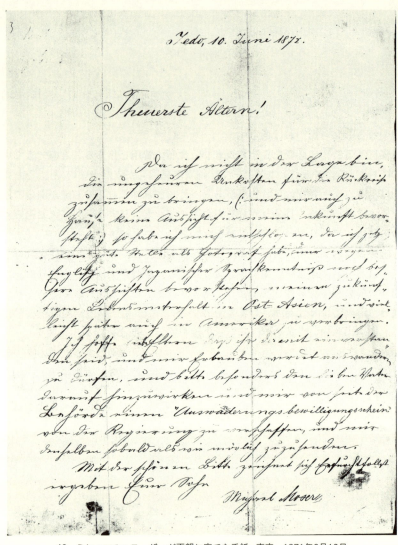

46　ミヒャエル・モーザーが両親に宛てた手紙、東京、1871年6月10日

II　書簡(1868〜1877年)

〔19通目〕[112]

1875〔明治八〕年12月26日、東京

親愛なるお父さん、お母さん、兄弟・妹へ

　新年おめでとう。クリスマス休暇がやっときました。ここでは、だいぶ勝手が違いますが、私は、できるだけ楽しもうと思います。天気は快晴です。アルトアウスゼーでは、おそらく、雪景色がすっかり広がっていることでしょう。ここは、とても寒いのですが、まだ雪は降っていません。聖夜は、ブフテルンも蜂蜜もバターを塗ったパンも胡桃もリンゴもスモモのコンポートもありませんでした[113]。私とマルティン博士[114]は、いつもの夕食をとったのですが、お祝いなので気分を出そうとグラスでビールを一杯飲みました。真夜中に、素朴で小さな教会で厳かに行われていた朝課に出席しました。教会は、沢山のリースや日本の紙提灯で飾られていました。ヨーロッパ人数名のほかは皆、日本人で、その多くは最近キリスト教に改宗した人々です。ここにはオルガンを弾ける人がいないので、オルガン演奏も歌も神父が行いました。フィラデルフィアに行けるか、まだ分かりません。

〔20通目〕[115]

1876〔明治九〕年1月10日、東京

親愛なるお父さん、お母さん、兄弟・妹へ

　私の念願が叶ったことを、大変喜んで報告します。今日、1月10日に日本人の委員、M・塩田氏[116]からフィラデルフィア万博の通訳に任命されました。日本人は皆、私がまた同行することを喜んでいます。負けず劣らず喜んでいるのは、ほかでもない、私自身です。アメリカに向かい、万博時にフィラデルフィアを訪問できることはもとより、日本人たちと一緒にヨーロッパ

に寄り道をして、アルトアウスゼーで皆と再会できたらと考えているのです。

最近、フィラデルフィア万博に出品する予定の展示品が、皇室の離宮である浜御殿に陳列されました。帝がご覧になられました。展示品数は多く、その中には本当に見事なものがあります。ウィーン万博で日本人は実利を得たので、アメリカにはウィーン万博のときよりもずっと多くの、より優れた展示品を出品しようと考えているのです。万博事務局員が出発するのは2月初めになります。

——・——・——・——・——・——

21通目[117)]
1877〔明治十〕年5月10日

〔18〕77〔明治十〕年5月10日、アルトアウスゼー

ローゼッガー様[118)]

例の記事[119)]が印刷される前に、あなた様にお目にかかる栄誉にあずかれないようでしたら、日本での最初の頃に、必要な郵便料金が支払えなかったために、故郷からの知らせを長いこと受け取れないという事態にあったことをお知らせすることは、ご興味がおありになるところと存じます。私の両親は、最初の手紙[120)]を——日本に届くまでにおよそ2か月かかりました——を、必ず受け取れるようにと切手を貼らずに出しました。ですが、私には手紙を請け出すために必要な50セント——約1フローリンに相当——を貸してくれるような人は誰もいなかったので、必要なお金を手に入れるまで、その手紙を郵便局にその後も数か月間、寝かせておくしかなかったのです。また、日本では、郵便料金を先に支払わなければ、手紙は郵送してもらえませんでした。そのため、私が両親にあまり幸せではない状況について報告を書き送れるようになるまでに[121)]、ほぼ一年が過ぎました。二人は、そのあいだに、私が日本に留まったことについて、帝国・王国政府を通じて情報を手に入れていました。

『ハイムガルテン』のために『ゾンタークスボーテ』に寄せた私の記事はいかがでしたか？　日本人の家庭での習慣や迷信的な慣習について報告した記事

はいかがでしたでしょうか？ 122)

ミヒャエル・モーザー

注
1) *Grazer Volksblatt*, 2. Jg., Nr. 133, 13. Juni 1869, S. 1/2. この手紙は、手紙の全文をそのままに掲載したのではなく、「避暑地からの手紙」というタイトルで新聞の文芸欄に部分的に、そしてコメントをつけて紹介された。オーストリアの戦艦で極東に向かおうとしている、アウスゼーの一人の若者の手紙が到着したことは、彼の故郷では話題になっていたに違いない。
2) ヨハン・ヴェーア（Johann Wöhr, 1842年ロッテンマン生まれ、1896年グラーツ没）：ハンス・ヴィージング（Hans Wiesing）は、記者としてのペンネーム。1866（慶応二）年に神学で学位を取得し、グラーツで司祭叙階を受けてから、この若き聖職者は、バート・アウスゼーで助任司祭の職に就いた。1871（明治四）年11月から1872（明治五）年3月まで、アルトアウスゼーの司祭代理を務めた。そのため、ミヒャエル・モーザーと彼の家族とは、個人的に懇意にしていた。グラーツ及びゼッカウ（Graz-Seckau）司教区の最初のカトリック教会労働組合をバート・アウスゼーで組織したことやシュタイアーマルク州の州議会でグレミング・アウスゼー地区代表の議員（任期：1878～1884年）を務めたことは、彼が多様な社会的、政治的活動に従事していたことの一例である。
3) この文章は、どう読んでも論理的な整合性は見えない文章であるが、そのままに訳す。
4) これは、これまで宗派ごとに教会の主導で運営されていた学校が国の監督下に置かれたことに関連する、教会に対する皮肉である。
5) 原文にはSchinaklとあるが、これは、バイエルン東部・中部地方とオーストリアで使われている言葉で、よく揺れる小型のボートのこと。グムンデンの汽船とは、トラウン湖を走る船のこと。
6) *Der Sonntagsbote. Beilage zum „Grazer Volksblatt"*, ad Nr. 145, 27. Juni 1869. 前号の文芸欄（*Grazer Volksblatt*, 2. Jg., Nr. 133, 13. Juni 1869, S. 2）によれば、1868（明治元）年11月にジブラルタルから送られ、おそらく、ウィーンにいるミヒャエルの弟二人に宛てた手紙が届いていたが、紛失してしまった。そのため、新聞社はこの手紙を手紙の数に数えていない。

7) 「親切にも送られてきた」あるいは託された人物とは、この新聞の主筆であったハンス・ヴィージング、もといヨハン・ヴェーアであり、この手紙は、安全を期してアルトアウスゼーの助任司祭で、当地で最も教養のあった人物であるイグナッツ・シュトゥーリック（Ignaz Stuhlik、1通目の手紙で「親愛なる友人」と呼ばれている人物）が届けた。8通目と12通目の手紙（1869〔明治二〕年10月20日、1870〔明治三〕年9月26日付）をミヒャエル・モーザーは、個人的にこの神父に宛てて書いている。『グラーツァー・フォルクスブラット』も『ゾンタークスボーテ』も価値観としては、カトリック教会の価値観に近かった。

8) 原文ではOfennudelとあるが、一般的にはBuchtelで知られるパン生地のお菓子。大抵、中にジャムが入っている。モーザーの家では、蜂蜜で甘みをつけたようである。

9) 二等水兵フランツ・カピタノヴィッチュ（Franz Kapitanovič）のこと。詳しくは、日記1868（明治元）・1869（明治二）年18頁を参照。

10) *Der Sonntagsbote. Beilage zum „Grazer Volksblatt"*, ad Nr. 150, 4. Juli 1869, S. 1/2.

11) カトリック教会では聖木曜日から聖土曜日のあいだは、慶事に使用する鐘を使わず、ラチェットを使用する。ラチェットは、木製の体鳴楽器の一種で、歯車の凸凹を利用して音を出す。

12) アンヤーの港あるいはアンヤーは、ジャワ島とスマトラ島のあいだのスンダ海峡に位置する。港は、1885（明治十八）年のクラカタウ火山の爆発によって壊滅的な打撃を受け、かつてのような意味を失った。

13) ローレンツ・ラコヴェッツ（Lorenz Rakovetz, 1832年クライン郡クラインブルク市ザンクト・マルティン生まれ、今日のスロヴェニア領クラーニ）：トリエステ司教区の海軍従軍司祭。1865（慶応元）年からベローナ号（Bellona）、その後、ドナウ号の海軍従軍司祭を歴任した。中国の芝罘（烟台）で船から降り、オーストリアに戻った。

14) 原文でも二度繰り返されている。強調表現。

15) *Photographische Correspondenz. Organ der photographischen Gesellschaft in Wien.* Wien, 6. Bd., 1869, S. 150 / 151. ミヒャエル・モーザーの上司にあたるブルガーのこの手紙をここに収録する。写真技術やバンコク在住の写真家チットに関する詳しい情報が述べられているからである。

16) おそらく、ルードヴィヒ・シュランク（Ludwig Schrank）のこと。彼は、1861（文久元）年に創立されたウィーン写真家協会の事務局長で、『フォトグラフィッシェ・コレスポンデンツ』（*Photographische Correspondenz.* 1864（元

Ⅱ　書簡(1868〜1877年)

治元)年から1972(昭和四十七)年まで刊行)の編集者であった。

17)　南アフリカの港。喜望峰から東に770キロの地点にある。東アジア遠征隊の両船が喜望峰に碇泊しているあいだ(1月26日から2月18日まで)、四人の民間の特派員が現地の汽船でポート・エリザベスに取材で出かけた(*Wiener Zeitung,* 23. 3. 1869, S. 2)。

18)　コロジオンを塗布したガラスプレートを硝酸銀感光化溶液に浸けて感光性を与え、次に洗浄した余剰銀を除去したあと、水にタンニン酸を溶かし、アルコールを加えた混合液に浸したあとに、完全に乾燥させて用いる技法。乾いた状態でも感光性を保持することができた。この技法は、1861(文久元)年にラッセル少佐(Major C. Russell, 1820-1887)が紹介した。ラッセル少佐はイギリス・エセックス生まれのイギリス人で、1856(安政三)年から写真に従事し、その4年後にタンニンプロセスの実験を始める。1861(文久元)年に著書をあらわす。Charles Russell. *The Tannin Process.* London: John W. Davies, 1861.

19)　*Der Sonntagsbote. Beilage zum „Grazer Volksblatt",* ad Nr. 227, 3. Okt. 1869, S. 1/2.

20)　この手紙は、おそらく6月13日に書かれたものである。香港から出発した日、あるいはその前に出された。その根拠は、バンコクについて詳細な報告が見えることと、同封されていた写真による。なお、香港も「中国海域」に位置する。

21)　この川は、チャオプラヤー川(Chao Phraya)。メーナム(Maenam)はタイ語で川の意味。

22)　同上。

23)　杭上家屋のこと。

24)　ラーマ五世 (Rama V)。幼名は、チュラロンコーン(Chulalongkorn, 1853-1910)。1868(明治元)年11月11日に戴冠。

25)　日記の記述とは矛盾する内容。

26)　ここでは、副王が船に乗って訪れた。1868(明治元)年10月に就任したグロムプララチャウォンボウォンウィチャイチャーン(Krom Phra Ratchawang Bowon Wichaichan, 1838-1885)である。チュラーロンコーン(ラーマ五世)は、1885(明治十八)年にヴィチャイチャーンが逝去したあと、この副王(Uparat)の制度を廃止し、長男を皇太子に指名した。ヴィチャイチャーンはチュラロンコーンのいとこ。

27)　南ドイツやオーストリアで17世紀から女性が身につけてきた金色の絹製の帽子。

28) アントン・フォン・ペッツ男爵(Anton Freiherr von Petz, 1819-1885)：リッサ海戦での功績が認められ、1866(慶応二)年に海軍少将に昇格され、マリア・テレジア軍事勲章(騎士級)(Kdt. SMS Kaiser)を授与された。1878(明治十一)年に名誉海軍中将に任命され、退役した。写真は、ブルガーとモーザーが1869(明治二)年2月11日に喜望峰で撮影したもの。
29) 1869(明治二)年5月16日に授与されたハンガリー王国シュテファン勲章のこと。手書きの日記「東アジアに向かう旅で体験したこと」の112頁を参照のこと。
30) アルトアウスゼーの神父。ヨハン・ヴェーア(本章注2を参照のこと)。
31) これは、アルトアウスゼーの司祭代理であるシュトウーリックが手紙の写しを完成させ、これを、助任司祭あるいは『ゾンタークスボーテ』の主筆であるヴェーアに託したということを裏付ける補足である(本章注2、7を参照のこと)。
32) Der Sonntagsbote. Beilage zum „Grazer Volksblatt", ad Nr. 239, 17. Okt. 1869, S. 1/2.
33) ロザリオの祈りの日曜日は、カトリック教会の祭日。法王クレメンス七世により1716(享保元)年に導入され、10月の第一日曜日に祝うようになった。1869(明治二)年は、10月3日であった。
34) 一足で7マイル進めるという魔法の長靴。
35) 二度繰り返す強調表現。
36) ヤモリのこと。夜行性で、人慣れした無害なトカゲ類。害虫を駆逐し、35センチほどの長さまで育つ。
37) フランシス・チット(Francis Chit, 1830-1891)：本名はKhun Sunthonsathit-lak。この二人のうちの一人。彼は、写真の技術をフランスの神父から学んだ。ラーマ五世の頃からチットは宮廷写真家として働いた。彼のアトリエはトンブリー区のカトリック聖十字架教会のそばにあった。ヴィルヘルム・ブルガーは、彼から、シャムを写したガラスネガを数点受け取った(1869〔明治二〕年5月19日付の『フォトグラフィッシェ・コレスポンデンツ』に宛てたブルガーの手紙を参照のこと。本章注15)。
38) Der Sonntagsbote. Beilage zum „Grazer Volksblatt", ad Nr. 291, 19. Dez. 1869, S. 2/3.
39) 船は、長崎に9月5日から19日まで碇泊していた。
40) 舟山群島のこと。
41) この暴動については、日記にも記載が見られる。当時の日本の暦では、7月中旬、ヨーロッパの暦では1869(明治二)年8月20日のことであった(「米価

II　書簡（1868～1877年）

騰貴のため、米屋打ちこわしの騒動おこる」『長崎市史年表』1981年、107頁）
42）　ヴィルヘルム・ブルガーのこと。
43）　モーザーが正しく綴っていたのを、編集者がわざわざ訂正したようである。
44）　原文には stille Weltmeer とある。
45）　7通目の手紙は、2回に分けて紹介された。「富士山という火山が見えました」までは、*Der Sonntagsbote. Beilage zum „Grazer Volksblatt"*, 2. Jg., ad Nr. 1, 2. Jänner 1870, S. 9-12. その後は、*Der Sonntagsbote. Beilage zum „Grazer Volksblatt"*, 2. Jg., ad Nr. 6, 9. Jänner 1870, S. 26-27.
46）　平戸島の港、志々伎。
47）　ザクセン＝コーブルク＝ゴータ公アルフレッド王子：ヴィクトリア女王の次男（Prinz Alfred von Sachsen-Coburg und Gotha, 1866～1893年エジンバラ公爵、1893～1900年ザクセン＝コーブルク＝ゴータ公爵）。
48）　Brückfenster：アルトアウスゼーの家屋に特徴的なバルコニーの窓。
49）　一人は、1865（慶応元）年から神戸で活動していたことが分かっている内田九一（1844-1875）の事である。彼は、しかしながら、1869（明治二）年に大阪を経て、横浜、東京に移住した。おそらく、モーザーは守田来蔵（1830-1889）のアトリエを訪れた。守田は、長崎で上野彦馬に師事し、1866（慶応二）年から神戸で自分のアトリエを経営していた。1869（明治二）年6月19日、守田は新聞 *The Hiogo and Osaka Herald* に次の広告を出した「MORITA 〔...〕 will take Photographs in Japanese or European style. Kobe, June 18, 1869」おそらく、上野彦馬の弟で、当時、神戸で仕事をしていた上野彦馬にも会っていた可能性がある（東京大学史料編纂所谷昭佳氏にご教示頂いた）。
50）　オーストリアで採れる洋梨の一種。
51）　梨（おそらく9月、10月頃が旬の豊水）のこと。
52）　原文には Königskanal とあるが、おそらく紀伊水道のこと。
53）　遠江灘あるいは遠州灘、原文では Tōtōmi あるいは Tootoumi と書かれている。旧遠江国で、現在の静岡県西部に面する海域。司祭代理シュトゥーリック宛の8通目の手紙で再度言及されている。
54）　兵隊長（掌砲長、砲兵隊長）のヴェンツェル・ラツカ（Wenzel Ratzka）。ドナウ号は24ポンド砲を14門、武器として搭載していた。
55）　フリゲート艦デラウェア号を含む、スティーヴン・ローワン（Rear Admiral Stephen C. Rowan, 1805-1890）率いるアジア艦隊。輸送船アイダホ号は台風で大破したため、廃船となった。
56）　北ドイツ連邦が派遣したコルヴェット艦メドゥーサ号のこと。メドゥーサ号の主な任務は中国におけるドイツの貿易の権益を保護することにあった。

175

57) トリエステから出発したフリ＝リッグド船クレオパトラ号のことで、ジュゼッペ・ドルスコヴィッチ艦長（Giuseppe Druscovich）が率いていた。シュトルットホフ船舶業（Strudthoff）。
58) 歩兵のフィリップ・ツァヤ（Filipp Zaja）は長崎で、船上でフランス人のイエズス会修道士により臨終の秘跡を受けた。葬儀は、フリゲート艦ドナウ号とイギリス艦艇イカルス号の海軍歩兵代表の出席のもと執り行われた。兵庫（神戸）で亡くなった軍人は、マルクス・スケルビッヒ（Markus Skerbich）。死因は、肺麻痺（Schiffstagebuch der Erzherzog Friedrich, ÖStA, MA, K 564, Heft 75, 17. Sept bzw. 26. Sept 1869, 同日、神戸で葬儀が行われた）。
59) 編集者の注記：「ミヒャエルの弟で、現在はウィーンに在住」
60) 編集者の注記：「アルトアウスゼーのアロイス・ヴィマー（Alois Wimmer）。ミヒャエルの同級生で、現在はパリで画家をしている」アロイス・ヴィマー（Alois Wimmer, 1852-1901）は子供の頃からすでに絵画の教育を受けていた。その後、15歳にしてパリのカール・フォン・ビンツァー（Carl von Binzer）のアトリエで学んだ。しかし、その後は家族を養うために、アウスゼーの製塩所で生活の糧を得るために働いた。
61) 編集者の注記：「この手紙は、4か月もかかった」。アルトアウスゼーの神父とは、イグナッツ・シュトゥーリック（Ignaz Stuhlik）のこと（本章注67と88を参照のこと）。
62) 編集者の注記：「ミヒャエルの妹は、祖父を生前『お父さん』と呼び、父親を『ヨッヘル』（ヨアヒム）と呼んでいた」
63) 通称であるミュールベルガー家（Mühlberger）とは、ハインリヒ・カイン（Heinrich Kain）とその妻のことで、ミヒャエル・モーザーが洗礼を受けたときの代父・代母。
64) アルトアウスゼーのアロイス・ヴィマー（Alois Wimmer）：ミヒャエル・モーザーの同級生（本章注60を参照）。
65) フランツ・モーザー（Franz Moser）のこと、モーザーの代父。
66) *Der Sonntagsbote. Beilage zum „Grazer Volksblatt"*, 2. Jg., ad Nr. 18, 23. Jänner 1870, S. 58-59.
67) イグナッツ・シュトゥーリック（Ignaz Stuhlik, 1819年ラビー／ボヘミア生まれ、1888年グラーツ没）：1862（文久二）年5月1日から1871（明治四）年11月15日までアルトアウスゼーの司祭代理、その後、1882（明治十五）年までフォルデルンベルク（Vordernberg）の主任司祭。
68) 1867（慶応三）年に教皇ピウス十世により列福された。
69) 高鉾島。オランダ語ではPapenberg。

II 書簡（1868〜1877年）

70） 車体の連結棒のこと。
71） *Der Sonntagsbote. Beilage zum „Grazer Volksblatt"*, 2. Jg., ad Nr. 81, 10. April 1870, S. 235.
72） そのうちの1通は、1869（明治二）年11月19日に書かれたにちがいない（11通目の編集者の指摘による）。
73） ミヒャエル・モーザーが乗船していたフリードリヒ大公号は、別の東アジア海域に赴くために、1869（明治二）年11月14日の午前中に横浜を出港した。その30分後にフリゲート艦ドナウ号が南アメリカ大陸を目指して出発した。ヴィルヘルム・ブルガーはしばらくのあいだ闘病をしたため、日本で撮影をするために、まだ1、2か月横浜に残ることを決めた。それからスエズ運河を経由して帰国した。おそらく、彼の助手であったミヒャエル・モーザーは、このあいだも彼の仕事をずっと手伝っていただろう。カール・フォン・シェルツァーの日記によれば、ミヒャエルはこの二隻のオーストリアの船のうち、いずれの船でも帰国ができたようである。
74） *Der Sonntagsbote. Beilage zum „Grazer Volksblatt"*, Nr. 6, 3. Jg., ad Nr. 2, 8. Jänner 1871, S. 40-44.
75） 日本では、キリスト教はまだ禁止されていた。一部では、他国への開国に対し反対があった。西欧列強の圧力のもと、1873（明治六）年2月23日に太政官布告により、キリスト教禁制の高札が撤廃された。
76） 現在は、プラーター通り（Praterstraße）。
77） カール・ショイヤーマン（Karl Scheuermann, 1832年ランゲン・シュヴァルバッハ生まれ、ナッサウ没、没年不詳）：海軍士官候補生として、その後、解体したドイツ連邦同盟の海軍（1848年から1849年までフランクフルト国民議会とともに1年間だけ存在した）に入軍し、海軍少尉としてフリードリヒ大公号に乗船した。1878（明治十一）年に海軍少佐として退役し、帰郷した。
78） ヴィンセンツ・フォン・ローゼンツヴァイク（Vincenz Edler von Rosenzweig, 1841年トリエステ生まれ、1892年ポーラ没）：海軍少佐、二等。最後は、海軍大佐（1889〔明治二十二〕年10月）。
79） アルトゥール・ゼルマーゲ伯爵（Arthur Graf Sermage, 1839年ウィーン生まれ、1902年フィレンツェ没）：資格リスト（Qualifikationsliste 5272）によると、ウィーンのテレジアヌム（Theresianum）で高校卒業の資格を取得した。クロアチアの大富豪の息子。フリードリヒ大公号には海軍少尉として乗船した。1872（明治五）年に名誉海軍大尉として海軍を退役した。
80） 正しくは、カール・マイラー（Carl Mayler, 1844年ミュンヘン生まれ、1874年ドゥブロヴニク没）：1862（文久二）年にオーストリア＝ハンガリー帝

177

国王国海軍に入軍。海軍士官候補生として砲艦フム号に乗り、リッサ海戦に参戦。海軍少尉として1869(明治二)年5月1日に東アジア遠征隊に参加した(コルヴェット艦フリードリヒ大公号に乗船)。彼の最後の評価書が書かれたのは1874(明治七)年3月9日で、同年6月25日にラグーザ(現在はクロアチアのドゥブロヴニク)で亡くなった。

81) 正しくは、フランツ・ヴィッティー(Franz Witti, 1850年にハンガリーのペスト生まれ):1866(慶応二)年に海軍士官候補生見習いとしてリッサ海戦に装甲フリゲート艦フェルディナント号に乗船。1868(明治元)年から海軍士官候補生。 フリードリヒ大公号に乗船して東アジア遠征を命じられる。海軍での最後の位階は、海軍少尉で、1878(明治十一)年に帝国王国陸軍に転属した(Infanterie-Reg. Nr. 32)。

82) ミチェスラァフ・マリアン・ピエトルスキー(Mieczsław Marian Pietruski, 1848年レンベルク生まれ、1905年ウィーン没):最後は、海軍少将。

83) ヴィンツェンツ・ポグリエス(Vinzenz Poglies, 1841年クロアチアのスクラーディン生まれ):海軍少尉。1866(慶応二)年にドナウ号でリッサ海戦に参戦。1873(明治六)年3月1日に健康上の理由から退役した。

84) 1871(明治四)年3月1日にドナウ号はオーストリアに無事に帰還した。ホノルルで滞在したのは、嵐によって故障したためで、実際、旅程が予定外に延びた。

85) オイルランプの類だろう。

86) *Der Sonntagsbote. Beilage zum „Grazer Volksblatt"*, 3. Jg., 15. Jänner 1871(ad Nr. 12), Nr. 3, S. 65-69.

87) 活字化された手紙の最後にある編集者の注記によると、手紙は、10月5日に横浜の郵便局が受理し、発送された。

88) イグナッツ・シュトゥーリック(Ignaz Stuhlik, 1819年ラビー/ボヘミア生まれ、1888年グラーツ没):1862(文久二)年5月1日から1871(明治四)年11月15日までアルトアウスゼーの司祭代理、その後、1882(明治十五)年までフォルデルンベルク(Vordernberg)の主任司祭を務めた。

89) 「お前、日本(語)、同じこと」:あなたの日本語は(日本人の日本語と)同じ、ということだろうか。あなたはすっかり日本人のようだね、あるいは、あなたの日本語は日本人の日本語のようだね、と解釈できると思われる。

90) 「お前、沢山、わかります」:あなたは沢山理解できるね、の意味。

91) 1870(明治三)年6月に天津で起きた暴動と普仏、正確にはフランスとプロイセン及びプロイセンと同盟関係にあったドイツ連邦諸国とのあいだの戦争のことを示唆していると思われる。いずれも、両親宛の11通目の手紙

II 書簡(1868〜1877年)

(1870〔明治三〕年8月20日)の手紙で言及されている。
92) 19世紀によく使われていた謙譲表現。現在は、ほとんど使われていない。
93) この絵とは、マリア・ツェルの聖母マリアの聖像のことである。マリア・ツェルは、オーストリアで最も重要な聖母マリアの巡礼地。これは、日記帳の1頁目に貼られている(口絵02)。日記(手書きの日記「東アジアに向かう旅で経験したこと」)は、「神と共に」という言葉と、1868(明治元)年10月3日にウィーンからトリエステに向かう列車での移動で始められている。図版05を参照のこと。
94) この日本からの手紙は紹介されなかった。
95) *Der Sonntagsbote. Beilage zum „Grazer Volksblatt",* S. 109 / 110. 正確な日付などが不明。切り抜きの原本が残されているだけで(ミヒャエル・モーザーの孫にあたる、ウィーン在住のアルフレッド・モーザー氏所蔵)、パンツァー・宮田が確認した当時の新聞(原本・マイクロフィルム)には、該当するページにこの記事は見当たらなかった。しかしながら、1871(明治四)年に書かれた記事であると考えられる。
96) ジョン・レディ・ブラック(John Reddie Black, 1826-1880)：スコットランド生まれ。イギリス海軍の海軍士官としてキャリアをスタートするが、妻とともにオーストラリアに移住。東アジアを旅したあとに、作家及び出版業者となることを決めた。1865(慶応元)年から日本に暮らし、1867(慶応三)年に日刊の英字新聞『ジャパン・ガゼット』(*Japan Gazette*)を創刊。1870(明治三)年5月30日に横浜で、日本で最初の写真入り新聞で隔週に発行された『ザ・ファー・イースト』(*The Far East*)を創刊し、成功を収めた(1874〔明治七〕年まで発行された)。1874(明治七)年から1879(明治十二)年までブラックは上海に暮らし、その後、横浜に戻るが、その翌年に亡くなった。この時代の日本に関する重要な著作は、彼の二冊組の作品である *Young Japan. Yokohama and Yedo, 1858-79,* London: Trubner, 1880/81, 2 Bde.
97) *Der Sonntagsbote. Beilage zum „Grazer Volksblatt",* S. 133 / 134. 正確な日付などが不明。切り抜きの原本が残されているだけで(ミヒャエル・モーザーの孫にあたる、ウィーン在住のアルフレッド・モーザー氏所蔵)、パンツァー・宮田が確認した当時の新聞(原本・マイクロフィルム)には、該当するページにこの記事は見当たらなかった。しかしながら、1871(明治四)年に書かれた記事であると考えられる。
98) „Our photographer, Mr Michael Moser, who was assistant to the photographic artist who accompanied the late Austrian Expedition to the East, landed with us with all his paraphernalia, and the view on page 4 is the result of his visit." (*The Far*

East. An Illustrate Fortnightly Newspaper. Yokohama, Vol. No. XIII, 1. Dez. 1870, p. 3）.ここで言及されている4頁の写真は、アメリカ領事タウンゼント・ハリスが邸宅として使っていた下田柿崎の玉泉寺を写している。Vol. I, No. XIII（1870〔明治三〕年12月1日）とXIV（1870〔明治三〕年12月16日）には、この撮影旅行で撮影した下田の6点の写真と2点の灯台の写真（下田港から南に約10キロに位置するロック・アイランド＝神子元島と伊豆半島の南端にある石廊崎で建設中だった灯台）が掲載されている。

99) おそらく、「どこに行くのか？」という質問。言葉を間違えて理解したのか、あるいは新聞で活字化したときに間違えて翻刻したか。

100) とてもたどたどしい表現。おそらく、「イギリスでも同じですか？」の意味。

101) ハインリヒ・フォン・カリチェのこと（Heinrich Freiherr von Calice, 1831-1912）。カリチェ男爵は、日本だけではなくシャム（現在のタイ）と中国の弁理公使を務めた。東アジア遠征隊とともに東アジアに来た。主に駐在していた場所は上海で、東京には一年に二、三度来ていた。

102) 父親に瓜二つ、という意味。

103) *Der Sonntagsbote. Beilage zum „Grazer Volksblatt"*, S. 154-157. 正確な日付などが不明。切り抜きの原本が残されているだけで（ミヒャエル・モーザーの孫にあたる、ウィーン在住のアルフレッド・モーザー氏所蔵）、パンツァー・宮田が確認した当時の新聞（原本・マイクロフィルム）には、該当するページにこの記事は見当たらなかった。しかしながら、1871（明治四）年に書かれた記事であると考えられる。

104) 現在の神奈川県大和市鶴間。

105) 唐人さん。

106) 「唐人さん、拝見」。

107) サービスの割に値段が高いという意味。

108) 原文ではThalerとあるが、ドルのことと考えられる。ドルは、ドイツ語のThalerから派生した英語の言葉。

109) 16通目と17通目の手紙は、1枚の小さな紙の表と裏に書かれている。文面によれば、両親宛のこの短い報告は、ジョン・レディ・ブラックのもとで雇用されてから書かれたものということが分かる。なぜなら、ミヒャエル・モーザーは、それ以前には、困窮した経済状況ゆえに手紙に写真を同封する機会がなかったからである（原本は、ミヒャエル・モーザーの孫にあたる、ウィーン在住のアルフレッド・モーザー氏が所蔵）。

110) 原本は、ミヒャエル・モーザーの孫にあたる、ウィーン在住のアルフ

II 書簡（1868〜1877年）

レッド・モーザー氏が所蔵。
111）　19世紀によく使われていた謙譲表現。現在は、ほとんど使われてない。
112）　*Grazer Volksblatt,* Graz, 9. Jg., Nr. 69, 24. März 1876, S. 3. 見出し「シュタイアーマルクとその隣州から」(Aus der Steiermark u. den Nachbarländern)。手紙は、1876(明治九)年2月16日にアルトアウスゼーに到着した。
113）　ブフテルンは、パン生地のお菓子(本章注8を参照)。バター付きのパンは、黒パンにバターを塗ったもの。
114）　ゲオルク・マルティン(Georg Martin, 生没年不詳)はドイツの薬理学者。1874(明治七)年1月から1878(明治十一)年12月までお雇い外国人として横浜試薬所に勤務し、1875(明治八)年4月からは、東京大学医学部となる東京医学校で製薬法を教えた。日本政府との雇用契約が切れると、築地で1884(明治十七)年まで個人で薬局を経営し、その後、ドイツに帰国した。
115）　*Grazer Volksblatt,* Graz, 9. Jg., Nr. 69, 24. März 1876, S. 3. 見出し「シュタイアーマルク州とその隣州から」(Aus der Steiermark u. den Nachbarländern)。手紙は、ニューヨーク経由(2月1日)で、1876(明治九)年2月25日にアルトアウスゼーに到着した。この二通の手紙を新聞編集局に届けたのは、他の手紙と同様にアルトアウスゼーの神父であるシュトゥーリックだろう(本章注67と88を参照)。
116）　塩田真(1837-1917)：長崎県士族、工芸研究家。1873(明治六)年のウィーン万国博覧会では一級事務官として参加。フィラデルフィア万国博覧会にも事務局員として参加し、日本の美術工芸品を紹介した。
117）　シュタイアーマルク州州立図書館、特別コレクション(ペーター・ローゼッガーの遺品)、グラーツ。
118）　ペーター・ローゼッガー(Peter Rosegger, 1843年シュタイアーマルク州アルプル生まれ、1918年シュタイアーマルク州クリーグラッハ没)：オーストリアの著名な作家で、ノーベル文学賞にも推薦された。
119）　モーザーは、ここでは、ローゼッガーが執筆した伝記「シュタイアーマルク州の世界旅行者」のことを指している。„Ein steierischer Weltfahrer. Erlebnisse des Bauernsohnes Michel Moser aus Altaussee". *Heimgarten. Eine Monatschrift.* Graz, 1. Jg., Heft 9, Juni 1877, S. 685-689及び*Gmundner Wochenblatt,* Gmunden, 27. Jg., Nr. 24, 12. Juni 1877, S. 1-3 (183-185).
120）　これは、日本に一人で暮らすようになってから「最初の手紙」という意味である。1869(明治二)年10月2日に横浜に到着してから、故郷からの手紙は受け取っている。両親から(1869〔明治二〕年6月7日)、弟のハインリヒ、学校の同級生、アルトアウスゼーの神父(シュトゥーリック)から(1869〔明

治二〕年10月6日、横浜、7通目〔後半〕の手紙を参照)。

121) この発言には、あまり説得力はない。おそらく、気持ちの上では「一年」と感じられたのかもしれない。というのも、両親宛の「11通目」の手紙(1870〔明治三〕年8月20日、横浜)で、弟ハインリヒからの1870(明治三)年6月5日付の手紙に触れており、まだ彼が返事をしていない3か月前の両親からの手紙についても言及しているからである。更に、ヴィルヘルム・ブルガーもお正月までは日本にいたので、故郷からの手紙を受け取れない時間が、それほど長かったわけではないだろう。他方、この年の彼の経済状況が悪かったことは、疑う余地がない。

122) 「日本便り」(„Schilderungen aus Japan") (*Der Sonntagsbote. Beilage zum „Grazer Volksblatt",* Nr. 91, 9. Jg., Nr. 12, 22. April 1877, S. 282-285.)

III

手書きの日記

「1872(明治五)年・73(明治六)年の日本からウィーンへの旅とアルトアウスゼーへの帰郷」

「ウィーン万国博覧会」

1872(明治五)年1月(日付は28日から入れられている)から1873(明治六)年9月7日までのミヒャエル・モーザーの手書きの日記。ミヒャエル・モーザーは、当時、ジョン・レディ・ブラック(John Reddie Black, 1826-1880)が発行していた写真貼付新聞『ザ・ファー・イースト』紙の写真家として働いていたが、ウィーン万国博覧会に向かう日本委員の通訳として雇用され、彼らに同行することになった。この日記は、主に日本からウィーンに向かう旅と、ウィーン万博時に故郷のアルトアウスゼーに帰郷したときの記録である。

47　日記（1872・73年）3頁：J. R. ブラックと「おとも」との会話について

所蔵©Prof. Alfred Moser, Wien

III 手書きの日記(1872・73年)

48-1 「〔万博委員のときの〕ウィーンでのミヒャエル・モーザー、1873年」　　48-2 同左

1.　　　　　　　　　　　　　　　　　　　　　　　　　　　　　　　　9月

　1872〔明治五〕年の夏、『にししんじし』[1]を発行していた、芝のブラック氏のもとで暮らしていたとき(さない　えごえん)[2]、オトモという名前の日本人と知り合った。ある日、彼と一緒に横浜に鉄道で向かったとき、彼が私に、どこの国の者なのかと尋ねた(彼は、私とは英語で話した)。そして、オーストリア人であれば、ウィーン万国博覧会に向かう日本の事務局員に通訳として同行する良い仕事が得られるのではないかと言った。それを聞いて、この方法で、私の愛する故郷に再び戻る機会が得られることをすぐに理解した。

2.　　オトモ氏は、事務局員に数名知り合いがいるから、すぐに私のことを彼らに推薦してやろうと言った。しかし、残念ながら、彼から何の連絡もないまま、ほぼ2か月が経ってしまった。そして、ようやく、江戸に駐在するイタリア公使のもとで暮らし、ウィーンに向かう日本の事務局員に同行する目的で、日本の万博事務局に参加していたオーストリア人のヴァサロ氏[3]から連絡を受けた。私は、彼を訪ねて、自分の願望を伝えた。彼はとても親切で、彼もオーストリア人であることから、私に大いに関心を示してくれた。そして、できるだけのことはすると約束してくれた。

3.　　クリスマスの日の午後、私がちょうど横浜の自室にいたところ、ブラッ

49 「横浜駅」桜木町、ミヒャエル・モーザー撮影、1872年

50 „Louis Gustav Vassallo"「ルイス・ギュスタフ・ヴァサロ」死亡通知、ウィーン、1873年7月6日（田中芳男『外國梧拾帖　墺國博覧會之節　採集沈没之残餘』三）

51 日記(1872・73年)4頁：『ザ・ファー・イースト』のための最後の仕事について

ク氏が江戸から戻ってきて、嬉しそうにこう言った。「モーザー君、君にクリスマスのプレゼントを持ってきたよ」と。そして、江戸でイタリア公使のフェ[4]とともに、ヴァサロ氏が私の行状について尋ねたこと、そして、ブラック氏が彼らに私のことを褒めちぎると、公使は、日本人が私のことを雇用するように手配すると言ったということを話してくれた。最後にオトモ氏と会ってからというもの、神様が私の願いを聞き届けてくれるよう、私を苦境から救い出してくれるよう、そして、万博事務局に同行してウィーンに行けるよう、その仕事が自分に与えられるよう、毎朝・毎晩神様に跪いて、熱心にお祈りを捧げていたのであった(なぜなら、ブラック氏のもとでは、もう将来の見通しが立たなかったため)。

4. それからというもの、江戸のイタリア公使館にヴァサロ氏、フェ伯爵を頻繁に訪れなくてはならなくなった。イタリア公使のフェ伯爵は、食事に招待してくれるほど親切であっただけでなく、ベッドも提供してくれた。江戸で展示された万博の出品品のうち、幾つかの部門をブラック氏の新聞『ザ・ファー・イースト』紙のために、そしてイタリア公使館のために撮影した。これが、〔ブラック氏のための〕最後の撮影となった。1月中旬であったため、かなり〔寒〕かった。最後の数日は、少しばかり雪が降った。
1月28日には、万博委員会の関係者が皆、弁天通にある日本のホテル「タカシマヤ」に参集した[5]。

5. 2時頃、佐野氏から、万博のあいだは月50円(100フラン)の給料であること、日本への帰国の旅費を含むほかの費用は全て、自分で負担する必要はないけれども、航行中の月給は半額となるということが書かれた契約書を受け取った。午後5時にフランスの汽船「ファーズ号」(ウォーカー船長)に乗船した[6]。29日の朝7時に出港した。船に乗っていたのは、ヨーロッパ人4人と約70人の日本人であった。山高氏[7]が一級書記官の役割を務めており、ヨーロッパ人はヴァサロ氏、ハインリヒ・フォン・シーボルト[8]、G. A. グレーヴェン[9]、そして私であった。駐ウィーン日本公使の佐野常民氏は、1か月後に、ワグネル博士とウィーンに来ることになっている。

6. 天気は、香港までひどく荒れていて、私は船酔いにひどく悩まされた。香港では、皆が揃って上陸した[10]。シンガポールまで天気は幾分良くなった。シンガポールでは、2日間、大型のホテルである「ホテル・ヨーロッパ」[11]に宿泊した。ホテルの所有者は、ベッカーという名前のドイツ人であった。私は、

III 手書きの日記(1872・73年)

52 大型客船「ファーズ号」(*L'Illustration. Journal Universel*. Paris. Bd. 32, Juillet-Décembre 1858, Nr. 823, 4. Dec. 1858, p. 386)

　3ドルで二匹の美しい猿を購入した。小さい方のメスは、旅のあいだに死んでしまい、大きな方は、苦労して〔?〕[12)]に連れて行ったが、そこで騙されて、ひどく安い値段で売ってしまった。ポアン・ド・ゴールでは、四羽の緑色の小さな鸚鵡を1ドルで購入したが、二羽は旅行中に逃げてしまい、一羽は死んでしまい、最後の一羽はトリエステのホテル「デロルム」に忘れてしまった。
7.　アデンでは、雨水を集めるために、人工的に造られた貯水池を馬車で訪れた。
　3月21日の午前に、トリエステに到着した。天気は、とても素晴らしく、暖かかった。私たちは荷物を全て持って、ホテル「デロルム」に投宿した[13)]。翌日の夜は、日本人の大半がウィーンに向かった。私は、残った委員等と3月23日朝7時に急行で出発し、夜10時頃にウィーンに到着した。ウィーンでは、ホテル「エースタライヒッシャー・ホフ」に投宿した[14)]。24日の夜に、私は弟のハインリヒに短い手紙を書いた。しかし、彼は私の到着を予測していて、すぐに私のいるところにやって来た。そして、久しぶりの再会を喜び、抱擁を交わした。

53 ウィーン、ミヒャエル広場(Michaelerplatz)とコールマルクト通り (Kohlmarkt)、ヴィルヘルム・ブルガー撮影

54 「日本の売店」(*Illustr. Wiener Extrablatt.* 2. Jg., Nr. 170, 22. Juni 1873, S. 4)

III 手書きの日記(1872・73年)

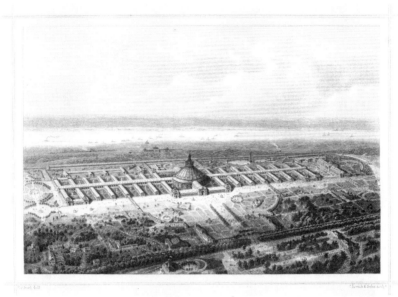

55　鋼版画「ウィーン万国博覧会会場鳥瞰図」1873年

56　ウィーンのプラーター中央通り。万国博覧会会場入口に向かう道、ヴィルヘルム・ブルガー撮影

57 ウィーン万国博覧会会場の日本庭園の入口

58 「1873年ウィーン万国博覧会、日本の建物と庭園設備」オスカー・クラマー(Oscar Kramer)撮影

III 手書きの日記(1872・73年)

59 「1873年ウィーン万国博覧会、入口から見た日本の展示会場」ヨーゼフ・レーヴィー(Josef Löwy)撮影

8. 　セビ〔オイセビウス〕もすぐにやって来た(ハインリヒが来たときちょうど、私は日本人等と食堂で食事をしていた)。まもなく、私たちは揃ってブルガー家に向かった。老齢の女性が病床に伏していた。ちょうど、リリエナウ男爵夫人がいて[15]、彼女は、私が無事に到着したことをとても喜んでくれた。それから、ヨーゼフシュタットのヒルガー・パウルを訪ねた。シュナイダー・ヒアスルもいた。二人は、私の突然の訪問にさほど驚かなかった。パウルとヒアスルは、ちょうど、小麦粉で作るクノーデルとザウアークラウト[16]を調理したところで、私を客としてその食事に招いてくれた。とても美味しかった。
　25日の夜は、フクセンロイスル(私の古くからの同級生)[17]が私を訪ねてきてくれた。ロイトベルク・カールとシュトライヒャー・マティルダも一緒であった。

9. 　私は、私の愛する弟たちが〔私の帰郷を〕とても喜んでくれているなか、ウィーンに集まったアルトアウスゼーの人々の輪の中心で過ごした。私の名前が新聞で知らされていたので[18]、アルトアウスゼーの関係者、あるいは、少なくとも、私のことを以前から知っていた、上流階級の様々な人々から招待を受け、〔？〕[19]どこでも親切に応待してもらった。私はまた、エッティングスハウゼン家[20]も訪れた。万博では仕事が沢山あった。朝6時半から夜まで万博会場にいなくてはならなかった。まず、荷物が正しく、無事に到着したかどうかの確認をする仕事を任された。それから、労働者を監視する仕事も任された。ちょっとした苦情も間違いも全て私の案件になったため、

10. 　一日中、気が触れた人間のようにあちらこちらで働いて、走り回り、書きものをした。それらの仕事に対しては、日本人皆から賞賛や信頼を得られた。彼らは、私に大変満足していると言ってくれた。万博会長のシュヴァルツ＝ゼンボルン男爵[21]までもが、いつも私に対して親切にしてくれた。展覧会場の設営がほぼ終わり、準備が整うと、今度は日本の売店での仕事を任された。そこでは販売用の商品の税金の値段を明らかにし、また、販売が開始されると、ずっと販売と通訳のために待機していなくてはならなかった。また、盗人がよく来たため、その都度、日本人と裁判所[22]に走る機会にあずかった[23]。

11. 　6月初旬にアウスゼーからヴァルヒャー氏とその息子のヨハンが牛を何頭か連れて、家畜品評会にやってきた。牛を世話する二人の娘（メスナ・アーデルハイトとシュナイダー・グレーテル）、そして使用人一人も連れてきていた。〔この使用人は、〕ヒルデブラント・フランツルという。私は、彼ら皆と知り合う機会に恵まれ、〔万博会場に〕シュタイアーマルク州が出店していたワインの店で彼らとよく会った。牛を世話する二人の娘とヨハン・ヴァルヒャーはヨーデルをとても上手に歌った。

　6月11日にやっと5日間の休暇が許可された。すぐに、二人の弟に知らせた。彼らもまた、ブルガー氏から、私に同行する許可を得た。夜9時半に西

12. 鉄道で出発した。12日は聖体祭だったため、グルンドルで小臼砲が鳴らされているのが聞こえた[24]。天気は、イシュルまではとても良かった。しかし、徐々に曇り空となり、徒歩でレッテンバッハを越えたところで雨が強く降り始め、私たちは、たちまちずぶ濡れになった。しかし、もう濡れてしまったのだからと構わずに旅を続けて、ヴィーゼンを越えた[25]。そこで、

III 手書きの日記（1872・73年）

ニーダーアルムのブラーやレッテンバッハに向かっていく高原牧草地の牛の世話人に出会った。最後に、楽しそうにしている若者たちに出会った。彼らは、女の子たちと高原牧草地に向かった。私たちは、アウフシュラーグ[26]を越える道を選んだ。ここで、父を驚かそうと思ったからである。しかし、今日はたまたま父は山にはいなかった。

13. シュッツェンハウス〔モーザー家のこと〕に到着すると、ハインリヒとセビは少し後ろに下がった。私が先に行き、ドアをノックした。妹のゾフィーがすぐにドアを開けてくれたのだが、私を見るや否や泣き出してしまった。私も喜びから涙をこらえることができなかった。母は、台所にいたのだが、ゾフィーがここに来るようにと言って、私の到着を知らせると、彼女もまたすぐに泣き出してしまった。そのあいだにハインリヒとセビも家の中に入ってきた。心配していた母親の喜びと驚きは、筆舌に尽くしがたいものである。というのも、誰も私たちが突然帰宅するとは思ってもみなかったのだから。

14. 私は、3歳の弟の(マティアス)ヒアスル〔ヒアスルは、マティアスの略称〕にすっかり夢中になった。彼は、私が日本にいるあいだに生まれたのである。彼は、非常に愛らしい男の子で、皆は、彼は私に瓜二つだと言っている。私がそうであったように、いたずらっこになったら、褒めてあげよう。父は残念ながら家にはいなかった。サットルにいる、母の兄弟の通称カウツェン・ハンスル[27]のところに行方不明になった牛を探しに出ていた。まもなく、ゾフィーとセビが、父に私たちの到着を知らせに向かい、そのあいだ、私、ハインリヒ、そして14歳の弟のポイドル〔レオポルド〕は、雨が止んだので、家の後ろの丘陵に登った。ポイドルは、以前は私の持ち物であった小型のピストル一丁と、鍵で作った小臼砲を持って行った。彼は、それに火をつけて、発砲した。彼は、まったくもって大胆にそれを取り扱った。すると、その小さなものは大きな砲声を上げた。この銃声に、近隣の人々が気づいたのはもちろんのことで、何事かということになった。私たちの家の前に、好奇心のある人々が大勢集まるまでに、それほど時間はかからず、私は、そこで私を待っている人々に自己紹介をするために、下に呼び戻された。彼らのなかに、私の兄のグレゴールもいた。彼は、牧草地から戻ってきたのである。

16. 誰かが、私たちが到着したことを彼に知らせたのであった。多くの人々が集まっていたが、数名のお年寄りの人々を除いて、誰が誰だかほとんど分か

195

らなかった。若い人々は、私には分からなくなってしまうほど、成長する過程で変わってしまったからである。私たちは居間に戻った。そこにはすでに、ハインリヒ・カイン、通称ミュールベルガーとフランツ・モーザーがいた。一人目は、私が洗礼を受けたときの代父で、二人目は、私が堅信の秘跡を受けたときの代父である。二人は私のことを待っていてくれたのであった。堅信の秘跡を受けた時の代父は、長いこと兵役に就き、イタリアとロンバルディア〔当時は、オーストリア領〕に長く駐屯していた。そのため、彼は経験者として、私がそれほど苦労の多い船旅と辛苦の後に、故郷にたどり着いたこと、〔そして、〕再び無事に帰宅できたことをとりわけ喜んでいた。

17. そうこうしているあいだに、父、セビ、ゾフィーが帰宅した。父は、信じられないほど喜んだ。そのあとは、皆、居間に腰掛けて、父が飲み屋から取り寄せたワインをグラスで一杯楽しんだ。私たちはかなり疲れていたので、間もなく床についた。これで、この日の話は終わりとなった。翌朝、6月13日の金曜日は、皆、シュタイアーマルク州の民族衣装に身を包んだ。そのために、適当な洋服を調達しなければならなかったため、皆で揃って、街に出かけた。父も一緒であった。ポスティオン氏のところで写真を撮ってもらおうと考えていたのである[28]。しかし、ポスティオン氏はそこにはもういなかった。

18. また、天気も悪かったので、私たちは、諦めざるをえなかった。ヴァルヒャー氏(ウィーンで知り合う栄誉にあずかった)を訪れた。ヴァルヒャー氏は、親切にも二頭立て馬車を用立ててくれて、〔息子の〕ヨハンも私たちと一緒に出かけた。私たちは一緒にグルンドル湖にあるシュラメル[29]に行き、そこから再びアルトアウスゼーに戻った。そこで、高山牧草地にハイキングを一緒にすることが決まった。アンゲラー・フランツルとシュナイダー・ロ

19. マンがすでに私たちを待っていた。そうして、レッテンバッハのアンゲラーの山小屋に行くことが決まった。雨が強く降り始めていたが、傘をさして出かけることにした。アンゲラーの山小屋に着くと、すぐに踊りが始まった。しかし、私は、半分よそ者として、とても居心地の悪い思いがした。なぜなら、ほかの若者が皆、頗る楽しく過ごしているあいだ、私には一連のことが全くなじみのないことだったからである。高山牧草地の素晴らしい料理がすぐに用意されて、それらをすっかり平らげるあいだに、私たちは蒸留酒を盛んに回し飲みした。深夜に遊びが終わった。床に干し草を敷き詰めて、若者はそこに寝転がって、眠った。私は、女の子のベッドを借りて寝るという

待遇を得た。

20. その子は、隣の女性のところで眠ったのである。私たちは、実際のところ、その夜は一睡もしなかった。というのも、一人がいびきをかくと、誰かが笑い、そしてほかの誰かも笑い出すという具合だったからである。そして、この静けさを一番壊したのは、シュナイダー・ロマンであったことは言っておくべきことである。というのも、彼が口を開くと、大きな笑い声が上がり、私はベッドから転げ落ちそうになったからである。明け方、早朝には、私たちはすでに出かける用意が整っていた。アンゲラー・スレズルが〔?〕30)、ミルクのスープを用意してくれて、帰宅の途についた。土曜日は、特に何も起きなかった。

21. 天気があまりに悪かったからである。夜は、私は代父のところに招待を受けた。アルトアウスゼーの特別な料理が振る舞われた。私は、長いこと、これほど美味しい食事とは無縁であったので、その食事をとても美味しく頂いた。

　　15日の日曜日には、アルトアウスゼーで聖体祭の行列が行われた。早朝から小臼砲で祝日が知らされた。天気は良く、快適な一日であった。私は、教会に行き、そのあと行列に参加した。行列は11時半に終わり、それから私たちは小臼砲を打ちに出掛けた。12時になるところだったので、最後の小臼砲が鳴らされた。

22. 私は、12時のその最後の小臼砲を鳴らしたかったので、そこの監督をしていた発破責任鉱員（ケーファー・カスパー）の勧めに即応じて、すぐに火縄に火をつけた。しかし、一発目と二発目に火をつけたとき、私の頭が破裂したのではないかと思った。というのも、誰も私に知らせてくれなかったので、私は、無用心にも綿を耳に詰めていなかったのである。それにもかかわらず、15発を立て続けに発射したため、その後、頭の中は、コオロギがうるさく鳴いて

23. いるような感じになり、最初の数時間はほとんど耳が聞こえなかった。昼は、〔?〕31)長いこと切望していた粗挽き麦粉のクノーデルを食べた。食事のあとは、ゼーヴィーゼンにハイキングに出かけた。私は、この機会に日本の服を着た32)。ゼーヴィルトという飲み屋に到着すると、私は、帝国・王国音楽隊〔と〕そこにいた客人等にとても親切に出迎えられた。それぞれから健康を祝して乾杯をしてもらった。そこから、ボートでゼーヴィーゼンに向かった。そこでは、どんちゃん騒ぎが始まっていた。

24. 私は、アルトアウスゼーのほぼ全住民を見かけたのではないかと思う。ア

ウスゼーからは多くの人がここに集まっていた(ゼーヴィーゼンの飲み屋には、毎日曜日、アウスゼーの住民の半数がここに来る)33)。ここでは、人々は踊り、歌い、お酒を飲む。全てがお祭り騒ぎであった。私は、古い同級生や友人と健康を祝して、ずっと乾杯をし続けた。私は、〔お酒に〕あまり親しんでいなかったのだが、親切に応じるために〔お酒を〕飲まなければならなかった。しかし、この調子であれこれ飲んでいたら、まもなく頭痛を起こし、すぐにすっかり酔っ払った。それにより、全ての楽しみは台無しになった。私

25. の友人等が、家まで私に付き添ってくれた。幸運なことに、まもなく酔いも覚めた。16日月曜日の早朝に私たちは再び出発しなくてはならなかった。今回は、私たちの14歳の弟のレオポルドも一緒であった。ブルガー氏が親切にも、彼も雇ってくれたのである。私たちは、再び徒歩でレッテンバッハを越え、イシュルに向かい、そこから一頭立ての馬車でザルツブルクに向かった。ザルツブルクには夕方に着いた。夜にはウィーンに向かって、汽車で出発した。火曜日の17日にウィーンに到着した。私は最初、困惑していた。アルトアウスゼーへの旅があまりに深い印象を残していたからである。日本人は、急ぎの仕事と質問を私に持ってきた。私は、すぐに返答しなければならなかったが、いつも返事を間違えた。というのも、私の頭はずっとアルトアウスゼーにあったからである。私は完全にホームシックにかかっていた。

26. 秋に、再びアルトアウスゼーに旅をする許可を申請した。それは、すでに約束されていたことであったのだが、そのときが近づいて来ると、再び、休暇をとることは難しくなった。何か急用があるときは電報で連絡を取るという条件のもと、やっと8日間の休暇を許可してもらった。9月5日の土曜日に、喜び勇んでウィーンを出発した。6日の日曜日の夕方に郵便馬車でルピッチュに到着した34)。そこからは徒歩でアルトアウスゼーに向かった。雨が降っていて、寒かった。

27. 飲み屋のシュナイダーのところでは、実に楽しそうなことが始まっていた。というのも、今日は、ちょうどアルトアウスゼーでは教会堂の奉献式が行われていたからである。いたるところから、踊りの音楽や楽しそうな若者の歌う声が聞こえた。何よりもまず、堅信の秘跡を受けたときの代父を訪ねた。その後、代父は、私の両親のところまで付き添ってくれた。私は、再び突然、彼らを喜ばせたのである。父と母は、ちょうど台所のかまどの火の前でくつろいで座っていた。私が二人のところで長く過ごしたら、二人はどれだ

け喜んだか分からないが、私は、あまりそこには長居しなかった。私は、同級生に会いに、飲み屋のシュナイダーのところに行きたかったのである。そ
28. こで、この夜はとても楽しく過ごした。というのも、今回は、すでに私もほかの若者と知り合いになっていたからである。その上、私は、ここで美しい娘と知り合う機会も得た。将来、私の妻と呼べるかもしれない娘である。水曜日は、私たちは再び、レッテンバッハのアンゲラーの山小屋まで山歩きをした。踊りの音楽は、ハーモニカで演奏された。気分転換に私とフクセンが二人で笛を演奏した。前回よりは楽しく、娘たちも前回よりは私を信頼してくれた。

29. 彼女たちはその上、私が彼女たちとシュタイアーマルク州の踊りを踊らないといけないように仕向けた。ものの試しに何度か回ってみた。しかし、一度で(目が回って、)気を失った。翌日、両親と兄のグレゴールとローザー山に行き、別の日にはグルンドル湖に行った。天気はずっととても快適で、私はその週を楽しく過ごした。月曜日は、再びウィーンに戻らなくてはならなかった。

　ブラック氏からは220ドル強を出発前にもらった。これを銀行で両替してもらったところ、ウィーンでは500フローリンになった[35]。

注
1) ブラックが創刊した日本の新聞『日新真事誌』(*The Reliable Daily News*)の第1号は1872(明治五)年3月17日に刊行された。参考文献：浅間邦雄「『日新真事誌』の創刊者　ジョン・レディ・ブラック」『参考書誌研究』1999年37号、38～64頁、秋山勇造「ブラックの『日新真事誌』」『神奈川大学評論』2001年39号、146～151頁。
2) 芝の増上寺の山内にある寺のうちの一宇で、大門の前の源興院のこと。現住所：港区芝公園1-8-15。現在は、敷地の80パーセント程度が駐車場として使われている。
3) ルイス・ギュスタフ・ヴァサロ(Louis Gustav Vasallo, 1835年プラハ生まれ、1873年ウィーン没)：死亡通知には「日本帝国の船の船長」と紹介されている。1873(明治六)年7月6日にウィーンで亡くなり、マツラインズドルファー墓地(Matzleinsdorfer Friedhof)に埋葬された。日刊紙(『ヴィーナーツァイトゥング』(*Wiener Zeitung*)及び『ディ・プレッセ』(*Die Presse*)は死因を肝臓癌として

いる。死亡通知は、近親者として、彼の妹のジョセフィン・ドゥ・カドゥーフ(Josephine de Caduff)と彼女の家族が出した(原本が、田中芳男が所有していたアルバム『外國捃拾帖　墺國博覽會之節　採集沈没之残餘』(東京大学中央図書館蔵、A00 6141)に収録されている。ヴァサロは、日本のウィーン万国博覧会委員の一人として参加した)。1835(天保六)年にプラハで、ボルドー公爵夫人の私設秘書の息子として生まれ、学校に行かずに、家庭で教育を受けたヴァサロは、1852(嘉永五)年6月1日に海軍に海軍士官候補生として入軍した。7年弱、フリゲート艦ベローナ号、汽船ブルカン号、フリゲート艦シュヴァルツェンベルク号で勤務したのち、1859(安政六)年に海軍少尉としてオーストリア海軍を退役した。

4)　アレッサンドロ・フェ・ドスティアーニ伯爵(Alessandro Conte Fé d'Ostiani, 1825-1905)：1870(明治三)年から77(明治十)年まで駐日イタリア公使で、外交団長。オーストリア＝ハンガリー帝国公使不在時の代理公使を務めた。イタリアのロンバルディア州ブレシア出身で、オーストリア伯爵家トゥーン(Thun)家と親戚関係にあり、長くボヘミア州(現在のチェコ共和国)に住んだ。1847(弘化四)年にウィーン大学法学部を卒業した。ドイツ語に堪能であった。

5)　1867(慶応三)年に実業家の高島嘉右衛門(1832-1914)が尾上町に大型の高級旅館を建設した。これまで、外国人と日本の当局が会合できるようなちょうど良い施設がなかったからである(なお、高島屋百貨店とは関係がない)。1871(明治四)年に横浜で最初に導入されたガス灯や、それに必要なガス製造も、高島嘉右衛門の功績である。

6)　船は、フランスの船舶業メサジェリー・マリティーム社のもので、1858(安政五)年から1879(明治十二)年まで就役されていた。1867(慶応三)年からは、極東の航路で就役。全長82.5メートル、幅9.9メートル、一等の船室に33人、二等が28人、三等が24人の船員を収容できる構造であった。更に、693人を快適ではないが、普通(三等)船室・中甲板に収容できた。

7)　山高信離(1842-1907年、浜松県士族)：一級書記官。ウィーン万国博覧会では、佐野常民の右腕として働いた。後年は、京都・奈良両帝国博物館長を歴任した。

8)　ハインリヒ・フォン・シーボルト(Heinrich von Siebold, 1852-1908)：日本研究者フィリップ・フランツ・フォン・シーボルトの次男。ウィーン万博後、1899(明治三十二)年まで在東京オーストリア＝ハンガリー帝国公使館の外交業務に従事した。

9)　アウグスト・グレーヴェン(Augst Greeven)は、1868(明治元)年から横浜で暮らした。最初は、ドイツの商社の従業員として、それからしばらくは自営業者として、1872(明治五)年3月から教師として、また、絹織物業分野の顧問として日本のために働いた。この目的で、ウィーン万博期間中は、日本の専門家と一緒にヨーロッパで養蚕を行っている地域、例えば、現在のイタリアのフリウ

III　手書きの日記(1872・73年)

　　リ＝ヴェネツィア・ジュリア州のゴリツィア県への旅を行った。日本との勤務契約は1878(明治十一)年に終わり、その後、ドイツに帰国した(Bernd Lepachのウェブサイト「明治の肖像」("Meiji-Portraits"：http://www.meiji-portraits.deを参照)。
10)　香港からシンガポールとアデンを経由して、トリエステに向かう旅については、活字化された記事の方が基本的には詳細な記述を紹介している(「ミヒャエル・モーザーが日本からアルトアウスゼーに向かう旅で経験したこと、1873年」 *Der Sonntagsbote*, Graz, Nr. 18, 24. Juni 1877, S. 440-443 / Nr. 19, 8. Juli 1877, S. 466-469 / Nr. 20, 15. Juli 1877, S. 489-492)。しかし、活字化された記事は、大半が記憶に基づき書かれているため、日記の内容とは異なる。また、日本からの旅での出来事も入れこまれており、時折、個人的な出来事、特に、バート・アウスゼーでの家族との最初の再会については省略されている。この記事は、本書には収録しなかった。
11)　原文にはHotel d'Europeとある。
12)　地名が抜けている。
13)　Hotel Delorme：「優美に設えられており、便利な場所にある。グランデ広場(大広場)の眺望が望める部屋を選ぶべき」(*Illustrierter Führer durch Triest und Umgebungen*. Wien – Pest – Leipzig: A Hartleben's Verlag 1883, S. 17)。町の中心部の角地にあり、一つの入口は株式取引所の前、もう一方の入口は劇場の前に位置していた。劇場に面した方の通りの住所は、Via del Teatro 2。ホテルの前の広場は、サン・ピエトロ広場またはグランデ広場(大広場)と呼ばれたが、現在はイタリア統一広場(Piazza dell'Unità d'Italia)と呼ばれている。建物は当時のままだが、現在はホテルではない。
14)　Österreichischer Hof: 住所は、一区、Fleischmarkt 2 / Ecke Rotenturmstraße。シュテファン寺院からドナウ運河に向かう通りにあったホテル。建物は、第二次世界大戦時の爆撃で壊滅し、現在は新しく建て直されてオフィスビルになっている。
15)　この老齢の女性というのは、写真家ヴィルヘルム・ブルガーの母親で、結婚前の名前は、アマリア・フォン・エッティングスハウゼン(Amalia Edle v. Ettingshausen, 1808-1899)。リリエナウ男爵夫人は、その女性の娘にあたり、名前はマリーという。つまり、ヴィルヘルム・ブルガーの妹。彼女は、国家公務員のルドルフ・リムベック・フォン・リリエナウ男爵(Rudolf Limbeck Baron von Lilienau)と結婚した。
16)　オーストリアでは乾燥したパンを卵やミルクと合わせて、茹でて作るゼメルクノーデル(Semmelknödel)が一般的。ザウアークラウトは、塩に漬けて発酵させた、酸味のあるキャベツ。オーストリアでは、クミンシードを入れることが多い。
17)　アロイス・ヴィマー(Alois Wimmer, 1852-1901)：通称フクセンロイスル。

モーザーの1869(明治二)年10月6日付の横浜からの7通目の手紙を参照。
18) ここでは、シュタイアーマルク州では広く読まれていた新聞『グラーツァー・フォルクスブラット』(*Grazer Volksblatt*)の別紙『デア・ゾンタークスボーテ』(*Der Sonntagsbote*)に1869(明治二)年から1871(明治四)年のあいだに紹介された両親宛の15通の手紙を指している。
19) 判読不可。
20) 先の病気の女性はヴィルヘルム・ブルガーの母親のアマリア(1808-1899)で、将軍コンスタンティン・フォン・エッティングスハウゼン(Constantin v. Ettingshausen)の娘である。ミヒャエル・モーザーを招待した家族というのは、彼女の兄の物理学者であるアンドレアス・フォン・エッティングスハウゼン(Andreas von Ettingshausen, 1797-1878)一家であるにちがいない。彼は、ウィーン大学物理学研究所の所長であった。この研究所で、ブルガーは初めて写真に従事した。
21) ヴィルヘルム・フォン・シュヴァルツ゠ゼンボルン男爵(Wilhelm Freiherr von Schwarz-Senborn, 1816-1903)。1860(万延元)年から国際展覧会でオーストリア代表を常任する。1862(文久二)年、ロンドン万博でのオーストリアの総裁。1873(明治六)年ウィーン万国博覧会総裁。最後は、在ワシントン、オーストリア大使。
22) 原文にはGerichtとあるが、警察のことか。
23) 皮肉的な表現。
24) 小臼砲は、バイエルン地方や西オーストリアで広まっており、中世末期から確認されている慣習で、大きな祝祭事での礼砲と合わせて発射される。絵のように美しいグルンドル湖のあるグルンドルは、アルトアウスゼーの隣町。
25) 活字化された記事(上記参照のこと:*Der Sonntagsbote*, Graz, Nr. 20, 15 Juli 1877, S. 490)では、道は、「フルーダーグラーベン」(Fludergraben)を通り、「ヴィーゼン」(Wiesen)を通過した、とある。日記、活字化された記事、いずれもに記されているブラー(Almen Blaa, 海抜894メートル)とレッテンバッハ(Rettenbach, 海抜843メートル)の牧草地は、アルトアウスゼーに属している。
26) 先の活字化された記事では、「ザルツベルクを通過する道」となっている(„Weg über den Salzberg", S. 491)。つまり、モーザーは、アルトアウスゼーに向かうには、近道で下り坂であるアウグストバッハ(Augustbach)沿いを行かなかった。
27) ヨハン・ラストル(Johann Rastl):ミヒャエル・モーザーの母親の兄。母親の結婚する前の名前は、エヴァ・マリア・ラストル(Eva Maria Rastl)。
28) ヨーゼフ・ポスティオン(Josef Poestion, 1819年3月24日マルクト・アウスゼー生まれ、1882年6月7日マルクト・アウスゼー没)(Danuta Thiel-Melerskiのウェブサイトを参照のこと:http://wiki-de.genealogy.net/Kategorie:Fotostudio-

sammlung_Danuta_Thiel-Melerski)。彼の写真館は、バート・アウスゼーに建てられた最初の写真館で、1867(慶応二)年6月29日に開業した。同年、ミヒャエル・モーザーは、ブルガーのアトリエで働くためにウィーンに向かった。
29) 今日もまだ存続している、同じ家族が経営している旅館でレストラン。Alpengasthof Max Schraml(住所：Bräuhof 14, 8993 Grundlsee)。美しい湖の景観が望める。
30) 判読不可。
31) 判読不可。
32) 1877(明治十)年に活字化されたエッセイでは「午後は、多くの人々の要望に応じて、日本の服を着て見せた」(本章注10参照)とある。
33) この文章は、24頁の下の余白に書き込まれている。
34) 郵便馬車でバート・イシュル(Bad Ischl)から、バート・ゴイゼルン(Bad Goisern)を越えた。ルピッチュ(Lupitsch)は、アルトアウスゼーから数軒の距離にある町。ポッチェン峠(Pötschenpass)から数キロ離れた、シュタイアーマルク州側に位置する。
35) この文章は、このページ(29頁)の最後にあとから補足されたもの。また、31頁には、手紙の草稿がある。

「主筆殿
私の二度目の日本行きの旅での出来事に関する報告を、日記の情報から完成させるための自分の最後の文章に満足していません。きっと、あなたの読者は、日本にいる若き同胞から何かを聞くのを、〔面白い〕と思うはずなのですが。　」

この手紙の草稿が、いつ、また、どの編集者に宛てて書かれたものかは不明である。もしかすると、バート・アウスゼーで刊行されていた『シュタイエリッシェ・アルペンポスト』(*Steierische Alpen-Post*)に宛てたものかもしれない。この週刊紙で1888(明治二十一)年(第3号から11号まで)に数回に分けて、1874(明治七)年の日本への二度目の旅が紹介されたからである(とりわけイタリアでの旅に重点を置いて書かれている)。

IV

手書きの日記
◎
「日本への二度目の旅、ヴェネツィア、1874年2月8日」
1874（明治七）年

1874（明治七）年1月1日（ウィーン）から5月27日（横浜）までのミヒャエル・モーザーの手書きの日記。ウィーン万博が終わると、ミヒャエル・モーザーは日本政府の費用でヴェネツィアの著名な写真家であるカルロ・ナヤ（Carlo Naya, 1816-1882）のもとで月光写真の制作について学んだ。その後、万博の展示品が伊豆半島沖に沈んだという連絡の真偽を確認するという任務を帯びて、日本人二人とともに日本に帰国した。この日記は、その旅を記録したものである。

60 日記(1874年)の中表紙:「1874年日記、ミヒャエル・モーザー、ヴェネツィア、1874年2月8日、日本への二度目の旅」

Tagebuch 1874.
Michael Moser, Venedig, 8/2. 1874
Zweite Reise nach Japan.

所蔵◎Prof. Alfred Moser, Wien

IV 手書きの日記(1874年)

61 日記(1874年)1頁：1874年1月1日にアトリエ・アデーレで集合写真を撮影したときのことについて

1. 　クリスマスの祝日のあいだは熱を出していた。
　1月1日、病気の具合は幾分良くなってきた。しかし、左足が痛む。
　午前10時に私たち(日本人)は皆、新年の挨拶をするために公使のもとに参集しなくてはならなかった。彼は、私たちにお菓子とシャンパンを振舞ってくれた。夜8時に再び招待された。飲んだり食べたりしたあと、私たちは皆揃って写真館「アデーレ」1)に行き、佐野公使の希望で25人全員の集合
2. 写真を大判の写真で撮影してもらった。ヨーロッパ人は、ワグネル博士と私だけであった。佐野公使は礼装であった。この写真(集合写真)は、1枚30フローリンで、12枚360フローリンであった。日本人は、この写真を36枚注文した。夜はまた日本人全員が公使のもとに参集した。また、好きなだけ飲んで良いワインやビール、食事も用意されていた。例えば、日本のお米の食事や砂糖漬けの果物、お菓子などである。夜は、まさに日本風に音楽が演奏され、踊り(フジシマ氏2))が披露された。歌は、とりわけワカイ氏3)、イワハチ氏4)、シオダ氏5)(サミセン〔三味線〕も上手に演奏した)が抜きん出ていた。佐野公使の機嫌は、頗る良かった。

62　日本の万国博覧会委員、ウィーンの写真館アデーレで撮影、1874年1月1日。中央は弁理公使の佐野常民、一番上の列で左から二番目がミヒャエル・モーザー

IV 手書きの日記(1874年)

2

nur bloß Doktor Wagner und ich, Minister Sano war in Galla Uniform, von dieser Fotografie (Gruppe) kostet 1. Stück fl. 30. das Duz. fl. 360. — wir die Jorguner 3. Dtz. bestellten. Abends nahmen wir Thee alle Jorguner beim Minister da gab es nirgendwann Wein und Bier zu trinken nach belieben und zu Essen unter anderem Japanischer Reisgericht, ein gemachtes Obst und Zuckerbäckereien, der Abend wendete sich echt japanischer weise mit Musik und Aufführung von Tänze (Fujishima) und Gesänge wozu Herr Wakai, Iwahashi und Shioda besonders hervorstächen Minister Sano war sehr gut auf spielte auch gut Samisen

63 日記(1874年)2頁：1874年1月1日、佐野、ワグネル、塩田、若井などについて

64　ウィーンの写真家ルードヴィヒ・アンガラー(Ludwig Angerer)の写真館の請求書、ウィーン、1873年8月13日。請求書の宛名は万博委員の山高信雄と田中芳男(田中芳男『外國梠拾帖　墺國博覧會之節　採集沈没之残觚』三)

65　ウィーン南駅

3. 　深夜に帰宅した。ヨーロッパ人は私とワグネル博士、H. シーボルト[6]だけであった。
　1月6日、東方三博士の祝日の日、万博委員会の関係者は皆、公使のもとに参集した。今回はしかし、厳しい扱いであった。なぜなら、私たちは皆、広間で公使の前に、彼を取り囲むような格好で、輪になるように座らなければならなかったからである。まず、彼は、政府の名において万博での仕事に対して感謝を述べる内容のスピーチをした。しかし、万博はすでに終わり、ウィー
4. ンではこれ以上何もすることがないので、ウィーンに3月まで滞在する者は、給与が半分に減額され、1から3の階級それぞれに応じて食費手当は一人一日3フローリンから5フローリンまで、そして住居手当が1フローリンまでになること、そして、出発まで、できる限り多くのことを学べるように、つまり、それぞれの職業で専門的な知識や技術を修得できるように、勤勉でなければならないと言った。私に対しては、彼はこう言った。大変立派に仕事を務め上げたので、再び日本に同行しても良い。しかし、ここで、まだ写真を熱心に学ばなければいけない。その費用は全て日本政府が支払う、と。そのために、彼は私に書面による承諾を求めた。その書面は、親切にもトラウ氏[7]が私のた
5. めに用意してくれた。翌日の1月7日には、皆、「ミスリヴェッツ」[8]からホテル「ヨーロッパ」[9]に移った。
　9日は、朝6時には公使のもとに向かわなければならなかった。彼は、まだベッドにいたが。彼は、私に、12日に二人の娘とマルセイユに行かなければいけないこと、そして、おそらくイタリアに戻り、そこに留まることになる、ということを告げた。7時の列車でイタリアに出発するために、公使は随員を従えて、6時半に南駅に向かった。私とここにいた日本人は皆、駅まで彼に付き添った。夕方5時に委員会も出発した。シヲダ〔塩田〕、タナ
6. カ[10]、イシダ[11]、イチカワ[12]、ワカイ、マツ[13]、そして、タナカ・セイスケ[14]である。最後の人物は、パリ経由である。
　12日は、政府の費用で帰国するシュティルフリートのところの娘二人[15]とマルセイユに向かった。10時に列車が出発した。私はソイダ〔塩田〕氏と二等車でヴェネツィアまで行った。13日の午後3時に到着した。天気は、とても良かった。特に素晴らしかったのが、セメリング峠を越えたときのことである。5時半に私は娘等と三等車でヴェローナに向かい、私たちは、ここに夜の11時に到着した。しかし、〔朝〕4時には再びミラノに出発し、ここには

211

66 ウィーン万国博覧会の遊園地(プラーター)のあった場所でライムント・フォン・シュティルフリート男爵が経営した日本の茶屋。伊藤恒信(茶屋の共同経営者)と給仕女のツネ、1873年(Allgemeine Illustrierte Weltausstellungs-Zeitung. Wien, Bd. III, Nr, 8, 12. Juni 1873, S. 90)

14日の昼に到着した。この列車での移動中、私たちは、ずっとひどい寒さに耐えなければならなかった。車両が暖房で暖められていなかったからである。

7. 14日は3時にジェノヴァに再び向かい、夜の11時に到着した。そして、すぐに「ホテル・ジェノヴァ」に投宿した。なぜなら、ここでタナカ〔田中芳男〕とイシカワ〔石川巌〕を待たなくてはならなかったからである。

15日、天気が良い一日。私たちは、高台から望む古都の美しい眺望を求めた。ここの建物は、実に美しく立派である。大抵六階建て以上の高さがあ

IV　手書きの日記(1874年)

り、通りはそれに反して狭い。ジェノヴァの郊外には山が多く、その頂上は堅牢に防塁が巡らされている。夜は、「ホテル・ジェノヴァ」の向かいにある劇場「カルロ・フェリーチェ」に行った。美しいバレエが上演されていた。特等の仕切り席の値段は8リラであった。

8.　16日11時にタナカ〔田中芳男〕とイシカワ〔石川巌〕がローマから到着した。彼らは、私に、ヴェネツィアにとどまり、そこで写真を学ばなくてはならない、と言った。私たちは1時の汽車でカンヌに向かい、そこには11時に到着した。その旅のあいだは、強く雨が降っていた。ジェノヴァとここのあいだは、列車は長くて大きなトンネルを走ることが多いので、ずっと明かりを灯さなくてはならなかった。ヴェンティミーリア(国境)で私は身分証明書を見せろと要求されたが、偶然、受洗証明書を携帯していたので、それを見せることができた。それで、以前訪れてみたかったフランスを歩き回ることができ

9.　た。カンヌでは、長いことホテルを探し回らなくてはならなかった。どこも満室だったからである。

　17日7時にマルセイユに向かった。そこには午後2時に到着した。

　ほかの人々は、すでに皆、「グランド・ホテル」にいて、私たちを待っていた。マルセイユでは、長く規則正しい通りや高層の建物が興味を引いた。四階から七階の高さがあった。

　18日、天気の良い一日。しかし、冷たい風がとても強く吹いていた。朝の9時に日本人は二台の乗り合い馬車で「メサジェリー・マリティーム社」の波止場に向かい、そこで、その会社の日本に向かう大型の汽

10.　船に乗り込んだ。私は11時頃まで船の上で彼らと一緒に過ごした。その後、一頭立ての馬車[16]でホテルに戻り、ホテルで朝食兼昼食をとり、すぐにまた駅に向かった。しかし、私が駅に着くのとほぼ同時に、ホテルのボーイが私にローマの佐野公使からの電報を持ってきた。ヴェネツィアに行き、そこで吉田〔要作〕を訪問しろ、という内容であった[17]。ミラノのナカヤマ総領事に手紙を届けなければならなかった[18]。

　1時半に列車はマントン[19]に向かって発車し、私はそこに夜に到着した。天気はとても良く、快適であった。その列車の旅は、様々な美しい集落や地域

11.　を通過していった。マントンではホテル「フランス」に宿泊し、夕食、部屋代、コーヒー、パンとバターの朝ごはんに5フランを支払った。

　マントンは、海に面した可愛らしい小さな町で、近隣は、かなり山が多い。

213

その環境の良さから、ここには多くのイギリス人が滞在している。

　19日午前9時に列車でジェノヴァに向かった。天気は良く、暖かかった。10時に列車は国境のヴェンティミーリアに到着した。ここでは、フランス人がまた身分証明書を求めてきた。ヴェンティミーリアからの列車の旅は、再び、とても美しいものになった。 美しく、興味深い町や地域の数々
12. を通過していったからである。夜10時にジェノヴァに到着した。そこで再びホテル「ジェノヴァ」に宿泊し、5フランを支払った。

　20日朝8時に急行列車でミラノに向かい、昼に到着した。日本の総領事には会えなかった。しばらく、町を見て回った。大きなドーム、新しく建てられたヴィットーリオ・エマヌエーレ〔2世〕のアーケードに感激した。アーケードはドームの隣にあり、四つの宮殿にまたがる十字型になっている。アーケードの天井はガラスで覆われており、中心部は大きなガラス製のドームになっている。床は、美しい大理石が敷き詰められており、壁は寓喩的
13. な像が見事な出来栄えで描かれている。ここにいると、大きな広間あるいは劇場にいるかのように錯覚する。夜は、丸天井まで明かりが灯され、素晴らしく美しい。建物の内側は、上流社会の人々が集う、賑やかな場所である。このアーケードには最も美しい商店がある。あとで聞いたところによれば、このアーケードの建設は、イギリスの会社が請け負った。天気は湿っぽく寒かったが、それでも快適であった。私は、ペンションに泊まった。21日の朝6時にヴェネツィアに向かって出発した。天気の良い日で、列車での旅のあいだずっと、美しい景色が続いた。午後3時半にヴェネツィアに到着した。ホテル「ニューヨーク」[20]に投宿し、すぐに吉田氏を訪れた。

14. 　22日、部屋を一部屋、ひと月22フランで借りた。ホテル「ニューヨーク」では、食事代と部屋代で一日11フランかかった。とても親切で友好的な日本の〔名誉〕領事のベルヘット氏[21]のおかげで、月光写真[22]を一番上手に制作するC. ナヤ氏のもとでの話し合いが速やかに整った[23]。彼は、しかし、2000フランを要求した。最終的には1500フランに値切ることができたのだが。しかし、まずは〔佐野〕公使に報告しなければならなかった。そして、それに対する返答があるまで、私にはすべきことは十分にあった。町やその町の観光名
15. 所を念入りに見て回るという仕事である。ヴェネツィアは、それに事足らないということは全くない。実に賛嘆すべきは、ドゥカーレ宮殿である。豊かな装飾が施されており、大型の油彩画が飾られている、華やかな広間が

214

ある。それぞれの広間の天井は、ふんだんに金箔を貼った彫刻で飾られている。そのような天井を完成させるために、300年は時間を費やしているに違いない。大理石の像、獅子の像、そして小広場の2本の石柱は皆、ギリシャ、トルコなどに押収された。サン・マルコ広場は長方形で、三つの大きな宮殿と現在修繕中の美しいサン・マルコ寺院に囲まれている。315フィートの高さのあるサン・マルコの鐘楼は寺院の前に建っていて、左手に
16. は二体のブロンズ像が時を知らせる大きな鐘の付いている時計台がある。サン・マルコ広場には、とても沢山の鳩(皆、青灰色)がいる。ひとの手から餌をもらうほど、ひとに慣れている。昔から、ここの住民に大事にされているのである。週に4回、2時に音楽が演奏された。サン・マルコ広場では、老いも若きも皆、往来が見られる。庭園を除けば、ここは人々が自由に歩き回れる唯一の場所である。ここの通りは、とても狭く、不規則で、いつも橋を登ったり降りたりする。なぜなら、主な交通手段は運河にあるからである。通りは、いつも清掃が行き届いており、埃っぽくない。

17. ここは、生活費も全て、とても安い。例えば、私は、いつもレストラン・ボンベッキアーティ[24]に行き、大抵、お米入りのスープとキャベツを添えた肉、5分の1リットル〔200ml〕[25]のワイン一杯とパン2個の食事をとったが、これら全てで1リラと5チェンテージモである。

喫茶店では、ミルク入りのコーヒーが20チェンテージモで、ブラックコーヒーが15チェンテージモである。いちじくは私の大好物であるが、500gで30チェンテージモである。

27日、私はオペラ座「フェニーチェ劇場」[26]にいた。ここは、内装が豪華である。ロココ様式で、全ての飾りは金また金である。

2月3日、公使から返事があり、1500フランを払ってもらえることになっ
18. た。ベルヘット氏が速やかに写真家のナヤ氏との契約書を用意してくれて、まもなく全ての手はずが整った[27]。

2月4日、月光写真の制作を学ぶために、初めてナヤのアトリエに行った。ナヤの奥さんは、ドイツ系(オーストリア人)である[28]。アトリエは、素晴らしい設備が整っていて、写真は全て乾板であった。夜通し雪が降ったため、ナヤ夫人が教えてくれたように、月光写真を制作するために、雲を印画紙に焼き付けることのほかには、今日の午後は何もできなかった。

14日、ウィーンから送ってもらった日本のネガ数点を受け取った。

18

Herrn Nayas fotogr. und wurde gleich alles in Ordnung gebracht. 4*ᵗᵉⁿ* Febr. ging ich das Vorstehende zum Nayas Etablissemente die Neudschein foto zu sehen werden zu können, Naya sein Sohn ist ein Deutscher (Österreicher) das Geschäft ist großartig ein großes Local, es wird seit allen mit Trockenplaten gemacht da es über Nacht geschneit hat so könnte ich heute weiter nichts machen als Nachmittag Welken und Copien für Mond bildern zu begonnen welches mir Herr Naya zeigt. 14. bekomme ich einige Japanische Negativs von Herrn geschickt wo ich den Nachtbilder davon

67　日記(1874年)18頁：ヴェネツィアの写真家ナヤのもとで写真技術を修得したことについて

IV　手書きの日記(1874年)

68 「ヴェネツィア、カナル・グランデ」ミヒャエル・モーザー撮影、月光写真の加工が施されている、1874年2月

19. それらを使って、夜の写真を制作し、ヴェネツィアで撮影した風景写真4点と併せて、ローマにいる公使〔佐野常民〕に送った。それからは、乾板の技法[29]による撮影を始めた。この技法は、コブレンツ出身のカール・ヤコビ氏が教えてくれた。彼は、ナヤのもとで、現在はコロタイプを学んでいた。このように好意的な若者と知り合ったことで、私は多くのことを学んだ[30]。この若者は、とても上手にツィターを演奏する。彼の部屋で、そのようにとても楽しい夜を何度か過ごした。
　19日、横浜のブラック氏に手紙を書いた。
20. まもなく、再び日本に戻ると彼に知らせたのである。
　謝肉祭の日は、雨が降っていて、吹雪に見舞われた。ヴェネツィア・カーニヴァルでは、幾つか仮面を見たほかには、あまり見るものがなかった。サン・マルコ広場で、ナポリターニと呼ばれる音楽隊が仮装をして、ベンガル

217

69 「ニギシ〔横浜・根岸〕の茶屋」ミヒャエル・モーザー撮影

70 横浜・根岸の茶屋、ミヒャエル・モーザー撮影、月光写真に加工

IV 手書きの日記(1874年)

の灯りを持って、歩き回っていた。

21.　2月〔正しくは3月〕1日、午前10時半に新しい船「エンリコ・ダンドロ号」がサン・マルコ広場の向かい側の海岸で組み立てられ、出港した[31]。天気のとても良い日で、かなり多くの見物人が海岸に集まり、ゴンドラで海に出ていた。私と吉田氏もここでゴンドラに乗った。10時半に音楽隊が来て、船は沖に出た。それは、とても興味深い光景であった。この船は、ヴェネツィアでこれまで建造された船の中で最も大きな船だろう。私たちは、まもなく再びサン・マルコ広場に戻り、鐘楼に登った。午後、私は見世物小屋で本物のひげを顔一面に生やしている「男みたいな女」を見た。

　17日、ナヤのところの修繕技師のカルロとサンタ・マリア・デッラ・サルーテ聖堂[32]の丸屋根に登り、上から写真を撮った。

22.　18日、とても天気の良い一日。昼にカルロとサン・ジョルジョ〔・マッジョーレ〕島に行った[33]。そこで、私たちは一番上の見晴台まで鐘楼に登り、町を撮影した。ここからは、想像の世界のような絶景を望める。私は写真を5点感光させたが、残念ながら、うまい具合にはいかなかった。

　15日にミラノにいる佐野公使から電報が届き、明日の夜にメストレまで彼を出迎えに来るようにとの連絡があった〔15日、16日の出来事が17日、18日の出来事と前後して記載されている〕。

　16日の夜、私、吉田〔要作〕、ベルヘットの三人でメストレに向かった。

23.　ワグネル博士(そして中山総領事、ソエダ〔シオダ〕、アサクラ[34]、アサミ[35])を連れた公使が10時に到着した。私は、公使に私の写真を見せなくてはならなかった。すると、彼は私に、今月末までヴェネツィアに滞在しなくてはならないこと、そして、それまで大いに勤勉でなくてはならないことなどを伝えて、4月10日が日本への出発の日になると言った。私が、彼に、もう一度両親を訪ねても良いかと尋ねると、その時間はもうないだろうとのことであった。しかし、最後には、今月末ではなく〔3月〕28日に出発して、もう一度、両親に会う機会を持つことをしぶしぶ承諾してくれた。

24.　私、吉田〔要作〕、ベルヘット、そして中山〔総領事〕はメストレに宿泊し、翌朝、再びヴェネツィアに戻った。

　3月14日は国王の誕生日で、23日は彼の治世25周年の重要な祝日[36]であった。全ての建物が旗で飾られて、夜は、サン・マルコ広場ではいつも以上に照明が灯されて、音楽隊が9時まで演奏していた。天気は、午前は雨が

降っていて、午後になると青空が広がった。

25. 27日の夜に9時半の急行でヴェネツィアを出発した。同日、吉田氏、ベルヘット氏とお別れをした。吉田氏は、私に150リラをくれた。そのお金で数枚（6枚）のシャツを購入した。とても美しい夜で、皆でワインをグラスで一杯飲んでから、モラ、ジャコモ、カルロ、そしてヤコビが駅まで私に付き添ってくれた[37]。

　28日午後5時半にブルック〔・アン・デア・ムーア〕に到着した。天気は終日とても良く、暖かかった。7時にリーツェンに向かって出発した。列車は、当地に11時に到着した。天気は、霧が出ていて、寒かった。リーツェンでは郵便局に泊まり、

26. 翌日の枝の主日に急行の馬車でアウスゼーに向かった。アウスゼーには4時に到着した。グレゴールがミッテルンドルフまで迎えに来てくれて、そこから一緒に向かった。天気は、それまでとても良かった。グラッハウからアルトアウスゼーまでは、とても沢山の雪がまだ積もっていた。アウスゼーの郵便局ではフランツル・アンゲラー、私の妹のゾフィー、そしてナンドル〔フェルディナント〕・シュスターが私を待ってくれていた。私たちは、まもなくアルトアウスゼーに徒歩で向かった。彼らが、私の小さな荷物を運んでくれた。

27. アルトアウスゼーの天気は、雲が立ち込めていて、雨が頻繁に降った（リーツェンで汚い格好をした人々を見かけて、一体どうなっているのだろうと不思議に思っていたのである。服は、グズグズである。革製のスカート、ズボンからふくらはぎまで）。

　4月1日の朝、私はグラム・ムンドルと彼の馬車でアウスゼーに向かった。父、ゾフィーとヒアスルが私を郵便局まで見送ってくれた。私が2日間、両親の家で滞在しているあいだに、お別れを告げるために、代父・代母、親戚と同級生をできる限り訪れた。

28. 天気は、この2日間、曇天で雨が降り、雪もまだとても多かった。アウスゼーを出発する前に、ヴァルヒャー氏にも別れを告げた。彼は、私にとても美味しいコーヒーを淹れてくれた。彼の息子のゲオルク（ウィーンで知り合った親友）〔ヨハンの兄弟か？〕が郵便馬車のところまで見送ってくれた。馬車は、9時半にリーツェンに向けて出発した。荷物として、一つの大きな旅行カバンを持っていた。私の父が作ってくれたものである。雨がひどく降ったが、夜には再び晴れた。

71　日記(1874年)25頁：ヴェネツィアで過ごした最後の一日について

29. レオーベンでは、なんて無教養で図々しい人々がいるのだろうと不思議に思った。彼らは、アウスゼーの人々をお手本にして行動すべきであるほど、粗野なのである。4月2日の朝6時にウィーンに到着し、レオポルトシュタットにあるホテル「ナツィオナル」に投宿した38)。まず、最初にしたことは、弟を訪れることであった。それから、到着を知らせるために、徒歩で公使〔佐野常民〕を訪れた(私は公使にヴェネツィアで撮影した写真のサンプルを持って行った。彼は、それらに大変満足していた)39)。

30. 私が最初に聞いたことは、5日にはフジヤマ氏40)と日本に出発しなければならないこと、そして、日本の万博の荷物ばかりが入った箱、191箱を載せた汽船「ニール号」が「イズオキ」(シモダ)41)で沈没したという悲しい知らせであった。そして、フジヤマ氏との急な出発は、主に、沈没した物品を調査するという目的によるものであった。

4月4日、タケノウチ42)から2月から5月までの月給を受け取った。全部で500フローリン以上あり、そのうち300フローリンをナポレオン43)に両替し、残りで洋服、時計、本を購入した(33ナポレオン)。

31. 4月5日、復活祭の当日の日曜日10時に私たちは皆、公使のもとに参集しなければならなかった。私たちは皆、広間で彼を囲むようにして座らなければならなかった。ワグネル博士もいた。公使は、またスピーチをした。まず、彼は、展示品が入った箱191箱を失ったことについて述べて、それから、若い人々の名前をそれぞれ呼んで、勤勉に学んだことへの感謝を伝え、彼らは皆、今月の26日までに出発しなければならないということを告げた。委員のフジヤマ氏は活字鋳造を学び、事務局の使用人であったオサキ・トサブロウ44)はパン作りの仕事を学んだ。

32. 写真家である私は、今月の7日にナポリ経由で出発することが言い渡された。公使は、モーザーをもう日本に帰国させなくてはならないことは残念だが、致し方ないのだと言った。写真の薬品や機材はワグネル博士が調達してくれるらしい。11時に私たちは皆、ホテル「インペリアル」に赴かなければならなかった。佐野〔氏〕が私たちに敬意を表して、送別の晩餐会を催してくれたのである。最後にシャンパンが振る舞われた。皆、(佐野氏と)乾杯するために立ち上がった。私は、最初、その輪に加わろうとは全くしなかったの

33. だが、彼〔佐野常民〕が私に、彼と乾杯をするために戻ってこいと言ったので、帝の健康を祝して乾杯した。

IV　手書きの日記（1874年）

　4月6日、曇天。午前中は、写真の機材のことでワグネル氏のところにいた。それから、公使館に徒歩で出かけた。午後2時半に歯科医のシュテルネのところに行き、臼歯3本に充填をし、1本を抜歯した。これは、とんでもなく痛かった[45]。充填には30グルデンを支払わなければならなかった（歯医者のあと、ロートベルガーに行き、洋服を買った[46]）[47]。そのあと、弟たちのところへ出かけた。夜は、彼らは私と一緒に出かけて、私の荷物をホテルに全て運び入れてくれた。そして、荷造りを手伝ってくれた。私は、夜はとても具合が悪くなり、早々に就寝した。

　4月7日、雨降りの日。朝、公使館に直行し、そこで荷物を運送代理店に出した。その中には、トラウ氏が詰めてくれた本の箱が一箱あり、それには80フローリンを支払った。

　午後は、月光写真を制作するためのヨードとメチルグリーン、それから自分の生活必需品をいくつか急いで買い求めた。

　4時半にトラウ氏と別れた。彼は、私が、彼のために日本で物品を購入できるようにと75ナポレオンを私に預けた。それから弟たちのところへ出かけたが、残念ながら、ハインリヒしか家にはいなかった。ゼビーとポイドル[48]にはもう会えなかった。5時半に自分の荷物を持って、南駅に向かった。そこのレストランで送別の食事をとった。全員で約20人の日本人が来た。食事代は52フローリンであった。

　私は、そのうち12フローリンを、トサブロウが10フローリンを、フジヤマ氏が30フローリンを支払った。8時半頃に佐野氏も私たちのところへやってきた。彼は、彼の息子と一緒に私たちの隣に座り、少しだけワインを飲んだ。彼は、とても機嫌が良かった。彼は、私は日本では最初30ドルしかもらえないだろうと言った。この機会に、私は日本の保護下に入りたい（日本人になりたい）と考えていることを彼に話した。彼は笑って、こう言った。それは良い考えだな、と。それから、彼は、私たちに別れを告げて、帰宅した。

　私は、コルモンス[49]までのチケットを購入した。私には二等、フジヤマには一等、〔大崎〕トサブロウには三等のチケットを。列車は9時50分に出発した。

　8日、霧が多いが、天気の良い一日。シュタイアーマルク州を通過し、とても美しい一帯を眺めながら南下した。

　9日朝6時にヴェネツィアに到着した。そこから、私たちは三人揃って二

223

36.

12. Tosabro 10. und
Herr Fusiyama 30. Ab
gegen 9 Uhr kam auch Herr
Sano zu uns hinein er
setzte sich mit seinem Sohn neben
mich an einen Tisch und trank
ein glas Wein, er war
in sehr guter Laune, er
sagte dass ich in Japan un-
gefangs bloss 30. Dollar be-
komme, bei der diesen gelegenen
Zeit trug ich ihm auf dass
ich gerne Japaner werden möchte. Sein
gesicht machte auch das ver-
lustig, und sagte es ist sehr
recht. Dann nahm er abschied
von uns und fuhr nach Hause
ich löste den Bruder Leid
Cannons für mich zweit

72　日記（1874年）36頁：モーザーが佐野常民に「日本人になりたい」と話したことについて

73　日記(1874年)37頁：トサブロウ、フジヤマと共にヴェネツィアからボローニャへ移動

38. 等車でローマに向かって出発した。昼にボローニャに到着して、そこで昼食をとった。この一帯は、ここまで、すっかり平坦である。果樹はいたるところで、満開の花をつけている。天気は曇天で雨がち。1時にここから再び旅を進めた。今回は、二人のイギリス人の女性と同じ車室で、そのうちの一人が、131リラの入った財布（札入れ）をボローニャの駅でなくしたと言う。彼女はイタリア語が分からなかったので、私が、彼女のために通訳をしてあげて、駅長にボローニャへ電報を打ってもらった。

ボローニャからその辺りにかけては、山がとても多く、鉄道はピストイアまでかなりの急勾配を登っていく。ピストイアには5時頃に到着した。私たちは、そこまでの道のりで少なくとも3分の2の距離はトンネルを通過した。ピストイアからは、幾分平坦になった。6時にフィレンツェに到着した。

39. そこで、列車を乗り換えて、まもなく、再びローマに向かって出発した。私は、その夜は車両で熟睡できた。

10日午前11時にローマに到着した。そして、ホテル「ピエモンテーゼ」（「アルベルゴ〔イタリア語でテルの意味〕・ピエモンテーゼ」）に立ち寄った[50]。午前中、私たちは、とても美しい町の全景を眺望できるような高台にある庭園を訪れた[51]。ここのレストラン「プリレモーナ」で昼食をとった。ローマは、大きな古い城壁で囲まれている。サン・ピエトロ大聖堂からは、実に荘厳な印象を受ける。

40. グロテスク模様の美しい噴水が幾つもあり、これらが最も私の目を引いた。太古の時代から存在する大理石の柱が、幾つもある。ここ（庭園）〔サン・ピエトロ広場〕から階段を徒歩で降りて、サン・ピエトロ大聖堂に向かった。数えられないほど多くの教会があり、全て独特なドーム建築である。通りは狭く、不規則で、特別に美しい店というものは見なかった。川、そしてサンタンジェロ城に着いた。川には、沢山の天使の像が立つ石造りの橋がかけられている。その中にペトロとパウロもいる。橋は、「サンタンジェロ橋」という。

41. 橋を渡ると、サンタンジェロ城に辿り着く。高さのある円形の要塞で、天辺には、ブロンズ製の巨大な大天使ミヒャエルの像がある。この城塞の名称は、この像に由来しているのである。現在、この城塞にはイタリア軍が駐屯している。私は、フジヤマの要望に応えて、監視に城塞を見学させて欲しいと許可を求めた。すると、下級士官が私たちを上まで案内してくれた。そこからは街の美しい眺望が望める。この場所で聖ペトロが殺され、その後、彼

のお墓があった場所には時間をかけて城塞が造られた。

42. そして、ここは、のちの革命時にローマ教皇が滞在し、防衛する場所となった。バチカンのサン・ピエトロ大聖堂からここまで秘密の石造りの通路が通っていて、ここを通って教皇等はサンタンジェロ城に逃げた。このサンタンジェロ城では、かつて多くの司祭が処刑され、大量殺戮が行われた。ここから私たちは、サン・ピエトロ大聖堂に向かった。この大聖堂は、巨大である。全て、美しい大理石と金だけで仕上げられている。祭壇まで登ることがゆるされているのだが、そこではお祈りをするよりも好奇心で歩き回っている人々の方が多い。

43. 大聖堂の中には椅子は一つもない。中央には、聖ペトロとパウロのお墓がある[52]。地下に続く大理石の階段があり、そこでは、常時100以上のオイルランプが燃えている(数えた)。お墓の隣には、聖ペトロの大きなブロンズ像が立っている。

　11日の朝、一頭立ての馬車で、ミネルヴァ広場にある日本公使館に向かった。そこから、再びサン・ピエトロ大聖堂に行き、バチカン美術館のとても美しいラファエロの間を訪れた。午後、私たちは古い大理石の像や神々が展示されているバチカンの博物館を訪れた。

44. 二階には中国から来た「ダイブッツ」〔大仏〕が二体、そしてポンペイの遺跡も展示されていた。ほかの展示室には、エジプトのミイラなど〔が展示されていた〕。

　夜11〔時〕にナポリに出発した。天気は曇天で雨が降っていた。

　12日の朝7時にナポリに到着した。すでに早朝から火を噴くヴェスヴィオ火山が見えた。駅では、大勢の厚かましいホテルの案内人や荷物の運搬人・ラッツァローニ[53]によって、大変不快な目に遭った。私たちは、そ

45. れから二頭立ての馬車に乗り込み、「ホテル・ドゥ・グロブ」に投宿した[54]。身体を洗い、朝食をとってから、私たちは町を見に行った。まず最初に、長い、しかし汚れが充満しているひどい通りに出た。ここの市場では、魚、肉、野菜が売られている。残念ながら、ここには見すぼらしい姿の人々や汚い住居がとても多い。貧困が、ここでは大きな問題なのである。ここから、私たちは山の上に向かい、そこで広くて美しい通りコルソ〔大通りの意味〕・ヴィットーリオ・エマヌエーレに出た。山の周囲を巡る環状線のような通りである。ここからは、町全体とヴェスヴィオ火山を見渡せるような、最も美しい景色が望める。

46. 私たちは一頭立ての馬車に乗った。馬車は、美しく、長いトンネルに向かった。ここの道は山を通り抜ける道で、トンネルの内側にはガス灯が灯されていた。ここから再びホテルに戻った。道は、ここでは美しく大きな宮殿とプブリコの庭園のあいだを通っており、多くの記念碑と神話に関する像が幾つも並んでいる。波止場の辺りは汚れが充満していて、粗野なならず者が多いのに対し、町は美しく清潔で、美しい大きな記念碑や像を幾つも目にする。夜はホテルで食事をした。

47. 13日午前に、メサジェリー・マリティーム社で横浜までの切符を購入した。フジヤマは一等のチケットを半額で購入して、1187.50フラン、私は二等のチケットを890フラン、〔オオサキ〕トサブロウは三等のチケットを535フランを支払った。それから、私たちは、とても美しい絵画のコレクションや古い石像、そして発掘されたポンペイの宝物を展示している国立美術館を訪れた。これらは、とても興味深いものである。入場料は1フランであった。そこから、更に二つの見世物小屋も訪れた。一つは、若い鯨を展示していて、もう一つは、人間の性器を展示している歴史博物館である。

48. 夜は、雨が降り始めた。私は、代父のミュールベルク[55]に手紙を一通書き、彼にナポリ、ポンペイ、ローマのステレオ写真を5枚送った。

　14日、土砂降りの雨が降って、とても強く〔風が吹いた〕。朝、私は、乗り合い馬車に乗って、ホテルから駅に向かった。自分で送料を支払った荷物を引き取りに行くためである。お供を連れて。

49. 11時にアヴァ号[56]に乗船した。船は、10時には到着していた。海は、とても荒れていた。船には、ベルリン、ミラノ、そしてフランスから帰国する日本人が数名乗船していた。4時に出港した。風はとても強く、海はひどく荒れていた。私はすぐに気分が悪くなり、何度も吐くことになった。船では、二等のベッドNo. 152に寝た。この船室にはミラノから乗った若い日本人もいた。横になると、幾らか楽になった。

　夜は、海がとても荒れた。

50. 15日、まだ雨が降っていた。しかし、風は止み、海も幾分穏やかになった。しかし、私は午前に再び吐いた。そのため、また、ベッドに横になった。隣のベッドに寝ている日本人はアマノといった。彼も私と同じぐらいの船酔いを起こしていた。10時頃、配膳係が私にライスカレーと果物を持ってきてくれた。それを美味しく食べた。

Ⅳ　手書きの日記（1874年）

　　　　　——・——・——・——・——・——

　1,902トンの船で500馬力の汽船「アヴァ号」。この汽船でのマルセイユから上海までの往復の旅費は総額5万フラン。マルセイユからはドイツ、イギリスから日本に戻る日本人の学生が12人乗船した。彼らは皆、日本政府から帰国を命じられたのである。
　アマノ氏は21歳で、すでに二人の息子がいた。彼は、16歳のときから結婚しているのである。エジロ・コジマ、ヨカマ・アキンド、そしてロシアの哲学者のメチニコフ博士。メチニコフ博士[57]は、片方の足が曲がっていた。彼は、江戸での仕事に対して150ドルをもらっていた[58]）。

　　　　　——・——・——・——・——・——

　昼にメッシーナ海峡を通過した。天気はとても良かったが、風が吹いていた。その後、再び、私はベッドに横にならなければならなかった。
　16日は曇天で、風の強い日であった。とても調子が悪く、一日中ベッドの上で横ならざるをえなかった。2、3回吐いた。
　17日、とても天気の良い日で、ほとんど無風。海は、すっかり穏やかで、私も頗る快調。食欲のある状態で食事ができた。
　18日、天気のとても良い、風のない穏やかな日。私は、頗る快調。夜は11時頃にポート・サイドに到着した。すぐに乗船してきたメサジェリー・マリティーム社の支店長に、どの箱が幾つ、またいつ最初の船荷が発送されたのかについてフジヤマ氏とともに尋ねた。それにより、どの箱がニール号とともに沈没してしまったかが分かるからである。私が話した印象では、少なくとも、その支店長は私たちに対して、とても親切であった。彼は、彼と一緒に上陸し、事務所に来るようにと私たちに言った。それにより、記録を確認できるからということであった。私たちは早速上陸し、事務所に赴いた。そこで、彼は私たちに汽船「アナディア号」が191箱を載せて、2月9日にポートサイドを出港したということ、そして、その汽船が5日後に香港に到着したということをはっきりと保証した。つまり、私たちは、ニール号が沈没したのであるから、日本の荷物は一つも沈没していないということを確信できるということである[59]）。フジヤマ氏が事務所ですぐに、ウィーンにいる佐野公使にこの喜ばしい知らせについて手紙を書いた。2時半頃、再び船に戻った。

229

54. 　19日日曜日、朝6時半にポートサイドを出発し、118マイルの距離のあるスエズ運河を航行した。左岸には、小さい魚から大きい魚まで、沢山の魚がもがいていた。というのも、運河がとても狭く、運河の中心、船の前方に船の力で水が集まり、岸から水が引いてしまい、かわいそうな魚たちは1分ほど水のないところにいる格好になってしまうからである[60]。その後、再び水が満ちる。
　11時頃、イギリスの牧師が説教を行った。私も出席した。
　20日、天気のとても良い、暑い日。昼に、私たちはスエズ運河に着いた。
55. しかし、3時には紅海に旅を進めた。
　21日、22日、23日は、良い天気だったが、ひどく暑い日であった。ほとんど風がなく、海も全く波がなかった。広間のピアノが前甲板に運ばれて、夜に、数名の女性が親切にも私たちの前で演奏してくれた。私は、極めて快調で、食欲のある状態で食事ができる。
　24日、とても天気の良い日。風が強く吹き始めた。午後は、紅海からアデン湾に抜ける海峡を通過し、夜まで両側に大陸が見えた。夜は、再び風が
56. すっかり止んだ。
　25日、とても天気の良い、暑い日。午前9時にアデンに到着した。昼に、私、フジヤマ、〔オオサキ〕トサブロウとバタヴィアに向かうオランダ人が上陸した。まず、郵便局に向かい、ここでヴェネツィアのヤコビ[61]、ゲオルク・ヴァルヒャー、シュトライヒャー氏、カール・ロイトベアに宛てた手紙を投函した。手紙には4.5シリングを支払った。それから、四人乗りの一頭立ての馬車に乗り、4ルピーで(アデンの町にある)貯水池に行き、戻ってきた。アラブ人たちの汚い村々を通り、墓地の間を通った。墓地には、柵が
57. なかった。砂のなかに、ただ四角の墓石が立っていて、大抵、背の低い丸い柱がその上に載っているという場所がいたるところで見られた。上り坂を進み、それから大きめの要塞の門を通った。そこには大砲が複数あり、イギリスの歩哨が立っていた。ここからは、岩を穿って開いた道を通り、再び、アラブ人の町であるアデンに戻った。私たちの冷酷なアラブ人の御者は、かわいそうな白馬を叩いた。彼の馬を走らせるやり方は残酷で、気の毒な動物たちは上り坂でも走らなければならなかった。スティーマー・ポイントからは、約4分の3時間〔45分〕はかかっただろう。アデンの町は標高の高い、草木のない岩の谷間に位置している。

IV　手書きの日記(1874年)

58. 　家屋は皆、白色に塗られていて、二階建てである。しかし、家の中はとても汚い。ここでは、ロバ、ラクダ、人間が一緒に暮らしているらしい。ここの人々は、とても貧しく、怠慢である。ベンチの上にだらしなく寝そべっているところしか見ない。そうでなくとも、この貧しい人々が、ここで暮らせていること自体に驚く。ここの土地は、草木の生えない岩ばかりの乾燥した土地でしかないからである。どこにも、緑の茎などは見えない。それでも、ここには、羊、山羊、水牛、ロバ、ラクダが生息しているのである。羊は頭が黒く、体は白色で、肥えて見える。水牛は灰白色で、大きく、太い角を持っている。

59. 　その角は、山羊の〔角の〕ように、ほとんど直立している角である。ロバやラクダは運搬用の一般的な役畜であり、ラクダは酷く醜く、汚く、吐き気を催すほど臭い。ラクダは10日以上水がなくても生きていられる。ここの人々は黒褐色の肌をしていて、醜く、信じられないほど厚かましい。多くの若い男性は、髪の毛を赤く染めるために、頭に石灰を貼り付けている。これが美しいとされているのである。女性は、がっしりとした体格で、醜い。彼女たちの顔はちょうど、長く白い前歯のある骸骨の形をしている。服装は醜い。

60. 　汚い白い布地を体に巻きつけていて、「お尻」がかなり大きい。一般的な装飾品として、黄色のパールと珊瑚を首や腕につけている。女性が陶器の壺で水を汲んでいるところを見る。水は、深いつるべ井戸から汲んだ水、あるいは、通常の海水よりは塩分が少ない海水である。淡水はここにはない。なぜなら、ここでは平均して3年おきに2回ぐらいしか雨が降らないからである。イギリス人は、町のすぐ裏に大きな耐水性の貯水池を造った。雨が降ると、山中から水がこの貯水池に集まる。そして、通常、それが満杯になる

61. と、水は少しずつ、貴重なものとして換金される方法で供給される。これは立派な人工の〔施設〕であり、苦労して造った価値があるように思われる。昨年、私は日本の委員等とここに来たが、彼らはその価値を十分には理解できなかった。アデンにはイギリスとフランスの(カトリックの)教会がある。前者は岩の上に建っている。商店も幾つかあり、ダチョウの卵と羽毛、そして、山羊の毛皮などを売っている。しかし、これらを売っている商人は、ペルシャ人である。アラブ人のところでは、デーツが売られているのを見た。

　ヨーロッパ人が居住しているスティーマーポイント(港)では、飲み水は、

62. 蒸気機関を利用して、海水から蒸留している。アデンは高さのある岩の半島で、イギリス人の所有となっている。岩の頂上は、堅固に防備が固められている。4時頃、船に戻った。船では黒人たちととても愉快なことをした。彼らは簡易な小型のカヌーで来て、銀貨を海に投げた。すると、オオタカが海に潜り、それを拾ってきた。そのなかには、とても大胆なオオタカもいて、まるで猫のように船の甲板に登ってきて、そこの30フィートの高さから
63. 水に飛び込んだ。彼らは、潜水における優れた耐久力を見せた。深夜を過ぎて、ここを再び出発した。ここでは、フランス人の家族が数家族、ブルボン島(モーリシャス島)62)に行く別の汽船に乗り換えるために船から降りた。

　5月2日まで、あまり風の吹かない穏やかな、けれども暑い天気が続いた。飛魚の群れを見たほかには、特に面白いことは起きなかった。

　5月2日、3日は、雨が降って、嵐になった。船は、とても強く揺れた。

64. 5月4日の朝、私たちはゴールに到着した。天気は悪く、港でも船はひどく揺れた。雷も鳴った。昼に、私は〔オオサキ〕トサブロウと、ここの風変わりなカヌーに乗って、上陸した。カヌーは細く造られていて、ちょうど足を差し入れることができる程度の幅しかない。右舷には、5、6フィートのとても長い棒が2本ついていて、その2本の棒のあいだには、およそ7、8フィートの太い椰子の木の棒が1本渡されている。これは、水に浮かび、カヌーが揺れて、転覆するのを防いでいるのである。そのようなカヌーには、船を漕ぐ人が三人、舵をとる人が一人乗っている。

65. このようなボートには、二人から四人が乗船できる。波止場に着くなり、私たちは厚かましいインド人にすっかり取り囲まれて、私たちをそこから自由にするために、イギリス人の警官が介入しなくてはならなくなった。イギリス人は、彼らに対して極めて厳しい。しかし、私たちが数歩歩いたところで、再び同じ状況になった。それぞれに案内係を申し出る、あるいは杖や偽物の金の指輪や黒檀の製品、小さな緑色の鸚鵡を売りつけようとした。商売に対しては恥知らずで、10倍の値段を要求した。私は、彼らのことは、日本人とここに来た昨年から知っていた63)。

66. 私は、彼らが要求した10分の1の金額だけを支払った。例えば、二羽の小さな緑色の鸚鵡に対して、彼らが8ルピーを要求したところ、2シリングを支払い、購入した。ここでは、とても用心しなければならない。ここの人々は皆、私が出会った人々の中で、最も厚顔無恥の詐欺師であり、ペテン師で

IV　手書きの日記（1874年）

ある。私たちは一頭立ての馬車で、およそ30分ほど離れたインドの寺院に向かった。一区画は走ったかというところで、黒人が馬車の後ろに座った。彼は、私たちの案内人になると勝手に決めた。彼を追い払おうとすることは、もはや不可能であった。

67.　彼は、昨年も私と一緒にいたと言い張ったからである。しかし、その後は、かなり行儀よく振る舞った。私たちは、海岸のすぐそばのインド人の街を通り、それから「椰子の森」に沿って椰子の木のあいだを走った。数軒の汚い家屋の前で止まり、左手の「椰子の林」に入った。ここには仏寺がひっそりと建っていた。大勢の厚かましい人々や子供達が私たちと一緒に移動し、何かくれと懇願した。お寺は、石造りの簡素な暗い小さな低層の建物で、閉じられている格子状の扉の向こうに仏陀を見ることができた。

68.　お寺の右手には、およそ25フィートから30フィートの高さの丸屋根の塔が建っている。プロイセンのチャコ[64]のようなかたちである。その塔は石造りで、白色に美しく塗られている。この塔には仏陀の聖遺物が埋め込まれているそうである。仏陀は、もともとセイロンで暮らしていた。お寺の左手には僧坊がある。これも小さな汚らしい建物である。金色の服を身につけ、頭を丸めたお坊さんが、ちょうど、書物机に向かい、およそ2フィートの長さで、2インチの幅の椰子の葉にお祈り〔お経〕を書き付けていた。彼は、私たちに対してとても親切で、日本人が仏陀の信者であると聞いて、とても喜んでいた。

69.　彼は、私たちにそれぞれ、そのお祈りを書き付けた葉をくれた。私たちは、そのお礼に1シリングを渡したところ、彼は、それを彼のそばに立っていた童子にすぐにあげた。童子はそれを受け取ると、そこから走っていなくなった。仏教の僧のあいだでは、何も受け取ってはいけないという決まりがあるのである。

　　寺の周囲は汚く、境内と言うよりはむしろ密林に近い。帰り道に埋葬式に遭遇した。棺は、赤い布で覆われており、六人の男たちがその棺を運んでいた。棺の前後には、年をとった男性が、ぞろぞろと歩いていた。彼らは

70.　お祈りを捧げていて、ターバンを頭に巻いて、腕は散歩に行くときと同じ具合に振られていた。

　　セイロンは、かつてオランダに属していたが、イギリス人が奪った。ゴールの町は、要塞の壁で囲まれている。塔には建設された西暦である1626？[65]

233

という数字が入れられている。町は小さく、何の観光名所もない。美味しいバナナとパイナップルが、ここには沢山ある。午後5時に再び出発した。海はとても荒れていて、船はひどく揺れた。

5日、6日は、相変わらず海がひどく荒れていて、船は激しく揺れた。

71. 7日、海は、幾分穏やかになった。午後、マラッカ海峡に入ると、スマトラ島が見えた。スマトラ島では、現在、オランダ人がアチェ戦争[66]を繰り広げている。

8日、9日は、快晴で風のない穏やかな天気であった。昨日の朝は、まだ、スマトラ島の海岸が見えたが、今日はマラッカの海岸が見えた。午後、私たちはマラッカの町のそばを通り、深夜にシンガポールの前に投錨した。ずっとひどく暑かった。

10日の朝、港の左手にある、汽船の石炭を積む場所に向かった。私は、ここで、再び二羽の小さな鸚鵡と一羽の大きな鸚鵡を購入した。後者だ

72. け、また逃げてしまった。昼には雨が降り始めた。私は、フジヤマ、トサブロウとともに、一頭立ての馬車でシンガポールに向かった。なぜなら、フジヤマがドルを両替したがったからである。まず、マライ人の村を通り抜けて、古い墓地を通過した。私たちのこの移動は、15分程度であっただろうか（シンガポールまでの値段は1人1シリング。安かった）[67]。ここの暑さは、私たちが想像していたほどには、ひどくはなかった。私たちの船の前には、すぐ

73. に、中国人、マライ人、ヒンズー教徒、クリング[68]など、様々な人種の賑やかな混乱ができた。中国人は熱心な労働者で、荷物の運搬人として働き、パイナップルやバナナなどの果物を売っていた。マライ人は、鸚鵡などの鳥を売っていた。仕事にあまり積極的ではないヒンズー教徒やクリングは御者として、小さめの背の低い馬が曳く馬車に座っていた。一目瞭

74. 然であることは、ここの人々がゴールの人々と比べると、礼儀正しく親切な振る舞いをしていることである。

11日朝6時に私たちは出発した。天気はとても良かった。

13日、11日から天気はとても良く、穏やかで、ほとんど風がない。海は穏やかで、水面は鏡のようである。10時頃、サイゴン川の河口に到着した。ここで、サイゴンまで私たちの船を案内してくれる水先人が乗船した。この川ではいつもジグザグに進む。サイゴンまでの移動距離は、およそ40マイルである。

75. 　2時にサイゴンに到着した。この辺りはすっかり平坦で、川の両岸にはサイゴンまで、ずっと原生林と椰子の木が続いている。木の上でふざけ合っている猿を見た。サイゴンは、およそ14年来、フランスの植民地である。町は、まだあまり大きくはなく、建物は皆、小さく、石造りである。居住者の大半は中国人と原住民である。原住民は小柄の痩身の種族で、性別の

76. 見分けがほとんどつかない。そればかりか、頻繁に男性を女性と間違えた。男性の方が可愛らしいからである。服装は、男性も女性も同じで、薄い布地でできたエプロンと長いブラウスである。ブラウスは、脇腹のところまで両側に切り込みが入っている。髪型は、男性も女性も同じである。全ての髪を後ろで一つに束ねている。ここでは、皆、キンマを噛んでいる。そのため、皆、キンマの醜い暗褐色の口をしている。そして、それは女性の痩せて落ちくぼんだ顔を一層醜くしている。

77. 　ここでは、すでに不快なまでに暑く、平均30度（列氏）〔摂氏37.5度〕であった。夜は暑さのために、ほとんど眠ることができず、その上、煩わしい大きな蚊もいて、衣服の中にまで入ってきた。

　14日、昼には、ありがたいことに再び出発した。香港に向かう多くの中国人が乗船した。彼らは、甲板に寝泊まりをする。そのうちの数名は、

78. サイゴン出身の原住民の女性を連れていた。彼らの荷物は皆、前甲板に置かれていて、彼らは、屋根に椰子の葉がかけられている、板張りの寝台に寝た。

　17日の2時頃に香港に到着した。サイゴンからは順風に恵まれ、昨日は308マイルを走った。天気は、午前は雨が降り、雷も鳴った。しかし、午後には、また快晴となった。香港に到着すると、すぐに暴動が起きたのではないかと心配になるような勢いで、小舟に乗った沢山の中国人がやってきた。彼らは、乗船客を陸に運ぼうと、我こそがとタラップに群がった。〔船

79. 形は、一般的なヨーロッパの小舟と同じで、最上甲板だけがあり、その一部は開閉式になっている。その下には炊事場と寝床がある。座る場所としては、小さな四角の空間があり、そこに足を差し入れる。そこは、日よけ・雨よけのための帆布で覆われている。そのような小舟には、それぞれ、一家族が乗っている。父親と母親が座り、漕いでいる。年長の子供は、彼らの後ろで船の舵を取っている。皆、何事もなく、すぐに陸に着いた。私だけは、フジヤマと船に残らなければならなかった。船の重さ950トンで250馬力の、

80. 香港と横浜のあいだを運航する汽船ヴォルガ号が、まもなくアヴァ号の隣に

着いた。

　日本に向かう荷物の移動は、すぐに始められた。ここで私たちは、中国人がフランス人に対して上海で反乱を起こしたことを聞いた。14人のフランス人が殺され、数日に渡り、治安の撹乱が生じた。全ては、フランス人が中国人の墓地のあまりに近くに道路を建設したことに起因するらしい。

　18日、昼に、私はフジヤマと〔オオサキ〕トサブロウとともに上陸した。最初に向かったのは、波止場にあったメサジェリー・マリティーム社の事務所であった。

81.　日本の荷物がどうなっているかを調べるためである。しかし、残念なことに、最初の191箱の荷物は、「ニール号」とともにすっかり沈没してしまったことを知った。ポートサイドの支店長が、私たちを見事に騙したことが判明した。支店長は、アヴァ号の接続船はヴォルガ号だと言ったが、そうではなく、「ニール号」だったからである。「ニール号」とともにヨシダという名前の日本人も海に沈んだ。彼はリヨンで2年来絹織物業を学び、そこから乗船してい

82.　た69)。私たちには、佐野氏に再び手紙を書き送ることしかできることはなく、フジヤマ氏がすぐにそれを行った。

　そこからクイーンズ通りに沿って、中国人の居住区に向かった。中国の大型のホテルとレストランに行くということが、フジヤマ氏の希望だったからである。中国語が読めたフジヤマ氏がまもなく一軒のそのような場所を見つけた。それは、大きな三階建ての建物であった。私は、まず、このほかにもっと大きなホテルがあるかどうかを調べたが、これが、中国人の経営する、香港で一番大きなホテルだと言われた。私たちは、すぐにその建物の中に入

83.　り、三階にある大広間に続く階段を上った。階段の最初のところは、かなり幅があった。真鍮製の光る金具が取り付けられていて、とても美しい。この飾りは、その階段を上るときにとても美しく見える。しかし、階段の上の方は狭く、暗がりになっていて、汚かった。食事をとる広間は広く、大きな窓のおかげで風通しが良かった。その部屋には沢山のガラスランプが吊り下げられていて、その広間の美しい装飾品となっている。楕円形の折り畳み式のテーブルがおよそ六、七台あり、それぞれに小さな四角い椅子が並べられていた。大きな鏡の下には、四角いソファーが置かれている。ここは、中国人がアヘンを吸うときに横たわる場所である。2枚のガラスの扉の向こう

84.　は、バルコニーに通じている。そのバルコニーからは、中国人が大勢行き

IV　手書きの日記(1874年)

交う通りの美しい景色を眺望できる。中国人に、食事をしたいことを伝えると、彼は、私たちを早速、楕円形のテーブルの一台に案内し、席に着くように勧めた。私たちの世話をしてくれた中国人の給仕は、汚い服装をした老齢の男であった。彼は、とても穏やかで親切であった。まず、彼は、それぞれに3枚の小さな丸皿を持ってきた。1枚は直径約2インチの皿で、2枚目は約3インチ、3枚目は約4インチの大きさである。1枚目のその皿に
85. は、小さなガラス製の器が載っていて、直径1インチ(火酒用)あり、2枚目には醤油(中国のソース)[70]、3枚目には陶製のスプーンが載っていて、そして2本の木製の箸とアーモンドが入った小皿が並べられた。それから、様々な冷菜が運ばれてきた。焼豚、きゅうりの酢の物、緑色に着色された卵[71]、ハムを巻いた茹で鶏など。全て小さくカットされていて、2本の木〔箸〕で挟めば良い。食事はとても美味しかった。しかし、全てとても汚く見えて、食事をしているときも沢山の不潔なことがあったので、嫌な気持ちがした。錫製のポットに入った火酒ももらった。

86. しかし、私はそれを楽しむことはできなかった。というのも、ひどく嫌な臭いがして、不快な辛味があったからである。私は、むしろお茶を好んで飲んだ。最後に鶏肉が一切れと、幾つかきのこが一緒に調理してある、薄い麺が供された。これは、とても美味しかった。中国人は英語ができず、私は中国語が理解できないので、少し塩などが必要なときは、フジヤマ氏が彼のために漢字で文字を書いた。中国人は、この文字をすぐに理解して、一言も言葉を交わすことがなくても、極めて円滑にコミュニケーションがとれた。

87. 最後に、彼はお茶と、布で顔をぬぐうための普通のお湯を真鍮製のタライに入れて持ってきた。会計は、2ドル80セントであった。

5時に再び船に戻った。その復路で、私は一人の中国人から、あまり質の良くない[72]白色のズボンを1本1ドルで2本購入し、靴を三足(1ドル)買った。とても安かった。船に着くと私たちの荷物はすでにヴォルガ号に移動されていた。日本に二等の切符で向かう乗船客は14人いた。しかし、
88. ヴォルガ号の二等の船室は、四台のベッドがある船室四部屋しかなかったので、私たちは一室に四人ずつとなることを承諾せざるをえなかった。

19日、朝8時にヴォルガ号が出発した。23日まで、天気はかなり良かった。しかし、ヴァン・ディーメンズ海峡に位置するサタノミサキ〔佐多岬〕[73]の近くに来たとき、風は、すでにとても強くなり、海はとても荒れてい

た。私たちは東風に吹かれていた。つまり、進行方向に対して逆風が吹いており、そのため、とてもゆっくりとしか進まなかった。24時間で100マイル程度である。風はますます強くなり、波は、船の前方がずっと水に浸かっているほど高く、甲板に行くことは、危険と隣り合わせであった。船が、あまりに激しくあちらこちらに揺れたため、横浜に到着する希望を全て失ってしまったほどであった。そして、ひとが造ったものが、これほどの耐性を持つとはにわかには信じ難いだろう。私は、ひどい船酔いを起こしていたが、夜は、ほとんど寝ないで過ごした。第一に、船が粉々に壊れるのではないかと心配になるほど、時折、船がひどく軋む音をたてて、大きく揺れたからである。第二に、ニール号と同じ運命をたどるのではないかという恐怖に支配されていたからである。

74　入間海蔵寺の墓地(伊豆半島)と1874年に台風で沈没した郵船ニール号の犠牲者の慰霊塔（ニール号遭難者十字架塔）

IV 手書きの日記(1874年)

25日、空は密雲が幾分晴れた。午後は風が少し止んだが、海は荒れ狂い、船は激しく揺れた。〔5月〕26日、風は弱まり、時折、晴れ間が差した。しかし、海は相変わらず波がとても高く、船は激しく揺れた。ずっと日本の海岸が見えていたが、空があまりに曇っていて、遠望するのは不可能であった。日本人は、郷愁から富士山が見えると主張したが、分厚い雲のために見えるわけがなかった。午後には、イズノオケ〔入間沖〕、つまり伊豆半島が視界に入ってきた。ここで、約30歩の距離のところで、ニール号のマストが海から突き出ているのを見た[74]。私が聞いたところによれば、ニール号は3月20日の夜に、荒天と厚い霧のために、この危険な場所で沈没してしまったようである。四人の乗組員しか助からなかった。しかし、彼らは、横浜のメサジェリー・マリティーム社で歓迎されなかったのだが。なぜなら、彼らは規律を守らなかったからである。つまり、彼らは、ほかの乗組員等とともに溺死すべきだったのである。

風は、夜にはすっかり収まり、私たちが深夜に江戸湾に入ったときには、海は鏡のようになめらかで、月がくっきりと美しく、明るく照らしていた。そこここに日本の漁船が碇泊していた。2時を過ぎて[75]、私たちは横浜に到着した。私は投錨後にようやくベッドに横になった。しかし、とても気分が悪く、船酔いで調子が悪かったため、寝付けなかった。

27日の早朝に私たちは荷物を一切合切持って上陸し、ホテル・タカシマヤ[76]に立ち寄った。そこで昼食をとった[77]。ごはん、「サシミ」(生魚)そしてお茶である。私は、相変わらず気分が悪く、全く美味しく食べられなかった。すぐに、ペーター・クラウゼン、ロッツ氏[78]、シュナイダー・ラウフェンベルクを訪ねた。ラウフェンベルク氏はとても具合が悪そうだった。肺結核を患っていたのである。ロッツ氏はドイツ人の経営するホテルのことで大金を失い、無一文になっていた。クラウゼンは、まだ、同じ家ユニオン・サロン133号〔Union Salon Nr. 133〕に住んでいる。しかし、商売はうまくいっていない。そもそも、横浜では現在、商売がすっかり停滞してしまっているのである。多くの商人が再び日本を離れてしまった。

2時の汽車で私たちは江戸に向かった。そして「ハクランカイ・ジムキョク」〔博覧会事務局〕に直行し、そこで、ヤマタカ氏[79]、セキサワ氏[80]に挨拶した。そこから私は、「チンリクシャ」〔人力車〕で浅草のワカイのもとへ走った。しかし、彼は家にはいなかった。再び「ヤマシタ・チョウ」〔山下町〕[81]のマツ

75 日記(1874年)92頁：博覧会事務局員との再会について

76　日記(1874年)93頁：日本での博覧会事務局員の歓待について

のもとへ戻った。彼は、ちょうど家にいた[82]。私は、シマバラに宿泊した。

　事務局は、政府の最も高位の大臣等に出迎えられ、そこから帝自らが彼らのために用意した車で人垣と儀仗儀兵のあいだを通って、帝の宮殿〔皇居〕に案内された。宮殿〔皇居〕では、皇帝〔天皇〕自ら、彼らを出迎えた[83]。東京の全住民が熱狂に沸き、東京の町の全ての家には白地に赤い太陽の帝国の旗が掲げられた。更に、その祝いを称えることに、素晴らしい天気も一役を担った。その一連の様子が、ヨーロッパの軍事的な祝祭と同様の印象を与えた。

注
1) 写真館「アデーレ」(Adèle)にはスタジオが二軒あった。一軒は二区のプラーター通り(Praterstraße)18番で、もう一軒はウィーンの中心部(一区)にあるグラーベン19番である。経営者は、アデーレ・パールムッター(Adèle Perlmutter)で、結婚してからの姓名はハイルペルン(Heilpern, 夫の名前はZloczow。1845年ガリシア生まれ、1941年ウィーン没)。
2) 藤島常興(1829-1898、山口県士族)：器械担当。
3) 若井兼三郎(1834-1908)：東京出身。道具商(若井兼三郎は、この日記の6頁と93頁でも言及されている)。
4) 岩橋教章(1835-1883)：海軍将校で画家。ウィーン万国博覧会には、「石版、書術、地図製法」の専門家として参加(『昨夢録』1925年、122頁)。ウィーンで銅版彫刻と石版画を学び、のちに政府(大蔵省及び内務省)の紙幣寮や地理寮に勤務。
5) 塩田真(1837-1917、長崎県士族)：ウィーン万国博覧会では一級事務官として参加し、列品担当(塩田真は、この日記では様々な表記で5頁、6頁、23頁で言及されている)。
6) ハインリヒ・フォン・シーボルト(Heinrich von Siebold, 1852-1908)：日本研究者のフィリップ・フランツ・フォン・シーボルトの次男。ウィーン万博後、1873(明治六)年から1899(明治三十二)年まで、在東京オーストリア＝ハンガリー帝国公使館において外交業務に従事。
7) カール・トラウ(Carl Trau)が1850(嘉永三)年に創業した「最初のウィーンの茶商」は1874(明治七)年にはウィーンの中心部(一区)のヴォルツァイレ(Wollzeile)1番にあったが、のちにシュテファン広場(Stephansplatz)に移動した。
8) 家主はヨーゼフ・ミスリヴェッツ(Josef Mysliwec)。ウィーン二区、プラーター(Prater)66番にあった(万博の期間だけ営まれた宿泊業)。
9) Hotel de L'Europe：ウィーン二区、アスペルンブリュッケンガッセ(Aspernbrückengasse)2番。万博のために建てられた。第一次世界大戦後、まもなくホ

IV　手書きの日記(1874年)

テル経営は停止された。現在はアパート。

10)　田中芳男(1838-1916年、東京府士族)：ウィーン万国博覧会では、一級事務官で列品担当(田中芳男は、この日記で7頁、8頁でも言及されている)。

11)　石田為武(佐賀県士族)：万博時は鑑識担当。

12)　石川巌(浜松県士族)：二級書記官(石川巌は、この日記では、7頁、8頁でも言及されている)。

13)　モーザーは、「マツ」としか書いておらず、事務局には四人、名前に松という字が入っている人物がいるが、ここは松尾儀助(1836-1902)のこと。彼は、この日記では、若井とともに二度言及されている。二人は万博時に設立された起立公商会社の責任者。佐賀出身の松尾儀助はこの会社の社長に就任した(参考文献：田川永吉『政商・松尾儀助伝　海を渡った幕末明治の男達』文芸社、2009年)。

14)　田中清助(佐賀県士族)：器械担当で、時計製造技術の専門家。東芝の前身である電信機製造の田中製造所の創業者、田中久重(1799-1881)の一族。

15)　ライムント・フォン・シュティルフリート男爵(Raimund Baron von Stillfried, 1839-1911)の発案で、万博のあいだ、プラーターに設営された「日本の茶屋」で日本のお茶の文化を紹介するために、彼が日本からウィーンに連れてきた三人の女性(ツネ、シマ、ロク、それぞれ20歳、18歳、17歳)のうち二人のこと。ゲンキチという名前の大工と徳川幕府の蔵奉行をしていたこともある伊藤恒信も同行していた。この企画は、オーストリアの上流階級の人々には「女郎屋」だとして風紀の点で認められず、万博会場の外に設営され、訪れた人々が少なかったため、赤字を計上した。そのため、日本政府がこの二人の女性の帰国の面倒を見た(参考文献：ユリア・クレイサ、ペーター・パンツァー著、佐久間穆訳「プラーターの茶屋」『ウィーンの日本：欧州に根づく異文化の軌跡』サイマル出版会、28〜32頁)。

16)　Einspänner：一頭の馬で曳く簡易の馬車。

17)　吉田要作(1851-1927年、柏崎県士族)：吉田は、横浜仏語伝習所で学び、フランスに留学。流暢なフランス語を話した。1873(明治六)年にウィーン万国博覧会事務官兼イタリア国公使付きとして派遣され、のちに外務省に勤務。1890(明治二十三)年には鹿鳴館館長に就任(吉田は、この日記では14頁、21頁、22頁、23頁で言及されている)。

18)　中山譲治(1839-1911)は、1872(明治五)年11月にヴェネツィアに総領事として着任。1873(明治六)年1月からミラノに異動。1874(明治七)年10月に日本に帰国(この日記では、10頁、12頁、22頁、24頁で言及されている)。

19)　コート・ダジュールにある町で、イタリアの国境のすぐそば。

20)　14年後に発表された活字化された記事(*Steierische Alpen-Post*, Aussee, 4. Jg., Nr. 4, 22. Jänner 1888)では、モーザーは「グランド・ホテル」に宿泊したことに

なっている(サンタ・マリア・デッラ・サルーテ聖堂の前に会った旧フェロ宮殿内にあったホテル)。

21) ジュリエルモ・ベルヘット(Guglielmo Berchet, 1833-1913):ジャーナリストで歴史家。1866(慶応二)年から1875(明治八)年まで『ガゼッタ・ディ・ヴェネツィア』(*Gazzetta di Venezia*)の編集者。1873(明治六)年日本名誉領事、1875(明治八)年から商務官としてローマの日本総領事館に勤務。1880(明治十三)年からヴェネツィアの日本名誉領事に再任し、亡くなるまで、この任務に就く。著書に、天正遣欧少年使節団(1585〔天正十三〕年)と支倉常長が率いた慶長遣欧使節団(1615〔元和元〕年)について書いた本がある。*Le antiche ambasciate giapponesi in Italia.* Venezia, 1877.

22) 昼光で撮影された写真を特殊な加工でメチルグリーンの調色にした写真。

23) カルロ・ナヤ(Carlo Naya, 1816-1882):1857(安政四)年からヴェネツィアで写真家として働く。1868(明治元)年からサン・マルコ広場のすぐ隣にあるスキアヴォーニ河岸で大きなスタジオを経営した。ナヤ自身は広く撮影旅行をした。専門は町の景観写真。ナヤもウィーン万国博覧会に参加し、写真を出品した。「ナヤ写真館(ヴェネツィア)の世界的に有名な写真は、その光の効果と美しい被写体で、多くの人々を魅了した」(„Die weltbekannten Arbeiten der Firma Naya(Venedig) fanden ihrer Lichteffecte und der herrlichen Motive halber die meisten Bewunder", Carl von Lützow, *Kunst und Kunstgewerbe auf der Wiener Weltausstellung 1873.* Leipzig 1875, S. 466)。

24) Frat. Bonvecchiati, Calle dei Fuseri:サン・ルーカ(San Luca)の近く。この名前は、現在ホテル・ボンベッキアーティに引き継がれている。住所はCalle Goldoni 4488。サン・マルコ広場から3分、リアルト橋から5分のところ。

25) un quintoは5分の1リットル。ピッコロ(piccolo)とも。それより上の単位は2分の1リットル(メッツォ / un mezzo)。

26) ヴェネツィアに、現在もある有名な歌劇場。

27) 横浜で発行されていた英字新聞 The Japan Gazette(Tokyo, Nr. 2008, 10, Aug, 1874)の記事で、モーザーがナヤのもとで月光写真を学んだことは、佐野常民の決定であったことが分かる("Minister Sano had another good plan, and it was to have Mr. Moser, a distinguished photographist whom he conducted with him, instructed in the manner of executing photographs by moon-light. ... Mr. Moser assisted for more than a month at Naya's establishment, learning there the art to perfection, and he will now produce these Moon-lights in Japan, which will really please. ... Venice 16th May, 1874.")。

28) イダ・レシアック(Ida Lessiak):ナヤの没後、彼女はナヤの右腕であったトマソ・フィリッピ(Tomaso Filippi)とともに写真館を経営した。イダ・ナヤ=レシアックが1893(明治二十六)年に亡くなると、写真館は彼女の二人目の夫、ア

ントニオ・ダルツォット (Antonio Dal Zotto, 1841-1918) の所有となった。

29) 原文では *Caffee Trocken process* とあるが、おそらく、改良されたタンニンプロセスのこと。ラッセル少佐が考案したタンニンプロセスは改良が重ねられ、「コーヒーあるいは紅茶の抽出液、ビール、卵白を樹脂や糖の組成物と合わせて被膜に用いたりもした」Josef Maria Edler, *Geschichte der Photographie*. Erste Hälfte. Halle: Verlag von Wilhelm Knapp, 1932, S. 521 (アルベルティーナ美術館学芸員のアナ・ハンライヒ氏にご教示頂いた)。

30) カール・ハインリヒ・ヤコビ (Carl Heinrich Jacobi, 1824年(?) バート・クロイツナハ生まれ) は1868(明治元)年以降、ドイツのコブレンツ (Koblenz) で写真家として働いていた。その後、アメリカに移住した。1875(明治八)年にウィーン写真家協会は彼の業績を評してメダルを授与した。モーザーは「好意的な若者」と言っているため、ヤコビについて存在している数少ない文献で紹介されている彼の生年月日は間違えだと思われる。

31) 客船。中世の国家元首(ドージェ)、エンリコ・ダンドロ (Enrico Dandolo) にちなんで名付けられた。イタリア船舶業アソチアツィオーニ・マリティーマ・イタリアーナ (Associazione Marittima Italiana) のために造られた。なお、2月1日は日曜日であった。

32) サンタ・マリア・デッラ・サルーテ聖堂は、1687(貞享四)年に大運河の進入口に建てられた教会。

33) ベネディクトゥス派のサン・ジョルジョ修道院と同名のサン・ジョルジョ・マッジョーレ島。

34) 朝倉松五郎、玉工の専門家(参考文献：近藤真琴閲　朝倉松五郎述「玉工伝習録」写本)。

35) 浅見忠雄(21歳)は、佐野常民の補佐。

36) ヴィットーリオ・エマヌエーレ二世 (Vittorio Emanuele II, 1820-1878)：1849(嘉永二)年からサルデーニャ王国国王、1861(文久元)年からイタリア王国初代国王。

37) モラ、ジャコモ、カルロはおそらく皆、ナヤの写真館の従業員。

38) Hotel National：ウィーン二区、タボーア通り (Taborstraße) 18番。

39) 括弧内の文章は、29頁の上の余白に書き足されていたもの。

40) 藤山種廣(佐賀県士族、?-1886)：二級事務官、鑑識担当(藤山種廣は、この日記では30頁、31頁、36頁、37頁、41頁、47頁、51頁、53頁、56頁、79頁、80頁、82頁、86頁で言及されている)。

41) 伊豆沖下田：静岡県賀茂郡南伊豆町入間沖でこの不幸は起きた(本章注74を参照)。

42) 竹内正義(静岡県士族)：一級事務官、会計担当。

43) ナポレオン金貨のこと。

44) 大崎藤三郎(東京府下平民)：庶務を担当。モーザーは、大抵、彼を名前で呼んでいる(大崎藤三郎は、この日記では、37頁、47頁、56頁、64頁、80頁で言及されている)。
45) フランツ・シュテルネ医師(Dr. Franz Sterné)：診療所はウィーンの中心部(一区)にあった(トゥーフラウベン 7番)。診療時間は10時から16時までであった。
46) シュテファン広場にあった有名なウィーンの紳士服の洋品店、経営者はヤコブ・ロートベルガー(Jacob Rothberger)。
47) 括弧内の文章は、33頁の上の余白に書き足されていたもの。
48) オイセビウス(ゼビー)、レオポルド(ポイドル)・モーザー。
49) コルモンスは、オーストリアとイタリアの国境の町(フリウリ地方)。
50) このホテルに休憩のために、ただ立ち寄ったのかということは不明である。活字化された記事では、町の中心地にある同名の広場にある「ホテル・ミネルヴァ」に宿泊したとある。「ホテル・ミネルヴァ」はパンテオンから遠くないサンタ・マリア・ソプラ・ミネルヴァ教会の隣にあった。
51) 14年後に発表された活字化された記事では、「ローマの人々に人気の遊歩道」であるピンチョの丘でブランチをとったとある。そこから、「七つの丘の一つである町の最も有名な眺望」を楽しんだ(*Steierische Alpen-Post*. Aussee, 4. Jg., Nr. 6, 5. Februar 1888, S. 51)。今日でも人気のある場所(Passeggiata del Monte Pincio)で、ポポロ広場(Piazza del Popolo)の上のボルゲーゼ公園(Villa Borghese)の広い庭園の端に位置する。
52) パウロの墓は、サン・ピエトロ大聖堂ではなく、サン・パオロ・フオーリ・レ・ムーラ大聖堂(San Paolo fuori le Mura)にある。
53) あとで補足された言葉「ラッツァローニ」(Lazzaroni)は貧しいナポリの下層階級を指す言葉である。
54) Hotel du Globe：14年後に発表された活字化された記事(*Steierische Alpen-Post*. Aussee, 4. Jg., Nr. 9, 26. Februar 1888)では、モーザーと日本人の同僚は「ホテル・チッタ・ミラノ」(Hotel Cittá Milano)に宿泊したとある。
55) ハインリヒ・カイン、通称ミュールベルガーはミヒャエル・モーザーの代父。
56) 3,392トンの大きさの船は、1870(明治三)年以降、就役。母港はマルセイユであった。
57) サンクトペテルブルク生まれのレオン・メチニコフ(ロシア語読みではレフ・メーチニコフ、Léon Mechnikov, 1838-1888)。反皇帝専制主義で、イタリアの統一運動及びパリ・コミューンに参加。パリで、日本の陸軍軍人(のちに元帥)で、サン・シール陸軍士官学校に留学していた大山巌と知り合う。2年間、東京開成学校(のちの東京外国語学校)のロシア語講師を務めた。*L'empire*

IV 手書きの日記(1874年)

Japonais. Genève: Impr. Orientale de l'Atsume Gusa, 1881 の著者。

58) モーザーが、1873(明治六)年6月11日と16日のあいだにウィーンからアルトアウスゼーに初めて帰郷したときの旅について記した日記のすぐあと。日記のページでは30頁(ウィーン在住のアルフレッド・モーザー氏所蔵)。

59) アナディア号(4,050トン)は1873(明治六)年以降、就役。アナディア号にはヴュルテンベルク出身の医師エルヴィン・ベルツもこの船に乗って、1876(明治九)年6月7日に横浜に到着した。

60) 原文通りに訳したが、意味不明。通常、ここに書かれていることと逆の現象が起きると考えられる。

61) 写真家のカール・ヤコビ(Carl Jacobi)のこと(本章注30を参照)。

62) 現在のレユニオン島。

63) 何の脈絡もなく、日記の該当頁の上の余白に「ホテル・エリントン」と書き込まれている。おそらく、このホテルで食事をしたのだろう。

64) 筒形の軍帽。

65) モーザー自身が書き入れた疑問符。

66) アチェ戦争は、1873(明治六)年3月26日に勃発したアチェ王国とオランダのあいだの戦争。

67) 括弧内の文章は、73頁の上の余白に書き足されていたもの。

68) マライ人は、原住民のインド人をクリングと呼んでいた。この呼称は、ベンガル湾沿いに位置した古代のカリンガ国(今日のオリッサ州)に由来していて、テルグ語が使われている地域である。しかしながら、クリングと呼ばれていたが、実際にシンガポールに暮らしていた民族集団の大半を占めたのは、南インドのタミル人であった。

69) 吉田忠七(1839-1874):京都西陣出身の織工。絹織物業を学ぶためにリヨンに派遣されていた。

70) モーザーの綴りは、Tschong yau。広東語では、Zoeng yau, ピンイン表記ではJiang youで、ここでは醤油を指していると考えられる。香港では、醤油は食卓に必ずと言って良いほど並ぶ調味料であるらしい(ウィーン在住のYan Donko夫人にご教示頂いた)。

71) ピータンのことと思われるが、モーザーには「緑色に着色された卵」に見えたのだろう。

72) 「質の良くない」(schlecht)という単語はあとから書き足されたもの。

73) ヴァン・ディーメンズ海峡(日本語では大隅海峡)は九州の鹿児島県と種子島のあいだを通る海峡。佐多岬は大隅半島(鹿児島県)の南端。

74) 船は、静岡県賀茂郡南伊豆町入間沖で沈没。海蔵寺に1876(明治九)年3月20日に慰霊塔(ニール号遭難者十字架塔)が建立された。

75) この文章の原文には「投錨した」(ankerten)という言葉が、ほかの単語を削除

247

することなくあとで書き足されている。
76) 1867(慶応三)年に実業家の高島嘉右衛門(1832-1914)が尾上町に建てた旅館。これまで、外国人と日本の当局が会合できるようなちょうど良い施設がなかったからである(なお、高島屋百貨店とは関係がない)。
77) 92頁と93頁は、ページ番号が欠落している。モーザーが、書き忘れたものと考えられる。
78) ロッツ(H. Lotz)は、1867(慶応三)年以降、横浜で暮らしていた。1872(明治五)年から1876(明治九)年まで「北ドイツホテル」(North German Hotel、横浜No. 126-128)で働き、1900(明治三十三)年にドイツに帰国した。
79) 山高信離(1842-1907年、浜松県士族):一級書記官。ウィーン万国博覧会では、佐野常民の右腕として働いた。後年は、京都・奈良両帝国博物館長を歴任した。
80) 関澤明清(1842-1897年、石川県士族):一級事務官、ウィーン万国博覧会では列品担当。1866(慶応二)年から1868(明治元)年まで、また1870(明治三)年・71(明治四)年にイギリスに留学した(参考文献:和田頴太『関沢明清・若き加賀藩士、夜明けの海へ』北國新聞社、2012年)。
81) 当時、薩摩下屋敷のあった山下町(千代田区内幸町)では、梱包前の1872(明治五)年12月にウィーン万国博覧会に出品が予定された品々が撮影された。写真家は、内田九一や横山松三郎であった。ミヒャエル・モーザーも撮影に参加した。ウィーンには送らないことが決まった品々はそこに残り、1874(明治七)年にウィーンから戻った品々もあとから加わり、ここで展覧会が開催された。
82) 松尾については、本章注13、若井については本章注3を参照のこと。
83) この最後の文章は、モーザーがあとで書き入れたものである。日本の万博事務局の副総裁で会った佐野常民は、1874(明治七)年12月28日にヨーロッパから帰国した。モーザーによれば、事務局員も天皇との謁見に同日与った(宮内庁編『明治天皇紀』第3巻、東京、1969年、365〜367頁)。

V

旅行記
◎
日本への二度目の旅、1874（明治七）年
（「ローマとナポリへの旅。イタリア旅行記」）

日記に記録されているウィーンから横浜までの旅の旅行記、回想録。アウスゼーの週刊紙（*Steierische Alpen-Post*）に「ローマとナポリへの旅。イタリア旅行記」（„Eine Fahrt nach Rom und Neapel. Reiseskizze aus Italien"）というタイトルで、1888（明治二十一）年1月15日から3月11日まで9回にわたって掲載された。日記と比較して読むことができるが、日本についてはあまり触れられておらず、主にイタリアでの滞在やイタリアに関することが報告されている。1888（明治二十一）年はローマ教皇レオ十三世の在位10周年が祝われた年で、カトリックの信者にとっては特別な意味を持つ一年であった。そのため、モーザーは、イタリアに重きを置き、旅行記を編集したものと考えられる。

77 ウィーン南駅 „Abfahrt"(「出発」)ヴィルヘルム・ブルガー撮影、1874年頃

„Eine Fahrt nach Rom und Neapel. Reiseskizze aus Italien"
Steierische Alpen-Post, Aussee
4. Jg., 1888

Nr. 3(15. Janner 1888), Nr. 4(22. Janner 1888), Nr. 5(29. Janner 1888),
Nr. 6(5. Februar 1888), Nr. 7(12. Februar 1888),
Nr. 8(19. Februar 1888), Nr. 9(26. Februar 1888),
Nr. 10(4. Marz 1888), Nr. 11(11. Marz 1888)

V 旅行記(1874年)

1874〔明治七〕年のウィーンから日本への旅[1]

〔...〕日本への二度目の旅は、1874〔明治七〕年1月のことであった。周知の通り、通訳として参加したウィーン万博委員会の日本人数名に、南フランスの主要な港町であるマルセイユまで付き添った。彼らは、そこから日本への世界旅行に向けて船に乗り込んだ[2]。私は一人、そこから、一時的な旅の目的地であるヴェネツィアに引き返した。マルセイユからは、鉄道は世界的に有名なリゾート地であるニース、モナコ、マントン[3]、そしてサン・レモを、豊かで変化に富んだ壮大な景色に恵まれ、それにより褒めそやされるリヴィエラ海岸沿いに、波音が聞こえる距離で進み、ジェノヴァまで人々を運んだ。

ジェノヴァで最初に目に入るのは、ハルシュタットのように急勾配に建てられている高層家屋である。〔...〕1月20日の昼にミラノに到着した。ここでは、日本領事館に手紙を何通か届けた[4]。次の世界旅行まで、町を観光した。〔...〕ミラノでは、翌日早朝にヴェローナに向けて出発した。〔...〕

午後4時にヴェネツィアに着いた。旅行者が、ヴェネツィアに陸側から近づいたときに受ける印象ほど特異なものはない。ヴェネツィア対岸のメストレから、すでに鉄道は数マイル以上湿地を進み、最終的には陸を離れてラグーンに出る。列車は1時間以上をかけてヴェネツィアにつながる鉄道橋を進むが、車室にいる旅行者には自分が今どこにいるのか、見当がつかない。一定の車輪音がするので、下は固い地面だと分かるのだが、窓の外を眺めると、両側はいずれも広大な海しか見えない。ようやく列車は、ヴェネツィアの駅に到着する。しかし、なんという町だろう！ 道があるはずの駅の出口には運河が広がり、駅のプラットフォームの前には、車輪のついた乗り物の代わりに簡易な黒いゴンドラと、その船頭たちが旅行者を待ち受けている。〔...〕ゴンドラは滑らかに音を立てずに進む。訪問者にとって、とりわけ心地良いことは、大都市にはつきものの喧騒を感じないことにある。静寂を時折破る唯一の音といえば、船頭が運河の角を曲がるときに発する鋭い叫び声だけである。私もこのゴンドラに乗った。〔...〕

まもなく投宿先の「グランド・ホテル」に到着した。ここを仮の宿に定めた[5]。ここでの私の最初の仕事は、サント・ステファノ広場にある日本領事館[6]を訪れることであったが、そこに赴くにもゴンドラが必要となった。〔...〕

ヴェネツィアに2か月以上滞在して、私は、すっかり魅了された。まるで、

78 「ヴェネツィア、カナル・グランデ」

童話の世界にでも入り込んでしまったかのような印象を受けた。町は、その環境により世界で二つとない街並みである。ゴンドラが走る運河、アーチ状の橋、古代の記念碑、貴重な美術品コレクション、そして丸屋根、円柱、細身の塔のある重厚な大聖堂、水面に映る立派な邸宅、これらを見るたびに新鮮な感動を覚えた。〔...〕

　ヴェネツィアではまもなく、私は様々なひとに知られるところとなった。夜は、大抵、日本人のヨシダ〔吉田〕と過ごした[7]。私たちはいつも日本語で会話をした。日本での思い出やウィーン万博での出来事などが私たちの会話の主な話題であった。

　4月8日、私は残っていた日本人等と出発した。ローマに向かって。というのも、壮大な国を視察してから、ナポリで乗船できるように、私がイタリアを通るルートを提案したからである。パドヴァとフェラーラを通過して、

V　旅行記（1874年）

　昼にボローニャに到着した。〔…〕私たちが、フィレンツェの駅に到着したときは、すでに夕方6時になっていた。ここで、ローマ行きの列車に乗り換えて、直ちにローマに向かった。〔…〕

　午前10時にローマに到着した。駅から「ホテル・ミネルヴァ」に直行した。ローマの中心部にある同名の広場にあるホテルである。私たちはここを宿に定めた8)。〔…〕ローマ風の朝食兼昼食で元気をつけたあと、まず、ローマの人々に人気の遊歩道であるピンチョの丘に赴いた9)。ピンチョの丘（65メートルの高さ）は、この町が建てられている七つの丘の一つで、町の北端にあたる。〔…〕ピンチョの丘からは下に降りれる大理石の階段を降りて、ポポロ広場（市民広場）に歩を進めた。〔…〕

　テヴェレ川の右岸のサンタンジェロ橋の向こう側にはサンタンジェロ城の巨大なロトンダが聳え立っている。〔…〕イタリア人がローマを支配（1870〔明治三〕年）してからは、サンタンジェロ城はイタリア軍に占領されている10)。私が当直士官に日本人と見学する許可を求めたところ、すぐに認めてもらえた。

　当直の一人の下士官が、私たちを上に連れて行ってくれた。細く、暗い螺旋回廊を通った。そこでは、大理石製のはめ板や、モザイク造りの床の名残が見られる。納骨壺のための四つの壁間にある皇帝の墓所の中央にある四角い霊廟が見える。ハドリアヌス自身は斑岩製の棺の中心に眠っている。更に上に、教皇庁の被造物と恐ろしく暗い監房を通って、あとで増築された建物にも登った。寓喩的な絵画や歴史的なフレスコ画が飾られた豪華絢爛な広間は、現在、兵士等の寝所として使われている。ここには、また、鉄製の輪や鉤棒が取り付けられている。案内をしてくれた当直下士官が言うには、教皇庁の暴政による重圧で苦しんだ民衆の蜂起により、多くの司祭が吊るされた場所でもあった。

　この見事な円形の建物の一番高いところからは町の絶景を楽しめる。〔…〕道は、サンタンジェロ城からピア門広場を越え、ボルゴヌオーヴォの通りを抜けて、バチカンに続いている。〔…〕

　大祭壇の下には、聖ペテロの墓石がある。〔…〕そして、日本人は、ご存知の通り、キリスト教徒ではないが、私が彼らの言葉でサン・ピエトロ大聖堂の威風堂々とした様子とキリスト教の聖遺物について話をすると、驚き、感動していた。〔…〕

　翌日の午前中に、私たちは、代理公使〔佐野常民〕を訪ねるために日本公使

253

館に赴いた。その後、再度サン・ピエトロ大聖堂、バチカン美術館を見学した。バチカンは、数世紀来、美術品の宝庫で、美術館として世界に類を見ないものである。〔…〕

　4月11日の夕方に旅を進めて、翌日の朝にナポリに到着した。私たちがカゼルタ駅に到着したとき、カンパニア州の魅力的な地域の豊かな耕牧地を太陽が金色に輝く光で照らしていた。〔…〕

　更に黒い煙雲が見えて、それからすぐに、火を吹いているヴェスヴィオ火山の、ピラミッド状のがっしりとした岩の輪郭が見える。ナポリに近づけば近づくほど、その一帯の景観の魅力の内容が移り変わっていく。〔…〕駅の出口を出ると、荷物を運び、町を案内するという、騒がしく、しつこい人々に取り囲まれた。私たちは、荷物や鞄の中身に十分に注意を払わなければならなかった。ホテルに向かう馬車に乗り込んで、ようやく、このしつこい人々から逃れられた。

　密集している船と海を見渡せる、素晴らしい景観が望める埠頭のすぐそばに立つ「ホテル・チッタ・ミラノ」で私たちは大変快適に過ごした[11]。その頃、ドイツ人やイギリス人も数名宿泊していた。彼らは、再び危険な活動を始めたヴェスヴィオ火山に登る機会を待っていた。

　ホテルの前には、絵画のように美しく立派なヌオーヴォ城が威厳のある外観で建っている。古い要塞で、現在は、営舎として使われている。以前は、アンジュー家やアラゴン家、スペインの副王等の宮殿であった。〔…〕

　4月13日の午前に、私たちは日本への船の切符をそれぞれ2375フランで購入した。それから、国立博物館[12]を訪れた。この博物館〔の展示品の〕大半は、1800年以上も前（西暦79年8月24日）に活火山であるヴェスヴィオ火山〔の噴火〕により埋まってしまった、その近郊の土地の発掘作業による出土品である。現在は、ヘラクラネウム遺跡やポンペイ遺跡のその3分の1が発掘された。〔…〕

　4月14日に、私たちの乗る汽船が、マルセイユから到着したと連絡が入った。それは、すぐに乗船しなくてはならないということを意味していた。船は、わずかな時間しか碇泊しなかったからである。横殴りの雨が降り、嵐で海が荒れていた昼に、私たちは乗船した。巨大な汽船「アヴァ号」は出港の準備が整っていた[13]。私たち以外には誰も乗船しなかったが、すでにドイツ、フランス、イギリスから帰国する14名の日本人学生が乗っていた[14]。〔…〕

V　旅行記(1874年)

　乗船客のなかにはフランス人、オランダ人の家族もいた。フランス人の家族はモーリシャス島に、オランダ人の家族はジャワ島に向かうところであった。そのほかには、イギリス人の商人が数人、同じく日本に向かっていたロシア人の学者一人[15]が乗船していた。
　遠くの海と国々に私たちを運んでくれる、快適に設えられている汽船は、フランスの「メサジェリー・マリティーム社」〔Compagnie des Messagerie Maritimes〕の大型の船で、この会社は、乗船客等がインド、中国、日本に向かうときの大変便利な交通手段を提供している。出港直後は皆、上機嫌であった。ナポリの美しい海岸がゆっくりと見えなくなった。いつでも航海の最初の数時間は一番気分が良く、心が躍る。途方もない海の景色にまだ飽きておらず、ずっと続く単調な大波の轟音も音楽のように聞こえる。旅への期待は膨らみ、間もなく訪れる国の魅力が、想像の最も美しい色彩で彩られる。
　しかし、すぐに景色が変わる。不規則な船の揺れにより、たちまち憂鬱な不快さがこみ上げてくる。軽い眩暈が続き、食欲が失せ、精神の明晰さが失われる。私たちもこの通りになった。会話が減り、甲板の端によろめきながら移動した。顔面蒼白で憔悴しきった仲間を笑っていた者は、一人また一人と無口になった。少し前まで、あれほど溌剌としていた人々が、今は青白い唇をして、甲板のあちこちで横になっているのを見ると気の毒に思った。
　数々の船旅で多少は鍛えられていた私は、うめき声をあげ、いびきをかいている乗船客が休む船室に戻る気にはなれず、甲板に腰を下ろした。そして、月に所々照らされている海を眺めていた。私は、愛する故郷アルトアウスゼーに思いを馳せ、それから旅の目的地である日本と、その地と結びついている自分の運命について思いを巡らせた。
　船の時計が深夜12時を知らせた。疲れ果てた私は、ぼんやりした頭で船室に戻った。体調を回復するための眠りを求めて、自分のマットレスに沈み込んだ。〔...〕
　その後、3日をかけて地中海を通過し、夜にスエズ運河の入口にあたるポートサイドに到着した。〔...〕6日後には、イギリスの海軍基地の置かれているアラビア半島南部のアデンに寄港した。数時間後にはそこを出発し、インド洋を通過してセイロン島に向かい、9日後に到着した。そこから、マレー半島とスマトラ半島のあいだのマラッカ海峡を通過し、シンガポールに向かって寄港した。更に、コーチシナ〔ベトナム南部〕のフランス領サイゴン

255

〔現在のホーチミン〕に向かい、ようやく中国は香港に到着した。

香港では、香港と横浜を巡回する950トンの小型の汽船に乗り換えた[16]。出港して数日も経たないうちに、風が急変した。強風が吹き、海が荒れた。波は次第に高くなった。船は縦にも横にもひどく揺れ、私たちは激浪で甲板から放り出されないように、お互いを鎖で繋がなければならなかった。

少し前に、汽船ニール号に乗船していた気の毒な同僚が無惨な最期を遂げた[17]。日本海域の危険性をよく知る経験豊富な船長は、船の操縦に全神経を集中させていた。日本が万博で展示した品々のうち、191箱がニール号と共に沈没し、70人の乗組員のうち4人の船員しか助からなかった。

風は、ますます強く吹き、船の縦揺れ・横揺れは激しくなり、船内の軋む音は一層ひどくなった。ヨーロッパ大陸では無縁の台風(大旋風)が圧倒的な破壊力を伴い、突如発生したのである。雷鳴が絶えず轟き、雷光が私たちを取り巻く大気を照らした。恐ろしい波の動きを目の当たりにして、恐怖を覚えた。嵐による波が絶えず甲板に叩きつけ、船はまるでくるみの殻のようにあちらこちらに転がった。死への恐怖が全てを支配していた。人間の命にとって、時間が何であるのか、胸の鼓動と共に学んだ。それは、天秤の指針が、生と死のあいだを彷徨う時間であった。

ようやく嵐が収まった。耐え忍んでいた恐怖や心労から解放され、日本の海岸に近づいてきたときの喜びは格別であった。全てが再び新しい生気に満ちていた。十分な朝食をとっていたときに『陸だ！』と叫ぶ声がして、皆は歓喜に沸いた。私たちは海からわずか数海里の距離に現れた日本の海岸を見ようと、甲板に踊り出た。必ずしも幸せな青年期を送ったわけではなかったが、陸地を確認したとき、様々な思い出が駆け巡った。

1874〔明治七〕年5月27日に穏やかな横浜港に投錨した。

注

1) この活字化された旅行記は長いが、日本に関する詳細な記述は比較的に少ない。というのも、モーザーのこの報告は、9週間にわたって紹介されたが、このきっかけは、ローマ教皇レオ十三世の在位10周年の祝賀にあったからである。カトリックの国であるオーストリアが、直近の身近な出来事に関心を寄せていたということもあり、モーザーは、風景、建築、芸

V 旅行記(1874年)

術、特に教会など、イタリアで訪れた場所に重点を置いて、詳細に記した。もちろん、モーザーのイタリアの訪問ももっぱら日本の仕事によるものであったため、彼の個人的な日本との関係、日本の同僚との最も重要な会合などについては触れられている。そのため、より正確ではあるが読みにくい1874(明治七)年の手書きの日記と14年後に出版されたこの旅行記は比較しながら読むことができる。

2) 手書きの日記では、マルセイユに向かった理由について言及されている。モーザーは、ライムント・フォン・シュティルフリート男爵(Raimund Baron von Stillfried, 1839-1911年)の発案で、万博のあいだ、プラーターに設営された「日本の茶屋」で日本のお茶の文化を紹介するために、彼が日本からウィーンに連れてきた三人の女性(ツネ、シマ、ロク、それぞれ20歳、18歳、17歳)のうち二人に付き添った。ゲンキチという名前の大工と徳川幕府の蔵奉行をしていたこともある伊藤恒信も同行していた。この企画は、オーストリアの上流階級の人々には「女郎屋」だとして風紀の点で認められず、万博会場の外に設営されたため、訪れた人々が少なく、赤字を計上した。そのため、日本政府がこの二人の女性の帰国の面倒を見た(参考文献：ユリア・クレイサ、ペーター・パンツァー著、佐久間穆訳「プラーターの茶屋」『ウィーンの日本：欧州に根づく異文化の軌跡』サイマル出版会、28〜32頁)。

3) イタリアから来ると、フランスの最初の都市がマントン。

4) 中山譲治(1839-1911年)：1872(明治五)年11月にヴェネツィアに総領事として着任。1873(明治六)年1月からミラノに異動。1874(明治七)年10月に日本に帰国。1874年の日記(10頁、12頁)によると、モーザーはこの日はミラノで彼に面会はしていない。

5) 日記ではモーザーは「ホテル・ニューヨーク」(Hotel New York)としている。「グランド・ホテル」はサンタ・マリア・デッラ・サルーテ聖堂の前の旧フェロ宮殿内にあった。K. Baedeker(*Italien von den Alpen bis Neapel. Kurzes Reisehandbuch.* Leipzig, 1890)によると「一流のホテルで高価」。

6) ジュリエルモ・ベルヘット(Guglielmo Berchet, 1833-1913)：ジャーナリストで歴史家。1866(慶応二)年から1875(明治八)年まで『ガゼッタ・ディ・ヴェネツィア』(*Gazzetta di Venezia*)の編集者。1873(明治六)年日本名誉領事、1875(明治八)年から商務官としてローマの日本総領事館に勤務。1880(明治十三)年からヴェネツィアの日本名誉領事に再任し、亡くなるまで、この任務に就く。著書に、天正遣欧少年使節団(1585〔天正十三〕年)と支倉常長が率いた慶長遣欧使節団(1615〔元和元〕年)について著した本がある(*Le antiche*

ambasciate giapponesi in Italia. Venezia, 1877)（日記14頁参照）。

7) 吉田要作(1851-1927年)：フランスに留学するためにフランス語を習得した。万博時には佐野常民公使の外交業務の要員として割り当てられていた。のちに、外務省に勤務し、外国からの客人との社交の場として建設された鹿鳴館の館長に就任。

8) 「ホテル・ミネルヴァ」(Hotel Minerva)は、パンテオンから遠くないサンタ・マリア・ソプラ・ミネルヴァ教会の隣にあった。

9) 今日でも人気のある場所(Passeggiata del Monte Pincio)で、ボルゲーゼ公園(Villa Borghese)の広い庭園の端にある。

10) ローマは、数世紀にわたり教皇領の中心地であった。1870(明治三)年の夏に、1861(文久元)年に新たに成立したイタリア王国により接収され、1871(明治四)年1月28日に統一したイタリア王国の首都に定められた。

11) 1874(明治七)年の日記では(45頁)「ホテル・ドゥ・グロブ」(Hotel du Globe)と書いてあり、ここの記述とは合わない。

12) Museo Archeologico Nazionaleのこと。

13) アヴァ号(Ava)：3392トンの大型の船で1870(明治三)年から就役。母港はマルセイユ。

14) 1874(明治七)年の日記(49/50頁)ではモーザーは「ベルリン、ミラノ、フランスから日本人が数名」としている。その中には、ミラノから帰国の途に就いた「アマノ」という名前の21歳の、モーザーと同じ船室だった日本人や「コジマ　エジロ」(Yejiro Kojima)という名前の人物がいる。

15) サンクトペテルブルク生まれのレオン・メチニコフ(ロシア語読みではレフ・メーチニコフ Léon Mechnikov, 1838-1888年)：反皇帝専制主義で、イタリアの統一運動及びパリ・コミューンに参加。パリで、日本の陸軍軍人(のちに元帥)で、サン・シール陸軍士官学校に留学していた大山巌と知り合う。2年間、東京開成学校(のちの東京外国語学校)のロシア語講師を務めた。*L'empire Japonais.* Genève: Impr. Orientale de l'Atsume Gusa, 1881の著者。

16) 1874(明治七)年の手書きの日記(79/80頁)では、モーザーは汽船の名前に言及している：ヴォルガ号。

17) 船は、静岡県賀茂郡南伊豆町入間沖で沈没。海蔵寺に1876(明治九)年3月20日に慰霊塔(ニール号遭難者十字架塔)が建立された。

VI

手書きの日記・新聞に掲載された日記
◎
「東京からフィラデルフィアに向かう旅での出来事」
1876（明治九）年
◎
「フィラデルフィアから故郷アルトアウスゼーへの帰郷に関する報告」
1877（明治十）年
◎
「フィラデルフィア万国博覧会」

1876（明治九）年3月5日（東京）から1877（明治十）年（アルトアウスゼー）までの日記。一部は、新聞に掲載された記事でのみ確認できる。

◎

1876（明治九）年3月5日（東京）から3月31日（アメリカ、ユタ州のオグデン）までのミヒャエル・モーザーの手書きの日記。モーザーは、フィラデルフィア万国博覧会に向かう日本委員に同行する通訳として雇用され、フィラデルフィアに向かった。この日記は、フィラデルフィアに向かう途中のユタ州のオグデンまでの記録である。なお、この日記は、グムンデンの週刊紙（*Gmundner Wochenblatt*）（1876〔明治九〕年6月20日、6月27日、7月4日）にも掲載された。

◎

グムンデンの週刊紙（*Gmundner Wochenblatt*）に「東京からフィラデルフィアまでのミヒャエル・モーザーの旅での出来事と経験を記録した日記から」（„Aus dem Tagebuche von Michael Moser's Reise-Erlebnissen und Erfahrungen von Tokio nach Philadelphia") というタイトルで、1876（明治九）年7月11日、7月20日の2回にわたり掲載された日記。日付は記載されていないが、1876（明治九）年4月1日（アメリカ、ネブラスカ州のオマハ近郊）から、4月4日（フィラデルフィア）までの旅の記録と万博に関する短い記録である。

◎

グムンデンの週刊紙（*Gmundner Wochenblatt*）に「フィラデルフィアからアルトアウスゼーへ」（„Von Philadelphia nach Altaussee") というタイトルで、1877（明治十）年2月11日、2月27日の2回にわたり掲載された日記。1877（明治十）年1月11日（フィラデルフィア）から、日付は記載されていないが、1877（明治十）年2月1日（アルトアウスゼー）までの旅の記録。なお、万博での仕事内容等に関する記録はない。病気で入院していたことが理由と考えられる。

Gmundner Wochenblatt, Gmunden
26. Jg., Nr. 28（11. Juli 1876）

◎

Gmundner Wochenblatt, Gmunden
27. Jg., Nr. 8（20. Februar 1877）, Nr. 9（27. Februar 1877）

手書きの日記
所蔵©Prof. Alfred Moser, Wien

VI 手書きの日記・新聞に掲載された日記(1876・77年)

79 日記(1876年)の中表紙:「東京からフィラデルフィアへ。ミヒャエル・モーザーが旅で経験したこと」

フィラデルフィアで開催される〔アメリカ独立〕100周年記念の展覧会において、日本の産業、工芸品、そして手工業品や天産品を紹介するために、日本政府では、何年も前から大々的に準備が進められていた。彼らは、そのためには労も費用も惜しまなかった[1]。

[94][96]　通訳としてフィラデルフィアまで日本人に同行するという幸運を得られた。

出発直前の〔3月〕5日には、朝鮮(ヨーロッパ人には門戸を固く閉ざしている半島)から帰国した日本の使節団を見る機会があった。朝鮮は諸々の条件を要求することなく、友好条約に調印した〔日朝修好条規〕。再び、日本の皇帝〔帝国〕に相当な貢物を捧げて、更に日本人に対して、交易のために三港を開港した[2]。東京では、凱旋祝賀会の意味で、使節のクロダ[3]とウエノ[4]が公道を行列で歩いた(使節団は、駅で政府の要人に出迎えられ、そこから帝が自ら用意した車に乗り込み、人垣と儀仗衛兵のあいだを通り、帝の宮殿〔皇居〕に案内された。そこで最高位の人物〔天皇〕に出迎えられた。東京の全住民は歓喜に沸き、この町の家には白地に赤い太陽の入った帝国の旗が掲揚された)[5]。この国が、軍事的に強くなった可能性が窺われるほか、極めて良き未来が予見される。

3月9日、ツキチ〔築地〕にあるマルティン博士[6]の家を出た。ここでは昨夏からお世話になっていた。ツキチ〔築地〕(埋立地)は外国人に割り当てられた居住区で、海に近く、〔皇居から見ると〕南東の方角、そして大川である隅田川の河口近くに位置している。

[97]　政府あるいは日本に関する仕事に就いているのでなければ、東京ではツキチ〔築地〕以外の場所に外国人が居住することは許されていなかった。東京に暮らす外国人の数はおよそ250人で、大半がイギリス人、アメリカ人、そしてドイツ人の学者や医者であった。東京に暮らす外国人の大半は、日本政府に出仕している。

かつて江戸と呼ばれた町、東京は、縦〔南北〕約4里〔16キロ〕、横〔東西〕3.5里〔14キロ〕の大きさである。総面積の8分の1を河川、運河、城〔旧江戸城、現在の皇居〕のお濠が占める。城「シロ」が町の中心にある。

[98空白][99]　3月9日の昼に私たちは鉄道で横浜に向かい、そこで茶屋に立ち寄った[7]。路線の長さは8里(徒歩で8時間)で、列車での移動には50分かかる。橋、水がいっぱいに溜まったダム、田んぼなどを通過した。日本人の多くは家族も連れていたので、夜の送別の宴では、日本の伝統的な豪華な食事が用意された。ありとあらゆるご馳走が並べられた。楽しく寛げる夜を過ごした。3月

VI 手書きの日記・新聞に掲載された日記(1876・77年)

80 東京、築地。ミヒャエル・モーザーは築地で暮らしていた

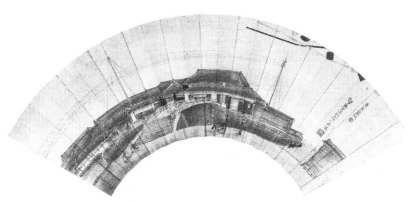

81 「東京築地圖　松方隠士晏依六十八翁寫」扇子

[100] 10日の午前に、汽船「オセアニック号」に乗船した。船は13時半に横浜を出港した。天気は良く、海は穏やかであった。しかし、江戸湾〔東京湾〕を出港すると、海はかなり荒れた。

　私たちが乗船した、横浜とサンフランシスコのあいだを運航する汽船は、太平洋を航行する東西汽船会社[8)]の豪華な大型船である。太平洋では、ほか

263

にアメリカの太平洋郵船会社9)の船も運航している。私たちの船は、全長420フィート〔126メートル〕で4本のマストが立っており、600馬力のエンジンを搭載している。

〔101〕　横浜とサンフランシスコ間は4,764海里〔約8,823キロ〕で、約17日、18日間の船旅となる。

　私たちの一行は50人の日本人から成り、博覧会事務局員、商人、学生もいた。中国の万博事務局員10)もいた。というのも、この「天の帝国」も今回は威厳を示すために、一人の万博事務局員を派遣し、フィラデルフィア万博における中国の代表を務めさせたからである。それからアメリカ人、イギリス人も数名、更にカリフォルニアに移住する中国人850人も乗船していて、船員を合わせると、全員でほぼ1000人の人間が乗船していた。

〔102〕　江戸湾〔東京湾〕を出港したとき、海は、すでにかなり荒れていた。まもなく船の揺れによる不穏な不快感が生じ、それから目眩の軽い発作が続いた。食欲は失せ、精神の明晰さは失われ、最初は機嫌の良かったやりとりも絶え絶えになった。

　夕方になると、落日に照らされた巨大な富士山が、海岸の遠く向こうにそびえ立つのが見えた。翌日は、海がひどく荒れ、旅行者は皆、船酔いに苦しんだ。数日経って、船の揺れで生じる不快感に慣れ、旅行者のあいだにもようやく活気が戻った。

〔103〕　3月18日の土曜日に経度76度から80度に到達した。

　私たちの船は東を背にまっすぐ、つまり、日の出を背に進んでいたので、アメリカの日付に合わせるために、毎日、平均15分ほど短くなる時差が生じた。アメリカから日本に向かう船は、ここで東半球の日付に合わせるために、1日、日を飛び越えなければならない11)。

〔104〕　21日まで、夜はずっと恐ろしい嵐に耐えなければならなかった。海は、ひどく荒れていた。22日からは大変良い天気に恵まれ、海は穏やかになった。しかし、航行中は、数羽のカモメのほかには何も面白いものは見られなかった。

　3月25日、北緯39度、経度128度の地点で、太陽が4分の3ほど隠れて、その状態がほぼ1時間続いた日食が起きた。

　26日は快晴。午前にカリフォルニア海岸が見えてきた。その後まもなく右手にシールロックスが見えてきて、望遠鏡でこの動物を沢山見

〔105〕

VI　手書きの日記・新聞に掲載された日記(1876・77年)

ことができた[12]。4時にサンフランシスコに到着し、最近、建てられたばかりの巨大なホテル「パレス・ホテル」に投宿した。このホテルは七階建てで1000部屋あり、エレベーターが設備されている。このホテルは世界で最も大きく、優雅なホテルである[13]。二部屋に一室浴室があり、従業員は皆、黒人〔黒色人種〕[14]であった。町には整然とした長い道が走っているが、極めて劣悪な状態である。

[106]　車道には所々粗悪な舗装が施されていたが、歩道には部分的に板がはめられているだけであった。しかし、大部分は泥だらけで、汚れが充満している。アメリカ人には、道を清潔に保つための時間がないようである。町には、あらゆる宗派の美しい教会が無数にあり、更に立派な宮殿のような建物が沢山建ち並んでいる。多くは鉄骨造である。そのあいだを木造の小さな家屋が埋め尽くすように立っており、実に独特な景観を作っている。〔この町の住民数は17万5千人で、あらゆる国の人々が暮らしている。この町は、地球上のあらゆる気候を有している。〕[15]しかし、数年後には、サンフランシスコはアメリカで最も美しい、豊かな町の一つに数えられるようになると私は確信している。

[107]　28日の朝、恵まれた天気のなか、私たちは再びサンフランシスコを出発した。客船「サンフランシスコ号」で、向かいのオークランド岬に向かい、そこからセントラル・パシフィック鉄道で更に移動した[16]。オークランドはサンフランシスコの郊外の町である。ここから列車は小さな町や植生豊かな平原、最も美しい緑色に輝き、色とりどりの花をつけた珍しい植物が咲き乱れる畑を通って進んでいった。あらゆる種類の植物が一番美しい季節を迎えていた。カリフォルニアの土地は、その肥沃な土壌と気候の良さで

[108]知られていて、ほかでは育てられないような美味しい果物を豊富に栽培できる。例えば、3フィートの長さで35ポンドの重さのニンジン、75ポンドのキャベツ、5ポンドの玉ねぎ、3.5ポンドの梨、3インチの大きさのさくらんぼ、苺は4ロート〔1ロート約16グラム〕、フダンソウが200ポンドといった具合である。穀物の取れ高は、大変なものである。線路沿いには、幾つか最高の穀物畑があり、1枚の畑で80シェッフェル(約36リットル)採れる畑もあった[17]。

　昼に大変重要な町であるラスロップに到着して、昼食をとった。〔私たちは、車両の一室を貸し切った。実に優雅で快適に設備されている。それぞれの車両には水洗トイレがあり、新鮮な水を張ったタンクが置かれている。車両間は貫通路が整備され、行き

[109]来できるようになっている。〕[18]ラスロップに着くまで、右手にはサンホアキ

265

ン・バレーが見えた。サンホアキン・バレーは、旧世界[19]の幾つかの王国よりも広大で、ずっと豊かである。多くの谷は何の用途に使われることもなく、それを使ってくれる移民を待っている。この土地は、太陽の下にある土地としては、最も豊穣な土地である。この土地は1.25ドル（40.5エーカー）つまり、1エーカー約2.6フローリンで購入することができる。あるいは、アメリカの法律に則り入手することができる。谷は250イギリスマイル〔400キロ〕以上の長さがあり、幅は平均30マイル〔48キロ余り〕ある。最も幅の広いとこ

〔110〕ろでは140マイル〔224キロ〕ある。見渡す限り、平野だが、はるか向こうには山脈がぐるりと囲んでいるのが見える。九つの州に分かれていて、塩分を含む湿地が100万エーカーを占めるが、この平野は、この国の最も豊かな農地のうち600万エーカー以上を有している。ここは、極めて人気がある。なぜなら世界で最も豊穣な土地だからである。牛は数千頭放牧されており、よく育ち、とても[20]肥えている。

〔111〕　午後に、カリフォルニアの州都サクラメントに到着した。遠くからでも、町の中心に堂々と聳え立つ立派な議事堂が見える（遠くからでも目立つ最初のものである）。鉄と白色の石でできた長方形の巨大な建物である。中央には、柵とコリント式の柱がぐるりと囲むロトンデが聳え立つ。このロトンデの上にもコリント式の柱が並び、そこに鉄で出来ている丸屋根があるため、かなり高さのある建物となっている[21]。

　サクラメントには約1万8千人の人々が暮らしている。数年前まではただの小さな村であったが、経済力のある賑やかな町へと発展を遂げた。

〔112〕　火事がこの新興の町を焼き尽くし、壊滅させたが、フェニックスのように、かつてよりも美しく蘇った。この町は、何度も洪水の憂き目にも遭ったが、それから守るために、町の土台を10フィート底上げした。まず、最初に建築された建物は木造であったが、新しく建てられた建物は板金[22]でできていた。町は、アメリカのあらゆる町が秩序だったマス目状に整備されているのと同じ具合に整備されていて、道路は皆、サクラメント川に直角に合流している。

〔113〕　鉄道は、サクラメントの裏手にある、かなり急な登り坂を上り、トウヒや松が所々に生い茂っている森や山岳を通過していく。夜に、私たちはコルファックスの駅に到着した。1000人の住民が暮らす、海抜2,422フィートの高さにある町である。これまでに通過してきた駅や多くの場所で、私たちは、

個人で移住してきた移民の姿をたびたび目にした。彼らは、一攫千金を試みて、あるいは故郷を作ろうとあちこちに定住するが、うまくいかない場合は再び別の場所に移動する。彼らの住まいは実に簡素で、板を合わせて釘を打っただけの小屋で、その多くは台所つきの一間の家であった。

〔114〕　その家の周りに、牛が放牧されている。

十数軒もないような、そして約200人から500人の住民だけが住んでいるような場所でも、ここでは「town」(町)と呼ばれている。実際、頻繁に起こる移動のため、それは正しい。なぜなら、今日100人がある場所を離れると、明日には別の場所の住民数が二倍になるのだから。それに関連して、奇妙〔115〕なことは、500人にも満たない住民数の町ですら、少なくとも新聞一紙を発行(所有)していることである。

コルファックスから二つ目の駅は、ゴールド・ランという駅で、海抜3,206フィートのところに位置している。約2,000人が住む鉱山の町である。どの方角にも鉱業所が見える。砂利が洗われて、取り除かれ、金だけが残る長い管路が河床に敷かれている。川には冷たい水が流れており、熟練の労働者は、よく計算して、管路を敷いている。水の流れはとても速く、山の下方に向かって流れてい〔116〕て、砂利は川下で溜まる。送水菅は鉄製のパイプが付いている管で、このおかげで水は大変速く流せる。砂利の州のようなものができて、そこで金と砂利が分かれ、砂利は流れていく[23]。ゴールド・ランからは沿線の金鉱で働いている労働者をいたるところで見かける。数年前までこの辺りでは、毎日数千人もの人々が朝から晩まで金の洗浄、採掘に従事していた。

深夜に、標高15,000フィートのシエラネバダ山脈の頂上に到着した。セントラル・パシフィック鉄道は海抜7,017フィート〔約2,105メートル〕の地点を通過した。ここでの積雪の深さは、10フィート〔3メートル〕で、とても寒かった。

〔117〕　翌日〔3月29日〕の朝は、私たちは「白い平地」[24]の上で目を覚ました。これは、アルカリで白いのである。観察者の目には、汚い白いアルカリの地面がずっと続くばかりで、植物は全く見つけられなかった。陽の光が、まるで植物が育つような自然環境を整えようとする、あらゆる試みを無に帰すかのように、つまり、植物を殺すかのように、この不毛な土地に垂直に射していた。全てが、果てしなく荒涼とした不毛の土地を作り出している。遠方にのみ、草の生えていない岩石からなる山岳が見えたが、それは雪で覆われていた。

[118] ここでは、私たちは初めてインディアンを見た。先住民である。彼らは、褐色の肌で、際立って口が大きく、鼻は平らで、濃い黒色の髪は肩まで長く、陰険な風貌をしている。女性も男性も顔を赤く塗っていた。薄汚れたヨーロッパ風の服を身につけ、目もとまで毛布ですっぽりと覆っていた。それは、彼らを目立つ、自信に溢れた外見に仕立てている。

ここからはずっと、不毛な平野を越え、雪に覆われた岩石からなる山岳を通っていく。時折、そこここに個人で移住してきた人々の住む小屋や風に吹 [119] かれるインディアンのテントの一部が見える。

多くの悲しい記憶が、この土地と結びついている。頻繁に起きる事故、暴力行為、戦争、困窮に災厄。これらは、移民も苦しみ、耐え忍ばなければならなかったものである。ここの山脈は、沢山の金、銀、銅を含むため、危険に最も晒されるのは、人々が言うところの「諸悪の根源」である金を求める人間なのである。

遠方にワサッチ山脈が見える[25]。30日の午前は、列車は、ユタ州のモルモン開拓地にあるグレートソルト湖の沿岸を進んでいった。この地方の歴史は、読者[26]の大半は知るところであるので、ここではあまり解説は要らないだろう。

[120] 天気は、曇天で極寒であった。食餌になるものがない、凍った牧草地を大きな牛の群れがあてもなく彷徨っていた。牛たちは、何も食べるものがないので、例外なく、すっかりやせ細っていた。沿線の短い距離に、飢餓と寒さで息絶えた数百もの牛や羊の死骸が横たわっていて、一部はすでにすっかり腐敗していたが、一部はまだ死んで間もなかったので、夥しい数の猛禽が、その死骸に舌鼓を打っていた。雪で覆われている地域でも、牛が放牧され、畜舎もなく、彷徨い歩いているのを見た。

[121] 9時頃、オグデンに着いた。ここで、私たちはオマハに向かうユニオン・パシフィック鉄道[27]に乗り換えなければならなかった。

オグデンは重要な駅である。良いレストランが車両基地の建物のなかにある。住民数は、およそ3500人である。

町は、大半がモルモン教徒である。学校も教会も、聖櫃が安置されている「末日聖徒」イエス・キリスト教会の「管理」下にある。

オグデンからは現在、支線鉄道がソルトレイクシティに向かって走っていて、そこでは「末日聖徒」の預言者であるブリガム・ヤングが、彼の妻16人、

VI 手書きの日記・新聞に掲載された日記（1876・77年）

〔122〕子供48人と暮らしている。鉄道は36マイルの長さで、モルモン教徒の所有となっているため、彼らに管理されている。

　オグデンからは冬の景色が続いた。全てが雪に埋もれていた。そのため、当地の有名な美景を愉しむことはほとんどできず、夜は、ひどい吹雪が猛威をふるい、列車は6時間遅れた。翌日〔3月31日〕、ロッキー山脈の高原を通過した。ここでは、ずっと続く雪景色のほかは何もなく、繰り返し、激しい吹雪に見舞われた。

　ここまで、私たちは頻繁に、眩暈がするほど高く、長い、簡素な木造の橋を通過した。見るからにとても危険であったが、列車はギシギシと音を立てて、それを意に介さず突き進んだ。それから、私たちは沢山の長い、雪の積もった木造の屋根を見た。この路線には、列車の通る線路の上に、そのような屋根があちこちに取り付けられていた。

　夜に、海抜8,242フィート〔約2,473メートル〕のシャーマン駅に到着した。

〔123〕　この駅は、アメリカに貢献した、最も（体躯の）大きな将軍シャーマンに敬意を表し、名付けられた[28]。ここは、鉄道が走る場所としては世界で最も高度が高い。ワイオミング州のこのブラック・マウンテンの上に位置するシャーマン駅ほど、全能の神の存在を感じられる場所はほかにない。孤独がひしひしと迫ってくる場所である。

———・———・———・———・———

ミヒャエル・モーザーの日記から：東京からフィラデルフィアまでの旅、出来事、そして〔ミヒャエルが〕経験したこと[29]

　翌日、私たちは最も肥沃な農地で、木の生えていない広大な大草原にいた。大草原では、移動型民族であるインディアンと、ひとがよく見ることのできる野生の動物としては、アンテロープ、バッファロー、鹿、犬、狼が生息していた。大草原は、大部分が雪で覆われており、雪は絶え間なく降り続いていた。鉄道では、あちこちに散在する移民の集落を見かける。このように果てしなく孤独な草原に人々から孤立して暮らすことには、想像もできない苦労が伴うことだろう。

　オマハに近づくにつれ、集落の数は増えて、歴史があり、洗練されたもの

になっていっていく。夕方、ミズーリ川の西岸にある町で、ネブラスカ州の州都であるオマハに到着した。住民数は、およそ1万8千人である。ここから列車は、ほぼ1マイル〔1,600メートル〕の長さはある、巨大な鉄橋を通過し、ミズーリ川を越えて、ミズーリ川の東岸にあるカウンシルブラフスに向かった。ここの住民数は、およそ1万2千人である。ここは、探検隊(研究者)のルイスとクラークが、1804〔文化元〕年にここで〔原住民の〕インディアンと会談を行ったことに由来する 30)。

4月2日の昼に、ダベンポートとロックアイランドのところでミシシッピ川を通過し、夜にシカゴに着いた。シカゴでは、最近建てられたばかりの素晴らしいホテル「パシフィック・ホテル」に宿泊した。イリノイ州の州都であるシカゴには、以前は、主に木造の家が建てられていたが、ご存知の通り、数年前に焼失した。しかし、この町は急速に復興を遂げた。以前よりも美しく、より立派に。当然のことながら、宮殿の町と呼ぶことができる。翌朝、私たちは再び旅を進めた。シカゴとフィラデルフィアのあいだは、列車は最も早く移動できる。1時間あたり40マイル〔64キロ〕で、私たちは文字通り飛ぶように移動した。

4月4日の午後4時頃にはフィラデルフィアに到着し、万博会場の本館近くにある「ユナイテッド・ステイツ・ホテル」で部屋を借りた。7日間続いた列車の移動で、皆は、すっかり疲れ果てていた。やっと休めること、汽車の炭塵から解放されることを神に感謝した。

ユニオン・パシフィック鉄道とセントラル・パシフィック鉄道は、併せて3,296マイル〔約5,300キロ〕という世界で最も走行距離の長い鉄道で、建設費も一番投資された。最も広大な平野、最も肥沃な牧草地、最も標高の高い山を通過する。更に、ほぼ不毛の土地、肥沃な渓谷地帯も通過する。最も価値のある土地を通過し、最も高い橋、雪避けの屋根が設備されている線路を走る。トンネルの数も最も多い。鉄道の近くには金、銀、鉄、銅、石炭の最も豊かな鉱山が広がっている。更に、この鉄道は世界旅行者にとって非常に好都合である。数年前までは、横浜、香港、カルカッタに向かう旅行者や実業家は、少なくとも1、2年は会社を留守にせざるをえなかった。更に、生きては帰れない場合も考慮して、遺書を残し、仕事を整理した。今は、世界旅行に向けて、旅行かばんに荷物を詰め、重要な仕事だけを片付ければ良い。90日程度でフィラデルフィアの事務所から再びロンドンやウィーンの仕事場に戻

Ⅵ 手書きの日記・新聞に掲載された日記(1876・77年)

ることができるからである。旅行中も電報や船便で、あらゆる場所と連絡が取れるような快適な旅を送ることができる。

　フィラデルフィアでは、私は、すぐに個人の家を間借りした。偶然、オーストリア・シレジア[31]出身の同胞カール・リプカ[32]と知り合い、彼のおかげで、ドイツ出身のアメリカ人の家族らと知り合う機会を得た。彼のとても魅力的な奥さんは、ドイツ人の両親を持つアメリカ人であった。この縁で、数名の日本人のほかに中国の万博関係者のウー・イン・ディン氏も同じ家に部屋を借りることになった[33]。私たちの関係は、実に良好なものであった。時折、中国と日本が宣戦布告をしそうになることがあったが、そのようなときは、大抵中国に軍配が上がった[34]。ここでの生活はとても快適で、フィラデルフィアは私に良い印象を与えた[35]。

　日本人は、万博会場に建物を二棟建てた。一棟は商人の宿舎に当てられ、もう一棟はウィーンと同じく商品を販売するための会場に当てられた。この博覧会では、全てが大規模に設営されていた。産業会館では、日本人はすでに高度な技術発展を遂げた国民に数えられている。彼らの美しく、人目を引く品々は、観衆に興味と感嘆を持って迎えられた。

　フィラデルフィア(「兄弟愛の町」)はペンシルベニア州最大の重要な町であり、アメリカではニューヨークの次に大きな町である。フィラデルフィアは、大西洋からデラウェア湾とデラウェア川を隔てて、約100海里[36]の距離

82　ウー・イン・ディン(Wu Ying Ding)フィラデルフィア百周年万国博覧会中国委員。アルブミンプリント(名刺判写真)、Gerlach & Fromhagen photographer, 1876, フィラデルフィア."To General Mrs. Basban, With best Compliments of Wu Ying Ding, Mandarin of China, N.Y., Feb. 17, 1877."

271

に位置している。

　フィラデルフィアは、1682〔天和二〕年にウィリアム・ペンによって建設され、移住が始まった。現在の町の総面積は29平方マイル〔76平方キロ〕で、長さ23マイル、幅6マイル。住民数は、80万人以上である。彼らは、13万5千戸に住み、まさしく〔アメリカ人にとって〕「故国の町」となっている。

　直線道路が整備されているが、かなり狭い。町のいたるところを最も遠方まで馬車鉄道が走っており、2000車が稼働している。

　この町の最も重要な名所は、「カーペンターズホール」である。ここは、第一次大陸会議が開かれ、アメリカの独立に向けて最初の祈りが捧げられた場所で、「独立記念館」はアメリカという国が誕生した場所である。古い「自由の鐘」は全地上の自由を宣言していた。ここで、全ての〔歴史的に〕興味深い場所とそれらと結びついている革命や出来事に言及することは不可能であろう。

　「独立記念館」で第二次大陸会議が開かれ、1776〔安永六〕年7月14日〔正しくは4日〕に独立宣言が採択された。今はひび割れてしまい、使えなくなってしまった自由の鐘には「全地上に住むもの全てに自由を宣言せよ」という言葉が刻まれている。現在、これは入口のホールに安置されている[37]。独立記念館は、大事な場所とされている、そして、ここで起きた出来事も栄光に満ちた出来事とされている。建物の一部は、会議が開かれた当時のものである。そして、その英雄の肖像画が壁に飾られている。訪問者は毎日、午前9時から午後4時まで独立記念館に入館することができる。独立記念館では興味深い記念品、つまりアメリカ合衆国建国の父である〔ジョージ・〕ワシントンにまつわるものを数多く紹介している。

VI 手書きの日記・新聞に掲載された日記(1876・77年)

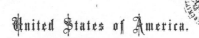

83 ペンシルベニア州からミヒャエル・モーザー宛に出された書類。アメリカ国籍を取得するには、誠意を持って、オーストリア国籍を返還しなければいけないという内容。1876年7月25日

フィラデルフィアからアルトアウスゼーへ[38]

　私は、感謝に満ちた喜びとともに全ての美しいものを楽しみ、強い興味から、全てのものを注意深く観察した。アメリカの独立100周年を記念して大々的に開催され、大成功を収めたフィラデルフィア万博で紹介された全てのものを。

　それだけに、私は、私が居合わせた時節の重大さ、そして偉大さを感受した。私は、それほど多くの素晴らしいこと、多くの興味深いことを体験できた自分の身の上を恵まれていて幸運であったと振り返る。

　フィラデルフィアでは、オーストリアからアメリカに移住した、実に友好的な人々と時間を過ごした。私は、その美しい日々を好んで回想する。ヤコブ・バルツ氏[39]が所有している、美しいビール醸造所では、日本、中国、インドの万博関係者と寛いだ時間を過ごした。夏の酷暑のなか、美味しいビールをジョッキで数杯空けた日曜日も忘れることのできない良い思い出となっている。

　富豪で人々からの信望も厚いアメリカ国民のバルツ氏は、彼の気立ての良い可愛い娘〔Caroline キャロライン〕とともに、この夏にヨーロッパに行く計画を立てている。その機会に、アルトアウスゼーに私を訪ねると約束してくれた。私は、今から彼の来訪をとても楽しみにしている。

　〔博覧会期中、フィラデルフィアは酷暑が続き、それにより、様々な病気が引き起こされた。私も、6月末から9月までのほぼ3か月のあいだ、「チフス性の神経熱」に倒れ、アメリカで最も評判の高いペンシルベニア大学病院で治療を受けた。私の周囲ではこの病で多くの犠牲者が出たが、私は神のご加護により再び健康を取り戻すことができた。病み上がりの身で、まだ弱っているように感じたため、この状態で再び日本に戻ろうとは思わなかった。健康を回復するためにも、故郷に戻ることを決めた。〕[40]

フィラデルフィアの大学病院による
強壮のための処方箋[41]

キニーネ硫酸塩　36g
塩化鉄　1オンス（液体）

VI　手書きの日記・新聞に掲載された日記(1876・77年)

薄めた塩酸　11滴
シロップと水　大さじ6杯
一日に3回、食前に服用
フィラデルフィア、1876〔明治九〕年9月22日[42]

　すっかり気に入っていた町フィラデルフィアを去る日が来た。フィラデルフィアとイギリスのリヴァプールのあいだの新しいアメリカ航路を就航している汽船イリノイ号（アメリカ合衆国の一つの州の名前）に乗って、〔1877(明治十)年〕1月11日午前9時半に出発した[43]。
　その日は極寒の真に冬の日であった。そもそも、この年の冬の寒さは、アメリカの冬としては異常に厳しい寒さであった。デラウェア川には厚い氷が張り、泊地から出るのに一苦労した。そのため、砕氷船で航路を確保しなくてはならなかった。夕方になって、ようやくフィラデルフィアから16マイル〔約26キロ〕離れたデラウェア川沿いのマーカスフックに到着し、そこに一晩泊まった。
　翌朝になると天気は回復し、晴天が広がっていた。ここからは、氷はそれほど厚くはなく、砕氷船とはここで別れた。私たちの乗る巨大な汽船が、物凄い力で轟音を立てて氷を割って進んでいくのを見るのは面白かった。9時頃、私たちはデラウェア市をあとにした。まもなくデラウェアの要塞のある島が現れた。午後3時にデラウェア川の河口に到着したときには、もう氷は見えなかった。そうなると旅はスピードを上げて進み、まもなく公海に出ると、「新世界」[44]の海岸線は、海と霧の彼方に見えなくなった。
　海は強く波打っていた。海の色は鉛色で、醜く、空は雲に覆われていた。しかし、都合の良いそよ風が吹き、初日の航行は無事に進んだ。
　しかし、明け方には風が強く吹き、海が荒れ始めた。私が目を覚ますと、壁も天井も上下に激しく揺れており、船旅の苦い現実の幕開けに気づいた。風はますます強く吹き付け、船の縦揺れ・横揺れは激しくなり、揺れは不規則になり、船内の軋む音、呻りはひどくなるばかりであった。
　この悲惨な状況のなか、気の毒な旅行者は極めて狭く、短く作られたベッドに身動きができない状態で横たわり、一向に身体を休めることができないでいる。
　まもなく、船が揺れると頭と足をベッドの架台に打ち付けた。寝床が進行

方向に対して横に設えられていると、これは一層ひどかった。大抵、船の揺れは、横揺れだったからである。新鮮な空気を吸って、少しでも回復しようとして、ひどい頭痛を抱えながら甲板に出る。しかし、嵐に激しく叩かれた波が甲板を絶えず襲う。くるみの殻のように船がすぐにあちこちに持っていかれるような荒れ狂う大波の様子を目の当たりにし、恐怖に襲われる。狭い船室にいた方が、まだしも救われるのである。

　船長は全身全霊を傾けた。海がひどく荒れ狂う中、彼に、この諺が正しいことが証明された。「天は自ら助くる者を助く。」

　多くの旅行者のなかに偶然、ドイツ語を話す人物が二人いた。一人は、エーガー地方出身のオーストリア人で、もう一人は、感じの良いハンブルク出身の若者である。エーガー地方[45)]出身の彼は、ウィスコンシン州にすでに8年間住んでおり、短期間ではあるが、故郷に戻れることになったらしい。ウェストバージニア州に住んでいるハンブルク出身の彼は、ヨーロッパに商用があり、帰国後は結婚する予定だと言う。

　私たちはすっかり打ち解け、楽しく話をした。彼は私に、彼が情熱的に愛している彼のドーラがウェストバージニア州のホイーリング〔という町で、〕今、何をしているのかということをよく話して聞かせた。そういうときに、彼がほとんど止めることができなかったことが、甲板の上で、彼が作詞した愛の詩を口ずさむということであった。

海の大波にゆられながら
パイプをふかして煙をくゆらす
一つのことが私を不幸にする
愛する彼女のキスが受けられないことだ
荒れ狂う海で
白い百合のような彼女の胸に思いを馳せる
愛は私を苦しめる！[46)]

　船の貨物には、屠畜されたばかりの250頭の牛等が載せられていた。そのうちの一頭は雄牛の肉で、一頭で1トン以上（約2,000ポンド）の肉があったが、そのうちの一番良い部分だけが選び抜かれていた。合わせて二万ドルの価値があり、全てロンドンに運ばれることになっていた。

VI 手書きの日記・新聞に掲載された日記(1876・77年)

　肉は、船のバラストが積まれる場所に積まれていて、航行中は、氷、塩、そして特殊な機械装置で冷凍保存されている。アメリカ産の新鮮な肉を輸送するこの方法は、フィラデルフィアの会社が最近始めた。この方法の実績が認められ、すでに重要な取り引きは、この方法で行われている[47]。
　私の旅は、全般的に、雨、あられ、吹雪に見舞われ、荒天続きであった。そのため、毎日315海里から345海里〔約583〜639キロ〕を移動した10日間の航海のあと、最初の鳥が見えたときの喜びは格別であった。鳥は、陸地が近いことを知らせているからである。
　白色に輝くカモメは、船の周りを飛び、波に着水し、抱きとめられ、揺られていた。そして、再び一斉に、まるで動かしていないかのように見える長い翼を広げて、残飯を撒いて十分な食餌を提供してくれるこの船の周りを漂うように飛んだ。それからずっと前方に急いで行き、再び楽しい旅の連れ合いとして引き返してくる。

―――・―――・―――・―――・―――・―――

　長い航行がもたらす、いつまでも変わらない単調さは、空想に終わりのない活動の余地を与える。完全に自分自身だけが頼りで、自分の考えや気持ちとだけ付き合うことになる。
　その分、1877〔明治十〕年1月21日の日曜日に、クリア岬[48]が見えたときの私たちの喜びは格別であった。クリア岬は、アメリカのレース岬から3,815マイル〔約6,100キロ〕の距離に位置する。
　夜に、月に照らされた穏やかな海上を航行して、数千ものライトが煌めくクイーンズタウン[49]に入港した。郵便物と数名の乗客が、小型汽船からこちらの船に移動した。約15分後に、リヴァプールに向かって出発し、22日の午後3時頃に同港に到着した。
　町は、無数の工場の煙突から出ている煙の厚い霧に覆われていた。そのため、近くに来るまで、町の輪郭が確認できないほどであった。
　リヴァプールの街路には、町が豊かであることを証明する美しい店が軒を連ねており、活気のある忙しい営みが見られた。しかし、厚い霧で10軒先の家も見通せないほど薄暗い。それでも、今日は特別に見通しの良い日であると言われた。普段は、10歩先も見えないそうである。
　ここで目を引くのは、女性の美しさである。華奢な体つきで、結ばずに肩

下までなびく淡褐色の髪の毛、青い瞳、優雅な顔立ち、そして気品のある身のこなし。服装は簡素であるが、彼女たちによく似合っていて、ご存知の通り、生粋のイギリス人であることを特徴づける服装である。

ちなみにリヴァプールの人口は60万人で、イギリスではロンドンの次に大きな都市である。世界で最も大きく、重要な海港である。

数多くの特徴を有しているが、リヴァプールの誇りは、主に沢山ある大きなドック（造船所）にある。ここほど、ドックがある場所は、世界に二つとない。世界の海を縦横無尽に航行する商船の大半が、修理のためにここに碇泊している。

23日2時に、私は列車でハルへ向かった。ハルには夜の9時に着いた。天気は心地よく、15度も南に位置しているはずのフィラデルフィアが厳冬であったのに対し、ここは、この季節としては温暖であった。

ハルまでの列車の移動は、実に面白かった。私たちは産業都市を次々に通過したが、どの町も厚い煙に巻かれて煤だらけになっていた。まるで、この国全体を取り巻くかのようである。

ハルでは汽船「タイガー号」に乗船し、夜11時にハンブルクに向かって出発した。

冷たい風が強く吹き付け、海上の私たちを不親切に出迎えた。波は、私たちを上下、横に揺らし、甲板に激しく叩きつけると、甲板を水浸しにした。恐ろしいほどの高波を目の当たりにすると、船がこの高波に押し流されないでいるのは、ほとんど不可能のように思われた。船は、あまり大きくはなかったが、積み荷が重かったため、私たちは、ますます危険な状態に陥った。

狭い船室一室に大勢押し込められた乗客のなかに、ロシア出身の若いユダヤ人がおり、不憫に思われるほど、ひどい船酔いを起こしていた。彼はずっと「主のご加護を」と叫んでいた。数々の船旅で鍛えられていた私でさえ、客室を支配する混乱の中で落ち着かない思いをした。

翌日〔1月24日〕は豪雨であったが、風はおさまり、海は穏やかになった。朝5時半にヘルゴランド島を通過したが、残念ながら、厚い霧に覆われており、その岩だらけの輪郭をはっきりと眺めることはできなかった。

このような場所では、航行を危険に晒す、見通しのきかない霧のために、艦砲で居所を知らせて、ハンブルクまでの水先人が夜に到着するまで投錨せざるをえなかった。

VI 手書きの日記・新聞に掲載された日記（1876・77年）

　北海からエルベ川の河口にあるクックスハーフェンを通過したのは、〔翌日25日の〕午後6時のことであった。それから深夜12時にようやくマストが林立するハンブルクの埠頭に寄港した。

　あまりに遅い時間で、私はハンブルクには詳しくなかったので、先述したオーストリア人の連れが提案したように、「ホテルの案内人」に従って、ホテル「シュタット・リューネブルク」に投宿した。このホテルでは、あらゆる人間にひどく騙された〔不当に高く支払わされた〕。翌朝、私が、ここで貨物として預ける予定をしていた荷物を準備する必要がなければ、私たちはすぐにも旅を再び進めていたであろう。

　そもそも、私は、立派な町だと、これほど褒めそやされているハンブルクについて賞賛の言葉を受け売りすることはできない。

　しかしながら、大変な長旅を無事に終えた私たちはよく休んだ。翌朝は、ドイツ語圏の土地での最初の朝食を楽しみ、その後、言うなれば景気付けに市庁舎の地下レストランでアクツィエン・ビール醸造所が醸造しているラガービールをジョッキで数杯空けた。

　27日の昼に、鉄道でライプツィヒに向かった。しかし、ユルツェンの駅ではブレーメンからの接続列車が到着するまでに長いこと待たなくてはならなかった。その待ち時間のあいだに、美味しいソーセージと新鮮なビールで元気をつけた。

　28日の昼に、私たちはエーガーに着いた。ここで、私たちは〔オーストリアの名物である〕肉を焼いた昼食を、父国の土地で美味しく味わった。

　私たちがプラン[50]に到着したのは、2時頃であった。この地が故郷である、忠実な旅の連れ合いとはここで別れた。

　夜にピルゼンに着いた。ここでは、美味しいピルスナービールとソーセージを食べた。夜の11時半に着いたブドヴァイズで、列車は朝の6時まで停車した。私は、すぐに寝る場所を見つけられなかったので、ぼんやりとした月明かりのもと、大きな広場まで町を散歩した。

　29日の夜には、リンツを越えて、グムンデンに着いた。ここで、私は、ダイニンガー氏のホテル「ツム・ゴルデネン・シフ」に泊まった[51]。

　翌日、私は親切な招待を受けて、ハーバッハー氏[52]のもとで夕食をとり、同日、イシュルのポット氏と知り合いになった。彼は、エーベンゼーからイシュルまで彼の馬橇に乗せてくれた。

イシュルに着くと、彼は私をすぐにザルシュタイナー氏のホテル「ツム・ゴルデネン・クロイツ」53)に案内してくれた。私は、親切なもてなしを受けた。
　イシュルには、私を迎えに来る予定であった家族を待って、31日まで滞在した。夜は、偶然、上述のホテルで「集会の日」が開かれた。そして、イシュルの錚々たる人々の輪に加えてもらった。ザルシュタイナー氏自らによるツィターの演奏を聴きながら、のんびりと談笑を楽しんだ。私は日本の竹笛の演奏を披露し、中国や日本の歌を紹介した。心地よい時間があっという間に過ぎていった。
　〔2月1日〕木曜日の朝、郵便車でアルトアウスゼーに向かった。天気は、とても悪く、牡丹雪が激しく降っていた。「ポッチェン峠」を徐行して越えたところで、だんだんと空が晴れてきた。そして、「レーナウの丘」54)に着くと、「コッペン」の上に高く昇った真昼の太陽が暖かい日差しを投げかけながら、

84　冬のアルトアウスゼーの景色、凍った湖越しのダッハシュタイン山、ヴィルヘルム・ブルガー撮影、1866年頃

VI　手書きの日記・新聞に掲載された日記(1876・77年)

私たちを出迎えてくれた。胸が高鳴り、窓を覗くと、ずっと帰郷を切望していた、愛すべきアルトアウスゼーの渓谷の雪化粧をした美しい姿がはっきりと確認できた。

　私の目的地に近づくにつれて、胸は高鳴った。

　　　　故郷の景色への憧憬
　　　　一度湧き上がれば、魂の深いところからこみ上げる
　　　　父国の片鱗を探し求める心
　　　　そして胸に抱きつづける感情
　　　　ああ、故郷、故郷よ！　素晴らしい響き
　　　　愛や友情は消えてしまうかもしれない
　　　　しかし、失われないのは、植え付けられた強い郷愁：
　　　　思い出、父国への憧れ[55]）。

　長いこと愛する家族のもとを離れて、再会できたときの喜びを知っている者は、両親、兄弟、親戚と無事に再会できたときの喜びがどれほどのものか、分かるだろう。皆と無事に再会することができた。長旅は、自分の健康と命をどれほど危険にさらしてきたことだろう。自分は、不快なこととどれだけ戦ってきたことだろう。しかし、神のご加護のもと、全てを克服できたことを思うと、私の胸は喜びと感謝で満たされる。私は、これからも運命が私を遠く離れた地に呼ぶことがあれば、神のご加護を信じて、その地に向かうことだろう。

注
1)　手書きの日記の95頁のこの文章は、文体を改善した文章で、『グムンドナー・ヴォッヘンブラット』(*Gmundner Wochenblatt*)の最初のパラグラフでも紹介されている(*Gmundner Wochenblatt*, 26. Jg., Nr. 25, 20. Juni 1871, S. 2 bzw. S. 162)。
2)　日朝修好条規、あるいは江華条約は1876(明治九)年2月26日に締結された。日本のために開港された港は釜山、仁川、元山であった。これにより日本の朝鮮に対する帝国主義的侵攻が進んだ。
3)　黒田清隆(1840-1900)：日朝修好条規締結時には全権大使。

4)　上野景範(1845-1888)：代理大使。1882(明治十五)年から1884(明治十七)年まで駐オーストリア全権公使。
5)　「使節団は駅で…」から「帝国の旗を掲げた」までは、活字化された旅行記でのみ伝えられている内容であるが、日記を補完する情報として、ここに挿入した (*Gmundner Wochenblatt*, 26. Jg., Nr. 26, 27. Juni 1871, S. 1 bzw. S. 169)。
6)　ゲオルク・マルティン(Georg Martin, 生没年不詳)はドイツの薬理学者。1874(明治七)年1月から1878(明治十一)年12月までお雇い外国人として横浜試薬所に勤務し、1875(明治八)年4月からのちに東京大学医学部となる東京医学校で製薬法を教えた。日本政府との雇用契約が切れると、築地で1884(明治十七)年まで個人で薬局を経営し、その後、ドイツに帰国した。
7)　十中八九、ウィーンに旅立つ前に日本の万博事務局が立ち寄った高級旅館「高島屋」であろう(モーザーの手書きの日記1872〔明治五〕/ 1873〔明治六〕年、4頁を参照)。この旅館は横浜の中心地、現在の桜木町駅に近い弁天通にあった。
8)　モーザーは、Oriental Occidental Steamship Companyと書いているが、正しくは、Occidental & Oriental Steamship Co.。船はホワイト・スター・ライン社(White Star Line)のためにベルファーストで造られて、1871(明治四)年から1875(明治八)年までニューヨークとリヴァプールのあいだを定期航路で就役。その後、イギリスのOccidental & Oriental Steamship Co.社の専用となり、1876(明治九)年から1895(明治二十八)年まで香港、横浜、そしてサンフランシスコ間を運航した。船員は変わらずホワイト・スター・ライン社の船員で、中国人であった。
9)　Pacific Mail Steamship Company。
10)　活字化された文章では、名前が入れられている。ウー・イン・ディン(Wu Ying Ding、姓名はおそらく呉という字)。アメリカに留学するように派遣されたものと考えられる。フィラデルフィア万博における中国の参加に関する責任者はサー・ロバート・ハート(Sir Robert Hart)で、彼は、中国の洋関総税務司(Imperial Maritime Customs Service)の総税務司であった。彼の補佐役には、中国人の李圭(Li Gwe / Li Gui, 1842-1903)がいた。ウー・イン・ディンは日記ではもう一箇所別のところでも言及されている(本章注33参照)。
11)　原文ではüberspringenとあり、日を進めるのか、戻すのか、どちらとも取れない言葉が使われているが、無論、ここでは(アメリカから日本に移動する場合には)、一日日付を進めるの意味。
12)　サンフランシスコ湾に入るときに目を引く、クロアシカが集まっている岩場。
13)　市場とニュー・モントゴメリー通り(New Montgomery Street)が交差している場所にあるこのホテルは、1877(明治十)年に開業された。1906(明治三十九)年の大地震による損壊で、取り壊しを余儀なくされた。この場所には1909(明治四十二)年に新しく建物が建てられた。

VI 手書きの日記・新聞に掲載された日記(1876・77年)

14) 原文ではNegerという言葉が使われているため、そのまま訳した。
15) この文章は日記にはなく、活字化された旅行記にのみ見える内容であるが、日記を補完する情報として、ここに挿入した(『グムンドナー・ヴォッヘンブラット』(Gmundner Wochenblatt, 26. Jg., Nr. 25, 20. Juni 1871, S. 1/2 bzw. S. 169/170)。
16) セントラル・パシフィック鉄道(Central Pacific Railroad)は1861(文久元)年に敷設された。当初は、オークランドからサクラメント経由でユタのユタ湖までを結ぶ鉄道であった。
17) シェッフェル(Scheffel)は、昔、使われていた穀物を量る単位。
18) この書き込みは日記にはなく、活字化された旅行記でのみ見える(Gmundner Wochenblatt, 26. Jg., Nr. 26, 27. Juni 1876, S. 2 bzw. S. 170)。
19) 新世界はアメリカ、旧世界はヨーロッパのこと。
20) 活字化された旅行記では、「奇妙に」(merkwürdig)の代わりに「特に」(besonders)という単語に置き換えられている。
21) サクラメントは、1850(嘉永三)年に建設された町で、その隆興は、ゴールドラッシュに起因している。議事堂は1861(文久元)年と1869(明治二)年のあいだに建てられた。
22) 鉄の間違いではないか。
23) この文章は、日記では極めて不明瞭に作られている文章である。そのため、このような技術については、活字化された旅行記では若干短く省略されている。
24) 原文では、White Plainsという地名として扱われている。
25) ロッキー山脈にあるワサッチ山脈は、全長約350キロで、平均して標高3,000メートルの高さのユタ州からアイダホ州にまたがる山脈である。
26) モーザーは、のちに出版する予定でこの日記を書いたようである。
27) ユニオン・パシフィック鉄道の敷設は1865(慶応元)年にネブラスカ州のオマハで開始された。今日ではアメリカの最も大きな鉄道会社で、23州を走り、アメリカ全西部を連絡している。セントラル・パシフィック鉄道の路線との接続は、1869(明治二)年5月のことであった。
28) ウィリアム・T. シャーマン(William Tecumseh Sherman, 1820年オハイオ州ランカスター生まれ、1891年ニューヨーク州ニューヨーク市没):南北戦争時(1861〜1865)に北部の陸軍大将を務めた。1869(明治二)年から1884(明治十七)年まで陸軍総司令官。
29) 手書きの日記は、ここで終わっている。しかし、続きはどこか別の場所に記したにちがいない。活字化された旅行記での旅の記録は、フィラデルフィアまで続いているからである。日記は、「ミヒャエル・モーザーの日記から：東京からフィラデルフィアまでの旅、出来事、そして(モーザーが)経験したこと」というタイトルで『グムンドナー・ヴォッヘンブラット』(Gmundner

Wochenblatt)の26. Jg., Nr. 28、1876(明治九)年7月11日から続けられた。手書きの日記で残っている部分も同紙に掲載された(Nr. 25, 20. Juni 1876, S. 2/3 (bzw. S. 162/163) / Nr. 26, 27. Juni 1876, S. 1-3 (bzw. 169.171) / Nr. 27, 4. Juli 1876, S. 1)。

30) アメリカ合衆国大統領であったトーマス・ジェファーソン(Thomas Jefferson, 1743-1826)がメリウェザー・ルイス(Meriwether Lewis, 1774-1809)大尉を探検隊隊長とし、少尉ウィリアム・クラーク(William Clark, 1770-1838)等を派遣した探検隊のこと。この探検隊は、ほかの開拓者に先駆けることができるよう、新たに獲得した地域を計測するという、学問的、そして同時に政治的な任務を帯びていた。

31) 現在のポーランド南西部。

32) カール・リプカ(Karl Ripka):生没年不詳。

33) Jennifer Pitmanの論文 "China's Presence at the Centennial Exhibition, Philadelphia, 1876". *Studies in the Decorative Arts* (The University of Chicago Press), Vol. 10, No. 1 (Fall-Winter 2002-2003). pp. 35-73にはウー・イン・ディンに関する記載はない。李圭(本章注10)についてもない。The Library Company of Philadephiaで保管されている肖像写真(フィラデルフィアの写真スタジオGerlach & Fromhagen撮影)とその写真の献辞「To General Mrs. Basban, With best Compliments of Wu Ying Ding, mandarin of China, N.Y., Feb. 17, 1877」によれば、彼は上流階級出身のまだとても若い青年だったようである。彼はおそらく、留学する目的でアメリカに派遣され、万博では助手を務めたと思われる。

34) 中国と日本の万博委員のあいだで何らかの衝突があったと思われる。1875(明治八)年の江華島事件やこの年の日朝修好条規(締結は翌年)をめぐる日中間の対立を指しているとも考えられるが、モーザーの原文の表現„〔...〕daß es schon manchmal bald an dem interessanten Punkte war, zwischen China und Japan den Krieg zu erklären, wobei jedoch die Ersteren gewöhnlich den Längeren ziehen."にあるgewöhnlich den Längeren ziehen(通常は、Kürzeren ziehenという表現で、運が悪く負ける、という意味で使われる)は「大抵(中国の方が運に恵まれて)勝った」というニュアンスが含まれることから、万博での競合関係で問題が生じたと考えるのが妥当と思われる。

35) モーザーはアメリカ国籍を申請した。その受理証明書を孫のアルフレッド・モーザー氏が所蔵している。

36) 正しくは、おそらく100マイル(約160キロ)。

37) Liberty Bellと名付けられた鐘はロンドンで鋳造され、1752(宝暦二)年8月にフィラデルフィアに納められた。銘文は "Proclaim Liberty throughout all the land unto all the inhabitants thereof"(レビ記25:10)。

38) 手書きの日記にも、活字化された回想録にも、モーザーの日本の雇い主との仕事や万博に関する実際の仕事内容については触れられていない。病気にな

り、入院していたことが主な理由と考えられる。次の帰郷までの記録は、活字化された回想録にのみ伝えられている内容であるが、この回想録は彼の帰国後3週間以内に書かれたので、当時の記録と言える。*Gmundner Wochenblatt*, Gmunden, 27 Jg., Nr. 8, 20. Februar 1877, S. 2/3（S. 54/55）/ Nr. 9, 27. Februar 1877, S. 5/6（S. 63/64）。

39) ヨハン・ヤコブ・バルツ（Johann Jacob Baltz, 1820年生まれ、没年不詳）：J. & P. Baltz Brewing Co., Brewery and Malt House（住所：Philadelphia, 31st & Thompson Streets）というビール醸造所のオーナー。JはJacob、Pはヤコブの兄弟のPeterの頭文字。このビール醸造所は1851（嘉永四）年に創立され、1921（大正十）年まで続いた。

40) 病のため、日本には戻らず、彼の故郷であるオーストリアに健康の回復のために戻るという理由に関するこの文章は、8年後、新たに創刊された地元紙『シュタイエリッシェ・アルペンポスト』(*Steierische Alpen-Post*)の第1号に掲載された回想録に見える文章である。「ミヒャエル・モーザーの日本で経験したことと冒険」("Michael Moser's Erlebnisse und Abenteuer in Japan")というタイトルで書かれた回想録は、Nr.10（1885〔明治十八〕年6月7日）に始まり、Nr.16（1885〔明治十八〕年7月19日）に終わる。補足は、Nr.16、3頁（145頁）。

41) チフスによる発熱の症状に処方された典型的な処方箋。

42) アルフレッド・モーザー氏所蔵の手書きの日記の、最初から数えて41頁目に書かれている。

43) イリノイ号（SS Illinois）(3,104トン)は、ペンシルベニア・レイルロード・カンパニー（Pennsylvania Railroad Company）の子会社であるアメリカン・スティームシップ・カンパニー（American Steamship Company, ASC）の船で1874（明治七）年に就役。その後12年間、フィラデルフィア、クイーンズタウン、リヴァプールの航路を航行した。

44) アメリカ大陸のこと。

45) 現在は、チェコ共和国の領土で、チェコ語でヘプ（Cheb）と呼ばれる地方。

46) 原文では、韻が踏まれている。原文は次の通り。
„In der Woge nassen Bauch
Werf ich meines Pfeifchens Rauch;
Eines machet mir Verdruß:
Ich entbehre Liebchens Kuß.
Denk' ich auf bewegter See
An des Busens Lilienschnee,
Foltert mich der Liebe Weh!"

47) 発注者はMartin, Fuller & Company。新鮮な生肉の輸送の最初の試みは、1875（明治八）年11月に成功した。言及されている機械は冷気の循環を起こし、それ

により、搭載された8トンの氷がリヴァプールまで十分に足りた。
48) アイルランドのクリア岬（Cape Clear Island）、アイルランド語ではCléire。アイルランド最南端のケープクリア島の南西端にある岬。
49) アイルランドのコーク州南海岸の港町。英国ヴィクトリア女王の訪問を記念して1849(嘉永二)年からクイーンズタウン（Queenstown）と呼ばれていたが、1922(大正十一)年のアイルランド自由国の誕生でコーヴ（Cobh）に戻された。1850年代から1950年代まで、北アメリカに向かうアイルランド移民の主要港であった。
50) プラン（Plan）：現在、チェコ語では、プラナー（Planá）。西ボヘミアの町。
51) Gasthof zum Goldenen Schiff: 住所は、ラートハウスプラッツ6番（Gmunden, Rathausplatz 6）。1837(天保八)年にホテルとして開業、現在はレストラン。
52) ヨハン・ハーバッハー（Johann Habacher, 1813-1884）：グムンデンの発行者で印刷業者。『グムンドナー・ヴォッヘンブラット』（*Gmundner Wochenblatt*）の創刊者(1851〔嘉永四〕年から1899〔明治三十二〕年まで。その後は、『グムンドナー・ツァイトゥング』〔*Gmundner Zeitung*〕として1900〔明治三十三〕年から1916〔大正五〕年まで刊行された）。
53) Gasthof zum Goldenen Kreuz: 建物は現在も存在しているが、一般住宅として使われている。経営者は、ハンス・ザルシュタイナー（Hans Sarsteiner, 1839-1918）。彼は、のちに中国と日本を訪れ、東アジアの美術品を収集した。その収集品は、バート・イシュルの市立美術館に所蔵されている（「ザルシュタイナーの間」Sarsteiner-Zimmer）。
54) ポッチェン峠を越えると、この言及されている場所で、南西の方角にはダッハシュタイン（Dachstein）の素晴らしい景色が開けて、そして南の方角には、アルトアウスゼー湖の向こうにコッペン（Koppen）の山頂が聳え立っているのが見える。
55) 原文では、韻が踏まれている。原文は次の通り。

„Ein süßes Sehnen nach der Heimat Flur

Erwacht einmal, tritt aus der Seele Tiefen,

Es sucht das Herz des Vaterlandes Spur

Und weckt Gefühle, die im Busen schliefen.

O Heimat, Heimat! Wunderbarer Klang;

Lieb' kann vergehen und der Freundschaft Bande,

Doch nicht der eingeimpfte heiße Drang:

Erinn'rung, Sehnsucht nach dem Vaterlande."

VII

エッセイ
◎
「東京の花まつり」

アウスゼーの週刊紙（*Steierische Alpen-Post*）に「東京の花まつり」（„Blutenfeste in Tokio"）というタイトルで、1888（明治二十一）年1月1日、1月8日の2回にわたり掲載されたミヒャエル・モーザーのエッセイ。主に、日本人の国民性やお花見、童話について書かれている。

85   Steierische Alpen-Post. 4. Jg., Nr.1, 1. Jänner 1888.

Blütenfeste in Tokio

Steierische Alpen-Post, Aussee

4. Jg., 1888

Nr. 1 (1. Jänner 1888), Nr. 2 (8. Jänner 1888)

VII エッセイ「東京の花まつり」(1888年)

「東京の花まつり」[1]
ミヒャエル・モーザーによる日本の報告

　日の昇る国の住人である日本人の快い国民性の一つは、自然美に対するみずみずしい感受性にある。日本の首都である東京の近郊に数多くある観光地には、大抵、茶屋、あるいは竹で建てられた簡易な小屋が見られる。天気の良い日には、そうした場所でお年寄りから若者まで皆、風光明媚な景色を眺めて楽しんでいる。郊外に建つ家の大半は、手入れの行き届いた庭に囲まれるように建っている。狭い場所でも、ちょっとした花壇、あるいは鉢植えや花の寄せ植えが見られる。それらの植物は、季節ごとに植え替えられるのだが、花の選択や配置には常に決まった秩序が見られる。

　自宅の庭が10フィート弱[2]の広さしかなくても、庭は、よく手入れの行き届いた、美しい竹垣で囲まれている。日本人は、ミニチュアの岩や石造りの灯篭を置き、深緑色の松を筆頭とする木々や低木を一風変わったかたちに整え、場所が狭くても見事な庭を作り上げる。これは、日本人が植物の手入れをするときの愛情と熱意の表れである。

　宗教的な祭事で、寺社や家屋の飾りに使われる枝木や花には、特別な意味がある。比較的大きな寺社は、大抵、絵のように美しい緑の庭園や木々に囲まれており、近くには決まって茶屋が軒を並べている。参拝者は、そこで休憩をとる。彼らは、音楽を楽しみ、歌を詠み、彼らの信仰で神木とされている木々を眺めている。茶屋の正面口には水色の綿布でできた短いカーテン〔暖簾〕がかけられている。それには様々な装飾が施され、文字が入れられており、店の看板の役割を果たしている。廻廊には、決まって色とりどりの四角い紙提灯と丸い紙提灯がぶら下がっている。大抵、ガラス製の鐘〔風鈴〕が提灯に取り付けられており、これは、長く、細長い紙が風に吹かれると、音を鳴らすための舌が動く作りになっている。鐘〔風鈴〕はそれぞれに異なる音色を持っており、かすかな音を奏でて、調和した和音を作る。

　東京での暮らしは、季節ごとに移り変わる植物と共にある。そのため、開花を祝い、花を愛でる行事は、どの階級の人々にとっても、娯楽の中でとりわけ重要な位置を占めている。季節の移り変わりに応じて、何らかの花が咲くので、開花の見られない月はない。開花は季節の象徴で、それぞれの祭り

の合図なのである。

　1月、2月には、杏、椿と春の訪れを知らせる梅が開花する。どの家庭でも、祭壇にはそれらの美しい花が供えられるのだが、まだ蕾のついた枝を可愛らしい花瓶に生けて、花を咲かせる。東京の住民は、立派な梅の木が沢山植えられている場所をこぞって訪れる。椿が咲き乱れる亀戸の大きな神社[3]、大川[4]の左岸にある村「オムラ」[5]、そこから〔人力車〕で1時間ほど離れた目黒村[6]は、この季節には、散歩、正確には遠乗りの行き先として人気のある場所である。日本人は、下駄での歩行は得意ではなく、大抵、人力車を利用して移動するからである。人力車は、漆が美しく塗られた手押車で、人間が牽く軽量の二輪車である。3月には、様々な種類の桃の花が咲き、4月には、常緑樹の月桂樹、セイヨウヒイラギ、ギンバイカが新芽を出す。マグノリア（木蓮）、牡丹、そして、立派な桐の木が植生を豊かにする。桐は、菊と並んで高貴な植物として愛でられていて、葉や蕾は、帝の一家の家紋の意匠とされている。4月の終わりには、春満開となる。ありとあらゆる草、潅木、樹木が満開となる。とりわけ、多くの人々から愛され、開花を祝われるのが桜で、赤色の花びらをたっぷりとつける八重桜、清楚な白色の花をつける一重桜などの種類がある。

　桜の開花は、大川の東側に位置する、広大で素敵な田園都市であり、1マイルは桜の木が立ち並ぶムコシマ[7]でとりわけ顕著である。そのほかには、東京の北部に位置する上野公園もそのような場所として挙げられる。この公園には、「家康権現様」の寺[8]、徳川家の「将軍」数名のお墓、そして、1868年の戦争[9]で破壊された「東叡山寛永寺」の廃墟がある。ここの貫主「リノチノミヤ」〔輪王寺宮〕は皇帝家〔天皇家〕の出身で、日本の仏教寺院を全て管掌していた。この公園はまた、帝と、現在は没落してしまった、世俗の第二の君主である大君との軍のあいだで繰り広げられた、かの有名な決戦[10]の地であり、最後の革命の舞台となった場所である。

———・———・———・———・———・———

　上野は、東京で最も大きく、美しい公園の一つである[11]。4月の終わりには桜が満開になり、一年で最も華やかな季節を迎える。桜の花吹雪は、深緑色の針葉樹と素晴らしいコントラストを作り出し、数週間にわたって、躍

VII　エッセイ「東京の花まつり」(1888年)

86　昇斎一景「東京名所四十八景　亀井戸天神」明治四(1871)年

87　昇斎一景「東京名所四十八景　小金井の梅園」明治四(1871)年

　動的で、賑やかな市民の姿が見られる。この公園のそこかしこに、板や竹で造られた簡素な茶屋や軽食を出す屋台が沢山出店される。花祭りの季節は、全て極めて清潔に整えられる。茶屋にはリボンや明るく点る紙提灯が飾られる。通常、畳の上には、大抵、真紅のヨーロッパ製のカーペットが敷かれる。客は、その上に喜んで座り、若い娘が用意する軽食を楽しむ。
　それぞれの茶屋では、一人か二人の可愛らしい娘が給仕し、客の話し相手をしている。この黒い目をした日本の娘たちは、明るい色の美しい着物に身を包み、趣味の良い髪型にまとめて、感じの良い、可愛らしい姿をしている。そして、いつも朗らかで親切である。人々はのびのびと歓談を楽しみ、冗談を言ってふざけている。別れるときは、丁寧にお別れの言葉を述べる。「さよ〔う〕なら」、つまり「また、お会いできますように！」という意味である。
　食べ物やお菓子、玩具を売る露天商が大勢やってきて、朝から日暮れまで、公園はあらゆる身分の老若男女で溢れている。茶屋は機嫌の良い客で賑わい、大抵、歌声や「三味線」の演奏が聞こえる。この音に合わせて、若い娘や子供

が踊ることもある。お年寄りも若者も皆、お茶、桜湯や様々なお菓子を楽しみ、酒や煙草も呑む。どこからも、楽しそうな話し声や笑い声が聞こえる。酔っぱらう者もいるが、無礼を働き、ひとの迷惑になるようなことは、ほとんどしない。日本人は生まれつき温厚で争いを好まないからである。

　このような市民の祭りでは、見世物小屋やゲームができる露店が並ぶ。とりわけ人気があるのが紙芝居で、よく知られている舞台作品、説話や童話などを絵に写したものが紹介される。例えば、太陽の女神「テンショウダイシン」〔天照大神〕の弟で、神である「スサノノミコト」〔須佐之男命〕が八岐大蛇と山の上で戦い、若い娘を助けるところが大きな背景の前に描かれている。別の絵は、「アベノセイメイ」〔安倍晴明〕の母親が晴明と別れる場面を描いている12)。この風変わりな説話は、こうである。安倍晴明の父親がある日、罠にかかっていた狐の命を助けてやった。まもなく、その妻が亡くなると、恩義を感じていたその雌の狐が彼の心の痛みに触れ、亡くなった妻の姿となり、長いこと、幸せな夫婦生活を送り、一人息子の安倍晴明を生んだ。この息子は、後に有名な天文学者になり、中国の書物を日本に紹介する。また、別の絵は、「キオヒメ」〔清姫〕の激昂が青銅製の鐘を溶かす場面を紹介している。この鐘には、彼女に追いかけられ、求愛から逃れようとしていた、美しい「アンチンソウヅ」〔安珍僧都〕が隠れていた。とりわけ、主に子供が拍手喝采するのは、何度も紹介される「キンタロウ」〔金太郎〕の話である。金太郎は、赤色の肌をした男の子として描かれており、例えば、川を飛び跳ねる巨大な鯉につかまっている場面などがある。また、ほかの絵は、「ハナザキヅィリ」〔花咲爺さん〕を紹介している。特別な力のある灰を使って、枯れ木に花を咲かせた老人の話である。それから、「モモタロウ」〔桃太郎〕。桃の種から生まれた英雄である。説話によると、このような話である。昔、気立ての良い老夫婦が暮らしていた。二人には子供がいなかったので、親切な隣人たちは気の毒に思っていた。ある日、おじいさんは山に薪を集めに行き、おばあさんは川に洗濯をしに出かけた。おばあさんが洗濯をしていると、大きな桃が川を流れてきた。おばあさんは、その桃を拾い、おじいさんと一緒に食べようと、家に持ち帰った。すると、何が起きたか！　おばあさんが桃を割ると、美しい、丈夫な男の子がそこから出てきたのである。老いた二人は大層喜んだ。そのように生まれたので、二人は、その珍しい男の子を「桃太郎」と名付けた。つまり、桃の坊やである。桃太郎は、まもなく、身体の大きな、力

VII エッセイ「東京の花まつり」(1888年)

持ちの男に育った。そして、活動的な人生が始まり、勇敢な冒険をして、沢山の宝物と富を手に入れて、心の良い、彼の育ての親に大きな喜びをもたらし、生涯安泰な日々を授けたのであった。

　これらの物語や、数え切れないほど沢山ある面白い童話や英雄の説話は、色つきの挿絵を入れて、綴じた小さな本[13)]のかたちで売られていて、好奇心にあふれた日本の若者たちに熱心に読まれている。

88　歌川芳虎「花姿美人揃」

89　浮世草子「昔ばなし　桃太郎」

90　金太郎のおもちゃ

注

1) 前半は、*Steierische Alpen - Post*, Aussee 4. Jg. 1888, Nr. 1（1. Jänner 1888）、後半は、Nr. 2（8. Jänner 1888）より。
2) 一平方メートル。
3) 亀戸天神社のこと。
4) 隅田川のこと。
5) 小村井のこと（東京大学史料編纂所の榎原雅治氏にご教示頂いた）。
6) 正確には、下目黒村。当時人気だった大鳥神社がある。
7) 向島。墨田区。
8) 上野東照宮のこと。
9) 戊辰戦争のこと。
10) 上野戦争のこと。
11) 現在の上野恩賜公園。
12) 『葛の葉』、あるいは『信田妻』で知られる説話。
13) 豆本、芥子本のこと。

VIII

自伝的エッセイ
◎
「ミヒャエル・モーザーが日本で経験したこと、冒険」

　アウスゼーの週刊紙（*Steierische Alpen-Post*）に「ミヒャエル・モーザーが日本で経験したこと、冒険」（„Michael Moser's Erlebnisse und Abenteuer in Japan"）というタイトルで、1885（明治十八）年6月7日から7月19日まで7回にわたって掲載された、ミヒャエル・モーザーの回想録。オーストリア＝ハンガリー帝国東アジア遠征隊に随行し、1869（明治二）年10月2日に横浜港に到着したところから始まり、フィラデルフィアから1877（明治十）年にアルトアウスゼーに帰郷するまでの出来事や、日本人の国民性、文化などが綴られている。それぞれの時代の手書きの日記や手紙と比較して読むことができるが、最大の特徴は、文体の改善にあると言えるだろう。この回想録は、ミヒャエル・モーザーの自作の詩で終えられている。

Michael Moser's Erlebnisse und Abenteuer in Japan

Steierische Alpen-Post, Aussee

1. Jg., 1885

Nr. 10(7. Juni 1885), Nr. 11(14. Juni 1885), Nr. 12(21. Juni 1885),

Nr. 13(28. Juni 1885), Nr. 14(5. Juli 1885), Nr. 15(12. Juli 1885),

Nr. 16(19. Juli 1885)

VIII　自伝的エッセイ（1885年）

「ミヒャエル・モーザーが日本で経験したこと、冒険」[1]

　当時16歳であった私は、東アジアの人々と通商関係を結ぶために派遣されたオーストリアの遠征隊に随行した写真家の助手としてコルヴェット艦「フリードリヒ大公号」に乗船し、1869〔明治二〕年10月2日に日本の横浜港に到着した。約1か月後[2]、遠征隊は解散した[3]。私には見習い水夫として雇われ、大航海を経て帰国するか、日本に留まり、ヨーロッパ人の一人として、見知らぬ国の人々のもとで運試しをする選択肢があった。
　私は若く、経験もなかった。言葉の知識もなく、故郷のアルトアウゼーの村の初等学校で得たわずかな知識以外には何もなく、暗澹とした気持ちを抱えていた。遠く離れた異国の地で、大きな躍進は望めないのではないかという心配が募った。その自覚と、家族や祖国とこれほどまでに離れて暮らすことへの不安が、何より心に重くのしかかった。しかし、物質的、金銭的には恵まれなかった私の両親、6人の兄弟・妹への思いと、失うものは何もない自分の身の上のことが頭から離れなかった。そして、日の昇る国、日本に留まることを決めた。海の厳しさと、長期間にわたる船上での単調な生活への嫌悪がこの決意を後押しした。
　11月14日、二隻のオーストリア＝ハンガリー帝国東アジア遠征隊の艦隊が仲間を乗せて横浜を出発した。出港し、船影が見えなくなるまで彼らを悲しい気持ちで見送った。私は一人で運命に対峙していた。もはや変更の効かないところにいた。
　まず向かったのは、日本でオーストリア＝ハンガリー帝国の権益も代表していたイギリスの領事館であった。私は、オーストリア＝ハンガリー帝国の臣民として登録し、急迫した状況であったため、援助と保護を求めた。通訳を通じて言われたことは、聞いた言葉は、まずは、すぐにノートに書き写すこと。これにより言葉を早く習得できるから、ということである。この勧めに忠実に従い、熱心に言葉を学んだ。英語、フランス語、スペイン語、マレーシア語、日本語の違いも分かっていなかったので、私の単語帳では奇妙な混在が見られた。しかし、とりわけ英語、日本語はすぐに習得し、母国語であるドイツ語の標準ドイツ語も機会を見つけては学習に励んだ。イギリス領事館の助言は、私の語学の上達に有効であったことが、まもなく証明された。

あるロシア人がやっている飲み屋の給仕の仕事を見つけた⁴⁾。彼はドイツ語も話した。彼は、酩酊すると弾丸を込めたピストルや店の壁にかけてあった銃で壁や天井に発砲し、その店の客の大半を占めた粗野で乱暴な船乗りを喜ばせようとした。客の耳元でピストルの引き金を引いたりもした。時折、危険な場面があった。ここでは生活のために約6か月働いた。その後、この飲み屋は、あるイギリス人に売却された。店では、様々な飲み物を注ぎ、カクテルを作ったが、客の相手をするのは最初の頃から苦手であった。私は、接客時に馬鹿な間違いをしでかし、皆から嘲笑されたのである。彼らは、私を笑い者にして楽しんでいた。

毎晩夜中の2時、3時まで店の裏方で働かなくてはならなかった。朝の6時前には、床掃除をしろと叩き起こされた。客からは「チャーリー」と呼ばれていた。私の名前のミヒャエルは、英語ではマイケルという。アイルランド人風の響きを持っていたため、ほかのイギリス人やアメリカ人には好ましく思われていなかった[5)]。私をこの名前で呼ぶことは、彼らの国民感情を害することであったのである。そのため、ずっと「チャーリー」という名前で知られ、日本を去るまでの7年間、その名前で通った[6)]。

クリスマスが近づいた頃に、ひどく悲しい時間を過ごした。自分がいかに不幸な境遇にあるのかをしみじみ理解してしまったのである。郷愁に襲われ、遥か遠くの故国の家族を思い、目に涙を浮かべてお祈りを捧げた。改まった服装をすることもできなかった。お金がなく、着古したボロボロの服一着しか持ち合わせていなかった。服に開いた穴は、破れた箇所を繊維質の頑丈な和紙で塞ぐほかに方法がなかった。それから、服の色を均一にするために泥を塗りつけた。ある日、土砂降りの雨に遭い、ずぶ濡れで家に戻った。しゃがんだときに、穴に当てていた紙ばかりか、ズボンの両膝が破れてしまった。

故郷から手紙を受け取ったのは、横浜に住み始めてほぼ一年が過ぎた頃であった[7)]。両親が最初の手紙[8)]を送ってくれたのだが、日本に到着するまでに2か月が経っていた。切手を貼らないで投函してあったが、その方が宛先に確実に届くと思ってのことであった[9)]。だが、私には待ち焦がれた手紙を受け出すだけのお金がなかった。日本の50銭は約1グルデンに相当したが、そのお金を貸してもらえるような当てはなかった。私の所持品で担保にできそうな価値のある唯一のものは、クリスマスにウィーンで上司〔ヴィルヘルム・ブルガー〕からもらった金時計であった。しかし、これは横浜に着いてま

VIII　自伝的エッセイ（1885年）

もなく盗まれてしまった。そのため、故郷からの手紙は、数か月間、私が手紙に書かれている知らせを読みたいと渇望しているあいだずっと、郵便局で保管されていたのである。

　飲み屋の仕事は、この地に暮らしているヨーロッパ人と知り合う機会が得られるという点では利点もあった。日本語と英語の練習にもなった。まもなく自分の置かれた状況下でも、やっていけると思えるようになった。ある大手のオランダ商社で、会計係として働く話が舞い込んだ。ただ、その仕事は、英語の読み書きが完璧にできる必要があったので、希望は叶わなかったが。そんなときに、あるフランス人と知り合った。その人物に、ある写真家〔ヴィルヘルム・ブルガーのこと〕と日本に来て、写真のことは、ある程度知っていると伝えた。すると、その男は喜んだ。なぜなら、彼は写真の機材を持っていながら、自分では操作することができなかったからである。彼は私に、この町でアトリエを開き、彼と写真館をやらないかと話を持ちかけた。日本人の大工が木造のアトリエを建てた。私たちが、そのアトリエで働き始めて2か月も経っていない、9月のある蒸し暑い日に、突然、空が暗雲に覆われた10)。

　突如、ここでは頻繁に起きて、人々に恐れられている台風（大旋風）が発生し、港や町に荒廃をもたらしたのである。大波で港から流された船は、波に飲まれて海に沈み、海岸に叩きつけられて破砕した。多くの人々の命が失われた。建物の天井が吹き飛び、窓は潰れて、通りでは落ちてくる屋根の瓦や角材に当たる危険に晒された。私たちの新しいアトリエもこの台風で全壊した。私たちの計画もまた、無に帰した。私たちに同じようなアトリエを再建するだけの資金はなかったからである。ここではもう何もできることはないと判断して、私は、イギリス人〔スコットランド人〕で『ジャパン・ガゼット』、写真入りの月刊誌〔原文では、雑誌と書かれている〕『ザ・ファー・イースト』の編集者で記者のブラック氏を訪れた。

———・———・———・———・———

　ブラック氏とは以前からの知り合いで、私が英語で用件をたどたどしく伝えると、彼は、実の父親のように私を快く受け入れてくれた。ブラック氏の家はとても居心地が良かった。まるで実の息子のように世話をしてくれ

た。彼のもとでする仕事は十分にあった。私の主な仕事は、日本各地を巡り、雑誌〔ママ〕のための写真を撮影することであった。私は、この仕事を通じて、この不思議な国と国民を知る機会を得た。実に不思議な出来事や、不快な出来事を頻繁に経験した。

　日本での旅は、通常、徒歩で行く。移動手段が発達していないのである。大抵は、徒歩や籠で移動し、時折、蹄鉄を打たず、蹄を稲藁で包んでいる馬に乗って移動した。

　ある日、私は写真の機材の入った複数の箱を背負い、道案内をしてくれる、信頼の置ける屈強な日本人三人を連れて、徒歩旅行をした。機材の運搬は、肩に水平に背負った竹の棒で行った。同じ重さで釣り合いを取れるように、両端にそれぞれ荷物を吊り下げた。日本人はこの方法で重い荷物を最も簡単に運んだ。

　土地はどこも入念に慣らされている。農地は生垣に囲まれており、とても美しい。絵のような景観を作っている、常緑樹の樹齢の永い樫の木の木陰や、トウヒなどの木々の林のそばを進んだ。　6時間ほどそのような道を歩いていると、小さな丘に出た。私たちは、その頂上近くで、1本のとても背の高い、枝のない木の上に一人の男を見つけた。彼は、ちょうど枝を切っていた。揺れている木の高いところで、その日本人は片方の足を木に絡ませて、もう片方の足で先が切られた枝の根元の上に立ち、上半身を自由に動かして枝を快調に切っていた。そのような光景を見ていると気が気ではなくなり、私はその男に「落ちないように気をつけろ」と声をかけた。彼はそれに対して、「危険ではないよ」と返事をして、彼が全く心配していないところを見せるべく、枝から枝に移動して、枝をお腹に挟んで一回転をして、空と地面のあいだにある枝につま先だけで素早くぶら下がった。それから、手と体を使って、ありとあらゆる曲芸のような移動をして見せた。最後に、彼はリスのように素早く地面に降りてきた。

　夜、すっかり疲れ果てた私たちは、ようやくズルマ[11]という村の、熱心に客をもてなしている様子の茶屋〔旅籠〕に辛りつき、そこに泊まった。私たちは親切なもてなしを受けた。若者からお年寄りまで、多くの住民が出迎えてくれた。彼らは、よそ者である私のこれからの予定や、国籍、年齢を事細かに尋ねた。皆、私に興味を示した。通りを元気に走り回る大勢の子供達が、大きな声で「あなた、おはよう」——これは挨拶だが——と声をかける

VIII　自伝的エッセイ（1885年）

が、私が彼らに近づこうとすると、恥ずかしがって家の中に隠れてしまった。そして、私が離れるとすぐにまた集まってきて、後ろを追いかけてくるのであった。茶屋〔旅籠〕までついて来て、「異人さん、天保銭、ちょう」[12]、つまり、天保銭をくれと言う。

　ここの住民は、貧しい印象であった。額に汗して稼がなくて良い者は、ここでは富裕層に属していた。そのため、どこでもしつこい物乞いが大勢いた。小銭を一銭も持ち合わせていなかった、日本人の役人に会ったことがある。彼は、村に入る前に一円を百天保——一天保はおよそ2クロイツァーである——に両替して、この村を通過するときに物乞いに投げ与えていた。あるとき、私も、ある若者に一天保をあげようと思ったことがあった。私が自分のポケットに手を入れたとき、一つの集団が、素早くこちらにやってきて、こぞって小銭を手に入れようとした。彼らは私を羽交い締めにして、私の手を掴んだ。彼らから自由になるには全力で抵抗しなくてはならなかった。彼らをようやく追い払えたときには、お金は何も残っていなかった。

　茶屋〔旅籠〕では、一階の部屋に通された。床には畳が敷き詰められ、私は靴を、日本人たちは「わらじ」（藁でできたサンダル）を脱がなければ、上がってはいけなかった。まもなく、この村のほぼ全住民がこの部屋を取り囲むようにして集まった。私は、木枠に紙を貼り付けた、簡単に引ける窓〔障子〕をすぐに閉めさせた。しかし、彼らはだんだん無遠慮になり、ガラスではなく、ただ紙を貼っただけの窓は、ほどなく指で穴を開けられた。彼らは「唐人さん、拝見」——ヨーロッパ人、姿を見せろ！——と騒いでいた。辺りが薄暗くなり始め、ようやく見物人はいなくなったが、翌朝、また嫌がらせをしに戻ってきた。

　私は寝床に就けて、幸せであった。ベッドや椅子、そしてテーブルは、日本人には無縁の家具であった。寝るのも食事をするのも床の上である。寝具は分厚い一帖の綿で、それに、マットレス大の絹か綿の布をかぶせる。これを床に敷くのである。その上に、綿をしっかり詰めた、同じ布で作られている、幅広の袖付きのガウンのかたちをした布団をかける。暑い季節には、その上に蚊帳を張る。枕は縦長の堅い木材でできている。枕の上には紙を巻いた円柱状のクッションが置かれている。その紙は毎朝取り替える——少なくとも取り替えるつもりではあるのだろう。日本人は手の込んだ髪型が崩れないように、首を枕に乗せるだけである。ヨーロッパ人の首には、この枕はま

301

さに「命がけ」である。この茶屋〔旅籠〕に宿泊していた日本人は、階級にかかわらず、皆、日中着ていた衣服のまま横になり、眠る。寝具は本当に必要になったときにしか取り替えない。「歓迎しない訪問者」[13]が嫌がらせをして、睡眠を妨害することを想像できるだろう。朝になると、寝具は再び畳まれて、仕舞われた。

　朝、目を覚ますとおかしなことが始まっていた。開け放たれた窓や扉から、日の光が差し込んでいた。私は、その部屋に集まった、すし詰め状態の住民に取り囲まれていた。彼らは私をまじまじと見つめ、とりわけ好奇心旺盛な者たちは、私の服を調べたり、髪や肌に触れてみたりしていた。彼らは異郷の風変わりな者を、訝しがるのに全く飽き足らない様子であった。私は、何かをするたびに好奇の目にさらされた。特に、私が日本流に床に座って朝食を摂ったときのことである。朝食の献立は、塩で味付けをしていない、炊いたお米——パンの代わり——、生の魚を幾切れか、乾燥させた「水とかげ」[14]（日本と中国では珍味）、塩漬けにした野菜と、決まって出される、砂糖もミルクも入れないで飲むお茶からなる。食器はというと、日本と中国ではナイフとフォークの代わりに、木製の箸が使われる。食事は全て、磁器か漆塗りの器で供される。これらの食事のなかで一番気に入ったものを選んだが、日本の食事に敬意を払うのは大いに骨の折れることであった。もちろん、選べたものは少なかった。招かれざる観衆は、私が箸を使うときの不器用さをひどく面白がった。給仕は、お代わりをするときのために隣に座っていた。

———・———・———・———・———・———

　それから数日間、写真を数点撮影し、旅を続けた。私たちは「トウカイドウ」〔東海道〕を歩いていた。東から西に日本を縦断する広い国道である。東海道は海岸に平行するように走っている。所々に立派な松林があり、常緑樹も植わっていた。道はどこも入念に均され、道端には田んぼが連なっていた。植生は実に豊かで、花々は華麗である！　また、ヨーロッパでは重宝され、温室で苦労して育てられている椿が森のように繁茂している場所もある。威風堂々とした風貌の鳥や色とりどりの蝶々も生息している。更に、日本の気候は空気が澄んでおり、快適で、天気は一年を通して温暖である！　穏やかな海面を、白い帆を張って波間を静かに進む数百の小さな漁船が埋め尽く

VIII 自伝的エッセイ（1885年）

92 「東海道」ミヒャエル・モーザー撮影

していた。非常に大きな四角の帆を張った独特な船形の「平底帆船」（大型の船）は、幽霊船のごとく静かに、ほのかに光る海を走っていた。暴風が吹くと、湖のようなこの湾が、大型船が碇泊するのも難しいほど荒れるとは、想像もできない。

　この海岸に平行する道では、そこを移動する旅行者が興味深い景観をもたらしている。（日本で一番標高の高い）聖なる山の富士山や他の巡礼地から戻ってきた巡礼者〔お遍路さん〕によく出会う。彼らは風変わりな格好をしている。多くは絵や旗を携え、背中に茶や米などの蓄え、調理器具などを入れた箱を背負っている。彼らは、簡素な白い巡礼装束を身につけ、ぴったりとしたズボンを穿き、椰子の葉でできている平らで、とても大きな日よけ・雨よけの笠〔菅笠〕をかぶっていた。他には、ロザリオにあたる鈴を首にぶら下げていた[15]。カラン、コロン、と鈴を鳴らしながら一人で、あるいは団体

で歩き、「なむあみだいぶつ」16)、つまり「大いなる神、仏陀よ、我々を守りたまえ」という意味のことを、絶え間なく唱える。更に、1本の棒で肩に担がれる竹製の軽いバスケット、「カンゴ」〔駕籠〕あるいは「ノリモノ」〔乗り物〕で移動する旅行者も見かける。旅行者は、その中で胡座をかいて座っている。最近、この駕籠は、より合理的な「ジンリキシャ」〔人力車〕に取って代わられている。人力車は二輪の美しく彩色された軽量の車で、苦力〔車夫〕が曳く。駕籠は、現在、山岳地帯でのみ使われている。その他には、数えられないほど多くの物乞い、運び屋の半裸の苦力〔運搬夫〕、そして大名行列が見られる。大名は武装したお供を大勢引き連れて、領地と江戸を往復していた。彼らの前では、行列が通り過ぎるまで、日本人は顔を地面につけて仰ぎ見ようとしてはならなかった——首をはねられたくなければ。近代化の影響で、これらの光景の多くは見られなくなってしまったが。

　村落に近づくとまもなく、余所者の私を一目見ようと住人が家の前に現れた。しかし、彼らは私に近づくことはなく、私が通れるように道を開けた。家に逃げ帰った子供達には、「異人さん、馬鹿」と大きな声で言われた。これは罵る言葉で、「外来の馬鹿者」というような意味である。子供達は、祖母から「私たちの国を利用するために侵入する、悪い赤毛のヨーロッパ人」についての話をよく聞かされているのである。大人と、日に焼けた悪戯好きで可愛らしい眼差しをした子供達は、裸足か藁もしくは木でできたサンダル〔下駄、草履〕を履いて、走り回っていた。頭に被り物をしている人は誰もいない。皆、質素な木綿の寝間着のような、大抵は、紺色の服を着ていた。村の通り沿いに大きな丸い釜が並べられており、そこで、さつまいもが炒められていた。美味しそうに炒められたさつまいもは、一つ20文(約10分の4クロイツァー 17))で売られていた。様々な軽食を売っている屋台を、子供達が取り囲んでいた。やっと歩けるようになったぐらいの小さな子供達が、それより小さな子供を背中におぶっていた。この子供達の父親は苦力〔車夫〕で、一日働いて、日当20クロイツァーを稼いでいる。そのようにわずかな日当で家長は家族を養っているのである。

　整然とした通りや、家屋の外観は見た目に快く、それらは、ほぼ例外なく清潔感に満ちており、とても良い印象を受けた。木造で、大抵二階建ての日本の家屋は、必ずと言って良いほど一階は店舗になっており、間口は全開になっている。軒は日よけの役割を果たす。大抵、優れた漆器、磁器などの置

VIII　自伝的エッセイ（1885年）

93　「金物屋、小田原（〔ドイツ語で〕金物屋）」ミヒャエル・モーザー撮影（1871年？）

物が売られていた。住居は、真っ白な紙を張った木枠の引き戸〔障子〕で仕切られている。床は地面よりだいたい1フィート〔約30センチ〕高く、そこには畳が敷かれている。畳の上は、裸足でのみ歩いて良いことになっている。部屋には若干の調理器具のほかに、衣服を入れる籠、寝具、炭火を焚くための銅製あるいは陶製の灰の入れ物〔火鉢〕が設えられており、その上ではやかんが絶えず沸騰した湯の音を立てている。それらは全て、ヨーロッパの家具調度とは異なり、まるでノアの時代に別の種族が、この静かな島に逃げ、外界と接触することなく、独自の民族に成長したかのようである。ベッドやテーブル、椅子などは日本人は使っていない。石けんの名前も日本人には知られておらず、使われていない。しかしながら、体や住居の清潔さを保っている点では、全てのアジア人のなかで群を抜く。熱い湯が洗浄剤として使われている。さらに、日本人は一日に1回は公衆浴場に行き、男性も女性も子供も楽園の無邪気さ[18]で一緒に入浴する。公衆浴場は活気に溢れており、賑

305

やかである。このような場所は、沢山ある。1回の入浴につき、約1クロイツァーを支払う。

前述したように、家の間口が開け放たれているので、この寡欲な人々が朝食をとる様子が外の通りから見える。朝食には冷や飯、大根の塩漬け、加工した海藻、蓮根、百合根、生魚が並ぶ。ヨーロッパ人の口にはあまり合わないような、名前の分からないような食べ物も日本人は食し、一日の食事内容は、何の変化もなく繰り返される。冷や飯は、熱いお茶をかけて温められる。貧しい人々は、お茶の代わりに熱湯をかける。人々が、大きな茶碗に山盛りによそったご飯を、2本の箸で平らげる様子を眺めるのは実に楽しい。娘や奉公人がお櫃の番をし、お代わりをよそった茶碗を次々に手渡す。米の代わりにきびを食べる者もいて、更にあらゆる根菜を食べる。家畜、特に牛の肉を食べることは、日本人の特別な慣習と宗教的な世界観から嫌悪されている。牛乳も、母乳さえ市場に並べる中国人とは異なり、「白い血液」として嫌忌されている。

― ・ ― ・ ― ・ ― ・ ― ・ ―

バターやチーズなどは、日本では全く知られていないものである。魚、米、野菜が主食である。家畜、とりわけ牛の肉を食べることは、特別な慣習から嫌忌されている。親愛なる女性の読者の皆さんには、この不思議な国の「女性の暮らし」に関する次の報告は面白いでしょう。日本人の女性は結婚すると眉を剃り、歯を黒く染める。この人を寄せ付けない醜い容姿は、誰かのものになっている印である。しかし、昨今、この顔を醜くする習慣は法的に禁止された。日本では、結婚するまで女性は完全に自由で、随意に楽しむ。新郎に過去のことを釈明する義務はなく、新郎もそれを求めることはない。日本では、他のアジアの国々よりも、女性は男性に尊重されている。家庭生活は愛情のこもったもので、この民族の先天的な優秀さを示している。

国家権力が盲従を要求し、違反に厳罰を科し、ときには死刑も宣告するが、家庭では優しく、限りなく辛抱強い説得がなされる。女性の地位は単純明快である。女性は抑圧される奴隷でも、男性の崇拝する女神でもなく、相談相手、友人、仕事の協力者である。女性は優しく親切に扱われるが、仕事は家事と子育てに限られており、明確な線引きがある。「現代的な女性」や「男性

VIII　自伝的エッセイ（1885年）

94　「メオノシュタ〔宮ノ下〕」ミヒャエル・モーザー撮影

的な女性」はいない。しかしながら、男性は妻に一途ではない。
　キリスト教徒の日本人男性は、婚約者とキリスト教の方式で結婚する[19]。教会では、父親、母親、子供が一緒に並んで座るが、これはアジア人にとっては見慣れない光景である。「ミカド」(皇帝)の政府は、女性の境遇を改善するために大いに努力している。婚姻法は、以前は厳しく禁じられていた異なる社会階級間でも結婚できるように変更されている。
　歩いていくと、かなり急勾配の、とても風光明媚な峠を越えた。あちらこちらの景色が、シュタイアーマルク州の美しい私の故郷を思い出させた。私たちは、2000人の住民が暮らし、海抜3,000フィートの高さにある町、箱根に滞在し、絵のように美しい趣で湖の畔[20]に建つ、立派で素敵な茶屋〔旅籠〕に投宿することを決めた。ここで、長く辛い徒歩での移動を終え、温かい硫黄浴を楽しんだ。茶屋〔旅籠〕には、このようなお風呂が幾つかあった。すぐ近くの温泉から竹筒で湯を引いていた。木造の浴場は、清潔に保たれており、とりわけ夏にはその効能を求めて日本人が好んで訪れていた。入浴後

には夕食が出され、お決まりの「ごはんと魚」が用意されていた。今日は「魚とごはん」[21]で、魚は山中を流れる川で獲れる鱒を炭火で焼いたものであったが、とても美味しかった。

茶屋〔旅籠〕の人々は、どの点を取っても親切で愛想が良かった。私が快適に滞在できるようにと、なんでも用意してくれた。美しく赤い頬、真っ白な歯、深紅色に塗った唇をした、絵に描いたような美貌の可愛らしい娘が特に親切にしてくれた。私が食事の席に着くと、彼女は早速給仕をしてくれたのだが、それは私にとって大変名誉なことであった。その可愛らしい娘は、私が旅をしている写真家だということを知っていたので、私は彼女に彼女の写真を撮ることを約束した。彼女は、写真に写るために、晴れ着を着た。

ちなみに、日本人の娘は、日頃から身なりを美しく整えている。漆黒の髪は清潔に整えられ、明るい色の、大抵は、赤色の絹の紐〔手絡〕で上品にまとめられていた[22]。更に美しくするために、素のままでも美しい顔と首を大理石のように白く塗り、唇を深紅に塗って人形のような容姿にしていた。これは、日本の女性に一般的に用いられている方法である。日本の娘には、洒落っ気がある。服装は合理的ではない。寝間着のようなチュニック〔着物〕は、足をぴったりと包んでいるため、歩き方が制限されている。更に、歯の長い、黒塗りの木製のサンダル〔下駄〕が輪をかけて歩行を難しくしている。そのため移動は安全ではなく、娘たちは、ちょこちょこ歩く。袋のようにぶら下がっている広袖のために、上半身の幅が大きく見える。身体の輪郭は、そのような服のせいですっかり分からなくなっている。

———・———・———・———・———

しかし、日本人女性の服装で一番お金のかかるものは幅広の「オビ」〔帯〕で、数回巻いて、後ろでリボン状に結ぶ。「オビ」はしっかりした絹で作られており、大抵は単色である。娘の「オビ」は明るい色が多く、とりわけ赤色が多い。白色の肌着は、日本では知られておらず、裕福な女性でも持っていない。短い靴下〔足袋〕のみ、真っ白な綿布が使われている。日本人の女性の装身具は、銀、金、あるいは鼈甲の小さな髪留めだけである。しかし、ヨーロッパから輸入された指輪も嫌いではないようである。

「コタケ」〔小竹〕という少女は、初めて写真を撮ってもらった様子であっ

VIII　自伝的エッセイ（1885年）

95　「メオノシュタ〔宮ノ下〕の茶屋」ミヒャエル・モーザー撮影

た。ガラス板に生き写しの自分を見て、とても喜んでいた。横浜に戻り、早速写真を送ると、彼女は3メートル以上の長さの懇切丁寧な礼状を送ってきた。その礼状には、あれやこれやとお世辞が並べられていた。ちなみに、私は、この手紙を好奇心から保管している。日本人は、手紙を約6インチの幅の巻いた紙を広げたものに、筆と墨で右から左に縦書きで書く、あるいは描く。しかし、自分では読むことができなかったので、日本人に説明してもらわなければならなかった。その手紙がきっかけで、とても難しい日本語の文字を熱心に学ぶ気になった。実際、それほ

96　「江戸の少女」

309

ど時間はかからずに、まもなく自分で文通できるようになった。

　私たちは、旅を再び箱根から横浜に向かって進めて、その途中で、墓地の写真を撮るように言われていた、横浜から6時間のところにある藤沢のお寺[23]を訪れた。まず、僧侶に撮影の許可を求めなければならなかった。頭を丸めて、黄色の袈裟を身につけた、威厳のある老齢の高位の僧侶が、さっそく親切に墓地を案内してくれた。最後に写真に興味を示したその僧侶を、ほかの下位の僧侶二人と一緒に撮影した。その返礼として、僧侶は、寺に続いている住居に招き入れてくれた。彼の広い部屋で、私たちは「日本風に」[24]胡座をかいて畳の上に座った。僧侶は高名な聖職者であったが、歓談を楽しみ、美味しいお団子、お茶、固ゆで卵、お菓子、タバコを振舞ってくれた。私が、このもてなしを遠慮せずに有り難く受け取ると、その親切な僧侶はとても喜んでくれた。ヨーロッパの生活様式や習慣について話をして、お礼を述べて、再び横浜に戻った。

　この国では、どこでも私は懇ろにしてもらった。これは、一般の人々のあいだでも外国人に対する嫌悪がないことを雄弁に語る証拠である。少なくとも、私は、貧しくても、とても親切な人々と出会った。彼らは、喜んで外国人と会話をしたり、談笑する。しかし、数日後に派遣された帝都の首都、東京ではそうはいかなかった。ここでは当時、外国人は日本政府から護衛（騎兵と歩兵）をつけられるのが慣例となっていた。しかし、私は基本的に一度もそのような護衛をつけたことがなかったので、時折、困った事態に陥った。私は、歴史的なゆかりのある魚市場の街路を撮影するという依頼を受けていた。

　その場所は、魚による汚れや臭いが充満していた。通りで撮影するのは、野次馬が押し寄せて不可能に思われたので、魚屋の二階から写真を撮る許可を求めた。私の願いは快く受け入れられた。主人はいないが、問題ないと言う。私が旅行用の暗室を設置し始めると、四方八方から人々が押し寄せ、身動きが取れなくなった。ネガを浸す硝酸銀溶液を用意しようとしたとき、押し寄せた人々で暗室が倒れた。力を合わせて、再び暗室を設置し、仕事を再開した。通りも近くの屋根も、そして建物の外も中も、外国人の「魔法」を見ようとする野次馬や無遠慮な日本人で溢れかえり、私は苛立った。撮影は困難を極めた。というのも、カメラを覗くと彼らの頭しか見えなかったからである。やっと仕事を終え、魚屋の人々にお礼を言い、そこを立ち去ろうとし

VIII　自伝的エッセイ（1885年）

97　「片瀬、茶屋」ミヒャエル・モーザー撮影

98　「フィジサワ〔藤沢〕、寺」ミヒャエル・モーザー撮影

たとき、突然「ナニ、ナニ」(何事だ?)というしゃがれ声がした。年寄りの男(主人)が部屋に入ってきて、私を閉じ込めた。彼は、すぐに全ての扉、窓(雨戸)を閉めるように命令して、建物が真っ暗になった。そこにいた全ての人々が不安を覚えた。

　建物に残っていた野次馬は窓から、屋根から、通りへと逃げて行った。私も怖くなったが、これからどうなるのかと強い興味を覚えた。その老人は私に薄暗い部屋の床に跪くように命令した。店主が事の成り行きを細かく説明しなくてはならなかった。主人にも許しを請い、魚屋の従業員たちが私の無実を主張してくれたが、主人は、私の無礼を罰すると言って、壁にかかっていた刀[25]を持ってくるように要求した。しかし、それは従業員たちに止められた。そうこうしているうちに、当局が事件を聞きつけ、私を窮地から救うために二人の警官を派遣してくれた。通りには野次馬の人だかりができていた。皆、何が起きているのかを見に来たのである。その老人は、お辞儀をしたり[26]、低頭したり、ありとあらゆる謝罪を警官と私にして、更に不快な目に遭わせたことに対するお詫びとして、私に自宅まで「ジンリキシャ」〔人力車〕を出そうと申し出てくれたが、それは丁重に断った。

　それからほどなくして、ある貴人の住まいの近くで撮影することになった。すぐにその家の門番に捕まった。ほぼ一日半囚われの身となり、そのあいだずっと、首をはねるぞと脅かされた。その家の主人はやっと私を解放してくれたが、次は容赦しない、と言った。彼は、私の名前、国籍、身分の控えを取っていた。しかし、最近はこのような不快なことを恐れなくて良いようになった。

　暮らし向きも徐々に上向き、長く滞在したことで、言うなれば第二の故郷となった日本に私はすっかり馴染み[27]、ヨーロッパに再び戻ることなど、ほとんど考えなくなっていた。

　横浜で、私は日本人に木造の小さな家を建ててもらった。平屋で、台所と一間からなる家で、建築費用は約200フローリンかかった。その費用の大半は、瓦を葺いた屋根にかかった。この家に、私は、瞬く間にその全地区の600軒以上を焼き尽くし、私の家も巻き添えにした大火事が起きるまでの約2年間住んでいた。全て木造の日本家屋の建築で、火や灯りにあまり注意を払わないところでは、火事はとても頻繁に起きるのである。

VIII　自伝的エッセイ（1885年）

99　「ミヒャエル・モーザーの横浜の自宅」玄関に座っているのはミヒャエル・モーザー、1870年

　私はいたるところで日本人に知られるようになり、彼らと友人になった。日本人は実に親切で、もてなしを重んじた。招待には頻繁に返礼しなければならず、そのようなときには決まって、慣習に倣って軽食を用意した。一杯の苦い、砂糖を入れないお茶を出し、新鮮な果物、素敵なかたちをしたお菓子や焼き菓子、美味しそうなものは何でも磁器もしくは漆器に盛り付けた。さらに、銅製の煙管盆を用意し、細かく刻まれたタバコを出した。主婦や娘が小さな煙管にタバコを詰め、自分で吸い、それを客人に渡した。日本では、男性も女性も同様に喫煙する。3回か4回で吸い終わってしまうほど煙管が小さいため、すぐに灰を叩いては出し、新しく詰め、火をつけなければならなかった。米から作られた「サキ」〔酒〕も振舞われるが、私は飲むと必ず頭痛

を起こした。娘の多くは、三線のギター「サミセン」〔三味線〕を一生懸命に弾きながら、とてもうまく歌を歌う。上手な娘は、演奏に呼ばれることもある。もともと無邪気で陽気な日本人は、音楽で一層気分が良くなると、思い思いに歌い出す。また、彼らは色々なゲームを楽しむ。その中心的なゲームが将棋で、これは、日本人、中国人に人気のある遊びである。それぞれの家の裏には小さな庭があり、池もある。金魚や亀が自由に泳いでおり、池の岸には低木の木々や小さな竹林が整えられ、盆栽と小石が集められて置かれていた。もちろん、花も植えられている。日本では、木のように育つ椿やユリのような花、そして菊——皇室の紋章であるが、おそらく太陽に似ているからだと思われる——が最も多い。どこも整然としていて、清潔な雰囲気が漂い、快い印象を与える。

　日本人は野山を愛し、熱心に散歩に出かける。これは、ほかの東アジアの民族には見られない特徴である。東京を通る広い国道「トウカイドウ」〔東海道〕は、流行の活気に包まれている。華やかな品々を陳列する洒落た店や骨董品店、そして雑貨店も並んでいる。最近、レンガで舗装された広い大通りとその両側の歩道では、夜遅くまで散歩や買い物を楽しむ人々がひしめいている。好奇心旺盛な人々が、無数に立ち並ぶ占い小屋で託宣を聞き、未来を占わせている。店は、色とりどりに彩色された紙の提灯で明るく照らされている。

　日本人は寝間着のような衣服を身につけ、ほとんど音を立てずに歩く。わらじが足音を消すのである。帯には煙管のケース、煙草の袋を挟んでいる。襟元からは、日本人には必需品の扇子が突き出ている。ほかの場所に入れたのでは、簡単に壊れてしまうのであろう。

　実に可愛らしいのが、明るい色の短い丈の着物を着た子供たちである。サーカスにいる小さな道化師のようである。頭髪は額と耳の上の髪を房にし、あとはすっかり剃り落とす。顔と首は眩いほど白く、唇は赤色に塗られている。小さな娘も同じやり方で身なりを整えているが、彼女たちはもっと白粉を使っている。日本の子供達は、他国では珍しいほど温和で行儀が良い。町を一巡すると、満ち足りた人々のもとに滞在していることを知る。ほほどの家からも音楽や歌声が響き渡っている。日本人の女性が、ピアノを演奏することができたら、その音が途絶えることはないだろう。

　「マツリ」（宗教的な祝祭）にも、人々は好んで出かける。我々のところの

VIII　自伝的エッセイ（1885年）

「教会堂開基祭」[28]がこれと一番似ているかもしれない。というのも、寺院がそれぞれに祭を開催しており、実に多種多様な大衆娯楽と結びついているからである。日本には、このほかにも色々な祝祭があるが、もともとは宗教的な起源を持つものの、今は聖職者の手を離れている。例えば、提灯の祭りである「ボン」〔盂蘭盆〕や新年の祭りなどである。「ボン」は、8月の終わりに3日間続く。「ボン」では、墓地が提灯で明るく照らされ、飾り立てられる。さらに墓石には食事を盛った器が供えられる。これは、死者が生前一緒に暮らしていた人々に再会しようと、祭りのあいだはこの世に再び戻ってくるという信仰に基づいている。総じて、日本人は、死者に畏敬の念を抱いているのである。同様に、数日間にわたって祝う新年の祭りでは、「サキ」〔酒〕を沢山飲む。音楽隊[29]が町を練り回り、様々な凧を空に掲げて、人々は存分に楽しむ。寺社や墓地にも参拝し、お互いに祝い、贈り物を贈り合う習慣は、ほぼ際限なく続けられる。更に、男の子の成長を祝う、幟旗の祭りも忘れてはならない祭りである。この祭りでは、色とりどりの旗、紋があしらわれた幟、様々な色の紙の舌が取り付けられていて、そよ風でも、エオリアンハープのような優しい音を奏でるガラス製の鐘〔風鈴〕が飾られる。女の子は、雛祭りを祝う。この祭りでは、お互いに花や果物を贈り合う。

　日本には、古くからこの国で信仰されてきた「シントウ」〔神道〕という信仰とインドから伝えられた「仏教」という二つの宗教がある。参拝者の最も多い東京の巡礼地の一つは、浅草の立派な寺院である。これは、慈悲の女神である「カンノンサマ」〔観音様〕を祀る古い仏教の寺院で、東京の観光名所の一つである。お参りや娯楽のために、これほど色々な施設がある場所はほかにない。寺院がなければ、浅草は「東京のプラーター」[30]と呼べるだろう。寺の境内には、杉の巨木でできた重厚で質感のある見事な門を通って入る。奇妙に迫り上がった屋根のあるその門をくぐると、まっすぐに整備されている参道に出る。多くの人々が、参道の両側に並ぶ売店に詰め掛けて、陶製の小さな置物や玩具、聖人像、そして幸福をもたらし、災厄から免れるという願いを込めたお守りを買い求めている。信者は、これらを喜んで携帯するのである。とりわけ敬虔な人々は、善行を為したいと考えると、鳥かごに入れられたスズメやドジョウを貧しい人々から買い求め、自由にしてやる〔放生〕。

　木造の広い階段が、本堂の入口につながっている。本堂には赤茶色に塗られた、重厚な杉の柱が立っている。天井からは、大きな紙の提灯が吊り下げ

られており、なかには6メートル以上の大きさの提灯もある。本堂入口の中央には、巨大な献金箱〔賽銭箱〕、その隣には銅製の香炉があり、参拝者が絶えず香煙に燻されている。

―――・―――・―――・―――・―――

　金塗り、あるいは銅製の、あらゆる大きさの数え切れないほどの仏像が、献金箱〔賽銭箱〕を囲むように並んでいる。壁には奉納画〔絵馬〕がかけられている。本堂内は、重厚な鉄製の格子で内陣と外陣に仕切られている。内陣には、頭を丸め、ゆったりとした灰色の僧衣に身を包んだ僧侶が誦経のときに座る場所がある。誦経のあいだは、ずっと金属製の鉢〔磬子〕を細長い棒〔鈴棒、撥〕で叩く。鐘のような音がする。僧侶は、左肩に黄色の布〔袈裟〕をかけ、首にはストラ〔輪袈裟〕をかけている。本堂の入口には大きな鈴〔鰐口〕がかかっており、床まで届く縄とつながっている。日本人が祈りを捧げたいときは、神に自分が参拝に来たことを知らせるために二拍手し、鈴〔鰐口〕を鳴らす。それから拝礼し、唱える。「なむあみだいぶつ」〔南無阿弥陀仏〕(大いなる仏陀よ、聞き届けたまえ、守りたまえ、の意味)と。そして、再び一拍手し、献金箱〔賽銭箱〕に小銭を投げ入れ、戻る[31]。

　樹齢100年の木々が生い茂る広大な森が寺を囲み、その木陰には小さな茶屋が並んでいる。人々は、道端に腰を下ろしている。茶屋で給仕をする娘は、料理人兼客の話し相手である。そのほかには、屋台、的矢〔射的〕、骨董品店、更に写真館まである。

　寺の近くには、五階建ての塔〔五重塔〕が建っている。それぞれの階には湾曲した庇があり、その先端に九つの太い輪がかかっている。これらは皆、日本の仏教では典型的な装飾とされている。寺院と同じように赤色に塗られている塔の辺りには小さな池[32]があり、沢山の魚が泳いでいる。そこでは生き物を釣っても捕まえてもならず、水面では動物の活発な生活が営まれている。鴨のほかには、鶴、鷺、古代エジプトでは豊かさと長寿のシンボルとして崇められていたトキ[33]がいる。

　日本人は、私が自分たちの言葉をそこまで早く、よく学んだことに繰り返し驚いていた。私は、彼らが常に興味を示していたヨーロッパの習慣や生活について頻繁に話さなくてはならなかった。時折、ヨーロッパの女性につい

VIII 自伝的エッセイ（1885年）

ても話すことがあり、ヨーロッパでは男性は一人の女性しか娶ってはならないことを話すと、とりわけ女性の関心を引いた。日本ではまだ——例え法律ではすでに許されていないにせよ——一夫多妻が多くの家庭で見られる。日本人男性は経済状況に応じて二人、三人、それ以上の女性を所有するが、正妻だけが夫の食事に同席することを許される。そのあいだ、ほかの女性は給仕し、奉公人と一緒に食事をする。そこで彼女たちは、賞賛に値するような慎ましさと、お互いを尊重する気持ちを見せるのである[34]。

私は、次第に日本の高位高官の人々に知られるところとなった。そして、私がオーストリア人であることを知ると、そのうちの一人が私に、1873〔明治六〕年のウィーン万国博覧会に通訳として同行する話を持ちかけるに至った。日本政府は、この万博を通じて、日本の工業製品や工芸品を海外に紹介したいと考えていた。愛する故郷を再び訪れることのできる機会を得て、表現しがたいほどの郷愁が湧いてきた。私は、この計画を実現しようと必死に努力した。急いで、上司のブラック氏にこの喜ばしい知らせを報告した。彼は、早速、真摯に対応してくれた。ブラック氏の尽力と、ブラック氏と同様に私の面倒を見てくれていたイタリア公使フェ・ドスティアーニ伯爵の協力のおかげで、私は1873〔明治六〕年1月に日本の万国博覧会事務局に正式に採用された。幸運を得られたのである。

3月に約80名の日本人とウィーンに向かった。ウィーンでは、日本人と彼らの展示品が一般の人々の関心を引いた。仕事はとても多かったが、私は、ウィーンでは美しく、幸せな日々を過ごした。アルトアウスゼーの両親を訪れるための休暇は2日しか許可されなかった[35]。万博後、再び日本に帰国する契約を結んだ。日本人の一人として、トリエステ、ヴェネツィア、ミラノ、ローマを経由し、ナポリに向かい、日本に帰国するための船に乗り、スエズ運河を通過する旅に出たのである。

私は、写真家として日本政府に出仕し、東京の外国人居住区で暮らした。ここでは、日本人にも万博で手に入れたものを紹介し、役立てる目的で、大半はウィーンから持ち帰った美術品、産業製品、工業製品などが展示された期間限定の博覧会が催された[36]。それからまもなくして、天皇・皇后陛下がこの博覧会をご覧になられたとき、両陛下に謁見する栄誉にあずかった。

1876〔明治九〕年には再び、フィラデルフィアで開催された〔アメリカ独立〕100周年記念の展覧会に参加するための準備が大々的に行われた。私は、再び

日本の万国博覧会事務局員に〔通訳として〕同行する任務を帯びた。私たちは1876〔明治九〕年2月に穏やかな太平洋を越えてサンフランシスコに出発した。サンフランシスコからは、セントラル・パシフィック鉄道で金が採取できる地方を通過し、シエラ・ネバダ山脈、ソルトレイクシティ、シカゴを越えて、フィラデルフィアに向かった。この旅は、途中で停留することなく、7日と6晩かかった。私は、フィラデルフィアではまもなく、個人の家を間借りした。偶然にもオーストリア・シレジア[37]出身の同胞カール・リプカ[38]と知り合い、彼のもとで間借りできることになったのである。彼の奥さんは、ドイツ人の両親を持つアメリカ人であった。忘れがたく、親切な彼らのおかげで、気立ての良いドイツ出身のアメリカ人の家族等と知り合う機会を得た。フィラデルフィアはペンシルベニア州最大の重要な町であり、アメリカではニューヨークの次に大きな町である。この町の最も重要な名所は、カーペンターズホールである。ここは、第一次大陸会議が開かれ、アメリカの独立に向けて話し合いが開始された場所である。独立記念館は、アメリカという国が誕生した場所である。ここで、1776〔安永五〕年7月4日に独立宣言が採択された。

　全地上の自由を宣言し、現在はひび割れて、使えなくなってしまった、古い「自由の鐘」には、崇高な信念が刻まれている：「全地上に住む者全てに自由を宣言せよ。」現在、この鐘は、入口のホールに安置されている。アメリカ合衆国建国の父ジョージ・ワシントンの貴重な遺品や、その独立記念館で起きた輝かしい出来事を紹介している独立記念館に対して、人々は畏敬の念を持っている。

　博覧会会期中[39]、フィラデルフィアは酷暑が続き、それにより様々な病気が引き起こされた。私も重症の病に倒れ、チフスのような病状を起こした。そのため、6月末から9月までほぼ3か月間、アメリカで最も評判の高いペンシルベニア大学病院で治療を受けた。私の周囲では、この病で多くの犠牲者が出たが、私は神のご加護により再び健康を取り戻すことができた。病み上がりの身で、まだ弱っているように感じたため、この状態で再び日本に戻ろうとは思わなかった。健康を回復するためにも、故郷に戻ることを決めた。吹雪の吹きすさぶなか、私は、1877〔明治十〕年のある冬の日、ポッチェン峠を越えて、アウスゼーに向かう道を下りていた。レーナウの見晴台[40]のところに来たとき、真昼の日差しが差し込んだ。愛するアルトアウスゼーの谷

VIII 自伝的エッセイ(1885年)

が眼下に広がり、私の胸は喜びで高鳴った:

おお、故郷、故郷よ! 素晴らしい響き!
愛も友情も失われてしまうかもしれないが、
失われないのは、生来の強い郷愁
思い出、父国への憧憬[41]

100 レーナウの丘から眺めたダッハシュタイン山(Dachstein)、ヴィルヘルム・ブルガー撮影、1866年頃

101 アルトアウスゼー、湖越しのトリッセルヴァントの眺望、ヴィルヘルム・ブルガー撮影、1866年頃

注

1) 「アウスゼーの写真家で、専門家および一般の人々にもその仕事を認められているミヒャエル・モーザー氏は、日本で数年を過ごした。この人物は、体力と意志の強さのおかげで、成功しましたが、私たちは、『シュタイエリッシェ・アルペンポスト』の読者には、このアウスゼー生まれの人物の人生を分かりやすく紹介することを歓迎してもらえるものと思います。私たちは、モーザー氏の文章をそのまま紹介し、ありのままの真実を語る文章を損なってしまうような修辞的な修飾を施すことを遠慮します。モーザー氏は作家ではありません。彼が経験したことを広く人々に伝えれば、つまり、その大半は、地方に住む人々ですが、彼らのなかには、彼の半生が綴られたものを読むことで、忍耐強く、朗らかな気持ちを持っていれば、厄介な状況でも前進できるという勇気と元気を持つ人々がいるのではないか、また、倹しい暮らしからでも世界に出たいと思う人々は、世界の荒波に沈まない力が自分にもあるかもしれない、と考えることができる人々がいるのではないか、と彼は考えているのです。読者の皆さんには、この文章が、極めて素朴に綴られていることについては、ご理解願います。編集部」原文を確認すると分かるが、モーザーのドイツ語は子供っぽい表現を所々使用しており、普通であれば、編集者が手を入れるところ、そのまま掲載されている。この文章は、読者に対するそのことへの断り。
2) 正確には1か月半。
3) ペッツ提督を乗せたドナウ号は南米に向かい、フリードリヒ大公号は、中国経由で開通したばかりのスエズ運河を利用してオーストリアに戻った。
4) 日記では、ロシア語を話すドイツ人。
5) アイルランドは1801(寛政十三)年にイギリスに併合された。
6) 日記に鑑みて、7年間は誇張と思われる。
7) 実際は、半年程度。
8) シンガポールで両親からの最初の手紙を受け取っており、1869年(明治二)10月2日に横浜で再び手紙を受け取っているため、ここで言及されている手紙は、来日後に最初に受け取った手紙とも考えられない。ここは、ミヒャエル・モーザーの記憶違いと考えるのが妥当だろうか。
9) 宛先に確実に届くと思ったので切手を貼らなかったというのは事実とは考えにくい。おそらく、オーストリア=ハンガリー帝国東アジア遠征隊の一員であったときは、戦争省の海軍部から郵便は切手を貼らずにまとめて送られていたので、ミヒャエルが遠征隊を離任してからも、両親は同様の方法で送っていたと考えられる。
10) おそらく、10月。
11) 現在の神奈川県大和市鶴間。江戸時代には、大山道と鎌倉街道の交わる宿場町として栄えた。

VIII　自伝的エッセイ（1885年）

12)　「ちょうだい」だろうか。
13)　蚤の類を指している。
14)　「水とかげ」は当時のミヒャエルの日記には記載がない。おそらく、当時のオーストリアでは食べられていなかったもので、ムツゴロウのようなものと思われる。
15)　首から下げるものではないが、持鈴のことだろう。
16)　南無阿弥陀仏。「だいぶつ（大仏）」と聞こえたのだろうか。あるいは、後日補足した情報と思われる。
17)　13〜19世紀後半まで主にオーストリア・南ドイツで使われていた小額硬貨。
18)　『旧約聖書』「創世記」の知恵の実を口にする前のアダムとイヴ（エバ）を指す。彼らは楽園で無垢に暮らしていたが、言いつけを破り、知恵の実を口にしたことにより、裸でいることへの羞恥心等が芽生える。
19)　教会で結婚式を挙げることが含意されている。
20)　芦ノ湖。
21)　代わり映えしないことへの洒落。
22)　髪型の一種である結綿（ゆいわた）の描写か。
23)　清浄光寺。
24)　原文の表現は、á la japonaise。
25)　魚をさばくための包丁のことか。
26)　原文にはKratzfüßenとあるが、これは、足をクロスさせる、あるいは片足を後ろに引いて、膝を折り曲げてするお辞儀のこと。日本ではあまり見られないお辞儀の仕方のため、ここでは、ただ「お辞儀」と訳した。
27)　原文にはnaturalisiertとあるが、integriertの意味。
28)　それぞれの教会が開基した日を祝う日。
29)　獅子舞のことだろう。
30)　ウィーンのプラーター公園のこと。売店や遊園地のような娯楽施設があり、ウィーンの人々に人気の行楽地で、ウィーン万国博覧会の会場にもなった。
31)　神社参拝の作法と混同しているか。
32)　おそらく、放生池のこと。
33)　古代エジプトでは、アフリカクロトキが神聖な鳥として崇められていた。
34)　1898（明治三十一）年までは、一夫多妻が認められていたので、このような風景も見られたのであろうか。
35)　二度目の帰郷についてと考えられる（手書きの日記1874〔明治七〕年27・28頁を参照）。
36)　1874（明治七）年3月1日から6月10日まで開催されたウィーン万博資料博覧会。この博覧会で展示される予定だった出品品の多くがニール号の沈没によって失われ、実際には参加者が自分のために持ち帰ったもの、国内にある出品の控え品、また様々な組織から集めた舶来品を展示していた。

321

37）　現在のポーランド南西部周辺。
38）　カール・リプカ（Karl Ripka）：生没年不詳。
39）　1876（明治九）年5月10日から11月10日まで。
40）　Nikolaus-Lenau-Hügel：オーストリアの詩人ニコラウス・レーナウ（Nikolaus Lenau, 1802-1850）に因んで名付けられた、バート・アウスゼーにある見晴台。
41）　原文は、次の通り。
„O Heimat, Heimat! Wunderbarer Klang!
Lieb' kann vergehen und der Freundschaftsbande,
Doch nicht der angebor'ne heiße Drang:
Erinn'rung, Sehnsucht nach dem Vaterlande."
『グムンドナー・ヴォッヘンブラット』(*Gmundner Wochenblatt*) 27. Jg., 1877, Nr. 9 (27. Februar 1877) で紹介された詩（第6章注55）では、„einimpfen"（植え付ける、教え込むの意味）の言葉が使われているが、それよりはずっと美しい表現の „angeborene" がここでは採用されている。

ミヒャエル・モーザーのアルバムについて

　ミヒャエル・モーザーの直系の孫にあたるウィーン在住のアルフレッド・モーザー氏が所蔵するモーザーコレクションの一つで、ミヒャエル・モーザーが自ら仕立てたアルバムである。大型のアルバムには、198点の写真と93点の錦絵が収められており、手彩色写真のほか、ヴィルヘルム・ブルガーの写真も含まれている。折本に仕立てられた小型のアルバムには、104点の写真が収められている。主に『ザ・ファー・イースト』紙に掲載された写真で、大半が風景写真である。また、このアルバムのほかに、モーザーコレクションには、旅先で撮影された写真が432点、ミヒャエル・モーザーがオーストリアに帰国後、バート・アウスゼーで撮影した写真745点が現存する。

　本書で図版として紹介する写真の多くは、このアルバムに収録されている写真であり、ミヒャエル・モーザーの自筆のキャプションが書き込まれていることから、それらを翻刻・翻訳して補足資料として紹介することとした。ただし、キャプションの内容は、必ずしも正確ではない。これらの写真のうち、ガラス原板が現存する写真の一部は、東京大学史料編纂所古写真研究プロジェクトチームが正しい地名等を明らかにしたため、下記の文献を参照されたい。

※本書で紹介するアルバムの写真データは、東京大学史料編纂所古写真研究プロジェクトチームより借用した。

参考文献：
- アルフレッド・モーザー著、ペーター・パンツァー監修、宮田奈奈訳『明治初期日本の原風景と謎の少年写真家　ミヒャエル・モーザーの「古写真アルバム」と世界旅行』洋泉社、2016年
- 東京大学史料編纂所古写真研究プロジェクトチーム編『高精細画像で蘇る150年前の幕末・明治初期日本』洋泉社、2018年

102　アルバム大・表紙：„Michael Moser Album"「ミヒャエル・モーザー　アルバム」（33.0×47.0㎝）

103　アルバム小・表紙：「もせる」（25.0×20.0㎝）

ミヒャエル・モーザーのアルバム（大）

* 左端の数字はアルバムの頁数を示す
* 【　】内の数字は本書での図版番号を示す
* ドイツ語は、ミヒャエル・モーザーの自筆のキャプションの翻刻文（［　］内の情報は編者がドイツ語で補足した情報）
* 日本語は、モーザーのキャプションの翻訳文（［　］内の情報は、アルバムの該当ページの状態に関する編者による情報。〔　〕内の情報は、編者が補足した史料の内容に関する情報）
* （　）内の情報は、ミヒャエル・モーザー自身が補足した情報
* 打ち消し線は、ミヒャエル・モーザー自身によるもの
* 錦絵にもモーザー自筆のキャプションが入れられている

表紙	Michael Moser Album
	ミヒャエル・モーザーのアルバム
中表紙	［Visitenkarte von Alfred Moser］
	［アルフレッド・モーザー氏の名刺が貼られている］
1	［Rückseite eines Farbholzschnitts］
	［錦絵の裏面］
2	［übereinandergelegt drei Farbholzschnitte, ein deutscher und ein japanischer Zeitungsausschnitt］
	［重ねて貼られた3点の錦絵、ドイツ語の新聞記事と日本語の新聞記事］
3	［leer］
	［空白］
4	［leer］
	［空白］
5	Das japanische Cabinet in Altaussee
	アルトアウスゼーの日本の間
6	Jap[anische] Schönheit aus dem „Blumenviertel" Place d'amusement
	［Utagawa Toyokuni III. „Shin Yoshiwara Bishū rōnai ōTagasode" (Tagasode ist der Name der Kurtisane)］
	［錦絵］遊郭「花街」の日本の美人
	〔三世歌川豊國「新吉原尾刕樓内誰袖」三世豊國筆〕
7	Japanischer Tempel bei Jedo
	［Utagawa Hiroshige „Edo meisho – Kameido Tenmangu keidai" („Ansichten von Edo. Tenman-Schrein in Kameido")］

［錦絵］江戸近郊の日本のお寺
　　　〔歌川広重「江戸名所　亀戸天満宮境内」〕
8　　Fürstenpaläste, Weiber gehen über die Brücke bei stürmischem Wetter
　　　[Utagawa Hiroshige „Edo meisho" („Ansichten von Edo")]
　　　［錦絵］大名屋敷、女性が荒天の中、橋を渡る
　　　〔歌川広重「江戸名所」〕
9　　Jap[anische] Plette; im Hintergrund ist der feuerspeiende Fusiyama-Berg, 14.000 Fuß hoch
　　　[Utagawa Hiroshige „Edo meisho – Ōhashi Nakasu" („Ansichten von Edo – die große Brücke von Nakasu")]
　　　［錦絵］日本の渡し船。背景には活火山である富士山、標高14,000フィート
　　　〔歌川広重「江戸名所　大橋中洲」〕
10　 Tokio mit dem Fusiyama-Berg
　　　[Shōsai Ikkei „Tōkyō sanjū rokkei – Tōkyō Hitotsume no hashi" (36 Ansichten Von Tokyo – Die Hitotsume-Brücke in Tokyo)]
　　　［錦絵］富士山と東京
　　　〔昇斎一景「東京三十六景　東京一ツ目之橋」［右］富士山〕
11　 Partie mit Theehäusern, dem Meere u. Schiffen
　　　[Utagawa Hiroshige „Edo meisho - Takanawa Aki no kei" („Ansichten von Edo - Takanawa im Herbst")]
　　　［錦絵］茶屋、海、船の景観
　　　〔歌川広重「江戸名所　高輪秋の景」〕
12　 Japanerin wird über den Fluß getragen (anstatt Brücke)
　　　[Utagawa Yoshitora „Gojūsan eki - Shimada" („Abbildungen der 53 Poststationen - Überquerung des Ōi-Flusses bei Shimada") [in Shizuoka]]
　　　［錦絵］日本の女性が川を渡してもらっている（橋ではなく）
　　　〔歌川芳虎「書画五十三驛」遠江嶋田大井川蓮台渡〕
13　 Vornehme Japanerin Kirschblüten pflückend
　　　[Utagawa Yoshitora „Hana sugata bijin soroe" („Blumen und Schönheiten")]
　　　【88】［錦絵］桜を手折る日本の貴婦人
　　　〔歌川芳虎「花姿美人揃」〕
14　 Japan. Eingang in das Kais[erliche] Schloß (Mondbeleuchtung) [Nijū-Brücke], Japan. das Kais[erliche] Schloß in Jedo
　　　［月光写真］
　　　［左］日本。皇居の入口〔二重橋〕（月光のもとで）

[右]【口絵09】日本。江戸の皇帝の城〔皇居〕

15　Japanerinnen im Hause
〔Ochiai Yoshiiku „Ryūkō ryōgoku jiman" (Frauen aus einem Geisha-Haus in Ryōgoku) vgl. die Blätter 117 u. 137.〕
[錦絵]家にいる日本の女性
〔落合芳幾「柳巷両國自慢」一蕙斎芳幾筆〕

16　Japan. Jedobashi. Canal Ansicht und Brücke in Jedo (im Mondlichte) Japan. Dorfansicht v[on] Jedo
[月光写真]
[左]【装丁裏・下段】日本。江戸橋。江戸の運河の景観と橋(月光のもとで)
[右]日本。江戸の村の景観

17　Jap[anischer] Prinz auf dem Altane
〔Utagawa Kunisada, Blatt aus einem Triptychon, Titel fehlt〕
[錦絵]バルコニーの上の日本の親王
〔歌川國貞、タイトルなし〕

18　Japan. Benten Sama in Kanasawa [recte Kanagawa] (im Mondlichte) Japan. Theehaus in Nagasaki
[月光写真]
[左]日本。金沢〔神奈川〕の弁天様(月光のもとで)〔瀬戸神社〕
[右]【70】日本。長崎の茶屋〔正しくは、横浜・根岸の茶屋〕

19　Japanerinnen bereit zum ausgehen
〔Ochiai Yoshiiku „Tōkyō ryōri jūhachi kō - Ike-no-hata Mugito" Meiji 4 (1871), Blatt aus einer Serie von 18 Gaststätten in Tokyo〕
[錦絵]外出する直前の日本の女性
〔落合芳幾「東京料理十八肴池之端麥斗」明治四年(1871)〕

20　Jap[an]. Flußpartie in Jedo im Mondlicht.
Rock Island. Leuchtthurm. Felsen Insel
[左]日本。月光に照らされた江戸の河川の景観[月光写真]
[右]ロックアイランド。灯台。岩の島

21　Eine unangenehme Strassenscene in Tokio
〔Shōsai Ikkei „Tōkyō meisho sanjūroku gisen - Nihon-bashi" (36 Lustige Ansichten von Tokyo – Die Nihon-Brücke") Meiji 5 (1872), Verlag: Yorozuya Magobee〕
【03】[錦絵]東京の街路で起きた困った出来事
〔昇斎一景「東京名所三十六戯撰　日本はし」明治五年(1872)、版元 万屋孫

兵衛〕

22　Japan. Panorama von Jokohama mit Bahnhof und dem Neuen Schulhaus (1872)
　　日本。駅と新校舎の見える横浜のパノラマ(1872)

23　Gang über die Brücke [Ochiai Yoshiiku „Ryōgoku hakkei no uchi - Yanagi-bashi no Seiran" („Acht Ansichten von Ryōgoku – Wetterwechsel auf der Weidenbrücke", Text von Kanagaki Robun, Meiji 2 (1869) (Der Titel vom bevorstehenden Wetterwechsel deutet auf die in Konkurrenz stehenden beiden Geishas.))
　　［錦絵］橋の上の往来
　　〔落合芳幾「両国八景之内　柳橋の晴嵐」芳幾筆、仮名垣魯文賛、明治二年(1869)〕

24　Eine Plünderung durch jap[anische] Soldaten
　　[Ochiai Yoshiiku „Kana tehon chūshingura jūdanme" („Die 47 Getreuen – Zehnter Akt"), Bunkyū 2 (1862), Verleger: Hirookaya Kōsuke]
　　［錦絵］日本の武士による討ち入り
　　〔落合芳幾「假名手本忠臣蔵　十段目」一恵斎芳幾画、文久二年(1862)、版元　広岡屋幸助〕

25　Raubmörderischer Überfall an einem Bauern
　　[Ochiai Yoshiiku „Kana tehon chūshingura godanme" („Die 47 Getreuen – Fünfter Akt"), Bunkyū 2 (1862), Verleger: Hirookaya Kōsuke]
　　［錦絵］農民に対する襲撃・強盗殺人
　　〔落合芳幾「假名手本忠臣蔵　五段目」朝霞楼芳幾画、文久二年(1862)、版元　広岡屋幸助〕

26　Daimio (Fürst) mit dem Gewehr
　　[Ochiai Yoshiiku „Taiheiki eiyū-den Toyotomi Hidetsugu" („Helden aus den Taiheiki-Erzählungen – Toyotomi Hidetsugu")]
　　［錦絵］銃を携えた大名(侯爵)
　　〔落合芳幾「太平記英勇傳　豊臣秀次」、慶応三年(1867)〕

27　Ein Prinz bereitet sich vor, seinen Bauch aufzuschlitzen (Hara-kiri)
　　N.B. Die Umstehenden sind Zeugen, damit die That vorschriftgemäß geschieht
　　[Ochiai Yoshiiku „Kana tehon chūshingura Yodanme" („Die 47 Getreuen – Vierter Akt"), Bunkyū 2 (1862), Verleger: Hirookaya Kōsuke]
　　［錦絵］切腹の準備のできた親王(腹切り)
　　補足　取り囲んでいる人々は、この行為が正しく行われるための立会人
　　〔落合芳幾「假名手本忠臣蔵　四段目」、文久二年(1862)、版元　広岡屋幸助〕

28　Mörderischer Überfall an einem Offizier

[Ochiai Yoshiiku „Kana tehon chūshingura - rokudanme" („Die 47 Getreuen – Sechster Akt"), Bunkyū 2 (1862), Verleger: Hirookaya Kōsuke]
[錦絵]将校に対する襲撃殺人
〔落合芳幾「假名手本忠臣蔵 六段目」一恵斎芳幾画、文久二年(1862)、版元 広岡屋幸助〕

29 Daimio (Fürsten) als Feldherren
[Ochiai Yoshiiku „Taiheiki shūi - Gifu kōmon Hidenobu" („Taiheiki-Sammlung. Gifu kōmon Hidenobu), Meiji 3 (1870) [Serie von Kriegshelden]
Ochiai Yoshiiku „Taiheiki shūi - Yamato dainagon Hidenaga" („Taiheiki-Sammlung - Yamato dainagon Hidenaga"), Meiji 3 (1870)]
[錦絵]戦国武将としての大名(侯爵)
〔落合芳幾「太平記拾遺 岐阜黄門秀信」一蕙斎芳幾筆、明治三年(1870)〕
〔落合芳幾「太平記拾遺 大和大納言秀長」一蕙斎芳幾筆、明治三年〕

30 Jap[anische] Feldherren
[Ochiai Yoshiiku „Taiheiki eiyūden Saitō Tatsuoki" („Helden aus den Taiheiki-Erzählungen – Saitō Tatsuoki"), Keiō 3 (1867)]
[Ochiai Yoshiiku „Taiheiki eiyūden Azai Bizen no kami Nagamasa" („Helden aus den Taiheiki-Erzählungen – Azai Bizen no kami Nagamasa"), Keiō 3 (1867)]
[錦絵]日本の武将
〔落合芳幾「太平記英勇傳 齋藤竜興」一恵斎芳幾筆、慶応三年(1867)〕
〔落合芳幾「太平記英勇傳 浅井備前守長政」、慶応三年(1867)〕

31 Jap[anischer] General zeigt die Beute nach der Schlacht
[Ochiai Yoshiiku „Taiheiki shūi Ii Naomasa" („Taiheiki-Sammlung - Ii Naomasa"), Meiji 3 (1870)]
[Ochiai Yoshiiku „Taiheiki shūi - Ōzaki kōmon Masamune" („Taiheiki-Sammlung Ōzaki kōmon Masamune"), Meiji 3 (1870)]
[錦絵]日本の将軍が合戦の戦利品を見せている
〔落合芳幾「太平記拾遺 威井直政」一蕙斎芳幾筆、明治三年(1870)〕
〔落合芳幾「太平記拾遺 大﨑黄門正宗」朝霞楼芳幾筆、明治三年(1870)〕

32 [v.l.n.r.] Michael Moser in Wien 1873; Wohnung des Michael Moser in Jokohama; Michael Moser in Yokohama 1869
[左から右に]【48-1】〔万博委員のときの〕ウィーンでのミヒャエル・モーザー、1873年/【99】ミヒャエル・モーザーの横浜の自宅/横浜でのミヒャエル・モーザー、1869年

33 Familien Scenen zu Hause

	[Shōsai Ikkei „Kyōkun zenaku kagami 1" („Erbaulicher Spiegel von Gut und Böse 1"), Meiji 5 (1872), Verleger: Tsutaya Kichizō] ［錦絵］家庭の風景 〔昇斎一景「教訓善悪鏡　一」明治五年(1872)、版元　蔦屋吉蔵〕
34	Panorama von Jokohama mit der europäischen Ansiedlung und dem Hafen (Nr. I u. Nr. II); Nr. III: Ansicht von Jokohama ヨーロッパ人の居住区と港が見える横浜のパノラマ(No.IとNo.II) No. III：【38】横浜の景観〔山手から港の眺望〕
35	Strassen Scenen [Shōsai Ikkei „Kyōkun zenaku kagami 2" („Erbaulicher Spiegel von Gut und Böse 2"), Meiji 5 (1872), Verleger: Tsutaya Kichizō] ［錦絵］街路の景観 〔昇斎一景「教訓善悪鏡　二」明治五年(1872)、版元　蔦屋吉蔵〕
36	Glocken-Thurm in einem Tempelhofe bei Tokio (1873 abgebrannt); Tempel in Simoda, Province Idzu, ehemalige Residenz des amerik[anischen] Gesandten Mr. Har[r]is im Jahre 1854; Schloß des Prinzen von Sagami, Odawara; ein Ort im Dorfe Tomosawa im Lande, in einer Bergschlucht liegend, wo nur um die Mittagsstunde die Sonne scheint ［左上］東京近郊のお寺の鐘楼(1873年に焼失) ［右上］伊豆下田のお寺、アメリカ公使ハリスの旧邸宅、1854年 ［左下］小田原相模国の親王の城 ［右下］正午だけ日が当たる山峡にある、トモサワ村のある場所
37	Das Liebesband wird entzwei geschnitten Das Liebesband wird zusammen gebunden; die Verlobung [Shōsai Ikkei „Kyōkun zenaku kagami 6" („Erbaulicher Spiegel von Gut und Böse 6") Meiji 5 (1872), Verleger: Tsutaya Kichizō] ［錦絵］ ［左］赤い糸が断ち切られる ［右］赤い糸が結ばれる、婚約 〔昇斎一景「教訓善悪鏡　六」明治五年(1872)、版元　蔦屋吉蔵〕
38	Ansicht vom Arsenal in Nagasaki; Ansicht eines Canals in Nagasaki; Schloßgraben der kaiserl[ichen] Burg in Tokio; Ansicht auf den Palast des Fürsten Tokugawa in Tokio ［左上］長崎の兵器庫の景観 ［右上］【27】長崎の運河の景観

[左下] 東京の皇居のお堀
[右下] 東京の徳川将軍の屋敷の景観

39　Familien Scenen
[Shōsai Ikkei „Kyōkun zenaku kagami 9" („Erbaulicher Spiegel von Gut und Böse 9"), Meiji 5 (1872), Verleger: Tsutaya Kichizō]
[錦絵] 家庭の風景
〔昇斎一景「教訓善悪鏡　九」明治五年(1872)、版元　蔦屋吉蔵〕

40　Partie mit Theehäusern in Tokio; Thor zu einem Tempel in Tokio [Daimon in Shiba]; ein Tempel-Park in Tokio; Blick auf die Bucht und die Forts von Jedo
[左上] 東京の茶屋の景観
[右上] 東京のお寺の門
[左下] 東京のお寺の境内
[右下] 江戸湾と台場を臨む眺望

41　Familien Scenen zu Hause
[Shōsai Ikkei „Kyōkun zenaku kagami 11" („Erbaulicher Spiegel von Gut und Böse 11"), Meiji 5 (1872), Verleger: Tsutaya Kichizō]
[錦絵] 家庭の風景
〔昇斎一景「教訓善悪鏡　十一」明治五年(1872)、版元　蔦屋吉蔵〕

42　Friedhof u. Tempel in Nagasaki; Ansicht v[on] Jokohama; Strassenansicht v[on] Nagasaki; Im kaiserl[ichen] Sommergarten in Jedo, Tokio
[左上] 長崎の墓地とお寺
[右上] 横浜の景観
[左下]【31】長崎の街路の景観
[右下] 江戸・東京の皇帝〔天皇〕の夏庭にて〔浜離宮〕

43　Shanghai, Chinesische Sträflinge
【24】上海、中国人の受刑者

44　Tätowierter Japaner; Chineser
[左] 刺青を入れた日本人
[右] 中国人

45　Pracht Bronze Vase, wurde bei der Philadelphia Ausstellung um 2500 Dollar verkauft; Tempel in Tokio während eines Festes (abgebrannt 1873); Ein Tempel u. Thurm bei Tokio [fünfstöckige Pagode des Tempels in Asakusa]
[左] 立派な青銅製の花瓶、フィラデルフィアの〔万国〕博覧会において2,500ドルで売却された。
[右上] 祭りが行われている東京のお寺(1873年に焼失)

［右下］東京近郊のお寺と塔〔浅草寺の五重塔〕

46　Jap[anischer] Drachenhändler; Jap[anerinnen] bei der Toilette; ein jap[anischer] Knabe am Eingang eines Friedhofes sitzend; Sänger u. Guitarspieler
　　　［左上］日本の凧売り
　　　［右上］身支度を整える日本の女性
　　　［左下］墓地の入口に座っている日本の少年
　　　［右下］〔男性の〕歌い手とギター奏者

47　Se. Majest[ät] der IIte König v[on] Siam; Jap[anischer] Gerichtspfleger; Mitglieder der österr[eichisch]-ung[arischen] Ostasiatischen Expedition im Jahre 1868 [Der Titel des Erinnerungsblattes lautet: „Vergnügungs-Zug nach Ost-Asien und Süd-America"; die Zusammenstellung enthält die Porträts einiger Marine-Offiziere und Beamter; ganz unten sicher ein Selbstporträt von Wilhelm Burger, wo sein Name unter der abgebildeten Kamera steht]
　　　［左上］【20】シャムの第二の王〔副王ウィチャイチャーン〕
　　　［左下］日本の裁判官〔奉行〕
　　　［右］【11】【30】1868年オーストリア・ハンガリー帝国東アジア遠征隊の隊員〔の肖像画のコラージュ〕「東アジア及び南アメリカ行きの観光列車」〔海軍将校や役人の肖像写真が集められており、最下列左から2番目にはヴィルヘルム・ブルガーの肖像写真と名前がカメラのイラストの下に見える〕

48　Japan. Jokohama. Mädchen aus Jokohama; Frau in Winterkostüm
　　　［左］日本。横浜。横浜出身の少女
　　　［右］冬服を着た女性

49　[8 Photographien (v.l.n.r.)] Jap[anische] Kaufleute; Jap[anische] Familie zu Hause; eine Seehundjagd auf Spitzbergen; Ein Lap[p]länder; Jap[anische] Wäscherin in Yokohama; Junger Japaner; Jap[anische] Weiber; Jap[anische] Familie
　　　［写真8点（左から右に）］
　　　［上］日本の商人／家にいる日本の家族／スピッツベルゲン島〔ノルウェー語表記ではSvalbard〕でのアザラシ猟
　　　［中］ラップ人の男性／【口絵11】横浜の洗濯婦／若い日本の男性
　　　［下］日本の女性／日本の家族

50　[10 Photographien (v.l.n.r.)] Nordpol: Lappländerin; Lappländisches Mädchen; Ein Rußischer Loce [recte Lotse]; Ein Samojede; Am Bord Joboyren, Seehundabspecker; Spitzbergen, Mitternachts-Sonne; Spitzbergen, Tegetthoff

auf der Barents-Insel vom Eise besetzt; Azylma [?], Altglauber-Kirche; Ein[e] Samojeden-hütte; Uzylma [?], der Thurm
［写真10点左から右に］
北極
［上］ラップ人の女性 / ラップ人の少女 / ロシア人のパイロット / サモエード人 / Joboyren号上のアザラシの屠殺業者
［下］スピッツベルゲン島 / 深夜の太陽 / スピッツベルゲン島、氷に覆われたバレンツ島沿岸のテゲトフ号 / Azylma〔?〕、聖教教会〔モーザーのキャプションを直訳すると「古い信仰を持つ人々の教会」〕/ サモエード人の小屋 / Uzylma〔?〕、塔

51　Eingangsthor zu den kais[erlichen] Grabstätten im Tempel zu Shiba bei Tokio [recte Grabstätten der Tokugawa-Shogune]; Tempel-Thor in Kamakura [?]; Thor eines Tempels [Sōfuku-ji] in Nagasaki (chinesische Form); Inneres eines Tempels in Shiba bei Tokio
［左上］東京の芝のお寺の天皇陵の入り口の門〔増上寺、徳川家霊廟〕
［右上］鎌倉のお寺の門〔光明寺〕
［左下］長崎のお寺の門（中国式）〔崇福寺の三門〕
［右下］東京の芝のお寺の内部〔増上寺〕

52　[8 Photographien v.l.n.r.] Algier, Glaswarenhändler; ph. M. Moser, Jap[anische] porz[ellan] Vasen; Jap[anischer] Kaufmann u. Michael Moser im Jahre 1869 zu Yokohama; Hongkong, Chinesischer Musikant; Roben Island, Kaffern, Häuptlinge in Gefangenschaft; Japan, Ansicht v[on] Nagasaki mit der kleinen römisch-katholischen Kirche [im Stadtteil Ōura]; Jap[anische] Schuhflicker, Eta, Michael Moser seine Schuh in Arbeit; Kap der guthen Hoffnung mit dem Tafelberg
［写真8点、左から右へ］
［上］【10】アルジェ、ガラス製品の商人 / M. モーザー撮影、日本製の青銅製花瓶 /【36】日本の商人とミヒャエル・モーザー、1869年、横浜にて
［中］香港、中国の音楽家 / ロベン島、カフィル人、捕虜になっている酋長
［下］日本、小さなローマカトリック教会の見える長崎の景観 / 日本の靴の修理屋、穢多、ミヒャエル・モーザー、修理中のミヒャエルの靴 / テーブルマウンテンと喜望峰

53　ph. Michael Moser, Ein Japanesischer Tempel, das Dach ist mit Reisstroh gedeckt, rechts sind die Wohnungen der Priester; Tempel Taokoszar dschiodoschi [??] mit 2 Priestern. In diesem Tempel hat Anjinsan (Adams) immer gebetet;

Andenken von Anjinsan. Im Tempel links ist die Schrifttafel in Goldrahmen gefasst, rechts ist ein goldener Altar mit einem bronzenen Götzen, welchen Anjinsan [= Will Adams] selbst gemacht haben soll; Japan, Götzenstatue bei Jedo

[左上]ミヒャエル・モーザー撮影、日本のお寺、屋根は藁葺き、右は僧侶の住居

[右上]二人の僧侶とTaokoszar dschiodoschi寺〔浄土寺〕。このお寺ではアンジンサン〔三浦按針〕(〔ウィリアム・〕アダムス)を祀っている。

[左下]アンジンサンの記念碑〔アダムスが寄進した唄多羅葉〕。お寺の左には金縁の碑文、右はアンジンサンが自ら造ったと言われる青銅製の偶像〔観音菩薩像〕と金色の祭壇〔厨子〕。

[右下]日本、江戸近郊の偶像〔臥牛の像〕

54　[8 Photographien v.l.n.r.] Japan. Photogr[aphische] Landparthie; Ansicht von Jedo, Japan[ische Hauptstadt], ph. M. Moser; Congo Negerin, 25 Jahre alt, photogr. In Capstadt Afrika; Ansicht auf Nagasaki; Ansicht bei Tokio; Simoda [Shimoda]

[写真8点、左から右に]

[上]【口絵10】日本。郊外での撮影旅行／日本の首都である江戸の景観、M. モーザー撮影／コンゴの黒人女性、25歳、アフリカのケープタウンで撮影

[下]長崎の景観／東京近郊の景観／下田

55　Das kaiserliche Schloß in Yedo, II. Wall; Ansicht auf ein äußeres Schloßthor in Yedo (Tokio), im Vordergrunde Lotospflanzen; Das kaiserliche Schloß in Yedo Tokio; Ein Schloßthor in Yedo. Bitte die ungeheuer großen Ecksteine zu betrachten!

[左上]江戸の皇帝の城〔皇居〕、〔中心から数えて〕二つ目の城壁

[右上]江戸(東京)の城門の外側の景色、前景に見えるのは蓮

[左下]【口絵08】江戸・東京の皇帝の城〔皇居〕

[右下]江戸の城門。巨大な縁石に注目！

56　[8 Photographien v.l.n.r.] Japan. Jap[anische] Fürstin mit ihrer Dienerin; Jap[anische] Familie; Jap[anisches] Mädchen aus Jokohama; Vornehme Frau aus Jedo; Jap[anische] Schauspielerin; Junges Mädchen aus Jedo; Japan[ische] Schneiderfamilie; Jap[anischer] Kaufmann

[写真8点、左から右に]

日本

[上]侍女と侯爵〔大名〕夫人／日本の家族／横浜の日本の少女／江戸の貴婦

人 / 日本の女優

［下］【96】江戸の少女 / 日本の仕立屋一家 / 日本の商人

57　Familien Scenen

[Shōsai Ikkei „Kyōkun zenaku kagami - 10" („Erbaulicher Spiegel von Gut und Böse 11"), Meiji 5（1872）, Verleger: Tsutaya Kichizō]

［錦絵］家族の風景

〔昇斎一景「教訓善悪鏡　十」明治五年（1872）、版元　蔦屋吉蔵〕

58　Japan. Ansicht von Hiogo; Fusiyama, feuerspeiender Berg bei Jokohama, 14.000 Fuß hoch; Ansicht auf die Osaka-Bay; Ansicht v[on] Simoda, Provinz Idzu [Izu]

日本

［左上］兵庫の景観

［右上］富士山、横浜近郊の活火山、標高14,000フィート

［左下］【34】大阪湾の景観

［右下］伊豆下田の景観

59　Daibuts[u], Statue in Kamakura; Ein Friedhof; Sechs Buddhisten-Götzen-Granitsteine, dieselben befinden sich beim Eingang eines Friedhofs, wenn ein Kind stirbt so pflegen die Eltern gewöhnlich bei diesen Götzenstatuen zu beten; Dorf Hatoya, im Vordergrund mein Boot welches ich während der letzten Reise immer benutzte

［左上］大仏、鎌倉の像

［右上］墓地

［左下］御影石製の仏像〔地蔵〕6体、同じ像が墓地の入口に〔も〕ある。子供が亡くなると親は通常、この偶像〔地蔵〕を祀る。

［右下］ハトヤ村

60　[5 Photographien v.l.n.r.] Jap[anische] Kapelle bei Jokohama; Götzenstatue in Yedo; China Hongkong, Straßenansicht; Jap[anisches] Dorf in Tonosawa im Lande; Vornehme Japanesin[n]en in ihrem Wohnzimmer

［写真5点、左から右に］

［左上］横浜近郊の礼拝堂

［中央］江戸の偶像

［右上］中国・香港、街道の景観

［左下］田舎のトノサワにある日本の村〔箱根・塔ノ沢〕

［右下］自室にいる日本の貴婦人

61　[9 Photographien v.l.n.r.] Japan. Jap[anisches] Mädchen aus Jedo; Eingeborner v[on] der Ins[e]l Corea; Mädchen aus Nagasaki; Ein Daimio aus Jedo; Japanische

Frau; Jap[anische] Familie; Dame du „quartre des fleurs", place d'amusement in Tokio; Ein Culi Wasser tragend; Schauspielerinnen
[写真9点、左から右に]
日本
[上]江戸の日本の少女 / 朝鮮半島の原住民 / 長崎の少女 / 江戸の大名 / 日本の女性
[下]日本の家族 / 東京の遊郭「花街」の女性 / 水を運ぶ苦力〔水屋〕/ 女優

62　Waffenhalle des Deutschen Vereins für Natur- und Völkerkunde in Tokio
東京のドイツ東洋文化研究協会の武器の間

63　Japan: Japanesisches Theehaus; Tempel und Theehaus [in Katase, Ryūkō-ji]; Ein Tempelthor in Yedo. Der kleine Photograph sitzt am Geländer; Eingang in einen Tempel [Schrein?] in Yedo
日本
[左上]日本の茶屋
[右上]お寺と茶屋〔片瀬、龍口寺〕
[左下]江戸のお寺の門、若い写真家が柵に座っている〔増上寺。若い写真家とは、ミヒャエル・モーザーのこと〕
[右下]江戸のお寺〔神社？〕の入り口

64　Michael Moser in Tokio 1872; J. R. Black Esqu. phot. [...] Michael Moser's Protektor; Jap[anische] Officiere der Polizei, als sie [sich] zum erstenmale in ihre neue, europäische Uniform kleideten
[左]【帯】【40】東京でのミヒャエル・モーザー、1872年
[中]【41】J. R. ブラック氏〔判読不可〕ミヒャエル・モーザーの後援者
[右]ヨーロッパ風の新しい制服を初めて身につけた日本の警官

65　[6 Photographien v.l.n.r.] Hongkong. Chinesische Hasatspieler [recte Hasard-spieler]; Siam, Hinrichtungs-Vorbereitung; Tempelpartie in Bangkok, Siam; Dem König von Siam seine Krone（3te Krone）, indem er 5 Kronen hat; S.M. der 1te König von Siam, 18 Jahre alt（1869）; Siam, Bangkok, die Königsgräber. Unter diesen Thürmen liegt ihre Asche
[写真6点、左から右に]
[上]【25】香港、中国人の賭博師 / シャム、処刑の準備 / シャム、バンコクのお寺の風景
[下]シャムの国王の五つある王冠のうちの一つ（第三の王冠 /【32】シャムの第一の王〔チュラロンコーン、ラーマ五世〕、18歳（1869年）/ シャム、バンコク、王の墓。この塔の中に歴代の王の遺灰が収められている

335

66 [6 Photographien v.l.n.r.] Japan: Jap[anische] Theehäuser in [Samui??] Baschi; Jap[anische] Schauspielerinnen Pfänderspielerinnen; Ansicht v[on] Nagasaki; [Jap]anisches Daimio Palais; Theehäuser bei Jokohama Theehäuser in einen Tempel-Park in Tokio; Jap[anische] Bauernhäuser
[写真6点、左から右に]
日本
[上][サムイ？]ばしの日本の茶屋 /【装丁裏・上段】日本の女優　じゃんけんをしている女性 / 長崎の景観
[下]日本の大名屋敷 / 横浜の茶屋　東京のお寺の境内にある茶屋 / 日本の農家

67 Leucht-Thürme an der jap[anischen] Küste [2 Photographien]
日本の海岸にある灯台[写真2点]

68 Japan: Sommerhaus eines Fürsten; Religiöser Umzug in Yokohama; Ansicht auf Osaka; mit der neu construirten eisernen Brücke; Ansicht auf Nagasaki
日本
[左上]ある侯爵の夏の家
[右上]横浜での宗教的な行列〔「八幡太郎山車」の遷座祭巡行〕
[左下]大阪の風景 / 新しく造られた鉄橋〔大阪の鉄製橋〕
[右下]長崎の景観

69 Venedig, Canal grande
【69】ヴェネツィア、カナル・グランデ

70 Italien, Venedig im Mondlicht: Venedig, San Marcusplatz (bei Mondbeleuchtung); Venedig, San Marcusplatz und der Glockenthurm
[月光写真]
イタリア
[左]月光に照らされるヴェネツィア：ヴェネツィア、サンマルコ広場(月光のもとで)
[右]ヴェネツィア、サンマルコ広場と鐘楼

71 [7 Photographien v.l.n.r.] Algier, Eine Mulattin; Algier, Ein Neger mit 2 Mulattinnen; Japan, Daimios aus Jedo; Punti, Chinesischer Volksstamm, Diener in Hongkong; Japan, Ein Tempel in Jedo; Japanische Feuerwehr [als Feuerwehrleute gekleidete Geisha]; Egypten, die Mosesquelle
[写真7点、左から右に]
[上]アルジェ、ムラットの女性 / アルジェ、二人のムラットの女性と一人の黒人男性 / 日本、江戸の大名 / 広東人、中国の部族、香港の使用人

[下]日本、江戸のお寺／日本の火消し／エジプト、モーセの泉

72 [10 Photographien v.l.n.r.] Siam, Königl[icher] Prinz; Erste Schwester des Ersten König[s] v[on] Siam; Siam, Ein Mandarin; Singapore, Eine Klingsfrau in festlichem Schmucke; Knabe aus Borneo; Schanghai, Do-Do [?], Musizierende Schauspielerin; Schanghai, Vornehme Dame; Cochin China, Hand eines reichen Anamiten; Schanghai, Mädchen vor der Verheiratung（Brautcostüm）; Schanghai, Chinesisches Mäd[ch]en

[写真10点、左から右に]

[上]シャム、王太子／シャム第一の王〔国王〕の長姉／シャム、高官／【15】シンガポール、礼装時の宝飾品を身につけたクリングの女性〔原住民の女性〕／ボルネオの少年

[下]上海、〔琵琶を〕演奏する女優／上海、貴婦人／【21】コーチシナ、ある富裕のアナミット人〔ベトナム人〕の手／上海、結婚前の少女(婚礼服)／上海、中国の少女

73 [Farbholzschnitt, ohne Beschriftung]
[Utagawa Kunisada „Omokage Genji gojūyojō 53" („Auf den Spuren des Prinzen Genji in 54 Bildern - 53")]
[錦絵、キャプション無し]
〔歌川國貞「俤源氏五十四帖　五十三」梅蝶楼國貞筆〕

74 [Farbholzschnitt, ohne Beschriftung]
[Utagawa Yoshitora „Tōkyō hakkei no uchi - Kudanzaka no yuki no kei" („Acht Ansichten von Tokyo – Winter in Kudanzaka")]
[錦絵、キャプション無し]
〔歌川芳虎「東京八景之内　IX DAN ZA KANO YUKINO KEI」〔九段坂の雪の景〕〕

75 [Farbholzschnitt, ohne Beschriftung]
[Utagawa Kunisada „Omokage Genji gojūyojō 13" („Auf den Spuren des Prinzen Genji in 54 Bildern - 13")]
[錦絵、キャプション無し]
〔歌川國貞「俤源氏五十四帖　十三」梅蝶楼國貞筆〕

76 Zwei Krieger raufend
[Utagawa Toyokuni III. u. Utagawa Hiroshige „Sōhitsu gojū-san tsugi Sakanoshita" („Die 53 Poststationen im Tandem – Sakanoshita")]
[錦絵、キャプション無し]
〔三代歌川豊國・歌川広重「雙筆五十三次　坂之下」、安政四年(1857)〕

77 Ein Fürst und sein Kerai (Diener)
[Utagawa Toyokuni III. u. Utagawa Hiroshige „Sōhitsu gojū-san tsugi Kyō" („Die 53 Poststationen im Tandem – Die Hauptstadt")]
［錦絵］侯爵〔大名〕とケライ（使用人）
〔三代歌川豊國・歌川広重「雙筆五十三次　京」、安政二年（1855）〕

78 Jap[anisches] Militär gen Fusiyama marschierend
[Utagawa Yoshitsuya „Hyōgundan gojūyoba - gojūyo taibi" („Vierundfünfzig Schlachtfelder – 54, Ende"), Genji gannen (1864), Verleger: Tsutaya Kichizō (letztes Blatt der Serie)]
［錦絵］富士山に向かって進む日本の軍隊
〔歌川芳艶「瓢軍談五十四場　五十四大尾」元治元年（1864）、版元 蔦屋吉蔵〕

79 Jap[anisches] Schloß, im Vordergrund Kriegsschiffe, dieses Schloß wurde vom Feinde überschwemmt
[Utagawa Yoshitsuya „Hyōgundan gojūyojo - 24" („Vierundfünfzig Schlachtfelder– 24"), Genji gannen (1864), Verleger: Tsutaya Kichizō]
［錦絵］日本の城、前景には軍艦が見える、この城は敵から水攻めに遭った
〔歌川芳艶「瓢軍談五十四場　二十四」元治元年（1864）、版元 蔦屋吉蔵〕

80 Theehaus
[Shōsai Ikkei „Tokyo meisho yonjūhakkei Kameido tenjin" („48 berühmte Ansichten von Tokyo – Tenjin-Schrein in Kameido"), Meiji 4 (1871), Verleger: Tsutaya Kichizō]【86】［錦絵］茶屋
〔昇斎一景「東京名所四十八景　亀井戸天神」明治四年（1871）、版元 蔦屋吉蔵〕

81 Jap[anischer] Theegarten
[Shōsai Ikkei „Tōkyō meisho yonjūhakkei - Koganei no baien" („48 berühmte Ansichten von Tokyo – Pflaumengarten in Koganei), Meiji 4 (1871)]
【87】［錦絵］日本の茶屋の庭園
〔昇斎一景「東京名所四十八景　小金井の梅園」明治四年（1871）〕

82 Der Schloßgraben in Tokio
[Utagawa Hiroshige I. „Tōkyō meisho - Sotosakurada Benkei-bori Kōjimachi" („Berühmte Ansichten von Tokyo – Der Benkei-Burggraben bei Sotosakurada in Kōjimachi") (Blatt 54 der Serie), 1856]
［錦絵］東京の城のお堀
〔初代歌川広重「東京名所　外櫻田弁慶堀糀町」〕

83 Canal Ansicht in Tokio
[Shōsai Ikkei „Tōkyō meisho yonjūhakkei Onagigawa gohon-matsu" („48

berühmte Ansichten von Tokyo – Gohon-matsu am Onagi-Fluss"), Meiji 4 (1871), Verleger: Tsutaya Kichizō]
［錦絵］東京の運河の景観
〔昇斎一景「東京名所四十八景　小奈木川五本松」明治四年(1871)、版元　蔦屋吉蔵〕

84 Reisfelder mit Störche[n] [recte Kranichen]; Das „Blumenviertel" mit blühenden Kirschbäumen (Place d'amüsement à Tokio aux Japon)
[Utagawa Hiroshige „Tōkyō meisho no uchi Yoshiwara yozakura" und „Tōkyō meisho Mikawa-shima"
［錦絵］
［左］こうのとり〔鶴〕と田んぼ
［右］満開の桜と「花街」(日本の東京の遊郭)
〔歌川広重「東京名所　三川しま」「東京名所之内　よし原　夜楼」〕

85 Am Fluß; Theegarten
[Utagawa Hiroshige „Tokyo meisho Mokubo-ji no kei" und „Tokyo meisho Ayase-gawa Kanegafuchi"; wie bei 86 eine auf einem Blatt zusammengefasste Neuauflage von zwei Ansichten aus der populären Hiroshige-Serie „Edo meisho hyakkei"]
［錦絵］
［左］川岸
［右］茶屋の庭
〔歌川広重「東京名所　綾瀬川鐘か渕」「東京名所　木母寺の景」〕

86 Brücke u[nd] Regen [Farbholzschnitt fehlt]
橋と雨［錦絵の原本が欠けている］

87 Canal Ansicht
[Shōsai Ikkei „Tōkyō meisho yonjūhakkei Honjo Mitsumebashi yori Hitotsume enkei" („48 berühmte Ansichten von Tokyo – Blick von der Honjo Mitsume-Brücke in Richtung Hitotsume"), Meiji 4 (1871), Verleger: Tsutaya Kichizō]
［錦絵］運河の景観
〔昇斎一景「東京名所四十八景　本所三ッ目橋より一ッ目遠景」明治四年(1871)、版元　蔦屋吉蔵〕

88 Badende am Wasserfall
[Shōsai Ikkei „Tokyo meisho yonjūhakkei Ōji Fudō no taki" („48 berühmte Ansichten von Tokyo – Wasserfall beim Fudō-Heiligtum in Ōji"), Meiji 4 (1871)]

[錦絵]滝に打たれる人
〔昇斎一景「東京名所四十八景　王子不動の滝」明治四年(1871)〕

89　Einnehmung eines Schlosses
　　[Utagawa Yoshitsuya „Hyōgundan gojūyojo -12" („Vierundfünfzig Schlachtfelder – 12"), Genji gannen (1864), Verleger: Tsutaya Kichizō]
　　[錦絵]城の征服
　　〔歌川芳艶「瓢軍談五十四場　十二」元治元年(1864)、版元　蔦屋吉蔵〕

90　[4 handkolorierte Photographien] [Junge Frau]; Japanisches Hausboot; Ein jap[anischer] Zimmermann; [Dreiköpfige Familie]
　　[手彩色写真4点]
　　[左]〔若い女性〕
　　[中央上]日本の屋根船
　　[中央下]日本の大工
　　[右]〔三人家族〕

91　Grabstätte in Yedo; Grabstätte in Yedo; Ansicht bei Yedo, Japanische Theehäuser; Eine Straße im Schloß, Fürsten-Palais [Kasumigaseki, das ehem. Palais der Kuroda-Fürsten, danach Auswärtiges Amt]
　　[左上]江戸の墓地
　　[右上]江戸の墓地
　　[左下]江戸近郊の景観、日本の茶屋
　　[右下]侯爵〔大名〕の屋敷の前の道〔福岡藩黒田家上屋敷。維新後は外務省〕

92　Japan: Jap[anisches] Thor in Jedo; Ba[h]nhof in Jokohama; Schützenfest in Jokohama Eröffnungsfest der Eisenbahn von Tokio nach Jokohama durch den Kaiser (October 1872); Ansicht auf Kobe (europ[äische] Ansiedlung)
　　日本
　　[左上]江戸の日本の門
　　[右上]【49】横浜駅〔桜木町〕
　　[左下]横浜の射撃祭 天皇臨席での東京・横浜間鉄道開通式(1872年10月)
　　[右下]【32】神戸の景観(ヨーロッパ人の居留地)

93　Zugang zum Tempel, zur Seite sind Steinlaternen; Das kais[erliche] Palais, abgebrannt im Jahre 1873; Götzenstatue im Friedhof; Jap[anischer] Tempel in Tokio
　　[左上]お寺への入口、〔両〕端にあるのは石籠
　　[右上]皇居、1873年に焼失

ミヒャエル・モーザーのアルバムについて

[左下]墓地にある偶像〔仏像〕
[右下]東京の日本のお寺

94 Inneres des österr[eichischen] Museums zu Tokio, gegr[ündet] nach d[er] Weltausstellung [2 Abb.]
[写真2点]
東京のオーストリア博物館の内部、万博後に設立
〔1872年に山下門の薩摩屋敷でウィーン万博のために集められた展示品が展示された。1873年のウィーン万博後に上野に設立された博物館では、1874年にはウィーン万博で展示したものだけでなく、オーストリアで入手したものも展示された。現在の東京国立博物館。〕

95 Inneres des österr[eichischen] Museums zu Tokio, gegr[ündet] nach d[er] Weltausstellung [2 Abb.]
[写真2点]
東京のオーストリア博物館〔現在の東京国立博物館〕の内部、万博後に設立

96 Indisches Marienglas [Abb. fehlt]; Chines[isches] Markpapier, Gerichtsverhandlung; Farbholzschnitt „Sankan seibatsu" [Angriff auf eine koreanische Festung; aus dem Zusammenhang gerissenes Blatt; stoffähnliches Papier]
[左上]インドの透石膏 [写真は欠落]
[左下]中国製の紙、公判〔の様子が描かれている〕
[右][錦絵・キャプション無し]
〔「三韓征伐」〕

97 Ein japanischer Daimio (Fürst) mit seiner Maitresse Kirschblüthen pflückend [Utagawa Toyokuni, „Fūryū gogyō no uchi Moku-sei" (Eleganz und Fünf Elemente - vom Charakter des Holzes") (Aus einer Serie von fünf Blättern, die den fünf Elementen entsprechen - hier dem Holz)
[錦絵]桜を手折る愛人と日本の大名(侯爵)
〔歌川豊國「風流五行之内木性」〕

98 Strassen Scene – Japan
[Utagawa Yoshitora „Tōto hakkei no uchi SANZA NOSAKA WE" („Acht Ansichten der östlichen Hauptstadt – Sanza no sakae") (das Bild zeigt zwei Geisha in der Theaterstraße von Tokyo)]
[錦絵]街路の風景−日本
〔歌川芳虎「東都八景之内　SANZA NOSAKA WE」〕〔三座の栄〕

99 [8 handkolorierte Photographien] Beamter; Mädchen; Geköpfter; Offizier;

341

Wasserträger; Priester; Geköpfter (ausgestellt); Offizier
［手彩色写真8点、左から右に］
［上］役人／少女／斬首された頭／将校
［下］水を運ぶひと／僧侶／さらし首／将校

100 Japanesin erschrickt vor einem Neger
[Shōsai Ikkei, „Tōkyō meisho sanjūroku gisen - Tsukihashi kaigunsho" („36 Lustige Ansichten von Tokyo – Das Marinequartier in Tsukihashi"), Meiji 5 (1872)]
［錦絵］黒人に驚愕する日本の女性
〔昇斎一景「東京名所三十六戯撰　つきはし海軍所」明治五年(1872)〕

101 Tanz der Kobolde (Teufel) [teilw. gefaltet] (siehe 103)
[Utagawa Kuniyoshi, „Ōeyama fukuju sakamori" („Feierliches Bankett auf dem Ōe-Berg für ein glückliches, langes Leben) (zwei Blätter eines dreiteiligen Farbholzschnittes)]
［錦絵・一部折り畳まれている状態］コボルト(悪魔)の踊り［103を参照のこと］
〔歌川國芳「大江山福壽酒盛」〕

102 Japanesin erschrickt vor einem Neger [Wiederholung von 100]
[Shōsai Ikkei, „Tōkyō meisho sanjūroku gisen - Tsukihashi kaigunsho" („36 Lustige Ansichten von Tokyo – Das Marinequartier in Tsukihashi"), Meiji 5 (1872)]
［錦絵］黒人に驚愕する日本の女性［100と同じ］
〔昇斎一景「東京名所三十六戯撰　つきはし海軍所」明治五年(1872)〕

103 Tanz der Kobolde (Teufel) [geöffnet]
[Utagawa Kuniyoshi, „Ōeyama fukuju sakamori" („Feierliches Bankett auf dem Ōe-Berg für ein glückliches, langes Leben) (zwei Blätter eines dreiteiligen Farbholzschnittes)]
［錦絵］コボルト(悪魔)の踊り〔開いた状態〕
〔歌川國芳「大江山福壽酒盛」〕

104 [8 handkolorierte Photographien] Tanzende Mädchen; [Stehende Frau]; [Sitzende Frau]; Bogen-Schütze; Rasierer; Mädchen; Geistererscheinung; Schwertkampf
［手彩色写真8点、左から右に］
［上］踊りを舞う少女／〔起立している女性〕／〔座っている女性〕／射手／
［下］理髪師／少女／幽霊の出現／ちゃんばら

105　Farbholzschnitt, geöffnet [ohne Beschriftung]
　　　[Utagawa Fusatane, „Haru no yūbe Yayoi no zensei" („Ein Abend im Frühling – Höhepunkt im März") (die Kleidung von zwei der dargestellten Personen ist mit echtem Stoff überklebt)]
　　　［錦絵・キャプション無し、開いた状態］
　　　〔歌川房種「春の夕　弥生之全盛」〕

106　[8 handkolorierte Photographien] [Wiederholung von 104]
　　　［手彩色写真8点］［104と同じ］

107　Farbholzschnitt, tlw. gefaltet [ohne Beschriftung, identisch mit 105]
　　　[Utagawa Fusatane, „Haru no yūbe Yayoi no zensei" („Ein Abend im Frühling – Höhepunkt im März") (die Kleidung von zwei der dargestellten Personen ist mit echtem Stoff überklebt)]
　　　［錦絵・キャプション無し、一部折り畳まれている］［105と同じ］
　　　〔歌川房種「春の夕　弥生之全盛」〕

108　[zwei handkolorierte Photographien] [Mädchenporträt] [Junge Frau mit entbößter Brust]
　　　［手彩色写真2点］
　　　［左］〔少女の肖像画〕
　　　［右］〔胸をはだけた若い女性〕

109　Japanische Mädchen [acht handkolorierte Photographien]
　　　［手彩色写真8点］
　　　日本の少女

110　Venedig, Canal Grande
　　　【68】ヴェネツィア、カナル・グランデ［月光写真］

111　Chinesische Sträflinge; Teehäuser bei Tokio, Photographie v[on] M[ichael] Moser[左]中国の受刑者
　　　［右］【口絵12】東京の茶屋、ミヒャエル・モーザーの写真〔東京・王子村、茶屋「扇屋」〕

112　Ein Postbote rennt an die Leiter
　　　[Shōsai Ikkei, „Tōkyō meisho sanjūroku gisen Shibaguchibashi" („36 Lustige Ansichten von Tokyo – An der Shibaguchi-Brücke), Meiji 5 (1872)]
　　　［錦絵］郵便配達人〔飛脚〕が走っていて、はしごに衝突
　　　〔昇斎一景「東京名所三十六戯撰　芝口橋」明治五年(1872)〕

113　Plan des Suez-Canals
　　　［スエズ運河の地図］

114   Palast eines Prinzen in Tokio [= Stadtsitz des ehem. Daimyō Kuroda aus Fukuoka, Kasumigaseki; nach der Meiji-Restauration Auswärtiges Amt]
       東京にある、ある親王の屋敷〔福岡藩黒田家上屋敷。維新後は外務省〕
115   Ein Tempelgarten bei Tokio
       東京近郊のお寺の庭
116   [Farbholzschnitt, ohne Beschriftung]
       [Utagawa Yoshitsuya, „Hyōgundan gojūyojo dai 10"
       („Vierundfünfzig Schlachtfelder – 10"), Genji gannen (1864), Verleger: Tsutaya Kichizō]
       ［錦絵・キャプション無し］
       〔歌川芳艶「瓢軍談五十四場　第十」元治元年(1864)、版元　蔦屋吉蔵〕
117   [Farbholzschnitt, ohne Beschriftung] (gleiches Exemplar wie 137)
       [Ochiai Yoshiiku, „Ryūkō ryōgoku jiman" (Blatt einer Geisha-Serie aus dem Viertel Ryōgoku)]
       ［錦絵・キャプション無し］［137と同じ］
       〔落合芳幾「柳巷両國自慢」一蕙斎芳幾筆〕
118   [Farbholzschnitt, ohne Beschriftung]
       [Utagawa Kunisada, „Omokage Genji gojūyojō 31" („Auf den Spuren des Prinzen Genji in 54 Bilder - 31")]
       ［錦絵・キャプション無し］
       〔歌川國貞「俤源氏五十四帖　三十一」梅蝶楼國貞筆〕
119   [Farbholzschnitt, ohne Beschriftung]
       [Utagawa Kunisada, „Omokage Genji gojūyojō 33" („Auf den Spuren des Prinzen Genji in 54 Bilder - 33")]
       ［錦絵・キャプション無し］
       〔歌川國貞「俤源氏五十四帖　三十三」梅蝶楼國貞筆〕
120   [Farbholzschnitt, ohne Beschriftung]
       [Utagawa Yoshitsuya, „Hyōgundan gojūyojo -13" („Vierundfünfzig Schlachtfelder – 13"), Genji gannen (1864), Verleger: Tsutaya Kichizō]
       ［錦絵・キャプション無し］
       〔歌川芳艶「瓢軍談五十四場　十三」元治元年(1864)、版元　蔦屋吉蔵〕
121   [Farbholzschnitt, ohne Beschriftung; gleiches Exemplar wie 116]
       [Utagawa Yoshitsuya, „Hyōgundan gojūyojo - 10"
       („Vierundfünfzig Schlachtfelder – 10"), Genji gannen (1864), Verleger: Tsutaya Kichizō]

	［錦絵・キャプション無し］［116と同じ］
	〔歌川芳艶「瓢軍談五十四場　第十」元治元年（1864）、版元　蔦屋吉蔵〕
122	［drei nicht zusammengehörende Farbholzschnitte, ohne Beschriftung］
	［関連性のない錦絵3点、キャプション無し］
123	［Farbholzschnitt, ohne Beschriftung］
	［Toyohara Kunichika（zwei Blatt eines dreiteiligen Farbholzschnittes mit Chūshingura-Thematik; Titel fehlt）］
	［錦絵・キャプション無し］
	〔豊原國周〕
124	［Farbholzschnitt, ohne Beschriftung］
	［Utagawa Kunisada, „Omokage Genji gojūyojō 14" („Auf den Spuren des Prinzen Genji in 54 Bilder - 14")］
	［錦絵・キャプション無し］
	〔歌川國貞「俤源氏五十四帖　十四」梅蝶楼國貞筆〕
125	［Farbholzschnitt, ohne Beschriftung］
	［Utagawa Kunisada, „Omokage Genji gojūyojō 7" („Auf den Spuren des Prinzen Genji in 54 Bilder - 7")］
	［錦絵・キャプション無し］
	〔歌川國貞「俤源氏五十四帖　七」梅蝶楼國貞筆〕
126	［Farbholzschnitt, ohne Beschriftung］
	［Utagawa Toyokuni III. u. Utagawa Hiroshige, „Sōhitsu gojū-san tsugi Yokkaichi" („Die 53 Poststationen im Tandem – Yokkaichi")］
	［錦絵・キャプション無し］
	〔三代歌川豊國・歌川広重「雙筆五十三次　四日市」、安政四年（1857）〕
127	［Farbholzschnitt, ohne Beschriftung; gleiches Exemplar wie 125］
	［錦絵・キャプション無し］［125と同じ］
128	［Farbholzschnitt, ohne Beschriftung］
	［Utagawa Kunisada, „Hyōgundan gojūyojo -28" („Vierundfünfzig Schlachtfelder – 28"), Genji gannen (1864), Verleger: Tsutaya Kichizō］
	［錦絵・キャプション無し］
	〔歌川芳艶「瓢軍談五十四場　二十八」元治元年（1864）、版元　蔦屋吉蔵〕
129	［Farbholzschnitt, ohne Beschriftung］
	［Utagawa Yoshitsuya „Hyōgundan gojūyojo - 43" („Vierundfünfzig Schlachtfelder – 43"), Genji gannen (1864), Verleger: Tsutaya Kichizō］
	［錦絵・キャプション無し］

130 [Farbholzschnitt, ohne Beschriftung]
[Utagawa Yoshitsuya, „Hyōgundan gojūyojo dai-3" („Vierundfünfzig Schlachtfelder – 3"), Genji gannen (1864), Verleger: Tsutaya Kichizō]
［錦絵・キャプション無し］
〔歌川芳艶「瓢軍談五十四場　第三」元治元年(1864)、版元　蔦屋吉蔵〕

131 [Farbholzschnitt, ohne Beschriftung]
[Utagawa Yoshitsuya, „Hyōgundan gojūyojo - 18" („Vierundfünfzig Schlachtfelder – 18"), Genji gannen (1864), Verleger: Tsutaya Kichizō]
［錦絵・キャプション無し］
〔歌川芳艶「瓢軍談五十四場　十八」元治元年(1864)、版元　蔦屋吉蔵〕

132 [Farbholzschnitt, ohne Beschriftung; Aufnahme identisch mit 133]
[Utagawa Yoshitsuya, „Hyōgundan gojūyojo - 18" („Vierundfünfzig Schlachtfelder – 18"), Genji gannen (1864), Verleger: Tsutaya Kichizō]
［錦絵・キャプション無し］
〔歌川芳艶「瓢軍談五十四場　十八」元治元年(1864)、版元　蔦屋吉蔵〕

133 [Farbholzschnitt, ohne Beschriftung]
[Utagawa Yoshitsuya, „Hyōgundan gojūyojo dai-6" („Vierundfünfzig Schlachtfelder – 6"), Genji gannen (1864), Verleger: Tsutaya Kichizō]
［錦絵・キャプション無し］
〔歌川芳艶「瓢軍談五十四場　第六」元治元年(1864)、版元　蔦屋吉蔵〕

134 [Farbholzschnitt, ohne Beschriftung]
[Utagawa Yoshitsuya, „Hyōgundan gojūyojo dai-8" („Vierundfünfzig Schlachtfelder – 8"), Genji gannen (1864), Verleger: Tsutaya Kichizō]
［錦絵・キャプション無し］
〔歌川芳艶「瓢軍談五十四場　第八」元治元年(1864)、版元　蔦屋吉蔵〕

135 [leer, Farbholzschnitt fehlt?]
［錦絵を剥がした跡が見られるため、紛失したものと考えられる］

136 [Farbholzschnitt, ohne Beschriftung]
[Ochiai Yoshiiku (Geishas, Blatt aus einer dreiteiligen Serie, Titel fehlt)]
［錦絵・キャプション無し］
〔落合芳幾、芸者〕

137 [Farbholzschnitt, ohne Beschriftung; gleiches Exemplar wie 117]
[Ochiai Yoshiiku, „Ryūkō ryōgoku jiman" (Blatt einer Geisha-Serie aus dem Viertel Ryōgoku)]

　　　　［錦絵・キャプション無し］［117と同じ］
　　　　〔落合芳幾「柳巷両國自慢」一蕙斎芳幾筆〕
138　　［Farbholzschnitt, ohne Beschriftung］
　　　　［Utagawa Toyokuni III. u. Utagawa Hiroshige, „Sōhitsu gojū-san tsugi Mitsuke"
　　　　(„Die 53 Poststationen im Tandem – Mitsuke")］
　　　　［錦絵・キャプション無し］
　　　　〔三代歌川豊國・歌川広重「雙筆五十三次　見附」〕
　　　　［錦絵・キャプション無し］
　　　　〔三代歌川豊國・歌川広重「雙筆五十三次　見附」〕
139　　［Farbholzschnitt, ohne Beschriftung, vermutlich Teil eines Triptychons mit Winterlicher Garten］
　　　　［錦絵・キャプション無し］
　　　　〔冬景色の広がる庭〕
140　　［Rückseite von 139］
　　　　［139の裏面］
141　　［vier nicht zusammengehörende Farbholzschnitte, ohne Beschriftung］
　　　　［関連性のない錦絵4点・キャプション無し］
背表紙　［Rückendeckel des Albums］
　　　　［アルバムの背表紙］

ミヒャエル・モーザーのアルバム（小）

* 左端の数字はアルバムの頁数を示す
* 【　】内の数字は本書での図版番号を示す
* ドイツ語は、ミヒャエル・モーザーの自筆のキャプションの翻刻文（[　]内の情報は編者がドイツ語で補足した情報）
* 日本語は、モーザーのキャプションの翻訳文　（[　]内の情報は、アルバムの該当ページの状態に関する編者による情報。〔　〕内の情報は、編者が補足した史料の内容に関する情報）
* （　）内の情報は、ミヒャエル・モーザー自身が補足した情報
* 打ち消し線は、ミヒャエル・モーザー自身によるもの
* モーザーは日本語でも地名等の簡単なキャプションを入れているが、本書では、ドイツ語の手書きのキャプションのみ紹介する

表紙　　　[Umschlag] もせる
　　　　　[表紙] もせる
1　　　　 [links] Michael Moser, Fotograf in Yokohama [in Jinbei]; [rechts] Michael Moser, Fotograf in Jokohama [mit Fächer und Schirm]
　　　　　[左]【装丁表】ミヒャエル・モーザー、横浜の写真家〔甚平姿〕
　　　　　[右]【口絵03】ミヒャエル・モーザー、横浜の写真家〔扇子と傘を持って〕
2　　　　 [links] Meonoshta [Miyanoshita]; [rechts] Meonoshta [Miyanoshita] Theahouse
　　　　　[左]【装丁表】【94】メオノシュタ〔宮ノ下〕
　　　　　[右]【95】メオノシュタ〔宮ノ下〕の茶屋
3　　　　 [links] Fusisawa [Fujisawa] Temple; [rechts] a Temple near Tana, Ein Tempel bei Tana
　　　　　[左] 藤沢の寺
　　　　　[右] タナ [？] 近くの寺
4　　　　 [links] Kamakura, Tempelbauten [Hachimangu, Tahōtō]; [rechts] Grabstätte in Jedo
　　　　　[左] 鎌倉、寺院〔八幡宮、多宝塔〕
　　　　　[右] 江戸の墓地
5　　　　 [links] Nigishi [Negishi] Theahouse, Theehäuser; [rechts] on the Tokaido
　　　　　[左]【69】ニギシ〔横浜・根岸〕の茶屋
　　　　　[右] 東海道にて
6　　　　 [links] Yenosima [Enoshima] Teahouse [recte Tempeltor in Tokyo]; [rechts]

ミヒャエル・モーザーのアルバムについて

	Kanasawa
	［左］江ノ島の茶屋〔正しくは東京の寺の門〕
	［右］金沢
7	［links］Katase, Theahouse;［rechts］Fisisawa［Fujisawa］, Temple
	［左］【97】片瀬、茶屋
	［右］【98】フィジサワ〔藤沢〕、寺
8	［links］Kamakura, Temple ;［rechts］Fusiyama
	［左］鎌倉、寺
	［右］富士山
9	［links］Taiputz［Daibutsu］, Bronze Statue in Kamakura;［rechts］Hakone
	［左］タイプッツ〔大仏〕、鎌倉の青銅製の像
	［右］箱根
10	［links］Rock Island, Felsen Insel;［rechts］Simoda［Shimoda］
	［左］ロックアイランド、岩の島
	［右］下田
11	［links］Simoda;［rechts］Kakisaki（Simoda）
	［左］【42】下田〔稲生沢川河口〕
	［右］【45】柿崎（下田）〔柿崎弁天島、背景は下田〕
12	［links］Simoda;［rechts］Simoda
	［左］【43】下田〔内陸の眺望〕
	［右］【44】下田
13	［links］Shiwomisaki Lighthouse Götzenstatue in Jedo;［rechts］Hiogo
	［左］シオミサキ灯台　江戸の仏像
	［右］【33】兵庫
14	［links］Oosaka, Barr［Barrier］;［rechts］Nagasaki, Friedhof
	［左］大阪、防波堤
	［右］長崎、墓地
15	［links］Kaiserlich［...?］;［rechts］Kosh［i］moto（Gebiet Kishiu）
	［左］天皇の［判読不可］
	［右］コシモト（紀州）
16	［links］Nagasaki;［rechts］Nagasaki
	［左］長崎
	［右］【26】長崎〔長崎の大浦と港の眺望〕
17	［links］Oosaka, Iron Bridge, Eisenbrücke;［rechts］Im K［aiserlichen］Schlosse – Jedo

	[左]大阪、鉄橋
	[右]皇居にて – 江戸
18	[links] Nagasaki, Japanes[e] Engineering Works, Japanesische Ingenieursarbeiten; [rechts] Nagasaki
	[左]長崎、日本の土木工事
	[右]長崎
19	[links] Kobe; [rechts] Ischi Hashi (Oosima Bay)
	[左]神戸
	[右]イチハシ（オオシマ湾）
20	[links] Temple in Jedo [Michael Moser am Geländer]; [rechts] Ansicht in Jedo [Kandagawa]
	[左]【119】江戸の寺〔柵に腰掛けているミヒャエル・モーザー〕〔増上寺〕
	[右]江戸の風景〔神田川〕
21	[links oben] Jap[anese] Taylor; [links unten]; A Teahouse Garden at Tana, Ein [Theehaus] Garten in Tana; [rechts] Simonoseki strait, Meerenge
	[左上]日本の仕立屋[左下]タナの茶屋の庭園
	[右]【口絵05】下関海峡
22	[links] Sumai Bashi Ansicht in Jedo; [rechts] Jedo [anderes Foto überklebt?]
	[左]スマイバシ　江戸の風景
	[右]江戸〔別の写真が上から貼られているか〕
23	[links oben] [Dorf am Strand]; [links unten] [Am Meeresstrand]; [rechts oben] Sumai Bashi; [rechts unten] Kamakura [Straße zum Hachiman-Schrein]
	[左上]〔海辺の村〕
	[左下]〔浜辺〕
	[右上]スマイバシ
	[右下]鎌倉〔鎌倉八幡宮の参道〕
24	[links] Shiwomisaki Lighthouse Ministerium des Äussern – Jedo; [rechts oben] Odawara Castle, Schloß; [rechts unten] Kanasawa Theahouse, Theehaus
	[左]【口絵04】シオミサキ灯台　外務省、江戸〔東京〕
	[右上]【口絵13】小田原城〔右下〕金沢の茶屋
25	[links] Matoya; [rechts] Nagasaki, Gateway of a Temple, Thorweg eines Tempels
	[左]マトヤ
	[右]長崎、寺に通じる参道
26	[links] „Michael Moser, Photograph, Yokohama"; [rechts] [Porträt eines Mannes mit Schirm]

	[左]「ミヒャエル・モーザー、写真家、横浜」
	[右]〔傘をもった男性の肖像写真〕
27	Michael Moser [Halbporträt]
	ミヒャエル・モーザー〔上半身像〕
28	[links] Yokohama; [rechts] Yokohama
	[左]横浜
	[右]横浜
29	[links] Band of 1/10 Reg[iment], Musikbande; [rechts] Yokohama
	[左]1/10連隊の音楽隊
	[右]【35】横浜〔吉田新田の眺望〕
30	[links] Swiss Rifle range [Schießplatz], Schweizer Schützen; [rechts] Officers of 1/10 Reg[iment], Offiziere vom 1/10 Regiment
	[左]スイス射撃場
	[右]1/10連隊の将校たち
31	[links] Tobi; [rechts] Swiss Rifle fête, Schützenfest
	[左]トビ
	[右]スイス射撃祭
32	[links] Roku jizo; [rechts] Temple at Tobe [Tobi]
	[左]六地蔵
	[右]トベ〔トビ〕の寺
33	[links] Public Garden, Oeffentlicher Garten; [rechts] Japanese Rice shop, Reisladen
	[左]公共の庭園
	[右]【口絵06】日本の米屋
34	[links] Gayety Theatre [Yamanote Gaiety Theatre], Lustspieltheater; [rechts] Cemet[e]ry in Yedo, Kirchhof (Friedhof)
	[左]ガイエティー劇場〔1866年にオランダの商人Noordhoek Hegtが創立「山手ガイエティー劇場」〕
	[右]江戸の墓地(墓地)
35	[links] Nigishi [recte Negishi]; [rechts] Englische[s] Consulat, English consulate
	[左]ニギシ〔横浜・根岸〕
	[右]イギリス公使館
	36　[links] American Consulate Yokohama (Amerikanische[s] Konsulat); [rechts] Race course Yokohama, Rennbahn (Pferderennen)

[左]横浜のアメリカ公使館
[右]横浜の競馬場（競馬）

37 [links] Ishikawa; [rechts] French Barra[c]ks, Französische Baracken
[左]【口絵07】イシカワ〔横浜・石川町〕
[右]フランスの兵舎

38 [links] Yokos[u]ka; [rechts] Japan, Haus des J. R. Black in Jokohama
[左]横須賀
[右]日本、J. R. Blackの横浜の家

39 [links] Jedo, Customhouse (Warenlager); [rechts] Homoko
[左]江戸、商品倉庫〔築地〕
[右]ホモコ〔横浜・本牧〕

40 [links] Asakusa, O Kanosama Tempel (Jap[anischer] Wallfahrtsort) in Asaku[sa] bei Jedo; [rechts] Jedo, Castle (Schloß)
[左]浅草、江戸の浅草にあるオカノサマ〔観音様〕の寺〔浅草寺〕（日本の巡礼地）
[右]江戸、城〔皇居〕

41 [links] Shiba, Jedo; [rechts] Jedo, Hotel (Gasthaus)
[左]芝、江戸
[右]江戸、ホテル（旅館）

42 [links] Shiba, Jedo, Eingangsthor zu den Taikun Grabstätten; [rechts] Shiba, Jedo
[左]芝、江戸、大君の墓地の入り口の門
[右]芝、江戸

43 [links] Jedo [Blick vom Atago Hügel auf die Stadt]; [rechts] Shiba, Jedo
[左]【口絵14】江戸〔愛宕山から町を見下ろす眺望〕
[右]芝、江戸

44 [links] Yokohama free mason Lodge (Freimaurerloge); [rechts] Jedo
[左]横浜のフリーメイソンの集会所
[右]江戸

45 [links] Jedo; [rechts] Asakusa
[左]【80】江戸〔東京、築地〕
[右]浅草

46 [links] Tokaido; [rechts] Jedo
[左]【92】東海道
[右]江戸

47	[links] Hakone [Jizō-Skulptur am Ashi-See]; [rechts] Copper shop, Odawara (Kupferschmiedladen)	

　　　　［左］箱根〔芦ノ湖の地蔵菩薩〕
　　　　［右］【93】金物屋、小田原（〔ドイツ語で〕金物屋）
48　　［links］Katase, Temple［Ryūkōji］;［rechts］Jizo sun［=san?］, Kamakura
　　　　［左］片瀬、寺〔龍口寺〕
　　　　［右］〔お〕地蔵さん、鎌倉
49　　［links］Odawara Castle / Schloß;［rechts］Kamakura Temple gate（Thor）［Kōmyōji］
　　　　［左］小田原城
　　　　［右］【装丁裏・中段】鎌倉の寺の門〔光明寺〕
50　　［links］Kanasawa, Webstern Island［?］/ Insel;［rechts］Odawara Castle / Schloß
　　　　［左］金沢〔横浜〕、ウェブスタン島〔夏島〕
　　　　［右］小田原城
51　　［links］Tsuruma［Gasthaus］;［rechts］Tonosawa
　　　　［左］鶴間〔旅館〕
　　　　［右］トノサワ〔箱根・塔ノ沢〕
　　　　［letzte Albumseite］

訳者あとがき

　本書は、パンツァーと宮田が編集を進めてきた日墺関係史に関する史料集のうちの1冊である。ミヒャエル・モーザーのドイツ語の史料集や本書の「はじめに」及び本文で参照しているオーストリア＝ハンガリー帝国遠征隊の日誌等の記録及びフィリップ・フランツ・フォン・シーボルトの書簡集（パンツァー編）は、注釈を加えた史料集として近くドイツ語で出版される予定である。

　モーザー関係史料の特徴については、すでに「はじめに」で示したので、ここでは個人的な感想にとどめたい。彼の人となりと不思議に思われる点についてである。まずは、人となりについて。せっかちで、明るい。彼の性格は、この2点に集約できるのではないかと思われる。8通目の手紙として本書に収録している1869（明治二）年10月20日付の手紙では、神父に対してクリスマスのお祝いの言葉を述べると同時に天国に行けるようにとお祈りを捧げている。次の手紙をいつ書くことができるか分からなかったからかもしれないが、全て一度にまとめて言ってしまおうというところが可笑しい。モーザーの表現はいつでも直截的で淀みや含みがない。また、最初の日記では、とりわけ情景描写において動詞が頻繁に脱落している。それだけ筆を急いだのだと推察されるが、文法には注意を払わないけれども、情報は削らないというところが愉快である。彼は、きっと、思慮深く考えるよりは、ひらめいたことをすぐに行動に移すようなせっかちなタイプだったのではないだろうか。そして、何より明るい。驚くほど屈託がない。これは、ひとえに彼が敬虔深いカトリック教徒であったことによるのだろう。ここで、カトリックの信仰について論じるつもりはないが、モーザーの言説は予定調和に貫かれている。それは、とりわけ1870（明治三）年8月20日付の11通目の手紙で顕著であるが、彼が「もう少しの辛抱」を重ねることができたのは、やはり神の意図を信じることができたからだと思われるのである。

　不思議に思われる点は、日本とアメリカに移住しようとしたことと、日記や手紙では写真家としての仕事についてはあまり触れていないことである。18通目として収録した1872（明治五）年6月10日の手紙で、まずは東アジアで、その後はア

104 オーストリアの国籍から離脱することへの許可証、1874年4月1日

„An Herrn Michael Moser aus Alt-Aussee.
Laut hohen Statthalterei-Erlasses vom 3. Juni 1873 No. 7397 hat das hohe k.k. Ministerium für Landesverteidigung mit Erlass vom 29. Mai 1873 Z. 7642 Ihnen die angesuchte Entlassung aus dem österreichischen Staatsverbande behufs der Auswanderung nach Japan für den Fall erteilt, als der Nachweis über Ihre Entlassung aus der väterlichen Gewalt erbracht wird.
Nachdem diese Entlassung vom k.k. Bezirksgerichte Aussee am 21. Mai d. J. No. 323/II 45 ausgesprochen wurde, tritt Ihre Entlassung aus dem österreichischen Staatsverbande in Kraft.
Hievon werden Sie in Kenntnis.
Gröbming, am 1. April 1874, der k.k. Bezirkshauptmann"

訳者あとがき

105　東京・芝の増上寺、座っているのはミヒャエル・モーザー、1872年

メリカで生計を立てていくという決意がすでに語られている。事実、ミヒャエルは、日本に移住することを理由に1873(明治六)年5月29日付で軍役を免除されている。そして、1874(明治七)年3月21日付でアウスゼーの地方裁判所からオーストリアの国籍から離脱することに対する許可が下り、その書面が4月1日付で認められ、ミヒャエルに宛てて実家の方に送られている(図版104参照)。父親の許諾が条件であったが、この経過からすると、父親もミヒャエルの決意を受け入れていたことが分かる。裁判所のこの通達が、その頃、ウィーンにいたミヒャエルに伝えられていたかどうかは明らかではないが、同年4月7日付の日記で、ミヒャエルが佐野常民に対して「日本人になりたい」と言ったことは、決して冗談ではなく、本気であったことが分かる。更に、フィラデルフィアでもミヒャエルはアメリカ国籍を申請した。本書でも紹介した書状には(図版83参照)、オーストリアの国籍から離脱した証明書を提出できれば、アメリカ国民になることを許可するとある。フィラデルフィアで身体を壊していなければ、ミヒャエルはアメリカに移住していたのだろう。また、詳しい経緯は不明だが、ミヒャエルは、1889(明治二十二)年2月ま

357

でオーストリアの国籍を喪失していた(図版106)。

　この決意の背景を推察すると、主な理由としては、軍役の免除を希望したことが考えられる。オーストリア＝ハンガリー帝国では、1866(慶応二)年から、基本的に21歳になった年の一年間は、軍役に就くことが義務付けられるようになった。1874(明治七)年5月の誕生日でミヒャエルは21歳になっていることから、日本への移住の希望の背景には軍役の免除を希望した可能性が考えられる。その決意を後押しした背景としては、海外で写真家として働く方が成功できると考えた可能性がある。東アジアやアメリカで暮らしていこうと考えた1872(明治五)年の頃には、『ザ・ファー・イースト』紙での仕事で固定収入も得ており、日本での生活も安定していたことだろう。ミヒャエルがウィーン万国博覧会に参加する日本の通訳としてアウスゼーに帰郷したときに、ミヒャエルのことが1873(明治六)年6月12日付の新聞で紹介された。それによれば、多少の誇張はあるかもしれないが、ミヒャエルは「写真家として極めて名誉のあるポストに就いており、日本語を大変良く話し、書くことができるので、他のヨーロッパ人と並んで、ウィーン万博のための通訳として日本政府に雇用された」[1]。芝の増上寺の柵の上に腰掛けている人物(図版105)がミヒャエルであるとすれば、先の11通目の手紙で語られているような、困窮していた頃の身なりとも、だいぶ異なるので、写真家として働けるようになってからの彼の暮らしは、満足できるものだったと考えられる。

　なお、この手紙で言及されているシュタイアーマルク州の民族衣装とは、図版108-1に見えるミヒャエルの一人息子のフィリップのような服装で、革の半ズボンに膝までの靴下という服装である。また、この写真では色までは分からないが、ミヒャエルが被っている帽子の幅広のリボンは緑色で、現在も、この伝統的な衣装は緑色を基調としている。

　写真家としての仕事について、あまり語られていない理由については不明である。例えば、ウィーンからマルセイユに向かう途次で綴られた日記には、ウィーン万国博覧会で茶屋を出店していたシュティルフリートの名前が挙げられている。モーザーは、シュティルフリートのことを知っていた。それでも、日記のほかの箇所で交流が窺われるような記載は見えない。シュティルフリートに限って言えば、おそらく、ブルガーの競争相手だったことが理由として考えられる。シュティルフリートは、東アジア遠征隊の写真家になろうと努力したが、シェルツァーがブルガーを推したこともあり、彼の希望は叶わなかった。

　モーザーがなぜ、交流のあったはずのほかの写真家や写真技術についてほぼ何

訳者あとがき

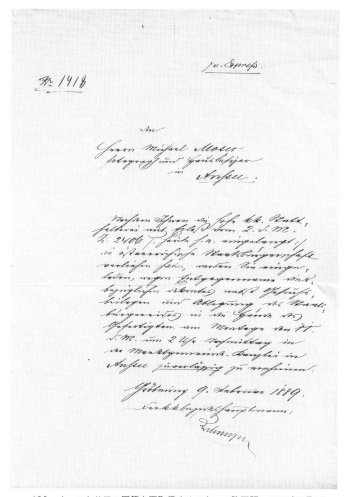

106　オーストリアの国籍を再取得することへの許可証、1889年2月9日

„No. 1418
An Herrn Michael Moser
Fotograf und Hausbesitzer in <u>Aussee</u>
Nachdem Ihnen die hohe k. k. Statthalterei mit Erlass vom 2. d[ieses] M[onats] Z. 2406 / heute eingelangt / die österreichische Staatsbürgerschaft verliehen hat, werden Sie eingeladen, wegen Entgegennahme diesbezüglichen Dokumentes nebst Gesuchsbeilagen und Ablegung des Staatsbürgereides in die Hände des Gefertigten am Montage dem 11. d[ieses] M[onats] um 2 Uhr Nachmittag in die Marktgemeinde-Kanzlei in Aussee <u>zuverlässig</u> zu erscheinen.
Gröbming, 9. Februar 1889, der k. k. Bezirkshauptmann"

359

も言及していないのかということついては、推測するほかないが、おそらく、写真は生計を立てるための手段以上の特別の意味を持っていなかったのだろう。大学で専門教育を受け、写真技術の研究に従事していたブルガーと比べても意味がないが、ブルガーの手紙から伝わるような写真への情熱はモーザーにはなかったのかもしれない。このことを残念に思うが、だからこそ、仕事以外の日常が綴られた手紙や日記が残されたとも考えられる。帰国してからも、ミヒャエルの写真の台紙のデザインには富士山と鳥居、そして旭日のモチーフが取り入れられた(図版108-2)。また、最初のアトリエの建物の壁には「日本と中国の各種商品も取り扱っております」(Also on hand: a variety of Japanese & Chinese Curiosities)と書かれており(図版107)、実際に、それらを販売していたようである。ミヒャエルは日本で、写真よりも日本そのものへの関心に彩られた日々を送ったのだろう。

　本書の出版にあたっては、東京大学史料編纂所古写真研究プロジェクトチーム保谷徹氏(代表)、箱石大氏、谷昭佳氏、高山さやか氏、ミヒャエル・モーザーの孫にあたるアルフレッド・モーザー氏、タイのチェンマイ大学日本研究センター副センター長の西田昌之氏、オーストリア国立図書館画像アーカイブの学芸員で写真史を専門とするウヴェ・ショッグル氏、ペーター・プロコップ氏、バート・アウスゼー市市役所総務部長のヨアヒム・シュスター氏、アルベルティーナ美術館の学芸員で19世紀の写真を専門とするアナ・ハンライヒ氏、そしてドイツ語のモーザー史料集の共同編集者であるペーター・パンツァー氏にご助言、ご協力頂いた。ここに記して謝意を表する。最後に、史料集の出版に理解を示してくださり、本書の出版の労をとってくださった勉誠出版及び吉田祐輔氏に心より御礼申し上げる。

2017年9月1日　ウィーンにて
宮田奈奈

注

1) „[...] eine ganz respektable Stellung als Photograph und so bedeutende Kenntnisse der japanischen Sprache in Wort und Schrift, daß er von der japanischen Regierung, anläßlich der Wiener Weltausstellung—nebst anderen Europäern—als Dolmetsch gedungen wurde" (*Gmundner Wochenblatt*, 12. Juni 1873).

訳者あとがき

107　バート・アウスゼーのイシュラー通り 191番に構えた最初のアトリエ。中央の柵にもたれかかるのがミヒャエルの父親のヨアヒム・モーザー。アトリエの窓辺にいるのは、ミヒャエルと母親のエーファ・マリア・モーザー、1880年

108-1　ミヒャエル・モーザーと息子のフィリップ（3歳頃）
108-2　同上：写真の台紙裏面

図版一覧、所蔵先・著作権保有者一覧

【 】内は所蔵先・著作権保有者
AM = Alfred Moser, Wien（アルフレッド・モーザー、ウィーン）
・アルバム大・小については、アルバムの該当ページを示している
・アルバムの写真に関する情報のうち、「 」内の情報はミヒャエル・モーザー自筆のキャプションを示している。「 」の（ ）内の情報はミヒャエル・モーザー自身が補足した情報で、〔 〕内の情報は、編者が補足した情報
・打ち消し線は、ミヒャエル・モーザー自身によるもの
KM = Kammerhofmuseum, Bad Aussee（カンマーホフ博物館、バート・アウスゼー）
ÖNB = Österreichische Nationalbibliothek - Bildarchiv, Wien（オーストリア国立図書館画像アーカイブ、ウィーン）
TU = 東京大学附属図書館
WM = Weltmuseum, Wien（世界博物館、ウィーン）

《装丁》
表面
・「ミヒャエル・モーザー、横浜の写真家」　　　　【AM】（アルバム小・1）
・日記（1874年）1頁：1874年1月1日にアトリエ・アデーレで集合写真を撮影したときのことについて　　　　【AM】
・「メオノシュタ〔宮ノ下〕」ミヒャエル・モーザー撮影　【AM】（アルバム小・2）

帯
・「東京でのミヒャエル・モーザー、1872年」　　　【AM】（アルバム大・64）

裏面
上段「日本の女優　じゃんけんをしている女性」　　【AM】（アルバム大・66）
中段「鎌倉の寺〔光明寺〕の門」　　　　　　　　　【AM】（アルバム小・49）
下段「日本。江戸橋。江戸の運河の景観と橋（月光のもとで）」
　　　　　　　　　　　　　　　　　　　　　　　【AM】（アルバム大・16）

《表紙》
表：日記（1874年）36頁：モーザーが佐野常民に「日本人になりたい」と話したことについて　　　　　　　　　　　　　　　　　　　　　　【AM】
裏：日記（1874年）37頁：トサブロウ、フジヤマと共にヴェネツィアからボローニャへ移動　　　　　　　　　　　　　　　　　　　　　　【AM】

《扉》
・ミヒャエル・モーザーが両親に宛てた手紙、東京、1871年6月10日　　【AM】

《口絵》
01　日記（1868・69年）の中表紙　　【KM】
02　同上裏面：オーストリアで最も重要な巡礼地であるマリア・ツェルの聖母マリア像　　【KM】
03　「ミヒャエル・モーザー、横浜の写真家」　　【AM】（アルバム小・1）
04　「外務省、江戸」　　【AM】（アルバム小・24）
05　「下関海峡」　　【AM】（アルバム小・21）
06　「日本の米屋」　　【AM】（アルバム小・33）
07　「イシカワ」〔横浜・石川町〕　　【AM】（アルバム小・37）
08　「江戸・東京の皇帝の城〔皇居〕」　　【AM】（アルバム大・55）
09　「日本。江戸の皇帝の城〔皇居〕」月光写真の加工が施されている　　【AM】（アルバム大・14）
10　「日本。郊外での撮影旅行」　　【AM】（アルバム大・54）
11　「横浜の洗濯婦」　　【AM】（アルバム大・49）
12　「東京〔王子村〕の茶屋〔扇屋〕、ミヒャエル・モーザーの写真」　　【AM】（アルバム大・111）
13　「小田原城」　　【AM】（アルバム小・24）
14　「江戸」愛宕山から町を見下ろす眺望　　【AM】（アルバム小・43）

《はじめに》
01　カメラに向かうヴィルヘルム・ブルガー。アルトアウスゼー、背景はトリッセルヴァント山、1866年夏　　【ÖNB】（WB 393）
02　アウスゼー近郊、タイヒシュロッセル（Teichschlössl）という名称の建物の側にて。左には若きミヒャエル・モーザー（13歳）、1866年夏　　【ÖNB】（WB 409）
03　昇斎一景「東京名所三十六戯撰　日本ばし」（「東京の街路で起きた困った出来事」）　　【AM】（アルバム大・21）
04　*Costumes of Tokio Japan.*　名刺判写真　裏面：「ミヒャエル・モーザー。写真家、東京。日本」(„Michael Moser. Photographer, Tokio. Japan.")　　【AM】

《I 手書きの日記　1868・69年》
05　日記（1868・69年）1頁：ウィーンからの出発「神と共に」　　【KM】
06　トリエステの港、ヴィルヘルム・ブルガー撮影、1868年10月

　　　　　　　　　　　　【ÖNB】(WB 478-B/C, Glasnegativ)
07　ヴィルヘルム・ブルガー及びミヒャエル・モーザーが乗船したコルヴェット
　　艦フリードリヒ大公号、トリエステ出港前、1868年10月　【ÖNB】(WB 472)
08　日記(1868・69年)3頁：「トリエステから出発」　　　　　　　【KM】
09　「アルジェの港」ヴィルヘルム・ブルガー撮影、1868年11月　　　【AM】
10　「アルジェ、ガラス製品の商人」ヴィルヘルム・ブルガー撮影
　　　　　　　　　　　　　　　　　　　　　　【AM】(アルバム大・52)
11　海軍中佐マクシミリアン・フォン・ピットナー(1833-1911)。オーストリア=
　　ハンガリー帝国東アジア遠征隊フリードリヒ大公号に乗船していた要人の肖像
　　写真をヴィルヘルム・ブルガーが寄せ集めて作ったコラージュより
　　　　　　　　　　　　　　　　　　　　　　【AM】(アルバム大・47)
12　喜望峰、テーブルマウンテンの見える景色。前に座っている人物はミヒャエ
　　ル・モーザー、ヴィルヘルム・ブルガー撮影、1869年2月【ÖNB】(WB 862-D)
13　「海軍少将ペッツ、両船の提督」ヴィルヘルム・ブルガー撮影、喜望峰、1869
　　年2月11日　　　　　　　　　　　　　　　　　　　　　　　【AM】
14　日記(1868・69年)42頁：中国の「計算機」として紹介されているそろばん
　　　　　　　　　　　　　　　　　　　　　　　　　　　　　　【KM】
15　「シンガポール。礼装時の装飾品を身につけたクリングの女性」ヴィルヘルム・
　　ブルガー撮影、1869年4月　　　　　　【AM】(アルバム大・72)
16　バンコク、チャオプラヤ川の向こうに「暁の寺」(ワット・アルン)が見える景
　　色、ヴィルヘルム・ブルガー撮影、1869年5月　【ÖNB】(WB 742-B/C)
17　「シャム、シャムの寺院〔ワット・アルン〕の入口」ヴィルヘルム・ブルガー撮影
　　【ÖNB】(ブルガー・アルバム、*K.K. Expedition nach Ost-Asien. 1868-1871,*
　　二冊, III 19.269)
18　18-1　「シャムの第一の王〔チュラロンコーン、ラーマ五世〕、18歳(1869年)」
　　ヴィルヘルム・ブルガー撮影、バンコク、1869年5月16日
　　　　　　　　　　　　　　　　　　　　　　【AM】(アルバム大・65)
　　　　18-2　同上　　　　　　　　　　　　　　　　　　　【WM】
19　オーストリア=ハンガリー帝国使節団とタイ側の条約交渉相手。ペッツの隣
　　で写真の中央に座っている人物は、摂政・軍事大臣兼任シー・スリヤウォン(Sri
　　Suriyawong)。起立している人物で向かって左から二人目はカール・フォン・
　　シェルツァー。ヴィルヘルム・ブルガー撮影、バンコク、1869年5月17日
　　　　　　　　　　　　　　　　　　　　　　　【ÖNB】(WB 737-C)
20　「シャムの第二の王〔副王ウィチャイチャーン〕」　【AM】(アルバム大・47)
21　「コーチシナ、ある富裕のアナミット人〔ベトナム人〕の手」

		【AM】(アルバム大・72)
22	「香港、中国のお針子」ヴィルヘルム・ブルガー撮影	【AM】
23	「中国人の教師」ヴィルヘルム・ブルガー撮影	【AM】
24	「香港、中国人の賭博師」	【AM】(アルバム大・65)
25	「上海、中国人の受刑者」	【AM】(アルバム大・43)
26	長崎の大浦と港の眺望	【AM】(アルバム小・16)
27	「長崎の運河の景観」	【AM】(アルバム大・38)
28	日記(1868・69年)の最後の頁：「ミヒャエル・モーザー、シュッツ」 【KM】

《II 書簡》

29　1873年2月9日にミヒャエル・モーザーの父親がミヒャエルに宛てて出した手紙の封筒。ミヒャエルがウィーン万博に向かっていたため、受け取れず、横浜で138日間保管されたのち、香港を経由してオーストリアに返送された
【個人蔵】

30　ヴィルヘルム・ブルガー(1844-1920)。オーストリア＝ハンガリー帝国東アジア遠征隊フリードリヒ大公号に乗船していた要人の肖像写真をヴィルヘルム・ブルガーが寄せ集めて作ったコラージュより　　【AM】(アルバム大・47)

31	「長崎の街路の景観」	【AM】(アルバム大・42)
32	「神戸の景観(ヨーロッパ人の居留地)」	【AM】(アルバム大・92)
33	「兵庫」	【AM】(アルバム小・13)
34	「大阪湾の景観」	【AM】(アルバム大・58)
35	「横浜」吉田新田の眺望	【AM】(アルバム小・29)
36	「日本の商人とミヒャエル・モーザー、1869年、横浜にて」	
		【AM】(アルバム大・52)

37　ウィーンのイエーガーツァイレ(あるいは、プラーターシュトラッセ)と呼ばれる町の中心地に向かう道。遠くに見えるのがシュテファン寺院。ヴィルヘルム・ブルガー撮影、1865年頃　　【ÖNB】(WB 165 B/C)

38	「横浜の景観」山手から港の眺望	【AM】(アルバム大・34)

39　古川正雄(1837-1877)『ちゑのいとぐち』発行人：書林雁金屋清吉、発行元所在地：東京、出版年時：1871(明治四)年。子供のための日本語学習帳。古川は、ウィーン万国博覧会では一級事務官編集係であった。モーザーは古川から直接受け取ったのだろうか　　【AM】

40	「東京でのミヒャエル・モーザー、1872年」	【AM】(アルバム大・64)
41	「J. R. Black 氏　ミヒャエル・モーザーの後援者」	【AM】(アルバム大・64)
42	「下田」稲生沢川河口、ミヒャエル・モーザー撮影、1870年12月	

43 「下田」内陸の眺望、ミヒャエル・モーザー撮影、1870年12月
【AM】(アルバム小・12)
44 「下田」ミヒャエル・モーザー撮影、1870年12月　【AM】(アルバム小・12)
45 「柿崎(下田)」柿崎弁天島。背景は下田、ミヒャエル・モーザー撮影、1870年12月　【AM】(アルバム小・11)
46 ミヒャエル・モーザーが両親に宛てた手紙、東京、1871年6月10日　【AM】

《III 手書きの日記　1872・73年》
47 日記(1872・73年)3頁：J. R. ブラックと「おとも」との会話について　【AM】
48 48-1 「〔万博委員のときの〕ウィーンでのミヒャエル・モーザー、1873年」
【AM】(アルバム大・32)
　　 48-2 同上　　　　　　　　　　　　　　　　　　　　【AM】
49 「横浜駅」桜木町、ミヒャエル・モーザー撮影、1872年
【AM】(アルバム大・92)
50 „Louis Gustav Vassallo"「ルイス・ギュスタフ・ヴァサロ」死亡通知、ウィーン、1873年7月6日(田中芳男『外國梠拾帖　墺國博覧會之節　採集沈没之残骸』三)
【TU】
51 日記(1872・73年)4頁：『ザ・ファー・イースト』のための最後の仕事について
【AM】
52 大型客船「ファーズ号」(*L'Illustration. Journal Universel.* Paris. Bd. 32, Juillet-Décembre 1858, Nr. 823, 4. Dec. 1858, p. 386)
53 ウィーン、ミヒャエル広場(Michaelerplatz)とコールマルクト通り(Kohlmarkt)、ヴィルヘルム・ブルガー撮影　　　　　　　【ÖNB】(WB 75 B/C)
54 「日本の売店」(*Illustr. Wiener Extrablatt*. 2. Jg., Nr. 170, 22. Juni 1873, S. 4)
55 鋼版画「ウィーン万国博覧会会場鳥瞰図」1873年　　　　　【個人蔵】
56 ウィーンのプラーター中央通り。万国博覧会会場入口に向かう道、ヴィルヘルム・ブルガー撮影　　　　　　　【ÖNB】(WB 157 B/C)
57 ウィーン万国博覧会会場の日本庭園の入口　　　【ÖNB】(Nr. 63711)
58 「1873年ウィーン万国博覧会、日本の建物と庭園設備」オスカー・クラマー(Oscar Kramer)撮影　　　　　　　　　　　【個人蔵】
59 「1873年ウィーン万国博覧会、入口から見た日本の展示会場」ヨーゼフ・レーヴィー(Josef Löwy)撮影　　　　　　　【個人蔵】

《IV 手書きの日記 1874年》
60 　日記(1874年)の中表紙：「1874年日記、ミヒャエル・モーザー、ヴェネツィア、1874年2月8日、日本への二度目の旅」　　　　　　　　　　　【AM】
61 　日記(1874年)1頁：1874年1月1日にアトリエ・アデーレで集合写真を撮影したときのことについて　　　　　　　　　　　　　　　　　　【AM】
62 　日本の万国博覧会委員、ウィーンの写真館アデーレで撮影、1874年1月1日。中央は弁理公使の佐野常民、一番上の列で左から二番目がミヒャエル・モーザー　　　　　　　　　　　　　　　　　　　　　　　　　　【個人蔵】
63 　日記(1874年)2頁：1874年1月1日、佐野、ワグネル、塩田、若井などについて　　　　　　　　　　　　　　　　　　　　　　　　　　　　【AM】
64 　ウィーンの写真家ルードヴィヒ・アンガラー(Ludwig Angerer)の写真館の請求書、ウィーン、1873年8月13日。請求書の宛名は万博委員の山高信雄と田中芳男（田中芳男『外國裙拾帖　墺國博覽會之節　採集沈没之残骸』三）　　【TU】
65 　ウィーン南駅　　　　　　　　　　　【ÖNB】(Pk 3. 002, 7. 179)
66 　ウィーン万国博覧会の遊園地(プラーター)のあった場所でライモント・フォン・シュティルフリート男爵が経営した日本の茶屋。伊藤恒信(茶屋の共同経営者)と給仕女のツネ、1873年 (*Allgemeine Illustrierte Weltausstellungs-Zeitung. Wien, Bd. III, Nr, 8, 12. Juni 1873, S. 90*)
67 　日記(1874年)18頁：ヴェネツィアの写真家ナヤのもとで写真技術を修得したことについて　　　　　　　　　　　　　　　　　　　　　　　【AM】
68 　「ヴェネツィア、カナル・グランデ」ミヒャエル・モーザー撮影、月光写真の加工が施されている、1874年2月　　　　　【AM】(アルバム大・110)
69 　「ニギシ〔横浜・根岸〕の茶屋」ミヒャエル・モーザー撮影
　　　　　　　　　　　　　　　　　　　　　　　【AM】(アルバム小・5)
70 　横浜・根岸の茶屋、ミヒャエル・モーザー撮影、月光写真に加工
　　　　　　　　　　　　　　　　　　　　　　　【AM】(アルバム大・18)
71 　日記(1874年)25頁：ヴェネツィアで過ごした最後の一日について　【AM】
72 　日記(1874年)36頁：モーザーが佐野常民に「日本人になりたい」と話したことについて　　　　　　　　　　　　　　　　　　　　　　　　　【AM】
73 　日記(1874年)37頁：トサブロウ、フジヤマと共にヴェネツィアからボローニャへ移動　　　　　　　　　　　　　　　　　　　　　　　　　　【AM】
74 　入間海蔵寺の墓地(伊豆半島)と1874年に台風で沈没した郵船ニール号の犠牲者の慰霊塔(ニール号遭難者十字架塔)
75 　日記(1874年)92頁：博覧会事務局員との再会について　　　　　【AM】
76 　日記(1874年)93頁：日本での博覧会事務局員の歓待について　　【AM】

《V 旅行記　1874年》
77　ウィーン南駅 „Abfahrt"(「出発」)ヴィルヘルム・ブルガー撮影、1874年頃
【ÖNB】(WB 190-D)
78　「ヴェネツィア、カナル・グランデ」　　　【AM】(アルバム大・69)

《VI 手書きの日記・新聞に掲載された日記》
79　日記(1876年)の中表紙：「東京からフィラデルフィアへ。ミヒャエル・モーザーが旅で経験したこと」　　　【AM】
80　東京、築地。ミヒャエル・モーザーは築地で暮らしていた
【AM】(アルバム小・45)
81　「東京築地圖　松方隠士晏依六十八翁寫」扇子　　　【AM】
82　ウー・イン・ディン(Wu Ying Ding)フィラデルフィア百周年万国博覧会中国委員。アルブミンプリント(名刺判写真)、Gerlach & Fromhagen photographer, 1876, Philadelphia. "To General Mrs. Basban, With best Compliments of Wu Ying Ding, Mandarin of China, N.Y., Feb. 17, 1877."
【Library Company of Philadelphia, Philadelphia】
83　ペンシルベニア州からミヒャエル・モーザー宛に出された書類。アメリカ国籍を取得するには、誠意を持って、オーストリア国籍を返還しなければいけないという内容。1876年7月25日　　　【AM】
84　冬のアルトアウスゼーの景色、凍った湖越しのダッハシュタイン山、ヴィルヘルム・ブルガー撮影、1866年頃　　　【ÖNB】(WB 396)

《VII エッセイ「東京の花まつり」》
85　*Steierische Alpen-Post.* 4. Jg., Nr.1, 1. Jänner 1888.
86　昇斎一景「東京名所四十八景　亀井戸天神」明治四年(1871)
【AM】(アルバム大・80)
87　昇斎一景「東京名所四十八景　小金井の梅園」明治四年(1871)
【AM】(アルバム大・81)
88　歌川芳虎「花姿美人揃」　　　【AM】(アルバム大・13)
89　浮世草子「昔ばなし　桃太郎」　　　【AM】
90　金太郎のおもちゃ　　　【AM】

《VIII 自伝的エッセイ》
91　*Steierische Alpen-Post.* 1. Jg., Nr. 10, 7. Juni 1885.
92　「東海道」ミヒャエル・モーザー撮影　　　【AM】(アルバム小・46)

93 「金物屋、小田原([ドイツ語で]金物屋)」、ミヒャエル・モーザー撮影(1871年?)
【AM】(アルバム小・47)
94 「メオノシュタ〔宮ノ下〕」ミヒャエル・モーザー撮影【AM】(アルバム小・2)
95 「メオノシュタ〔宮ノ下〕の茶屋」ミヒャエル・モーザー撮影
【AM】(アルバム小・2)
96 「江戸の少女」 【AM】(アルバム大・56)
97 「片瀬、茶屋」ミヒャエル・モーザー撮影 【AM】(アルバム小・7)
98 「フィジサワ〔藤沢〕、寺」ミヒャエル・モーザー撮影【AM】(アルバム小・7)
99 「ミヒャエル・モーザーの横浜の自宅」玄関に座っているのはミヒャエル・モーザー、1870年 【AM】(アルバム大・32)
100 レーナウの丘から眺めたダッハシュタイン山(Dachstein)、ヴィルヘルム・ブルガー撮影、1866年頃 【ÖNB】(WB 398)
101 アルトアウスゼー、湖越しのトリッセルヴァントの眺望、ヴィルヘルム・ブルガー撮影、1866年頃 【ÖNB】(WB 394)

《ミヒャエル・モーザーのアルバムについて》
102 アルバム大・表紙：„Michael Moser Album"「ミヒャエル・モーザー　アルバム」
【AM】
103 アルバム小・表紙：「もせる」 【AM】

《訳者あとがき》
104 オーストリアの国籍から離脱することへの許可証、1874年4月1日【AM】
105 東京・芝の増上寺、座っているのはミヒャエル・モーザー、1872年
【AM】(アルバム小・20)
106 オーストリアの国籍を再取得することへの許可証、1889年2月9日【AM】
107 バート・アウスゼーのイシュラー通り191番に構えた最初のアトリエ。中央の柵にもたれかかるのがミヒャエルの父親のヨアヒム・モーザー。アトリエの窓辺にいるのは、ミヒャエルと母親のエーファ・マリア・モーザー、1880年
【AM】
108 108-1　ミヒャエル・モーザーと息子のフィリップ(3歳頃) 【AM】
　　　108-2　同上：写真の台紙裏面

人名索引

【ア】

アキンド ヨカマ Akindo Yokama　229
朝倉松五郎　219, 245
浅見忠雄　219, 245
アトリエ・アデーレ Atelier Adèle　207, 208, 242
　　　＊店名のアデーレは、経営者である女性の名前ハイルペルン、アデーレ Heilpern（旧姓パールムッター Perlmutter）, Adele（1845-1941）に由来している
アマノ　228, 229, 258
アルフレッド、ザクセン＝コーブルク＝ゴータ公→ザクセン＝コーブルク＝ゴータ公、アルフレッド
石川巌　211, 212, 243
石田為武　211, 243
伊藤恒信　212, 243, 257
岩橋教章（1835-1883）　208, 242
ヴァサロ、ルイス・ギュスタフ Vasallo, Louis Gustav（1835-1873）　66, 67, 99, 185, 186, 188, 199, 200
ヴィージング、ハンス Wiesing, Hans →ヴェーア、ヨハン Wöhr, Johann
ヴィーズマイヤー、ミヒャエル Wiesmaier, Michael　146
ウィチャイチャーン副王 Wichaichan（1838-1885）　39, 47-49, 94-96, 122, 123, 173
　　　＊正式名は、グロム・プララーチャワン・ボウォン・ウィチャイチャーン Krom Phra Ratchawang Bowon Wichaichan
ヴィッティー、フランツ Witti, Franz（1850-?）　146, 178
ヴィッティッヒ、フランツ Wittig, Franz →ヴィッティー、フランツ
ヴィットーリオ、エマヌエーレ二世 Vittorio Emanuele II（1820-1878）　214, 227, 245
ヴィマー、アロイス Wimmer, Alois（1852-1901）　136, 137, 176, 193, 199, 201
ウー・イン・ディン Wu Ying Ding　264, 271, 282, 284
ヴェーア、ヨハン Wöhr, Johann（1842-1896）　98, 107, 109, 171, 172, 174
　　　＊ペンネームはヴィージング、ハンス Wiesing, Hans
上野景範（1845-1888）　262, 282
上野彦馬（1838-1904）　175
ウォーカー Walker　188
ヴヤーシン、フランツ Vujahsin, Franz（†auf See 1869）　18, 90
エダー Eder（†1869 in Shanghai）　75, 101, 127
エッティングスハウゼン、アンドレアス・フォン Ettingshausen, Andreas von（1797-1878）　202
大崎藤三郎　222-225, 228, 230, 232, 234, 236, 246
オーバーベック、ギュスタフ・フォン

Overbeck, Gustav von(1830-1894)　52, 97

【カ】

カイン、ハインリヒ Kain, Heinrich　138, 176, 196, 228, 246

カピタノヴィッチュ、フランツ Kapitanovič, Franz(†auf See 1869)　13, 88, 111, 172

カリチェ男爵、ハインリヒ・フォン Calice, Heinrich Freiherr von(1831-1912)　161, 180

クラーク、ウィリアム Clark, William (1770-1838)　270, 284

グレーヴェン、アウグスト Greeven, August　188, 200

黒田清隆(1840-1900)　262, 281

クン・スントーンサーティットラック Khun Sunthonsathitlak(1830-1891)　45, 95, 96, 118, 125, 172, 174
　　　＊欽賜名。別名、ルアン・アカニーナルミット Luang Akani Naruemitr。欧文の文献ではフランシス・チット Francis Chitで知られる

ゲンキチ　257

コジマ エジロ Kojima Yejiro　229, 258

【サ】

ザクセン＝コーブルク＝ゴータ公、アルフレッド Sachsen-Coburg und Gotha, Alfred Prinz von(1844-1900)　131, 170, 175

佐野常民(1823-1902)　188, 200, 208, 209, 213, 214, 217, 219, 222, 223, 229, 236, 244, 245, 248, 253, 258, 325, 357

ザルシュタイナー、ハンス Sarsteiner, Hans(1839-1918)　280, 286

ジェファーソン、トーマス Jefferson, Thomas(1743-1826)　284

シェルツァー、カール・フォン Scherzer, Karl Ritter von(1821-1903)　24, 47, 91, 97, 177, 326

シェーンベルガー、ヴィクトール Schönberger, Victor(1844-1893)　72, 100, 101

塩田真(1837-1917)　169, 181, 208, 209, 211, 219, 242

シーボルト、ハインリヒ・フォン Siebold, Heinrich von(1852-1908)　188, 200, 211, 242

シマ　243, 257

シャーマン、ウィリアム・テクムゼー Sherman, William Tecumseh(1820-1891)　269, 283

シュヴァルツ＝ゼンボルン男爵、ヴィルヘルム・フォン Schwarz-Senborn, Wilhelm Freiherr von(1816-1903)　194, 202

シュッツェンヨッヘル Schützenjocherl →モーザー、ヨアヒム Moser Joachim

シュッピツィアリッチュ、ヨハン Spiciarić, Johann(†1869 in Shanghai)　75, 77, 101, 127

シュティルフリート男爵、ライムント Stillfried, Raimund Baron(1839-1911)　211, 212, 243, 257, 326, 358

シュテルネ、フランツ Sterné, Dr. Franz　223, 246

シュトゥーリック、イグナッツ Stuhlik, Ignaz(1819-1888)　105, 137-139, 143, 147, 149, 153, 172, 174, 176, 178, 181, 323

シュランク、ルードヴィヒ Schrank, Ludwig　117, 172

シュリック、ルドルフ Schlick, Rudolf

371

(?-1902) 49, 77, 96, 102
ショイヤーマン、カール Scheuermann, Karl(1832-?) 146, 177
スケルビッヒ、マルクス Skerbich, Markus (†1869 in Kobe) 136, 176
ストロイコ、トーマス Strojko, Thomas († 1869 in Shanghai) 76, 102, 127
スムトニー、ヨーゼフ Smutny, Josef 71
関澤明清(1842-1897) 239, 248
ゼーマン、フランツ Seemann, Franz 71
ゼルマーゲ伯爵、アルトゥール Sermage, Arthur Graf (1839-1902) 146, 177
ソムデット・チャオプラヤー・ボーロムマハー・シー・スリヤウォン Somdet Chaophraya Borom Maha Sri Suriyawong (1808-1883) 33, 37, 47, 93, 96
　　*欽賜名。本名は、チュアン・ブンナーク Chuang Bunnag

【タ】

高島嘉右衛門(1832-1914) 188, 200, 239, 248, 282
高島屋 →高島嘉右衛門
竹内正義 222, 246
田中清助 211, 243
田中芳男(1838-1916) 186, 200, 210-213, 243
チット、フランシス Chit, Francis (1830-1891)→欽賜名のクン・スントーンサーティットラック Khun Sunthonsathitlak を参照のこと
チュラロンコーン王 Chulalongkorn (1853-1910) 32, 37, 39, 46, 49, 93, 94, 96, 121, 123, 173, 174
　　*ラーマ五世。正式名：プラバートソムデット・プラパラミンタラ・マハーチュラーロンコーン・プラチュンラジョムクラーオジャオユーフア
Phra Bat Somdet Phra Poraminthra Maha Chulalongkorn Phra Chunla Chom Klao Chao Yu Hua
ツァヤ、フィリップ Zaja, Filipp(?-1869) 136, 176
ツネ 212, 243, 257
ディムニミッチ、ヨハン Dimnimič, Johann (?-1869) 19, 88
トイフェル→トイフル、ヨーゼフ
トイフル、ヨーゼフ Teufl, Josef(1842-1923) 19, 90
涂宗瀛 Tu Zongying(1812-1894) 74, 101
トラウ、カール Trau, Carl 211, 223, 242
ドルスコビッチ、ジュゼッペ Druscovich, Giuseppe 176

【ナ】

中山譲治(1839-1911) 213, 219, 243, 257
ナヤ、カルロ Naya, Carlo(1816-1882) 205, 214-217, 219, 244, 245
ナヤ＝レシアック、イダ Naya-Lessiak, Ida (?-1893) 144, 215, 244, 245

【ハ】

ハート、ヘルマン Haardt, Hermann 15, 89
ハーバッハー、ヨハン Habacher, Johann (1813-1884) 279, 286
バルツ、ヨハン・ヤコブ Baltz, Johann Jacob (1820-?) 274, 285
ピエトルスキー、ミチェスラァフ・マリアン Pietruski, Mieczsław Marian(1848-1905) 146, 178
ピットナー、ヘクトール Pitner, Hektor (1849-?) 91
ピットナー、エデュアルト Pitner, Eduard

（1835-1869） 23, 91
ピットナー、マクシミリアン・フォン Pitner, Maximilian von（1833-1911） 11, 14, 15, 23, 31, 52, 63, 74-77, 88, 90, 91, 147
胡亜基 Hoo Ah Kay（1816-1880） 30, 92
フェ・ドスティアーニ伯爵、アレッサンドロ Fé d'Ostiani, Alessandro Conte（1825-1905） 188, 200, 317
フクセンロイスル Fuchsenloisl → ヴィマー、アロイス Wimmer, Alois
藤島常興（1829-1898） 208, 242
藤山種廣（?-1886） 222-226, 228-230, 234-236, 245
プフリューゲル、アルトゥール・フォン Pflügl, Arthur von 67, 99, 146
フライシュマン、カール Fleischmann, Dr. Karl（1831-1896） 75, 88, 90, 101
ブラック、ジョン・レディ Black, John Reddie（1826-1880） 154-156, 161, 179, 180, 183-185, 188, 189, 199, 217, 299, 300, 317
ブルガー、アマリア・フォン Burger, Amalia（1808-1899） 193, 201, 202
ブルガー、ヴィルヘルム Burger, Wilhelm（1844-1920） 1, 3, 4, 8, 9, 12-15, 18, 25, 28, 32, 34, 37, 45-50, 52, 54, 55, 69-71, 75, 76, 85, 87, 91, 95, 96, 102, 103, 105, 108, 109, 117, 119, 127, 133, 137, 144, 157, 172, 174, 175, 177, 190, 191, 194, 198, 201-203, 250, 280, 297-299, 319, 326, 328, 360
古川正雄（1837-1877） 151
ペッツ男爵、アントン・フォン Petz, Anton Freiherr von（1819-1885） 13, 16, 32, 33, 37, 47, 49, 52, 75, 77, 93-98, 101, 123, 128, 174, 320

ベルヘット、ジュリエルモ Berchet, Guglielmo（1833-1913） 214, 215, 219, 220, 244, 257
ペレイラ＝アルンシュタイン男爵、アルフォンス・フォン Pereira-Arnstein, Alfons Freiherr von（1845–1931） 55, 97, 98
ペン、ウィリアム Penn, William（1644-1718） 272
ポグリエス、ヴィンツェンツ Poglies, Vinzenz（1841-?） 146, 178
ポスティオン、ヨーゼフ Poestion, Josef（1819-1882） 196, 202

【マ】

マイラー、カール Mayler, Carl（1844-1874） 146, 177
松尾儀助（1836-1902） 211, 242, 243, 248
マーラー Mahler, B. 14, 113
マルティン、ゲオルク Martin, Dr. Georg（生没年不詳） 169, 181, 262, 282
ミスリヴェッツ、ヨーゼフ Mysliwec, Josef 211, 242
ミュールベルガー Mühlberger → カイン、ハインリヒ Kain, Heinrich
メーチニコフ、レフ Metchnikoff［Mečnikov］, Léon（1838-1888） 229, 246, 247, 255, 258
モーザー、エーファ・マリア Moser, Eva Maria 115, 116, 120, 122, 127-130, 136-138, 143, 146-148, 154, 155, 162, 163, 165-167, 169, 170, 195, 198, 199, 220, 297, 298, 320, 361
モーザー、オイセビウス（ゼビー）Moser, Eusebius（Sebie） 193, 194-196, 223, 246, 297
モーザー、グレゴール Moser, Gregor

195, 199, 220, 297
モーザー、ゾフィー Moser, Sofie　137, 138, 148, 165, 169, 176, 195, 196, 220, 297
モーザー、ハインリヒ Moser, Heinrich（1854-?）24, 91, 105, 124, 126, 136, 137, 142, 147, 157, 160, 161, 176, 181, 182, 189, 193-195, 223, 297
モーザー、フィリップ Moser, Philipp（1890-1978）326, 329, 358, 361
モーザー、フランツ Moser, Franz　138, 176, 196-198, 220
モーザー、マティアス（ヒアスル）Moser, Matthias（Hiasl）195, 220, 297
モーザー、ヨアヒム Moser, Joachim（1820-1906）108, 109, 113, 115, 116, 120, 122, 127-130, 136-138, 143, 146-148, 154, 155, 161-163, 165-167, 169, 170, 176, 195, 198, 199, 220, 297, 298, 320, 329, 357, 361
モーザー、レオポルド（ポイドル）Moser, Leopold（Poidl）195, 198, 223, 246, 297
守田来蔵（1830-1889）175

【ヤ】

ヤコビ、カール・ハインリヒ Jacobi, Carl Heinrich（1824? -?）217, 220, 230, 245, 247
山高信離（1842-1907）188, 200, 210, 239, 248
ヤング、ブリガム Young, Brigham（1801-1877）268
吉田忠七（1839-1874）236, 247
吉田要作（1851-1927）213, 214, 219, 220, 243, 252, 258

【ラ】

ラウス、アントン Laus, Anton　50
ラコヴェッツ、ローレンツ Rakovetz, Lorenz（1832-?）13, 23, 24, 91, 111, 172
ラストル、ヨハン Rastl, Johann　195, 202
ラツカ、ヴェンツェル Ratzka, Wenzel（†auf See 1869）136, 175
ラーマ四世 Rama IV.（1804-1868, reg. 1851-1868）95
ラーマ五世 Rama V.（1853-1910, reg. 1868-1910）→チュラロンコーン王 Chulalongkorn
ランズベルク Landsberg　50, 97
リプカ、カール Ripka, Karl　271, 284, 318, 322
リンベック・フォン・リリエナウ男爵夫人、マリー Limbeck von Lilienau, Marie Baronin（1835-1895）24, 88, 91, 193, 201
ルイス、メリウェザー Lewis, Meriwether（1774-1809）270, 284
ロク　243, 257
ローゼッガー、ペーター Rosegger, Peter（1843-1918）170, 181
ローゼンツヴァイク、ヴィンセンツ・フォン Rosenzweig, Vincenz Edler von（1841-1892）146, 177
ロッツ H. Lotz　239, 248
ローワン、スティーブン Rowan, Stephen C.（1805-1890）175

【ワ】

若井兼三郎（1834-1908）208, 209, 211, 239, 241-243, 248
ワグネル、ゴットフリード Wagener,

Gottfried(1831-1892)　188, 208, 209, 211, 219, 222, 223
ワシントン、ジョージ Washington, George（1732-1799）　272, 318
ワンポア Whampoa→胡亜基 Hoo Ah Kay

【A】

Akindo Yokama →アキンド ヨカマ
Alfred, Prinz von Sachsen-Coburg und Gotha (1844-1900) →Sachsen-Coburg und Gotha, Alfred Prinz von
Amano →アマノ
Asakura Matsugorō →朝倉松五郎
Asami Tadao →浅見忠雄
Atelier Adèle →アトリエ・アデーレ

【B】

Baltz, Johann Jacob (geb. 1820) →バルツ、ヨハン・ヤコブ
Berchet, Guglielmo (1833-1913) →ベルヘット、ジュリエルモ
Black, John Reddie (1826-1880) →ブラック、ジョン・レディ
Blemič →ブレミッチュ
Burger geb. von Ettingshausen, Amalia (1808-1899) →ブルガー、アマリア・フォン
Burger, Wilhelm (1844-1920) →ブルガー、ヴィルヘルム

【C】

Calice, Heinrich Freiherr von (1831-1912) →カリチェ男爵、ハインリヒ・フォン
Chit, Francis (1830-1891) →チット、フランシス
Chulalongkorn (1853-1910) → Rama V.
Clark, William (1770-1838) →クラーク、ウィリアム

【D】

Dimnimić, Johann (?-1869) →ディムニミッチ、ヨハン
Druscovich, Giuseppe →ドルスコビッチ、ジュゼッペ

【E】

Eder (†1869 in Shanghai) →エダー
Ettingshausen, Amalia von → Burger, Amalia
Ettingshausen, Andreas von (1797-1878) →エッティングスハウゼン、アンドレアス・フォン

【F】

Fè d'Ostiani, Alessandro Conte (1825-1905) →フェ・ドスティアーニ伯爵、アレッサンドロ
Fleischmann, Dr. Karl (1831-1896) →フライシュマン、カール
Fuchsenloisl → Alois Wimmer
Fujishima Tsuneoki (1829-1898) →藤島常興
Fujiyama Tanehiro (?-1886) →藤山種廣
Furukawa Masao (1837-1877) →古川正雄

【G】

Genkichi →ゲンキチ
Greeven, August →グレーヴェン、アウグスト

【H】

Haardt, Hermann →ハート、ヘルマン
Habacher, Johann (1813-1884) →ハーバッハー、ヨハン
Hoo Ah Kay (1816-1880) →胡亜基

【I, J】

Ishida Tametake →石田為武
Ishikawa Iwao →石川巌
Itō Tsunenobu →伊藤恒信

Iwahashi Noriaki（1835-1883）→岩橋教章
Jacobi, Carl Heinrich（1824?-?）→ヤコビ、カール・ハインリヒ
Jefferson, Thomas（1743-1826）→ジェファーソン、トーマス

【K】

Kain, Heinrich; vulgo Mühlberger→カイン、ハインリヒ
Kapitanovič, Franz（†auf See 1869）→カピタノヴィッチュ、フランツ
Kautzen-Hansl→Johann Rastl
Khun Sunthonsathitlak（1830-1891）→Chit, Francis
Kojima Yejiro→コジマ エジロ
Kuroda Kiyotaka（1840-1900）→黒田清隆

【L】

Laus, Anton→ラウス、アントン
Landsberg→ランズベルク
Lessiak, Ida→Naya-Lessiak, Ida
Lewis, Meriwether→ルイス、メリウェザー
Lilienau, Baronin von→Limbeck von Lilienau, Marie Baronin
Limbeck von Lilienau, Marie Baronin→リンベック・フォン・リリエナウ男爵夫人、マリー
Lotz, H.→ロッツ

【M】

Mahler, B.→マーラー
Martin, Dr. Georg→マルティン、ゲオルク
Matsuo Gisuke（1836-1902）→松尾儀助
Mayler, Carl（1844-1874）→マイラー、カール
Meiler, Carl→Mayler
Metchnikoff[Mečnikov], Léon（1838-1888）→メーチニコフ、レフ

Morita Raizō（1830-1889）→守田来蔵
Moser, Eusebius（Sebie）→モーザー、オイセビウス（ゼビー）
Moser, Eva Maria→モーザー、エーファ・マリア
Moser, Franz→モーザー、フランツ
Moser, Gregor→モーザー、グレゴール
Moser, Heinrich→モーザー、ハインリヒ
Moser, Joachim（1820-1906）→モーザー、ヨアヒム
Moser, Leopold（Poidl）→モーザー、レオポルド（ポイドル）
Moser, Matthias（Hiasl）→モーザー、マティアス（ヒアスル）
Moser, Philipp（1890-1978）→モーザー、フィリップ
Moser, Sofie→モーザー、ゾフィー
Mühlberger→Kain, Heinrich
Mysliwec, Josef→ミスリヴェッツ、ヨーゼフ

【N】

Nakayama Jōji（1839-1911）→中山譲治
Naya, Carlo（1816-1882）→ナヤ、カルロ
Naya-Lessiak, Ida（?-1893）→ナヤ＝レシアック、イダ

【O】

Ōsaki Tōsaburō→大崎藤三郎
Overbeck, Gustav von（1830–1894）→オーバーベック、ギュスタフ・フォン

【P】

Pereira-Arnstein, Alfons Freiherr von（1845-1931）→ペレイラ＝アルンシュタイン男爵、アルフォンス・フォン
Penn, William（1644-1718）→ペン、ウィ

リアム
Petz, Anton Freiherr von (1819-1885) → ペッツ男爵、アントン・フォン
Pflügl, Arthur von → プフリューゲル、アルトゥール・フォン
Pietruski, Mieczysław Marian (1848-1905) → ピエトルスキー、ミチェスラァフ・マリアン
Pitner, Eduard (1835-1869) → ピットナー、エデュアルト
Pitner, Hektor (1849-?) → ピットナー、ヘクトール
Pitner, Maximilian von (1833-1911) → ピットナー、マクシミリアン・フォン
Poestion, Josef (1819-1882) → ポスティオン、ヨーゼフ
Poglies, Vinzenz (1841-?) → ポグリエス、ヴィンツェンツ

【R】

Rakovetz, Lorenz (1832-?) → ラコヴェッツ、ローレンツ
Rama IV. (1804-1868, reg. 1851-1868) → ラーマ四世
Rama V. (1853-1910, reg. 1868-1910) → ラーマ五世
Rastl, Johann → ラストル、ヨハン
Ratzka, Wenzel († auf See 1869) → ラツカ、ヴェンツェル
Ripka, Karl → リプカ、カール
Roku → ロク
Rosegger, Peter (1843-1918) → ローゼッガー、ペーター
Rosenzweig, Vincenz Edler von (1841-1892) → ローゼンツヴァイク、ヴィンセンツ・フォン
Rowan, Stephen C. (1805-1890) → ローワン、スティーブン

【S】

Sachsen-Coburg und Gotha, Alfred Prinz von (1844-1900) ザクセン=コーブルク=ゴータ公、アルフレッド
Sano Tsunetami (1822-1902) → 佐野常民
Sarsteiner, Hans (1839-1918) → ザルシュタイナー、ハンス
Scherzer, Karl Ritter von (1821-1903) → シェルツァー、カール・フォン
Scheuermann, Karl (1832-?) → ショイヤーマン、カール
Schlick, Rudolf (?-1902) → シュリック、ルドルフ
Schrank, Ludwig → シュランク、ルードヴィヒ
Schönberger, Victor (1844-1893) → シェーンベルガー、ヴィクトール
Schützenjocherl → Moser, Joachim
Schwarz-Senborn, Wilhelm Freiherr von (1816-1903) → シュヴァルツ=ゼンボルン男爵、ヴィルヘルム・フォン
Seemann, Franz → ゼーマン、フランツ
Sekisawa Akekiyo (1843-1897) → 関澤明清
Sermage, Arthur Graf (1839-1902) → ゼルマーゲ伯爵、アルトゥール
Sherman, General William (1820-1891) → シャーマン、ウィリアム・テクムゼー
Shima → シマ
Shioda Makoto (1837-1917) → 塩田真
Sri Suriyawong (1808-1883) → ソムデット・チャオプラヤー・ボーロムマハー・シー・スリヤウォン
Siebold, Heinrich von (1852-1908) → シーボルト、ハインリヒ・フォン
Skerbich, Markus († 1869 in Kobe) → ス

ケルビッヒ、マルクス
Smutny, Josef→スムトニー、ヨーゼフ
Spiciarić, Johann（†1869 in Shanghai）→シュピッツィアリッチュ、ヨハン
Spizerich［Spicarich］→Spiciarić
Sterné, Dr. Franz→シュテルネ、フランツ
Stillfried, Raimund Baron（1839-1911）→シュティルフリート男爵、ライムント
Strojko, Thomas（†1869 in Shanghai）→ストロイコ、トーマス
Stuhlik, Ignaz（1819-1888）→シュトゥーリック、イグナッツ

【T】

Takashima Kaemon（1832-1914）→高島嘉右衛門
Takenouchi Masayoshi→竹内正義
Tanaka Seisuke→田中清助
Tanaka Yoshio（1838-1916）→田中芳男
Teufel→Teufl
Teufl, Josef（1842-1923）→トイフル、ヨーゼフ
Trau, Carl→トラウ、カール
Tsune→ツネ
Tu Zongying（1812-1894）→涂宗瀛

【U】

Ueno Hikoma（1838-1904）→上野彦馬
Ueno Kagenori（1845-1888）→上野景範

【V】

Vasallo, Louis Gustav（1835-1873）→ヴァサロ、ルイス・ギュスタフ
Vittorio Emanuele II（1820-1878）→ヴィットーリオ、エマヌエーレ二世
Vujahsin, Franz（†auf See 1869）→ヴヤーシン、フランツ

【W】

Wagener, Gottfried（1831-1892）→ワグネル、ゴットフリード
Wakai Kanesaburō（1834-1908）→若井兼三郎
Walker→ウォーカー
Washington, George（1732-1799）→ワシントン、ジョージ
Whampoa［黄浦］→Hoo Ah Kay 胡亜基
Wichaichan（1838-1885, Uparat 1868-1885）; voller Name: Krom Phra Ratchawang Bowon Wichaichan→ウィチャイチャーン副王
Wiesing, Hans（Pseudonym）→Johann Wöhr
Wiesmaier, Michael→ヴィーズマイヤー、ミヒャエル
Wimmer Alois, vulgo Fuchsenloisl（1852-1901）→ヴィマー、アロイス
Witti, Franz（geb. 1850）→ヴィッティー、フランツ
Wittig, Franz→Franz Witti
Wöhr, Johann（1842-1896）→ヴェーア、ヨハン
Wu Ying Ding→ウー・イン・ディン

【Y】

Yamataka Nobutsura（1842-1907）→山高信離
Yoshida Chūshichi（1839-1874）→吉田忠七
Yoshida Yōsaku（1851-1927）→吉田要作
Young, Brigham（1801-1877）→ヤング、ブリガム

【Z】

Zaja, Filipp（?-1869）→ツァヤ、フィリップ

編者略歴

宮田奈奈(みやた　なな)(兼訳者)

1979年和歌山県生まれ。2003年国際基督教大学教養学部卒業。2007年ドイツ・ボン大学で修士号(Magister)取得(主専攻：日本学、副専攻：中国学、比較宗教学)。2012年同大学にて博士号取得(日本学専攻)。2011年ドイツ外務省後援・日独修好一五〇周年記念展特任研究員。2011年から12年までドイツ・フリッツ・ティッセン財団奨学生。2015年イギリス・エジンバラ大学大学院社会科学系健康科学研究科で理学修士号取得(心理療法学専攻)。2012年から13年、2015年から2018年までオーストリア国立科学アカデミー近現代史研究所客員研究員。現在は、オーストリアのシュタイレック城(Schloss Steyregg)美術館研究員。

専攻は、宗教史、インテレクチュアル・ヒストリー、16世紀以降の東西交渉史。

ペーター・パンツァー(Peter Pantzer)

1942年オーストリア・ザルツブルク生まれ。
1968年オーストリア・ウィーン大学で博士号取得(歴史学専攻)。ボン大学名誉教授。1968年から71年まで日本の文部省奨学生として東京大学に留学。ウィーン大学日本学研究所助教授を経て、1988年から2008年までドイツ・ボン大学日本学科教授。1998年から2002年まで欧州日本資料専門家協会(EAJRS)会長。2000年よりボン独日協会名誉会長。2000年オーストリア文化勲章第一級受章、2003年『米欧回覧実記』のドイツ語訳で第五回国際交流基金翻訳賞受賞、2007年春の叙勲で旭日中綬章受章。

専攻は、日独・日墺関係史、ジャポニズム研究。

少年写真家の見た明治日本
──ミヒャエル・モーザー日本滞在記

2018年6月12日　初版発行
2019年11月1日　初版第2刷発行

　編　者　宮田奈奈　ペーター・パンツァー
　発行者　池嶋洋次
　発行所　勉誠出版株式会社
　　　　　〒101-0051　東京都千代田区神田神保町3-10-2
　　　　　TEL：(03)5215-9021(代)　FAX：(03)5215-9025

　印　刷
　製　本　太平印刷社

Ⓒ Nana Miyata, Peter Pantzer 2018, Printed in Japan
ISBN978-4-585-22209-5　C3021

文化財としての
ガラス乾板
写真が紡ぎなおす歴史像

写真史および人文学研究の中にガラス乾板を位置付ける総論、同様の取り組みを進める諸機関の手法を提示する各論を通じ、総合的なガラス乾板の史料学を構築する。

久留島典子／高橋則英／山家浩樹 編
本体 3,800 円（＋税）

戊辰戦争の
史料学

史料に立ち返って戊辰戦争をとらえなおす ── 諷刺文芸・新聞・絵図・写真などの様々な史料に着目し、戊辰戦争を多角的に解明するための方法を模索する。

箱石大 編
本体 3,500 円（＋税）

木口木版の
メディア史
近代日本のヴィジュアルコミュニケーション

新出の清刷をはじめ、400点以上の貴重図版を収載。合田清、生巧館の営みを伝える諸資料から、近代日本の視覚文化の一画期を描き出す。

人間文化研究機構
国文学研究資料館 編
本体 8,000 円（＋税）

テキストと
イメージを編む
出版文化の日仏交流

テキストとイメージが協働する挿絵本という「場」を舞台に、「人」「モノ」の織りなす日仏の文化交流を多角的視点より描き出す。

林洋子／クリストフ・マルケ 編
本体 4,800 円（＋税）